CORPUS DER RÖMISCHEN RECHTSQUELLEN
ZUR ANTIKEN SKLAVEREI
(CRRS)

GEORG KLINGENBERG
JURISTISCH SPEZIELL DEFINIERTE SKLAVENGRUPPEN
SERVUS FUGITIVUS

FORSCHUNGEN ZUR ANTIKEN SKLAVEREI
BEGRÜNDET VON JOSEPH VOGT
IM AUFTRAG DER KOMMISSION FÜR GESCHICHTE DES ALTERTUMS
DER AKADEMIE DER WISSENSCHAFTEN UND DER LITERATUR

HERAUSGEGEBEN VON HEINZ HEINEN

BEIHEFT 3

CORPUS DER RÖMISCHEN RECHTSQUELLEN ZUR ANTIKEN SKLAVEREI (CRRS)

Herausgegeben von

JOHANNA FILIP-FRÖSCHL, J. MICHAEL RAINER, ALFRED SÖLLNER †

TEIL X
JURISTISCH SPEZIELL DEFINIERTE SKLAVENGRUPPEN

6: SERVUS FUGITIVUS

Bearbeitet von

GEORG KLINGENBERG

FRANZ STEINER VERLAG STUTTGART 2005

Gefördert durch
das Bundesministerium für Bildung und Forschung, Bonn, und das Ministerium für Wissenschaft, Weiterbildung, Forschung und Kultur des Landes Rheinland-Pfalz, Mainz.

Bibliographische Information der Deutschen Bibliothek

Die Deutsche Bibliothek verzeichnet diese Publikation in der Deutschen Nationalbibliographie; detaillierte bibliographische Daten sind im Internet über <http://dnb.ddb.de> abrufbar.

ISBN 3-515-08745-1

Computersatz: Der Autor.
Druck: Printservice Decker & Bokor, München. Printed in Germany.

Gedruckt auf alterungsbeständigem Papier (DIN ISO 9706).

INHALTSVERZEICHNIS

VORWORT

Die Sklavenflucht in der römischen Antike ist ein soziales Phänomen, das mehrfach Anlass für rechtliche Regelungen gewesen ist; auch die Juristen haben sich mit den rechtlichen Folgen einer Flucht in vielfacher Hinsicht beschäftigt.

Dass ich das umfangreiche Quellenmaterial zum *servus fugitivus* im Rahmen dieser Reihe vorführen kann, dafür bin ich Heinz Heinen, dem Herausgeber der „Forschungen zur Antiken Sklaverei", wie auch Johanna Filip-Fröschl, J. Michael Rainer und Alfred Söllner als den Fachherausgebern des CRRS besonders verbunden.

Der vorliegende Band hätte nicht ohne die Hilfe und Mitwirkung vieler entstehen können: Als ein großer Vorteil hat es sich erwiesen, dass durch die vorbereitende Arbeitsgruppe unter der Leitung zunächst von Wolfgang Waldstein, dann von J. Michael Rainer (siehe dazu das Vorwort von Heinz Bellen in den Prolegomena) schon das gesamte Rechtsmaterial gesichtet und thematisch zugeordnet worden ist.

Dank gebührt meinen Mitarbeiterinnen am Institut für Römisches Recht der Johannes-Kepler-Universität Linz: Frau Margareta Hammerl hat das Manuskript von der ersten Eingabe bis zur Fertigstellung der Korrekturen in allen Arbeitsgängen begleitet, Frau. Mag. Birgit Heger, Frau Mag. Dr. Eva-Maria Kada und Frau Mag. Natalia Petrova haben mir bei den laufenden Korrekturen und der Registererstellung wertvolle Hilfestellung gegeben.

Ebenso danken darf ich der Arbeitsstelle „Antike Sklaverei" an der Akademie der Wissenschaften und der Literatur in Mainz, wo Frau Dr. Andrea Binsfeld M. A. und Herr Dr. Johannes Deißler M.A. in sachkundiger Weise die redaktionelle Bearbeitung des Manuskripts besorgt und die Drucklegung vorbereitet haben.

Linz, im September 2005 Georg Klingenberg

ABKÜRZUNGSVERZEICHNIS

aaO	am angegebenen Ort
ABGB	(östrr.) Allgemeines Bürgerliches Gesetzbuch
ACIV	Atti del Congresso Internazionale di Diritto Romano e di Storia del Diritto Verona 1948
ACO	Acta Conciliorum Oecumenicorum
AG	Archivio Giuridico „Filippo Serafini“
AARC	Atti dell'Accademia Romanistica Costantiniana
AMac	Annali dell'Università di Macerata a cura della Facoltà Giuridica
ANRW	Aufstieg und Niedergang der römischen Welt. Geschichte und Kultur Roms im Spiegel der neueren Forschung, herausgegeben von H. Temporini und W. Haase
APal	Annali del Seminario Giuridico dell'Università di Palermo
BIDR	Bullettino dell'Istituto di Diritto Romano
BGB	Bürgerliches Gesetzbuch
CI	Codex Iustinianus
CLR	Columbia Law Review
Coll.	Collatio legum Mosaicarum et Romanarum
CRRS	Corpus der römischen Rechtsquellen zur antiken Sklaverei
CTh	Codex Theodosianus
D	Digesten
DER	Diritto Ereditario Romano
ders.	derselbe
DS	C. Daremberg/E. Saglio, Dictionnaire des antiquités grecques et romains
ED	Enciclopedia del Diritto
EP	Edictum Perpetuum
ETh	Edictum Theodorici Regis
f. /ff.	folgende (Seite oder Seiten)
FIRA	Fontes Iuris Romani Antejustiniani
FN	Fußnote
Index	Index, Quaderni Camerti di Studi Romanistici
IndItp	Index Interpolationum
IUS	IUS, Rivista di Scienze Giuridiche
Iura	IURA, Rivista Internazionale di Diritto Romano e Antico
Labeo	Labeo, Rassegna di Diritto Romano
LQR	Law Quarterly Review
LRB	Lex Romana Burgundionum
n. Chr.	nach Christus
ND	Nachdruck
NNDI	Novissimo Digesto Italiano
OIR	Orbis Iuris Romani. Journal of Ancient Law Studies

Paling.	Palingenesia
pr	principium
Paul. Sent.	Paulus-Sentenzen
RAC	Reallexikon für Antike und Christentum
RE	Paulys Realencyclopädie der classischen Altertumswissenschaften
RHD	Revue Historique de Droit François et Étranger
RIDA	Revue Internationale des Droits de l'Antiquité
RISG	Rivista Italiana per le Scienze Giuridiche
RPR	Römisches Privatrecht
S.	Seite
SBer	Sitzungsberichte
SC	Senatus Consultum
SDHI	Studia et Documenta Historiae et Iuris
Sem. Comp.	Seminarios Complutenses de Derecho Romano
SRRB	Das syrisch-römische Rechtsbuch
St. Arangio-Ruiz	Studi in onore di Vincenzo Arangio-Ruiz I-IV, Napoli 1953
St. Biondi	Studi in onore di Biondo Biondi I-IV, Milano 1964
St. Biscardi	Studi in onore di Arnaldo Biscardi I-III, Milano 1982, IV (1983), V (1984), VI (1987), VII (1991)
St. Bonfante	Studi in onore di Pietro Bonfante I-IV, Milano 1930
St. Riccobono	Studi in onore di Salvatore Riccobono I-IV, Palermo 1936
St. Sanfilippo	Studi in onore di Cesare Sanfilippo I-II, Milano 1982, III-IV (1983), V (1984), VI (1985), VII (1987), VIII (1991)
St. Volterra	Studi in onore di Edoardo Volterra I-VI, Milano 1971
SZ	Zeitschrift der Savigny-Stiftung für Rechtsgeschichte, romanistische Abteilung
TR	Tijdschrift voor Rechtsgeschiedenis – Revue d'Histoire du Droit
UE	Ulpiani Epitome
v. Chr.	vor Christus
vgl.	vergleiche
z. B.	zum Beispiel
ZPR	Zivilprozessrecht

LITERATURVERZEICHNIS

A. QUELLEN

Gaius Institutiones. Die Institutionen des Gaius. Herausgegeben, übersetzt und kommentiert von Ulrich Manthe, Darmstadt 2004 (= Texte zur Forschung, 81);

Codex Thedosianus, ed. Th. Mommsen et P. M. Meyer, Dublin/Zürich 1971;
Vol. I: *Theodosiani libri XVI cum constitutionibus Sirmondianis*, edidit adsumpto apparatu P. Kruegeri Th. Mommsen
Voluminis primi pars prior (Vol. I/1): Prolegomena
Voluminis primi pars posterior (Vol. I/2): Textus cum apparatu
Vol. II: *Leges Novellae ad Theodosianum pertinentes*, edidit adiutore Th. Mommsen P. M. Meyer;

Corpus Iuris Civilis, Editio sexta decima lucis ope expressa, Berlin 1954;
Vol. I: *Institutiones*, recognovit P. Krueger; *Digesta*, recognovit Th. Mommsen retractavit P. Krueger
Vol. II: *Codex Iustinianus*, recognovit et retractavit P. Krueger
Vol. III: *Novellae*, recognovit R. Schoell, opus Schoelli morte interceptum absolvit G. Kroll

Fontes iuris Romani antejustiniani (FIRA)
Pars prima: *Leges*, iterum edidit S. Riccobono, Florenz 1968;
Pars altera: *Auctores*, edidit notisque illustravit J. Baviera, Florenz 1968;
Pars tertia: *Negotia*, edidit V. Arangio-Ruiz, Florenz 1969;

Das Syrisch-Römische Rechtsbuch, eingeleitet, herausgegeben, deutsch übersetzt und kommentiert von Walter Selb und Hubert Kaufhold, 3 Bände, Wien 2002 (= Österreichische Akademie der Wissenschaften, Philosophisch-Historische Klasse, Denkschriften, 295. Band bzw. Veröffentlichungen der Kommission für Antike Rechtsgeschichte Nr. 9). Band I: Einleitung; Band II: Texte und Übersetzungen; Band III: Kommentar.

B. ÜBERSETZUNGEN

Die Übersetzungen der Gaius-Ausgabe von *Manthe*: Gaius Institutiones. Die Institutionen des Gaius. Herausgegeben, übersetzt und kommentiert von Ulrich *Manthe*, Darmstadt 2004 (= Texte zur Forschung, 81).

Beim Codex Theodosianus und den Posttheodosianischen Novellen wurde die Übersetzung von *Pharr*, Clyde, The Theodosian Code and Novels and the Sirmondian Constitutions, New York 1969, benutzt.

Den Übersetzungen der Justinianischen Institutionen und der Digesten 1 - 20 sind zugrunde gelegt *Behrends,* Okko /*Knütel,* Rolf / *Kupisch,* Berthold / *Seiler,* Hans Hermann, Corpus Iuris Civilis,

Text und Übersetzung, Band I: Die Institutionen, Heidelberg ²1997; Band II: Digesten 1 - 10, Heidelberg 1995; Band III: Digesten 11 - 20, Heidelberg 1999.[1]

Für die Digesten 21 - 50 und den Codex Iustinianus wurde die Übersetzung von *Otto*, Karl Eduard / *Schilling*, Bruno / *Sintenis*, Karl Friedrich Ferdinand, Das Corpus Iuris Civilis ins Deutsche übersetzt, 7 Bde., Leipzig 1830 ff., ND Aalen 1984, benutzt.

C. SEKUNDÄRLITERATUR

Affolter, Friedrich Xaver, Die Persönlichkeit des herrenlosen Sklaven, Leipzig 1913;

Albanese, Bernardo, Actio servi corrupti, APal 27 (1959) 5 ff.;

Albertario, Emilio, I problemi possessori relativi al servus fugitivus, Milano 1930 (= Pubblicazioni della Università cattolica del Sacro Cuore Serie II, 22) = Studi di Diritto Romano II, Milano 1941, 272 ff.;

Amelotti, Mario, La prescrizione delle azioni in diritto romano, Milano 1958 (= Fondazione Guglielmo Castelli, 24);

Arangio-Ruiz, Vincenzo, La compravendita in diritto romano, 2 Bde., Napoli ²1961;

Arnò, Carlo, In tema di servus fugitivus, Studi in onore di Silvio Perozzi nel XL anno del suo insegnamento, Palermo 1925, 261 ff.;

Artner, Michael, Agere praescriptis verbis. Atypische Geschäftsinhalte und klassisches Formularverfahren, Berlin 2002 (= Schriften zur Rechtsgeschichte, 94);

Aru, Luigi, Una congettura su D. 1.14.3: „Barbarus Philippus“, Studi in onore di Edoardo Volterra III, Milano 1971, 653 ff.;

Avonzo, Franca, Coesistenza e connessione tra iudicium publicum e iudicium privatum, BIDR 59/60 (1956) 125 ff.;

Barone Adesi, Giorgio, Servi fugitivi in ecclesia – Indirizzi cristiani e legislazione imperiale, AARC 8 (1990) 695ff.;

Barone Adesi, Giorgio, Monachesimo ortodosso d'Oriente e diritto romano nel tardo antico, Milano 1990 (=Pubblicazioni dell'Istituto di Diritto Romano e dei Diritti dell'Oriente Mediterraneo, 65);

Bellen, Heinz, Studien zur Sklavenflucht im römischen Kaiserreich, Wiesbaden 1971 (= Forschungen zur antiken Sklaverei, 4);

Benöhr, Hans-Peter, Der Besitzerwerb durch Gewaltabhängige im klassischen römischen Recht, Berlin 1972 (= Schriften zur Rechtsgeschichte, Heft 3);

Berger, Adolf, Lex Fabia (de plagio), RE Suppl. VII (Stuttgart 1940) 386 ff.;

Beseler, Gerhard, Beiträge zur Kritik der römischen Rechtsquellen, 5 Bde., Tübingen 1910-1931;

Bieżuńska-Małowist, Iza, La schiavitù nel mondo antico, Napoli 1991 (= Che so?, 23);

Biondi, Biondo, Il diritto romano cristiano II, Milano 1952;

Bonetti, Paolo, In tema di servus fugitivus, Synteleia Arangio-Ruiz II, Neapel 1964, 1095 ff.;

Bonfiglio, Barbara, Corruptio servi, Milano 1998 (= Università degli Studi di Milano, Facoltà di Giurisprudenza, Pubblicazioni dell'Istituto di Diritto Romano, 33);

Bradley, Keith, Slavery and Society at Rome, Cambridge 1994;

Brecht, C. H., Plagium, RE XX (Stuttgart 1950) 1998 ff.;

Buckland, William Warwick, The Roman Law of Slavery, Cambridge 1908 (ND Aalen 1969);

Cannata, Carlo Augusto, L'animo possidere nel diritto romano, SDHI 26 (1960) 71 ff.;

[1] Bei den wenigen Stellen, wo in einzelnen Passagen die Übersetzung davon sprachlich und sachlich abweicht, ist das im Apparat kenntlich gemacht.

Cannata, Carlo Augusto, Ricerche sulla responsabilità contrattuale nel diritto romano I, Milano 1966 (= Fondazione Guglielmo Castelli, 35);
Cannata, Carlo Augusto, Sul problema della responsabilità nel diritto privato romano, Iura 43 (1992) 1 ff.;
Carcaterra, Antonio, Il servus fugitivus e il possesso, AG 120 (1938) 158 ff.;
Chiazzese, Lauro, Iusiurandum in litem, Milano 1958;
Dalla, Danilo, Senatus Consultum Silanianum, Milano 1980 (= Seminario giuridico della Università di Bologna, 88);
Daube, David, Slave Catching, Juridical Review 64 (1952) 17 ff. = Collected Studies in Roman Law I, Frankfurt 1991 (= Ius commune, Sonderhefte: Studien zur Europäischen Rechtsgeschichte, 54), 501 ff.;
De Robertis, Francesco, La responsabilità contrattuale nel sistema della grande compilazione, 2 Bde., Bari 1982-1983;
De Visscher, Fernand, Le régime romain de la noxalité. De le vengeance collective à la responsabilité individuelle, Bruxelles 1947;
Doll, Andreas, Von der vis maior zur höheren Gewalt. Geschichte und Dogmatik eines haftungsentlastenden Begriffs, Frankfurt/M. 1989 (= Europäische Hochschulschriften: Reihe 2, 854);
Domingo, Rafael, Estudios sobre el Primer Títolo del Edicto Pretorio III, Santiago de Compostela 1995 (= Cuadernos compostelanos de derecho romano, 7);
Donadio, Nunzia, La tutela del compratore tra actiones aediliciae e actio empti, Milano 2004 (= Università di Milano - Bicocca. Facoltà di Giurisprudenza, Pubblicazioni del Dipartimento dei Sistemi Giuridici ed Economici);
Donadio, Nunzia, Sulla comparazione tra desertor e fugitivus e tra erro e emansor in D. 49.16.4.14, Scritti in ricordo di Barbara Bonfiglio, Milano 2004, 137 ff.;
Drew Harington, J., Res or persona: Roman Civil Law's Influence on Southern Slave Law, Labeo 40 (1994) 236 ff.;
Dumont, Jean Christian, Servus, Rome et l'esclavage sous la république, Rome 1987 (= Collection de l'École Française de Rome, 103);
Ernst, Wolfgang, Neues zur Sachmängelgewährleistung, SZ 116 (1999) 208 ff.;
Falchi, Gian Luigi, Ricerche sulla legittimazione passiva alle azioni nossali. Il possessore di buona fede del servo, Milano 1976 (= Fondazione Guglielmo Castello, 44);
Falchi, Gian Luigi, Una poco nota controversia tra Sabiniani e Proculiani sulla legittimazione passiva all'actio noxalis furti, Studi in onore di Cesare Sanfilippo V, Milano 1984, 323 ff.;
Franciosi, Gennaro, Il processo di libertà in diritto romano, Napoli 1961 (= Pubblicazioni della Facoltà Giuridica dell'Università di Napoli, 51);
Gamauf, Richard, Ad statuam licet confugere. Untersuchungen zum Asylrecht im römischen Prinzipat, Frankfurt/M. 1999 (= Wiener Studien zu Geschichte, Recht und Gesellschaft – Viennese Studies in History, Law and Society, 1);
Garofalo, Luigi, Studi sull'azione redibitoria, Padova 2000 (= Pubblicazioni della Facoltà di Giurisprudenza dell'Università di Padova, 113);
Gerkens, Jean-François, „Aeque perituris…“. Une approche de la causalité dépassante en droit romain classique, Liège 1997;
Giangrande, Giuseppe, Calimaco y la subasta de los esclavos fugitivos, HABIS 24 (1993) 25 ff.;
Giménez-Candela, Teresa, El régimen pretorio subsidiario de la acción noxal, Pamplona 1981;
Gioffredi, Carlo, Ad statuas confugere, SDHI 12 (1946) 187 ff.;

Giomaro, Anna Maria, Cautiones iudiciales e officium iudicis, Milano 1982 (= Università degli Studi Urbino Facoltà di Giurisprudenza, 30);

Guizzi, Francesco, Professionisti e no: il fugitivarius, Synteleia Vincenzo Arangio-Ruiz I, Napoli 1964, 237 ff.;

Haymann, Franz, Die Haftung des Verkäufers für die Beschaffenheit der Kaufsache I, Berlin 1912;

Herrmann, Johannes, Cod. Theod. 9,45: De his, qui ad ecclesias confugiunt, Gedächtnisschrift für Hermann Conrad, Paderborn u. a. 1979, 271 ff. = Kleine Schriften zur Rechtsgeschichte (= Münchener Beiträge zur Papyrusforschung und antiken Rechtsgeschichte, 83), 351 ff.;

Herrmann, Johannes, Kaiserliche Erlässe zum kirchlichen Asylschutz für Sklaven, Studi in onore di Cesare Sanfilippo IV, Milano 1984, 257 ff. = Kleine Schriften zur Rechtsgeschichte (= Münchener Beiträge zur Papyrusforschung und antiken Rechtsgeschichte, 83), 363 ff.;

Herrmann-Otto, Elisabeth, Ex ancilla natus. Untersuchungen zu den „hausgeborenen" Sklaven und Sklavinnen im Westen des Römischen Kaiserreichs, Stuttgart 1994 (= Forschungen zur antiken Sklaverei, 24);

Honsell, Heinrich, Quod interest im bonae fidei iudicium. Studien zum Römischen Schadenersatzrecht, München 1969 (= Münchener Beiträge zur Papyrusforschung und antiken Rechtsgeschichte, 55);

Horak, Franz, Rationes decidendi, Innsbruck 1969 (= Studien zur Rechts-, Wirtschafts- und Kulturgeschichte, 5 = Veröffentlichungen der Universität Innsbruck, 40);

Huvelin, Paul, Études sur le furtum dans le très ancien droit romain, 2 Bde., Lyon-Paris 1915 (ND Roma 1968);

Impallomeni, Giambattista, L'editto degli edili curuli, Padova 1955 (= Pubblicazioni della Facoltà di Giurisprudenza dell'Università di Padova, 130);

Jakab, Éva, Praedicere und cavere beim Marktkauf. Sachmängel im griechischen und römischen Recht, München 1997 (= Münchener Beiträge zur Papyrusforschung und antiken Rechtsgeschichte, 87);

Jung, Jost Heinrich, Das Eherecht der römischen Soldaten. ANRW II/14 (Berlin 1982), 302 ff;

Kaser, Max, Römisches Privatrecht^2: Bd. I, München 1971; Bd. II, München 1975;

Kaser, Max, Die actio furti des Verkäufers, SZ 96 (1979) 89 ff.;

Kaser, Max / *Hackl*, Karl, Das römische Zivilprozessrecht, 2. Auflage, neu bearbeitet von Karl Hackl, München 1996;

Kaser, Max / *Knütel*, Rolf, Römisches Privatrecht, München ^{17}2003;

Klinck, Fabian, Erwerb durch Übergabe an Dritte nach klassischem römischen Recht, Berlin 2004 (= Schriften zur Rechtsgeschichte, 116);

Krüger, Wolfgang, Erwerbszurechnung kraft Status. Eine romanistisch-rechtsvergleichende Untersuchung, Berlin 1979 (= Schriften zur Rechtsgeschichte, 19);

Kunkel, Wolfgang, Kleine Schriften. Zum römischen Strafverfahren und zur römischen Verfassungsgeschichte, Weimar 1974;

Kunkel, Wolfgang / *Honsell*, Heinrich / *Mayer-Maly*, Theo / *Selb*, Walter, Römisches Recht, Berlin/Heidelberg ^{4}1987;

Kupisch, Berthold, In integrum restitutio und vindicatio utilis bei Eigentumsübertragungen im klassischen römischen Recht, Berlin-New York 1974 (= Münsterische Beiträge zur Rechts- und Staatswissenschaft, 18);

Kupisch, Berthold, Römische Sachmängelhaftung: Ein Beispiel für die 'Ökonomische Analyse des Rechts', TR 70 (2002) 21 ff.;

Lambertini, Renzo, Plagium, Milano 1980 (= Seminario Giuridico della Università di Bologna, 87);

Langenfeld, Hans, Christianisierungspolitik und Sklavengesetzgebung der römischen Kaiser von Konstantin bis Theodosius II, Bonn 1977 (= Antiquitas, Reihe 1, 26);
Lederle, Rosalie, Mortuus redhibetur. Die Rückabwicklung nach Wandlung im römischen Recht, Berlin 1983 (= Schriften zur Rechtsgeschichte, 28);
Lenel, Otto, Palingenesia iuris civilis, 2 Bde., Leipzig 1889 (ND Graz 1962);
Lenel, Otto, Das Edictum perpetuum. Ein Versuch zu seiner Wiederherstellung, Leipzig ³1927 (ND Aalen 1956);
Levy, Ernst, Pauli Sententiae. A Palingenesia of the opening Titles as a Specimen of Research in West Roman Vulgar Law, Ithaca 1945 (ND New York 1969);
Longo, Gianetto, Il possesso sul servus fugitivus, AMac 25 (1961) 1 ff. = Ricerche romanistiche, Milano 1966, 455 ff.;
Longo, Gianetto, D. 11, 3, BIDR 64 (1961) 199 ff. = Ricerche romanistiche, Milano 1966, 733 ff.;
Longo, Gianetto, Crimen plagii, Annali Genova 13 (1974) 379 ff.;
Lucifredi Peterlongo, Maria Emilia, Barbarius Philippus ... servus fugitivus ... praetor designatus est (Contributi all'esegesi di 1, 14, 3), in: Contributi allo studio dell esercizio di fatto di pubbliche funzioni, Milano 1965, 1 ff.;
Lucifredi Peterlongo, Maria Emilia / *Lucifredi*, Roberto, Contributo allo studio dell'esercizio di fatto di pubbliche funzioni, Milano 1965;
Mader, Peter, Mortuus redhibetur, SZ 100 (1983) 206 ff.;
Manfredini, Arrigo Diego, 'Ad ecclesiam confugere', 'Ad statuam confugere' nell'età di Teodosio I, AARC 6 (1986) 39 ff.;
Manna, Lorena, Actio redhibitoria e responsabilità per i vizi della cosa nell'editto de mancipiis vendundis, Milano 1994 (= Università degli Studi di Milano, Facoltà di Giurisprudenza, Pubblicazioni dell'Istituto di Diritto Romano, 30);
Manthe, Ulrich, Zur Wandlung des servus fugitivus, TR 44 (1976) 133 ff.;
Marotta, Valerio, Multa de iure sanxit. Aspetti della politica del diritto di Antonino Pio, Milano 1988 (= Pubblicazioni della Facoltà di Giurisprudenza / Università di Firenze, 64);
Martini, Remo, Le definizioni dei giuristi romani, Milano 1966 (= Pubblicazioni della Facoltà di Giurisprudenza: Serie 2 d, Studi di diritto romano, 3);
Maschi, Carlo Alberto, Tre momenti del diritto romano classico. In tema di possesso del servo fugitivo, Studi giuridici in onore di Filippo Vassali II, Turin 1960, 1089 ff.;
Medicus, Dieter, Id quod interest. Studien zum römischen Recht des Schadenersatzes, Köln-Graz 1962 (= Forschungen zum Römischen Recht, 14);
Meissel, Franz-Stefan, Societas. Struktur und Typenvielfalt des römischen Gesellschaftsvertrages, Frankfurt/M. 2004 (= Wiener Studien zu Geschichte, Recht und Gesellschaft, 3);
Melluso, Marco, La schiavitù nell'età giustinianea. Disciplina giuridica e rilevanza sociale, Paris 2000 (= Institut des Sciences et Techniques de l'Antiquité, Série « Esclavage et dépendance »);
Memmer, Michael, Der „schöne Kauf" des „guten Sklaven". Zum Sachmängelrecht im Syrisch-römischen Rechtsbuch, SZ 107 (1990) 1 ff.;
Metro, Antonio, L'obbligazione di custodire nel diritto romano, Milano 1966 (= Pubblicazioni dell'Istituto di Scienze Giuridiche, Economiche, Politiche e Sociali della Università di Messina, 73);
Molé, Marcello, Plagio (diritto romano), NNDI XIII, Torino 1966, 116 ff.;
Molé, Marcello, Ricerche in tema di plagio, AG 120 (1966) 116 ff.;
Mommsen, Theodor, Römisches Strafrecht, Berlin 1899 (ND Graz 1955);
Monier, Raymond, La garantie contre vices cachés dans la vente romaine, Paris 1930;

Morabito, Marcel, Les réalités de l'esclavage d'après le digeste, Paris 1981 (= Centre de Recherches d'Histoire Ancienne, 39);
Navarra, Marialuisa, Ricerche sulla utilitas nel pensiero dei giuristi romani, Torino 2002 (= Collectanea Graeco-romana, 4);
Nicolau, Mathieu, Causa liberalis. Étude historique et comparative du procès de liberté dans les législations anciennes, Paris 1933;
Nicosia, Giovanni, L'acquisto del possesso mediante i „potestate subiecti", Milano 1960 (= Università di Catania, Pubblicazioni della Facoltà di Giurisprudenza, 38), Appendice: L'acquisto mediante il „servus fugitivus", 396 - 485;
Olde Kalter, Antonius Louisius, Dicta et promissa, De aansprakelijkheid van de verkoper wegens gedane toezeggingen betreffende de hoedanigheid van de verkochte zaak in het klassieke romeinse recht, Utrecht 1963;
Pastori, Franco, Il commodato in diritto romano, Milano 1995;
Pennitz, Martin, Das periculum rei venditae, Wien u.a. 2000 (= Forschungen zum römischen Recht, 44);
Pflüger, H. H., Zur Lehre von der Haftung des Schuldners nach römischem Recht, SZ 65 (1947) 119 ff.;
Poma, Gabriella, Servi fugitivi e schiavi magistrati in età triumvirale, Index 15 (1987) 149 ff.;
Pringsheim, Fritz, Acquisition of Ownership through servus fugitivus, Studi in onore di Siro Solazzi, Neapel 1948, 603 ff. = Gesammelte Abhandlungen I, Heidelberg 1961, 334 ff.;
Pringsheim, Fritz, Servus fugitivus sui furtum facit, Festschrift Fritz Schulz I, Weimar 1951, 279 ff. = Gesammelte Abhandlungen II, Heidelberg 1961, 152 ff.;
Pringsheim, Fritz, The Decisive Moment for the Aedilician Liability, RIDA 1 (1952) 545 ff. = Gesammelte Abhandlungen II, Heidelberg 1961, 171 ff.;
Pringsheim, Fritz, Das Alter der ädilizischen actio quanti minoris, SZ 69 (1952) 234 ff.;
Rabel, Ernst, Zum Besitzverlust nach klassischer Lehre, Studi in onore di Salvatore Riccobono IV, Palermo 1936, 203 ff., insbes. 220 ff. (B. Der Besitz am und durch den servus fugitivus);
Reduzzi Merola, Francesca, Servo parere. Studi sulla condizione giuridica degli schiavi vicari e dei sottoposti a schiavi nelle esperienze greca e romana, Napoli 1990 (= Pubblicazioni della Facoltà di Giurisprudenza dell'Università di Camerino, 35);
Reichard, Ingo, Die Frage des Drittschadensersatzes im klassischen römischen Recht, Köln-Weimar-Wien 1993 (= Forschungen zum römischen Recht, 38);
Robaye, René, L'obligation de garde. Essai sur la responsabilité contractuelle en droit romain, Bruxelles 1987 (= Publications des Facultés Universitaires Saint-Louis. Travaux et Recherches, 12);
Robinson, Olivia F., The Criminal Law of Ancient Rome, London 1995;
Robleda, Olis, Il diritto degli schiavi nell'antica Roma, Roma 1976;
Roth, Hans-Jörg, Alfeni Digesta. Eine spätrepublikanische Juristeninschrift, Berlin 1999 (= Freiburger rechtsgeschichtliche Abhandlungen, N.F., 32);
Rotondi, Giovanni, Possessio quae animo retinetur, BIDR 30 (1920) 1 ff. = Scritti giuridici III, Pavia 1922, 94 ff.;
Russo Ruggeri, Carmela, Viviano giurista minore?, Milano 1997 (= Pubblicazioni della Facoltà di Giurisprudenza della Università di Messina, 191);
Santalucia, Bernardo, L'opera di Gaio „ad edictum praetoris urbani", Milano 1975 (= Pubblicazioni della Facoltà di Giurisprudenza / Università di Firenze, 19);
Santoro, Raimondo, Il contratto nel pensiero di Labeone, APal 37 (1983) 3 ff.;

Schiller, Arthur, The actio servi corrupti, CLR 30 (1930) 839 ff. = An American Experience in Roman Law, Göttingen 1971;
Schipani, Sandro, La responsabilità del convenuto per la cosa oggetto di azione reale, Torino 1971 (= Università di Torino, Memorie dell'Istituto Giuridico, 2. serie, 140);
Schumacher, Leonhard, Sklaverei in der Antike. Alltag und Schicksal der Unfreien, München 2001;
Söllner, Alfred, Irrtümlich als Sklaven gehaltene freie Menschen und Sklaven in unsicheren Eigentumsverhältnissen, Corpus der römischen Rechtsquellen zur antiken Sklaverei, Teil IX, hrsg. von J. Michael Rainer, Stuttgart 2000;
Straus, Jean A., L'achat et la vente des esclaves dans l'Égypte romaine. Contribution papyrologique à l'étude de l'esclavage dans une province orientale de l'Empire romain, München-Leipzig 2004 (= Archiv für Papyrusforschung, Beiheft 14);
Traulsen, Christian, Das sakrale Asyl in der Alten Welt. Zur Schutzfunktion des Heiligen von König Salomo bis zum Codex Theodosianus, Tübingen 2004 (= Jus Ecclesiasticum, 72);
Voci, Pasquale, Diritto ereditario romano II, Milano ^{2}1963;
Waldstein, Wolfgang, Operae libertorum. Untersuchungen zur Dienstpflicht freigelassener Sklaven, Stuttgart 1986 (= Forschungen zur antiken Sklaverei, 19);
Warkallo, W., Actio de servo corrupto directa. Ein Beitrag zur Frage der Vollkommenheit des römischen Privatrechts, in: Gesellschaft und Recht im griechisch-römischen Altertum I, Berlin 1968 (= Deutsche Akademie der Wissenschaften, Schriften für die Altertumswissenschaften, 53), 296 ff.;
Watson, Alan, Roman Slave Law, Baltimore and London 1987;
Watson, Alan, Seller's Liability for Defects: Aedilician Edict and Praetorian Law, Iura 38 (1987) 167 ff.;
Watson, Alan, Thinking Property at Rome, Slavery & The Law, ed. by Paul Finkelman, Madison 1997, 419 ff. (insb. 430 ff.: A Runaway Slave's Purchase of Slaves);
Weiler, Ingomar, Die Beendigung des Sklavenstatus im Altertum. Ein Beitrag zur vergleichenden Sozialgeschichte, Stuttgart 2003 (= Forschungen zur antiken Sklaverei, 36);
Wieacker, Franz, Textstufen klassischer Juristen, Göttingen 1960;
Wieling, Hans, Die Begründung des Sklavenstatus nach ius gentium und ius civile, Corpus der römischen Rechtsquellen zur antiken Sklaverei, Teil I, hrsg. von J. Michael Rainer, Stuttgart 1999;
Willvonseder, Reinhard, Die Verwendung der Denkfigur der „condicio sine qua non" bei den römischen Juristen, Wien-Köln-Graz 1984 (= Wiener rechtsgeschichtliche Arbeiten, 14);
Wimmer, Markus, Besitz und Haftung des Vindikationsbeklagten, Köln-Weimar-Wien 1995 (= Forschungen zum römischen Recht, 41);
Zamorani, Pierpaolo, Possessio e animus, Milano 1977 (= Pubblicazioni della Facoltà Giuridica dell'Università di Ferrara, serie seconda, 9);
Zimmermann, Reinhard, Law of Obligations. Roman Foundations of the Civilian Tradition, Cape Town u.a. 1990.

I. EINLEITUNG

A. ZUM BEGRIFF *SERVUS FUGITIVUS*

Der in den Rechtsquellen verwendete Begriff *servus fugitivus* hat zwei Aspekte[1]. Zum einen meint er den aktuell auf der Flucht befindlichen Sklaven, zum anderen beschreibt er eine Charaktereigenschaft eines Sklaven, die ihm als Folge eines Entlaufens zugeschrieben wird und daher auch dann erhalten bleibt, wenn er wieder zurückkehrt (so Text 70) oder zurückgestellt wird. Er gilt in der Folge als *fugitivus* (Ausreißer, fluchtgeneigter Sklave).

In der ersten Bedeutung findet sich der Begriff *fugitivus* vor allem in Edikt *De fugitivis* und den dazugehörigen Juristenkommentaren (Texte 31 - 43); es geht dabei um organisatorische Bestimmungen betreffend Rückführung aufgegriffener flüchtiger Sklaven. Ebenso ist dieser Aspekt gemeint, wenn die Juristen darüber diskutieren, ob am *servus fugitivus* der Besitz aufrecht erhalten bleibt (z. B. Texte 137, 138, 141, 193) und welche Konsequenzen von ihm getätigte Rechtsgeschäfte (z. B. Texte 44, 55, 144, 145) oder von ihm verübte Delikte haben. Ebenso wird der Begriff in diesem Sinn verwendet, wenn die Juristen die Anwendbarkeit eines SC erörtern, welches den Verkauf von derzeit flüchtigen Sklaven verbietet (Texte 21, 59, 161, 162). Der Umstand, dass ein Sklave sich aktuell auf der Flucht befindet, wird in den Rechtsquellen auch durch *in fuga esse* (z. B. Texte 16 = 197, 21, 22, 87, 146) oder ähnliche Ausdrücke (z. B. Text 140: *per servum in fuga agentem*; Text 183: *fugitivum in fuga constitutum*; Text 228: *in fuga positus servus*) umschrieben.

Die zweite Bedeutung spielt vor allem im Kaufrecht eine Rolle. Insbesondere verpflichtete das Edikt der kurulischen Ädilen bei Marktverkäufen von Sklaven die Verkäufer zur Kundmachung bestimmter Eigenschaften, darunter auch der Neigung zum Entlaufen und zum Herumstreunen (Text 67: *quis fugitivus errove sit*). Vor allem in diesem Zusammenhang gehen die Juristen (Texte 69 - 85, 91, 176) auf die Merkmale des *fugitivus* ein, indem sie untersuchen, wodurch diese Eigenschaft begründet wird. Sie stellen dabei auf ein objektives und ein subjektives Tatbestandselement ab, nämlich einerseits auf die Entfernung aus dem Machtbereich des *dominus* und andererseits auf das Vorliegen eines *animus fugiendi*. (Dazu unten S. 27 ff.).

[1] So auch M. Kaser, RPR I 560 FN 58.

B. DIE RECHTSLAGE WÄHREND DER FLUCHT

1. EIGENTUM UND BESITZ

a. Vorbemerkung

Eigentum (*dominium, proprietas, meum esse* = nach *ius civile* mir gehören) ist das umfassendste Herrschaftsr e c h t an einer Sache, während unter Besitz (*possessio*) die f a k t i s c h e Sachherrschaft verstanden wird. Eigentümer (*dominus*) ist also derjenige, dem die Sache gehört[2], Besitzer (*possessor*) derjenige, der die Sachherrschaft mit Herrschaftswillen ausübt: Nach römischer Auffassung beruht der Besitz auf zwei Elementen, nämlich *corpus* (als körperliche Nahebeziehung zur oder als tatsächliche Kontrolle über die Sache) und *animus*, dem Besitzwillen (auch: *animus possidendi*).

Häufig fallen Besitz und Eigentum in einer Person zusammen, so z. B. wenn der Eigentümer die Sachherrschaft selbst ausübt. Es kann aber auch zu einem Auseinanderfallen der beiden Positionen kommen, z. B. wenn eine Sache des E auf irgendeine Weise in die Hände des B gekommen ist und dieser die Sache – wenn auch zu Unrecht – wie eine seinige beherrscht: Dann ist E weiterhin Eigentümer, B ist Besitzer. Er hat das *corpus* und den *animus*.

b. Das Eigentum am servus fugitivus

Wenn ein Sklave entläuft, so bleibt das Eigentum seines bisherigen Herrn aufrecht. Reskripte von Antoninus Pius stellen klar, dass eine Sklavenflucht nicht dazu führen kann, dass der *dominus* sein Recht verliert, insbesondere weder dadurch, dass sich ein flüchtiger Sklave als Tierkämpfer verdingt (Text 43), noch dadurch, dass er undeklariert eine Zollgrenze überschreitet und versucht, an den erhebungsberechtigten Zollpächter zu verfallen (Text 126). Über einen zu den Feinden übergelaufenen *servus* erlangt nach dessen Rückkehr der *dominus* wieder das *pristinum ius* (Text 172).

Aufgrund des aufrecht bleibenden Eigentums kann der *dominus* den entlaufenen Sklaven von jedermann mit der Eigentumsklage (*rei vindicatio*) herausverlangen. Eine Ersitzung durch einen gutgläubigen Dritten ist nicht möglich, da der Sklave durch das Entlaufen einen Diebstahl an sich selbst (*furtum sui*) begeht[3] und dadurch zu einer *res furtiva* wird, die von der Ersitzung ausgeschlossen ist (Texte 153, 253, 262, 286)[4].

Ist ein verpfändeter Sklave nach Pfandverkauf dem Käufer entlaufen, so hat dieser als nunmehriger Eigentümer die dingliche Klage auf Rückstellung (Text 267).

[2] Freilich kennt das klassische römische Recht neben dem Eigentum nach *ius civile* auch ein so genanntes prätorisches oder bonitarisches Eigentum. Letzteres entsteht vor allem dann, wenn eine *res mancipi* – dazu gehören neben italischen Grundstücken und Großvieh auch die Sklaven – von einem Veräußerer auf einen Erwerber nicht durch förmliche *mancipatio* (zum Ablauf siehe FN 550), sondern durch bloße *traditio* übertragen wird. Erst mit Ablauf der Ersitzung erlangt der Erwerber auch das zivile Eigentum. Fallen ziviles und prätorisches Eigentum in einer Person zusammen, so spricht Gai. 2, 41 von einem *pleno iure dominus*. Die *mancipatio* verschwindet in der Nachklassik. Justinian hat durch Interpolationen ihre Spuren aus den Quellen (vgl. FN 256, FN 261, FN 355, FN 442) beseitigt. Vgl. M. Kaser, RPR I 403; II 274, 297.

[3] Zur Frage, ob das klassisches oder justinianisches Recht ist, unten S. 12.

[4] In der Nachklassik wurden allerdings die *actiones perpetuae* einer 30-jährigen Verjährung unterworfen. Das betraf nach der Interpretatio zu Nov. Val. 35, 3 (Text 222) und nach LRB XXXI (Text 238) auch die Klage *de fugitivis*.

Ebenso ist es eine selbstverständliche Konsequenz des aufrecht bleibenden Eigentums, dass bei Verletzungen eines *servus fugitivus* durch Dritte die Schadenersatzklage (*actio legis Aquiliae*) dem *dominus* zusteht (Text 17).

c. Der Besitz am servus fugitivus

Obwohl durch das Entlaufen das *corpus* erlischt und man konsequenterweise sagen müsste, dass die *possessio* nun nicht mehr gegeben ist, haben die römischen Juristen *utilitatis causa* entschieden, dass auch der Besitz hier *solo animo* aufrecht bleibt. Damit hängt weiters die Frage zusammen, ob auch der Besitz an den vom Sklaven auf die Flucht mitgenommenen Sachen aufrecht bleibt (dazu d) und ob er auf der Flucht für seinen Herrn Besitz und damit allenfalls auch Eigentum erwerben kann, etwa wenn er mit dem mitgenommenen Geld Sachen kauft (dazu e).

Grundsätzlich bleibt nach Nerva an beweglichen Sachen der Besitz nur so lange aufrecht, als sie *sub custodia nostra sint* (Text 136), doch weist Nerva auch darauf hin, dass dies für Sklaven nicht gilt. Dieser Vorbehalt (*excepto homine*) lässt sich einerseits so verstehen, dass der Besitz an nicht bewachungsbedürftigen Sklaven keiner *custodia* bedarf, andererseits auch in dem Sinn, dass am entlaufenen Sklaven der Besitz aufrecht bleibt[5]. Auf ein entsprechendes *responsum* weist ebenfalls schon der Frühklassiker Nerva hin, wobei unklar ist, ob es von ihm selbst oder einem zeitgenössischen Juristen stammt (Text 134). Gaius bringt dazu folgenden Gedanken: So wie ein Sklave nicht in der Lage ist, durch Flucht seinem Herrn den Besitz an anderen Sachen zu entziehen, so kann er es auch nicht an sich selbst (Text 138); Gaius argumentiert damit vom erwünschten Ergebnis her, ähnlich begründet Ulpian den fortbestehenden Besitz damit, *ne ipse nos privet possessione* (Text 137). Hintergrund ist wohl der Gedanke, dass die mit dem Besitz verbundenen Vorteile dem bisherigen Besitzer möglichst lange erhalten bleiben sollen: Das ist neben der Berücksichtigung für den Besitzschutz durch das *interdictum utrubi* (Text 142) vor allem das Weiterlaufen und die Vollendung einer begonnenen Ersitzung, worin schon Julian den eigentlichen Anwendungsbereich sieht (Text 146); in diesem Sinn weist der Spätklassiker Paulus darauf hin, dass die Vollendung einer Ersitzung aus Zweckmäßigkeitsgründen bereits allgemein anerkannt ist (Text 134: *utilitatis causa receptum est*). Julian zieht einen Vergleich zwischen Fortbestehen des *ususfructus* und dem Fortbestehen des Besitzes am flüchtigen Sklaven (Text 16 = Text 197); die Heranziehung als Vergleichsbasis belegt, dass sich der Gedanke des Besitzes am flüchtigen Sklaven schon früh durchgesetzt haben muss. Kontrastartig wird darauf hingewiesen, dass an einem *servus in fuga* zwar die *possessio* aufrecht bleibt, aber die *facultas et potestas exhibendi* (Text 19), die *facultas restituendi* (Text 22) bzw. die tatsächliche *potestas* (Text 146, 193) fehlt.

Zu einem völlig anderen Ergebnis würde man gelangen, wenn man den Fortbestand des Besitzes vom *animus revertendi* des Sklaven abhängig macht, wie dies im Schlusssatz von Text 139 getan wird. Der Zusammenhang mit dem dort von Papinian geschilderten und unter Berufung auf Nerva entschiedenen Fall legt freilich nahe, dass es nur darum ging, ob der Besitz auch dann aufrecht bleibt, wenn der Verwahrer oder Entlehner eines Sklaven beschließt, diesen nicht mehr zurückzugeben: Während bei leblosen Sachen (*res quae ratione vel anima carent*) der Hinterleger oder Verleiher seinen Besitz dadurch sofort (*confestim*) verlieren würde, kann bei einem verliehenen Sklaven dessen *propositum redeundi* trotz der Willensänderung des Entleihers den Besitzverlust für den *dominus* abwenden.

[5] Siehe dazu FN 462.

Die Aufrechterhaltung des Besitzes am flüchtigen Sklaven erfolgt nach Paulus (Text 135) bzw. den Paulus-Sentenzen (Text 195) *solo animo*[6]. Der Gedanke der Besitzerhaltung trotz fehlenden *corpus* begegnet ansonsten vor allem bei bloß saisonmäßig genutzten Grundstücken (Sommer- bzw. Winterweiden), an denen der Besitz auch in der Zeit der Nichtbewirtschaftung ebenfalls *solo animo* so lange aufrecht blieb, als sich niemand anderer ihrer dauerhaft bemächtigt hatte[7].

Der Besitz erlischt freilich in dem Moment, in dem sich ein anderer des flüchtigen Sklaven bemächtigt und dadurch Besitz an ihm erwirbt (Texte 134, 140). Wenn sich der flüchtige Sklave wie ein Freier verhält (*pro libero se gerit*), so hatte das nach Plautius keinen Einfluss auf die fortbestehende *possessio* (Text 141): Nach Gaius hört jedenfalls mit der Einleitung eines *status*-Prozesses der Besitz auf, da die Person, um deren *status* es geht, für die Dauer des Prozesses als frei gilt (Text 131). Paulus differenziert das noch weiter: War ein flüchtiger Sklave zuvor lange faktisch in Freiheit und geht die prozessuale Initiative vom *dominus* aus (*vindicatio in servitutem*), so hat dieser keine *possessio*, wenn der Flüchtige zur Führung des Rechtstreites bereit ist (Text 135: *cui se adversarium preparat*; Text 141: *si paratus sit litigare*). Hat sich aber jemand zuvor wie ein Unfreier verhalten und geht die prozessuale Initiative von ihm aus (*vindicatio in libertatem* durch einen *adsertor libertatis*), so bleibt er auch während des Prozesses bis zu einem allfälligen Urteil auf Freiheit im Besitz des Beklagten; diese Variante muss sich gar nicht auf einen *servus fugitivus* beziehen (siehe Kommentar zu Text 135).

d. Mitgeführte Sachen

Auch an den vom flüchtigen Sklaven mitgeführten Sachen hat dessen *dominus* die faktische Herrschaft verloren. Daher verneint noch der Prokulianer Nerva, der bei beweglichen Sachen grundsätzlich den Besitz von einer aufrechten Herrschaftsbeziehung (Text 136: *custodia*) abhängig macht, das Weiterbestehen des Besitzes an den vom flüchtigen Sklaven mitgeführten Sachen (Text 134); Pomponius verbindet seine Ablehnung des Besitzes mit dem Gedanken, dass der Besitz an den Sachen den Besitz am Sklaven voraussetzt (Text 133). Hingegen ist davon auszugehen, dass die Sabinianische Lehre, die sogar einen Besitzerwerb zugunsten des *dominus* anerkannt hat (dazu unten e), umso eher auch die Aufrechterhaltung des Besitzes bejaht hat[8]. Gaius führt auch den Fortbestand der *possessio* an den mitgeführten Sachen und am *servus fugitivus* selbst auf denselben Gedanken zurück (Text 138).

Freilich stellt die Mitnahme von Sachen ein *furtum* (Diebstahl) dar. Das führt dazu, dass derjenige, der den Sklaven zur Flucht angestiftet hat, bezüglich der mitgenommenen Sachen aus Beitragstäterschaft mit der *actio furti* (Text 148) und zusätzlich mit der *actio servi corrupti* (Text 28) dafür haftet. Wer einen flüchtigen Sklaven samt den gestohlenen Sachen aufnimmt, riskiert auch hinsichtlich dieser die *actio furti* (Text 275), selbstverständlich hat er sie herauszugeben. Auch wenn der Sklave auf der Flucht stirbt, bleibt dem *dominus* die Rückforderung ohne zeitliche Beschränkung gewahrt, wie Diokletian in einem Fall entscheidet, in dem der Sklave Sachen seines *peculium* auf die Flucht mitgenommen hat (Text 265).

[6] Kritisch zur Aussagekraft dieser Quellen freilich G. Nicosia, L'acquisto del possesso mediante i „potestate subiecti", Milano 1960; P. Zamorani, Possessio e animus I 110 f.

[7] Paul. D 41, 2, 3, 11; Proc. D 41, 2, 27; Pap. D 41, 2, 44, 2 in fine; 46; Ulp.-Proc. D 43, 16, 1, 25; E. Rabel, St. Riccobono IV 210; G. MacCormack, SZ 86 (1969) 110 ff.; P. Zamorani, Possessio e animus I 29 ff., 113 ff.; L. Solidoro Maruotti, Studi sull'abbandono degli immobili nel diritto romano, Napoli 1989, 127 ff., 190 ff.; H. Ankum, SZ 114 (1997) 416 f.

[8] So auch F. Klinck, Erwerb durch Übergabe 120.

e. Besitzerwerb über den servus fugitivus

Gewaltunterworfene Personen – also Hauskinder und Sklaven – erwerben Besitz für ihren Gewalthaber dann, wenn dieser ein *iussum* erteilt hat oder dem Gewaltunterworfenen ein *peculium* (Sondervermögen zur selbstständigen Bewirtschaftung) eingeräumt hat; in letzterem Fall tritt der Besitzerwerb auch ohne konkretes Wissen des Gewalthabers ein[9]. Wenn der Sklave auf der Flucht ist, scheidet ein *iussum* oder ein konkretes Wissen des Gewalthabers aus. Ebenso scheidet ein Pekuliarerwerb aus[10], da mit der Flucht die *libera administratio peculii* erlischt (Text 53). Die Frage, ob daher auch während der *fuga* ein Erwerb des Besitzes für den Gewalthaber stattfinden kann, war unter den römischen Juristen zunächst kontrovers: Der Prokulianer Nerva hat einen über den *fugitivus* vermittelten Besitzerwerb abgelehnt (Text 134), die Sabinianer Cassius und Julian ließen einen solchen Erwerb zu und bildeten dazu einen Vergleich zu (nicht flüchtigen) Sklaven, *quos in provincia habemus* (Text 134 in fine); Gaius – ebenso der sabinianischen Schule zuzurechnen – führt aus: *placuit per fugitivum quoque nos possessionem adquirere posse* (Text 131). Auch wenn noch Pomponius den Erwerb verneint (Texte 15, 133), deuten das *placuit* bei Gaius (Text 131) und die eigene Stellungnahme des Paulus in Text 134 darauf hin, dass sich schließlich doch die sabinianische Meinung durchgesetzt hat. So spricht auch Ulpian davon, dass Ausrüstungsgegenstände, die mein *servus fugitivus* gekauft hat, sich *in bonis meis* befinden, was wohl Besitzerwerb voraussetzt (Text 156). Der Epiklassiker Hermogenian schildert einen Rechtszustand[11], dass man durch den flüchtigen Sklaven Besitz erwirbt, außer dieser wird schon von einem anderen besessen oder er hält sich für frei (Text 140): Das zeigt die Orientierung am Gedanken, dass Besitzerwerb über einen *servus fugitivus* den Besitz am *servus fugitivus* voraussetzt.

2. RECHTSGESCHÄFTE DES *SERVUS FUGITIVUS*

Eine Darlehensgewährung des *fugitivus* aus Mitteln seines *dominus* ist unwirksam, der Empfänger erlangt kein Eigentum am Geld und muss dieses zurückzahlen. Nach Ulpian (Text 44) hat der *dominus* dafür zunächst die Eigentumsklage (*rei vindicatio*), bei doloser Besitzaufgabe durch den Empfänger die Klage auf Vorweisung (*actio ad exhibendum*), bei *consumptio* die *condictio*. Da die *condictio* sowohl als Bereicherungsklage als auch als Darlehensklage erklärbar ist, wird zum Teil die Ansicht vertreten, mit der *consumptio* habe sich der Darlehenszweck nachträglich verwirklicht und damit sei eine Darlehens- (und nicht eine Bereicherungs-)forderung des *dominus* gegen den Empfänger entstanden[12]. Dass eine Forderung entstanden ist, wird in einem weiteren Fall (Text 144) jedenfalls vorausgesetzt, da nur mehr über die Befreiung des Empfängers von seiner Schuld diskutiert wird: Hat sich bei der Darlehensabwicklung der *fugitivus* wie ein Freier verhalten und der Empfänger S in der Folge das Darlehen an den *fugitivus* zurückgezahlt, so wird nach Labeo und

[9] Cels. D 41, 4, 2, 11; Paul. D 41, 2, 3, 12; D 41, 2, 1, 5; M. Kaser, RPR I 392 f.

[10] So auch G. Nicosia, L'acquisto del possesso 484; H.-P. Benöhr, Besitzerwerb 135 und F. Klinck, Erwerb durch Übergabe 119. Anders G. Rotondi, BIDR 30 (1921) 58 FN 2 = Scritti giuridici III 155 FN 3 und vor allem F. Wieacker, Iura 12 (1961) 384 f. FN 36, nach dem „ein *fugitivus* für den Herrn doch wohl überhaupt nur *ex causa peculiari* tätig werden kann, nämlich, indem er sich mit dem ihm verbliebenen Pekulium entweder als Freier oder als beauftragter Sklave geriert; dass er, wiewohl *fugitivus*, außerhalb der Pekuliumssphäre für den verlassenen *dominus* habe erwerben wollen, erscheint absurd".

[11] Dazu D. Liebs, Hermogenians iuris epitome. Zum Stand der römischen Jurisprudenz im Zeitalter Diokletians, Göttingen 1964, 51 ff.

[12] Vgl. FN 220 und 221.

Pomponius S frei; erfolgte aber über Anweisung des *fugitivus* die Rückzahlung an einen Dritten, so wird der S nicht frei.

Anders als Labeo und Pomponius entscheidet Julian in einem Fall, in dem es nicht um ein Darlehen, sondern um einen Kaufvertrag geht: Verkauft ein *fugitivus*, der sich als Freier geriert, eine Sache, so werden die Käufer durch Zahlung an den *fugitivus* nicht von ihrer Kaufpreisschuld gegenüber dem *dominus* frei (Text 145). Vorausgesetzt ist auch hier, dass die Kaufpreisforderung entstanden ist, d. h. der *servus fugitivus* konnte seinem *dominus* Forderungsrechte erwerben.

Bestätigt wird das in einem Fall, in dem der *fugitivus* als Käufer aufgetreten ist: Hat der Sklave mit verdientem Geld selbst einen Sklaven gekauft, kann der *dominus* vom Verkäufer oder einem vom Sklaven beauftragten Empfänger die Herausgabe verlangen (Text 55). Auch in zwei weiteren Texten tritt der *fugitivus* als Käufer auf; die vorgeführten Entscheidungen diskutieren nicht die Wirksamkeit des Kaufvertrages, sondern setzen sie voraus, indem sie den vom *fugitivus* geschlossenen Kauf als Erwerbstitel (*iusta causa*) anerkennen: Ein Kauf von Ausrüstungsgegenständen durch den *fugitivus* führt dazu, dass diese zu den *bona* des *dominus* gehören; wenn sie geraubt werden, kann er daher auf Buße klagen (Text 156). Selbst wenn ein *fugitivus* von einem Nichteigentümer Sachen kauft, erlangt der Herr die *actio Publiciana* (Text 15), die bekanntlich einen Erwerb *ex iusta causa* voraussetzt.

Dass sich flüchtige Sklaven als Dienstnehmer verdungen haben, dürfte häufig vorgekommen sein (Text 167).

Eine Geldsumme, die ein *fugitivus* einem Dritten für das Unterlassen einer Anzeige gewährt hat, hat der Empfänger an den *dominus* zurückzuzahlen, dieser hat dazu die bereicherungsrechtliche *condictio ob turpem causam* (Text 47).

3. ZUR NOXALHAFTUNG FÜR DELIKTE

Grundsätzlich haftet der Eigentümer als Gewalthaber für Delikte (z. B. *furtum* = Diebstahl, *damnum iniuria datum* = Sachbeschädigung) seiner Sklaven im Rahmen der so genannten Noxalhaftung[13]. Die Klage aus dem jeweiligen Delikt (z. B. *actio furti* bei Diebstahl, *actio legis Aquiliae* bei Sachbeschädigung) wird gegen den Gewalthaber als *actio noxalis* gewährt. Der beklagte Gewalthaber hat dabei die Wahl, entweder den Täter an den Geschädigten auszuliefern (*noxae deditio*) oder die jeweilige Deliktsbuße zu bezahlen. Eine weitere Besonderheit ist die Regel *noxa caput sequitur*: Wird z. B. der Sklave nach dem Delikt veräußert, so ist die Klage gegen den neuen Gewalthaber zu richten; wird der Sklave freigelassen, so haftet der nunmehr Freie selbst auf die Buße.

Die Passivlegitimation zu einer *actio noxalis* setzt voraus, dass der Beklagte den Sklaven in seiner tatsächlichen Gewalt hat, weil nur dann eine *noxae deditio* möglich ist. Bei einem flüchtigen Sklaven bleibt zwar – wie oben erwähnt – der Besitz aufrecht, aber die tatsächliche Möglichkeit der Auslieferung (Text 19: *facultas et potestas exhibendi*) besteht nicht. Daher haftet der *dominus* nicht für Diebstähle, wenn ein Sklave auf der Flucht ist (Text 193): Der Ausschluss der Noxalhaftung in diesen beiden Texten kann sowohl Delikte betreffen, die der Sklave schon vor seiner Flucht begangen hat, aber natürlich auch solche, die er auf der Flucht begangen hat. Einen solchen Fall diskutiert Ulpian unter Berufung auf Pomponius: Der flüchtige Sklave hat während der Flucht Sachen seines *dominus* gestohlen. Dieser kann die *actio furti noxalis* gegen den aktuellen gutgläubigen

[13] Dazu CRRS IV 4; ferner F. De Visscher, Le régime romain de la noxalité, Bruxelles 1947; T. Giménez-Candela, El régimen pretorio subsidiario de la acción noxal, Pamplona 1981.

Besitzer richten (Text 146). Hat ein flüchtiger Sklave einen anderen Sklaven getötet, so stellt sich die Frage, gegen wen der Eigentümer des getöteten Sklaven vorgehen kann. Nach Julian und Marcellus haftet derjenige, „*qui servum in fuga habet*". In der Literatur ist umstritten, ob mit dieser Formulierung der Eigentümer oder der aktuelle Besitzer gemeint ist (siehe Text 18 und Kommentar dazu).

Die Möglichkeit, sich von der Buße durch Auslieferung (*noxae deditio*) zu befreien, wird den übel beleumundeten Steuerpächtern (*publicani*) verwehrt, wenn deren Personal Diebstähle oder Sachbeschädigungen begeht (Text 124[14]). Ebenso haftet der *publicanus* auch dann noch, wenn der Sklave, der ein derartiges Delikt begangen hatte, ihm entlaufen ist (Text 125).

Das *edictum Theodorici* verlangt im Fall der Flucht eines Sklaven, der einen Raub begangen hatte, als Voraussetzung für die Befreiung des *dominus* von der Buße die Abtretung der Verfolgung an den Beraubten (Text 229). Die *lex Romana Burgundionum* hält am römischen Prinzip fest, dass der *dominus* nur bei Rückkehr des flüchtigen Sklaven zur Noxalhaftung herangezogen werden kann (Text 237).

4. AUSWIRKUNGEN DER FLUCHT AUF STATUSRECHTLICHE FRAGEN

Ist ein Sklave testamentarisch unter der Bedingung freigelassen worden, dass er dem Erben durch eine bestimmte Zeit Dienstleistungen erbracht hat, so wird die Zeit der Flucht nicht angerechnet, so dass er jedenfalls bei Ablauf der Frist die Freiheit nicht erlangt (Texte 127, 128). Doch lässt bereits der republikanische Jurist Servius ein Nachdienen durch den *statuliber* zu (Text 128).

Großzügiger ist der Spätklassiker Paulus im Fall eines Verkaufs mit der Auflage zur Freilassung innerhalb einer bestimmten Frist. Nimmt der Käufer die Freilassung nicht vor, so erlangt der Sklave nach einer *constitutio divi Marci* mit Fristablauf automatisch die Freiheit. Nach Paulus tritt das auch dann ein, wenn der Sklave während der Frist geflohen, dann aber wieder zurückgekehrt ist (Text 132).

Ein Fluchtverhalten wirkt sich auch ungünstig für die Führung eines geplanten Status-Prozesses aus, in dem es um die Frage geht, ob jemand frei oder unfrei ist (*liberalis causa*). Wer sich wie ein *servus fugitivus* verhält, kann nicht die – im Hinblick auf die Beweislast – günstige Beklagtenrolle übernehmen, weil er nicht die *possessio libertatis sine dolo malo* hat (Texte 129, 130). Umgekehrt kann eine gewaltsame Herbeiführung eines faktischen Sklavenverhältnisses dem vorgeblichen *dominus* nicht die günstige Beklagtenrolle bringen (Text 246). Auch im Hinblick auf die örtliche Zuständigkeit ist die Beklagtenrolle günstig; hat man sie wegen Flucht nicht, so muss man den Status-Prozess nicht in der Provinz des Aufgriffes, sondern in der Provinz des Gegners führen, dem man entlaufen ist (Text 245).

In der Nachklassik war eine Ersitzung der Freiheit im Wege der *longi temporis praescriptio* anerkannt, aber dann nicht möglich, wenn wegen der Flucht die *possessio libertatis sine dolo malo* fehlte (Text 266).

Im spektakulären Fall des Barbarius Philippus – er war als unerkannter *servus fugitivus* zum Prätor gewählt worden – wird von den Juristen darüber diskutiert, ob mit der Übertragung des Amtes implizit die Freiheit erworben wird (Text 4).

[14] Dieser Text belegt darüber hinaus, dass *publicani* häufig flüchtige Sklaven beschäftigten.

C. DIE BESTRAFUNG DES *SERVUS FUGITIVUS*

1. ALLGEMEINES

Die Bestrafung eines *servus fugitivus* sowie vorbeugende Maßnahmen gegen eine weitere Flucht obliegen grundsätzlich dem Eigentümer[15], der die ihm geeignet erscheinenden Mittel[16] ergreifen kann, wie etwa *verbera* (Züchtigung), *vincula* (Fesselung)[17] oder Tötung; ebenso konnte am *fugitivus* ein Brandmal (*stigma*) angebracht werden. Es handelt sich bei diesen Straf- und Vorbeugungsmaßnahmen um eine interne Angelegenheit im Rahmen der *potestas*[18], die das *ius vitae necisque* umfasst. In den Rechtsquellen finden wir – im Gegensatz zu den literarischen Quellen – nur wenige Äußerungen zu Strafmaßnahmen wegen einer erfolgten Flucht[19]. Die Juristen sehen in den *vincula*[20] auch ein Mittel, um nach außen die Eigenschaft als *servus fugitivus* zum Ausdruck zu bringen (Texte 48, 95). In der internen Sklavenhierarchie gehören die *servi compediti* zur untersten Kategorie[21], *servi vincti* erlangten im Fall ihrer Freilassung nicht das römische Bürgerrecht, sondern nur den Status von *dediticii*[22].

Noch Kaiser Konstantin erwähnt die Zulässigkeit von *vincula custodiae causa*[23]. Nach Konstantin sollte bei den *in metallum* Verurteilten das Brandmal nicht im Gesicht, sondern an anderen Körperteilen angebracht werden[24]. Für die *stigmata* der *servi fugitivi* ist ein ähnliches Gesetz nicht ausdrücklich überliefert. Die *ratio legis* der Konstantinischen Regelung für die *servi poenae* – nämlich die dem Gesicht zugeschriebene *similitudo pulchritudinis caelestis* – würde freilich auch auf die *servi fugitivi* zutreffen[25]. Es wird daher vielfach angenommen, dass im 4. Jh. die Brandmarkung durch umgehängte Halsbänder und Marken ersetzt worden ist[26].

Von einer staatlichen Bestrafung im Fall von Sklavenaufständen wissen wir aus den literarischen Quellen[27]; jedoch überantwortete Augustus die *servi fugitivi*, die im Bürgerkrieg im Heer des Sextus Pompeius gekämpft hatten, den Eigentümern zur Bestrafung, nur die herrenlosen ließ er selbst kreuzigen[28].

Sofern nicht ein sonstiger Verbrechenstatbestand wie etwa das Überlaufen zum Feind (Text 255) vorlag, der zu einer staatlichen Verurteilung privater Sklaven führte, hat die reine Flucht als solche

[15] H. Bellen, Sklavenflucht 17 f.

[16] Laktanz, div. inst. 5, 18, 14 (CSEL 19, 460) erwähnt für *fugitivi* folgende Strafen: *verbera, vinculum, ergastulum, crux.*

[17] Diese Maßnahme findet sich in der Nachklassik auch bei der Flucht von *coloni*: Text 284.

[18] Th. Mommsen, Römisches Strafrecht 17.

[19] H. Bellen, Sklavenflucht 19 hat wohl zu Recht betont, dass die in den Texten 1, 2, 198, 285 erwähnte Beschwerdemöglichkeit des Sklaven bei Maßnahmen nach einer Flucht in praxi wenig Relevanz gehabt hat.

[20] Zur Bedeutung von *vinctus* L. Wenger, SZ 61 (1941) 355 ff.

[21] Ulp. D 47, 10, 15, 44 und Inst 4, 4, 7 im Hinblick auf die Abschätzung der einem Sklaven von einem Dritten zugefügten *iniuria.*

[22] Gai. Inst 1, 13; UE. 1, 11.

[23] CTh 9, 12, 1 = CI 9, 14, 1.

[24] CTh 9, 40, 2 = CI 9, 47, 17. Das geht auf christlichen Einfluss zurück: B. Biondi, Diritto romano cristiano II 348; A. Carcaterra, AARC 8 (1990) 161.

[25] Für eine Anwendung dieser Vorschrift auf entflohene Sklaven B. Biondi, Diritto romano cristiano II 435.

[26] Dazu ausführlich H. Bellen, Sklavenflucht 27 f.

[27] Z. B. App. b. c. 1, 120 (Spartakus-Aufstand).

[28] App. b. c. 5, 131; Cass. Dio. 49, 12, 5; Mon. Anc. 25.

– in Respektierung der *potestas* des Eigentümers – im Zuge der Entwicklung wohl nicht durchgängig, sondern nur temporär, wie etwa unter Macrinus[29], zu einer staatlichen Bestrafung geführt. Auch bei den Juristen gibt es nur eine einzige diesbezügliche Äußerung, nämlich des Spätklassikers Callistratus. Auch er geht zwar grundsätzlich davon aus, dass *servi fugitivi* den Eigentümern zurückzustellen sind, führt dann aber – und dies in seiner Monographie über die *extraordinaria cognitio* – aus, dass *servi fugitivi*, die sich als Freie verhalten haben, *gravius coerceri solent* (Text 40). Bei anderen Juristen, die ebenfalls auf den *fugitivus pro libero se gerens* eingehen, findet sich allerdings keine diesbezügliche Erwähnung.

2. SONDERFÄLLE

a. Flucht bei oder nach der Ermordung des dominus

Es entspricht einem *vetus mos*[30], dass bei Ermordung des Herrn dessen gesamte Sklavenschaft (*familia servorum*), die mit ihm unter demselben Dach (*sub eodem tecto*) lebte, unter Folter verhört (*quaestio*) und hingerichtet werden soll. Ausdrückliche Bestimmungen dazu finden sich in der *lex Cornelia de sicariis*: Gegen Sklaven, die vor der *quaestio* geflohen sind, kann ein privater Ankläger (*accusator*) das Verfahren einleiten. Bei Überführung des Geflohenen erhält der Ankläger eine Belohnung aus dem Nachlass des Ermordeten oder aus der Staatskasse (Text 113). Ein solches Verfahren nach der *lex Cornelia* findet auch statt, wenn die geflohenen Sklaven testamentarisch freigelassen sind; sie werden im Prozess wie Sklaven behandelt und bei Überführung wie Sklaven bestraft, der Ankläger erhält eine Belohnung aus ihrem Vermögen (Text 114); ebenso trifft die Strafe nach der *lex Cornelia* diejenigen, die flüchtige Sklaven aus der *familia* eines Ermordeten aufgenommen und versteckt haben (Text 111). Während nach der *lex Cornelia* nur Personen hingerichtet werden, die im Verfahren überführt worden sind, bringt das *SC Silanianum*[31] aus dem Jahr 10 n. Chr. eine wesentliche Verschärfung. Es werden alle zur *familia* gehörigen Sklaven hingerichtet, wobei das objektive Kriterium *sub eodem tecto* genügte, außer es lässt sich nachweisen, dass jemand Hilfe geleistet und dabei alles getan hat, was er konnte (*qui quidquid potuit fecit*)[32]. Auch dabei werden – wie schon nach der *lex Cornelia* – die testamentarisch Freigelassenen erfasst, die vor der Testamentseröffnung geflohen sind (Text 112). Eine Ausdehnung erfährt der örtliche Schutzbereich der Norm durch die Einbeziehung einer Ermordung *in itinere*; die Sanktion trifft in diesem Fall die mit dem *dominus* gemeinsam reisenden Sklaven (Texte 110, 194).

b. Flucht des servus poenae

Wer infolge eines Verbrechens zum Tod, zum Tierkampf oder zur Bergwerksarbeit verurteilt worden ist, verliert dadurch die Freiheit und sein Vermögen[33]; er wird ein so genannter *servus poenae*. Bei der Bergwerksstrafe gab es eine Differenzierung in eine schärfere Form, die *damnatio in metallum*, und eine mildere Form, die *damnatio ad opus metalli*. Diese Differenzierung äußerte sich zunächst in der Schwere der Ketten, spielte aber auch bei der Bestrafung der Flucht eines solchen *servus poenae* eine Rolle: Flieht ein bereits *in metallum* Verurteilter, so wird er jedenfalls schwerer bestraft (Ulpian in Text 170: *gravius coercentur*), Callistratus (Text 175) erwähnt die

[29] SHA Macrinus 12, 10: *servos qui dominis fugissent reppertos ad gladium ludi deputavit.*

[30] Tac. Ann. 14, 42, 2.

[31] Dazu D. Dalla, Senatus Consultum Silanianum, Milano 1980.

[32] Ulp. D 29, 5, 1, 35; D. Dalla, Senatus Consultum Silanianum 116 ff.

[33] Gai. D 28, 1, 8, 4.

Todesstrafe. Flieht ein bloß *ad opus metalli* Verurteilter, so wird er in die Kategorie der *in metallum* Verurteilten herabgestuft (Ulpian in Text 170: *refugae ex operae metalli in metallum dantur*; Callistratus in Text 175: *poena metalli subiciuntur*).

c. *Flucht über die Grenze*

Überschreitet ein flüchtiger Sklave undeklariert eine Zollgrenze, so tritt kein Verfall an den Erhebungsberechtigten ein, weil das zu Lasten des *dominus* ginge (Text 126). Dieselbe Überlegung findet sich in klassischer Zeit beim Überlaufen zum Feind: Kehrt der übergelaufene *servus* zurück, so kommt das *ius postliminii* dem *dominus* zugute: Er erlangt wieder das Eigentum (Text 172). Konstantin bringt freilich eine Verschärfung, indem er die flüchtigen Sklaven, die beim Überlaufen *ad barbaricum* ergriffen werden, einer strengen Bestrafung zuführt (Text 255).

D. DELIKTE DRITTER IM ZUSAMMENHANG MIT DER SKLAVENFLUCHT

Im Zusammenhang mit der Sklavenflucht werden in den Quellen vor allem drei Tatbestände erörtert, nämlich *plagium* (Anmaßung des Herrenrechts durch Dritte) als öffentliches Verbrechen (*crimen publicum*) sowie *furtum* (Diebstahl) und *corruptio servi* (Verschlechterung eines Sklaven) als Privatdelikte.

Der sehr weite Tatbestand des *plagium*[34] geht auf die *lex Fabia* aus der ausgehenden Republik zurück. Das erste Kapitel erfasste das *celare, vincire, vendere* und *emere*, begangen an freien Menschen[35]; das zweite Kapitel bezog sich auf ähnliche Tathandlungen, begangen an Sklaven. Im Einzelnen werden dabei das *persuadere, ut dominum fugiat*, das *celare invito vel insciente domino*, das *invinctum habere* und das *vendere* und *emere* sowie die Beteiligung daran (*quive in ea re socius erit*) genannt: Texte 168, 200, 196. Die von Mommsen gewählte Deliktsbezeichnung „Anmaßung des Herrenrechts" ist zu eng, auch „Menschenraub"[36] erfasst nicht alle Fälle; es wurde daher zu Recht festgestellt, dass man *plagium* im Deutschen nicht mit einem Wort wiedergeben kann[37]. Die *lex Fabia* sah eine Strafe von 50.000 HS vor, deren Durchsetzung nach durchgedrungener Ansicht im Rahmen eines *iudicium publicum* durch eine besondere *quaestio*[38] und nicht in einem popularen Multprozess[39] erfolgte. Wurde das *plagium* durch einen Sklaven begangen, so hatte dessen *dominus* für ihn die Strafe zu zahlen und der Sklave durfte 10 Jahre lang nicht freigelassen werden[40].

In der Prinzipatszeit traten ergänzende Senatusconsulta hinzu, welche die Rückholung entflohener Sklaven erleichterten bzw. die Strafe der *lex Fabia* auf weitere Fälle erstreckten (Texte 31, 32, 41, 182, 183, 201).

[34] Th. Mommsen, Römisches Strafrecht 780 ff.; H. Niedermeyer, St. Bonfante II 381 ff.; C. H. Brecht, RE XX/2 (1950) 1998 ff.; A. Berger, RE Suppl. VII (1940) 386 ff.; M. Molé, NNDI XIII (1966) 116 ff.; ders., AG 120 (1966) 116 ff.; R. Lambertini, Plagium, Milano 1980; O. F. Robinson, Criminal Law 32 ff.

[35] Coll. 14, 3, 4.

[36] So H. Heumann/E. Seckel, Handlexikon zu den Quellen des römischen Rechts, Graz [10]1958, s. v. „Plagium"; vgl. auch O. F. Robinson, Criminal Law 32: „Kidnapping (*plagium*) and the Lex Fabia".

[37] A. Berger, RE Suppl. VII (1940) 387.

[38] So W. Kunkel, RE XXIV (1963) 747; H. Bellen, Sklavenflucht 46; R. Lambertini, Plagium 9; O. F. Robinson, Criminal Law 32 vor allem unter Berufung auf Inst 4, 18, 10.

[39] So Th. Mommsen, Römisches Strafrecht 203, 782 FN 2, 1018.

[40] Paul. D 40, 1, 12.

Ab der Spätklassik wurde das *crimen plagii* im Rahmen der *extraordinaria cognitio* verfolgt[41], wodurch die bisherige *poena nummaria* durch Kapitalstrafen[42] ersetzt wurde: *metalla* und *crux* für die *humiliores*, *relegatio* samt Einziehung des halben Vermögens für die *honestiores*. Bei Begehung durch einen Sklaven haftete dessen *dominus*, wenn der Sklave mit dessen Wissen gehandelt hatte, ansonsten wurde der Sklave *ad metalla* verurteilt (Text 196 = 199). Ulpian qualifiziert das *plagium* daher als *crimen capitale*[43]. Die konkrete Strafe – in der Mehrzahl der Fälle die *damnatio ad metalla* – orientierte sich an der Schwere des Vergehens (*pro delicti modo*) [44]. Für die Veräußerung des *servus in fuga constitutus* blieb es freilich bei der Geldstrafe (Texte 183, 270).

Der Tatbestand des *furtum* war in seinem Umfang im Zuge der historischen Entwicklung ziemlichen Schwankungen ausgesetzt[45]: Nachdem er in der republikanischen Zeit ausgeufert war, wurde er in der klassischen Zeit wegen der Ausweitung anderer bestehender und der Schaffung neuer Deliktstatbestände wieder etwas zurückgenommen. Der spätklassische Jurist Paulus fasst wie folgt zusammen: *Furtum est contrectatio rei fraudulosa lucri faciendi gratia vel ipsius rei vel etiam usus eius possessionisve*[46]. Im Kern des klassischen *furtum*-Begriffes, der freilich immer noch weiter ist als der moderne Diebstahlstatbestand, steht demnach die *contrectatio*.

Die *actio furti* ging auf eine Buße, die bei gewöhnlichem Diebstahl (*furtum nec manifestum*) das Doppelte, bei offenkundigem Diebstahl (*furtum manifestum*) das Vierfache des Wertes des gestohlenen Objekts betrug. Die klassische Formel der *actio furti* gestattete ein Vorgehen nicht nur gegen den unmittelbaren Täter, sondern auch gegen Beitragstäter, die sich durch Anstiftung oder Beihilfe (*ope consiliove*) an der Tat beteiligt hatten. Die Diebstahlsbuße floss dem Bestohlenen (und nicht wie heute dem Staat) zu. Neben der *actio furti* konnte mit der *condictio furtiva* oder mit der Eigentumsklage (*rei vindicatio*) die Rückgabe des Gestohlenen begehrt werden. Ab der Spätklassik begegnet auch eine strafrechtliche Verfolgung des *furtum* (*crimen furti*).

War das *furtum* von einer gewaltunterworfenen Person (Hauskind, Sklave) gegenüber einem Dritten begangen worden, so haftete dafür der Gewalthaber im Rahmen der Noxalhaftung. Die *actio furti* wurde gegen ihn als *actio noxalis* gewährt: Er hatte dabei die Möglichkeit, entweder den Täter an den Geschädigten auszuliefern (*noxae deditio*) oder die Deliktsbuße zu bezahlen (*noxam sarcire*).

Die *corruptio servi*[47] ist ein prätorischer Deliktstatbestand: Der Ediktswortlaut ist in D 11, 3, 1 pr (Text 23) überliefert: Darin sind zwei Tatbestände genannt, nämlich einerseits das *recepisse* eines

[41] H. Bellen, Sklavenflucht 54 f.; R. Lambertini, Plagium 145 ff.

[42] Unter Kapitalstrafe ist nicht nur die Todesstrafe zu verstehen, sondern dazu gehören auch jene Strafen, welche die Freiheit oder das Bürgerrecht nehmen: E. Levy, Gesammelte Schriften II, Köln 1963, 359.

[43] D 48, 15, 1. Die auf Interpolationsannahmen gestützte These von H. Niedermeyer, St. Bonfante II 387 ff., wonach das *plagium* erst unter Diokletian kapital bestraft wurde und bis dahin die *poena nummaria* bestanden habe, wurde durch A. Berger, BIDR 45 (1938) 268, H. Bellen, Sklavenflucht 55 f. und R. Lambertini, Plagium 155 widerlegt.

[44] Herm. D 48, 15, 7.

[45] P. Huvelin, Études sur le furtum dans le très ancien droit romain I, Lyon-Paris 1915 (ND Roma 1968); H. F. Jolowicz, Digest XLVII, 2 De furtis, Cambridge 1940; H. Niederländer, SZ 67 (1950) 185 ff.; B. Albanese, APal 23 (1953) 5 ff.; ders., APal 25 (1956) 85 ff.; ders., IUS 9 (1958) 315 ff.; ders., ED XVIII (1969) 313 ff.; J. A. C. Thomas, Iura 13 (1962) 70 ff.; A. Watson, TR 28 (1960) 197 ff.; ders., LQR 77 (1961) 526 ff.; G. MacCormack, Acta Juridica 1977, 129 ff.; R. Zimmermann, Derecho Romano de Obligaciones. Homenaje al Prof. José Luis Murga Gener, Madrid 1994, 753 ff.

[46] D 47, 2, 1, 3; ähnlich Inst 4, 1, 1.

[47] A. Schiller, CLR 30 (1930) 839 ff.; B. Albanese, APal 27 (1959) 5 ff.; G. Longo, BIDR 64 (1961) 199 ff. = Ricerche romanistiche, Milano 1966, 733 ff.; W. Warkallo, Actio de servo corrupto, in: Gesellschaft und Recht im griechisch-

fremden Sklaven oder einer fremden Sklavin, andererseits das *persuasisse quid ei dolo malo, quo eum eamve deteriorem faciat*. Das *dolus*-Erfordernis bezieht sich auf beide Tatbestände (Text 27). Ulpian erläutert in seinem Kommentar die Begriffe *recepisse* (Text 24) und *deteriorem facere* und bringt dazu einen Katalog von Beispielen (Text 26). Dieses moralische Verderben, das in den Quellen vielfach auch als *corrumpere* bezeichnet wird[48], kann darin liegen, dass aus einem *servus bonus* ein *servus malus* wird, aber auch darin, dass ein *servus malus* noch weiter verschlechtert wird (Text 25). Die aus diesem Delikt entspringende *actio servi corrupti* geht auf das *duplum* (Text 290), welches sich im Fall des *recipere* am Wert des Sklaven, im Fall des *persuadere* an der konkreten Wertminderung orientiert. Wenn das *corrumpere* durch einen fremden Sklaven erfolgt ist, wurde die *actio servi corrupti* als Noxalklage gegen den Gewalthaber des Täters gewährt[49].

1. SKLAVENFLUCHT UND *FURTUM*

Sowohl beim klassischen Juristen Africanus (Text 153) wie auch in einem diokletianischen Reskript (Text 253) findet sich der Satz, dass eine *ancilla fugitiva* bzw. ein *servus fugitivus* durch die Flucht ein *furtum* an sich selbst (*furtum sui*) begeht[50]. Die Qualifikation der *fuga servi* als *furtum sui* hatte vor allem die Funktion, den *servus fugitivus* als *res furtiva* einzustufen und dadurch eine Ersitzung auch durch gutgläubige spätere Besitzer auszuschließen. Das sagt das diokletianische Reskript (Text 253) ausdrücklich, aber auch für die Afrikan-Stelle (Text 153) ergibt sich die Verbindung zum Ersitzungsrecht[51] aus dem palingenetischen Zusammenhang[52].

Die Klassizität des Satzes von der *fuga servi* als *furtum sui* wird bestritten und die Regel Justinian zugeschrieben[53], vor allem auch aufgrund einer Abweichung der Justinianischen Institutionen von der Vorlage in den Gaius-Institutionen:

Gai. 2, 45 – 48

(45) Sed aliquando etiamsi maxime quis bona fide alienam rem possideat, non tamen illi usucapio procedit, velut si quis rem furtivam aut vi possessam possideat, nam furtivam lex XII tabularum usucapi prohibet, vi possessam lex Iulia et Plautia.

(46) ......

(47) .....

(48) Item liberos homines et res sacras et religiosas usucapi non posse manifestum est.

Inst 2, 6, 1 – 2

(1) (= Text 286) Sed aliquando etiamsi maxime quis bona fide rem possederit, non tamen illi usucapio ullo tempore procedit, veluti si quis liberum hominem vel rem sacram vel religiosam vel servum fugitivum possideat.

(2) Furtivae quoque res et quae vi possessae sunt, nec si praedicto longo tempore bona fide possessae fuerint, usucapi possunt: nam furtivarum rerum lex duodecim tabularum et lex Atinia inhibet

römischen Altertum I, Berlin 1968, 296 ff., 309 ff.; B. Bonfiglio, Corruptio servi, Milano 1998; J. M. Rainer/ E. Herrmann-Otto, CRRS Prolegomena, Stuttgart 1999 (= Forschungen zur antiken Sklaverei, Beiheft 3), 50 ff.

[48] O. Lenel, EP 175 FN 10 hat klargestellt, dass daraus nicht geschlossen werden kann, dass der Terminus *corrumpere* auch im Edikt selbst verwendet wurde.

[49] Paul. D 11, 3, 14, 2; B. Bonfiglio, Corruptio servi 82, 113 f.

[50] Das gelegentlich in diesem Zusammenhang ebenfalls zitierte Reskript Diokletians CI 6, 2, 10 (Text 262) spricht nicht ausdrücklich von einer Sklavenflucht, sondern von *abducta mancipia furto vel plagio venumdata*.

[51] So auch Th. Mayer-Maly, RE IX A (1961) 1105; R. Lambertini, Plagium 102 FN 130.

[52] O. Lenel, Paling. Afr. Nr. 74 platziert die Stelle unter *De possessione et usucapione*.

[53] F. Pringsheim, Festschrift Fritz Schulz I, Weimar 1951, 279 ff. = Gesammelte Abhandlungen II, Heidelberg 1961, 152 ff.; für Klassizität hingegen B. Albanese, APal 27 (1959) 134 FN 210.

usucapionem, vi possessarum lex Iulia et Plautia.

Dass Gaius den *servus fugitivus* nicht ausdrücklich erwähnt hat, spricht meines Erachtens eher für als gegen die Klassizität der Regel: Wenn man im *servus fugitivus* eine *res furtiva* sieht, dann bedarf es keines gesonderten Hinweises auf den *servus fugitivus*. Die Anordnung bei Justinian hingegen vermittelt (ebenso wie auch Text 14) den Eindruck, als wäre der *servus fugitivus* ein gesonderter Tatbestand.

Die Einstufung der *fuga* als *furtum sui* hat über die Begründung eines Ersitzungshindernisses hinaus offensichtlich keine weitere Funktion gehabt, insbesondere keine deliktsrechtlichen Konsequenzen. Eine Klage gegen den *servus* kommt schon wegen dessen fehlender Prozessfähigkeit nicht in Betracht, die Bestrafung von Sklaven oder Hauskindern erfolgte im Rahmen der Hausgewalt durch den Gewalthaber[54]. Allerdings konnte bei Diebstählen, die ein Sklave oder Hauskind gegen seinen Herrn begangen hatte, die *actio furti* gegen Anstifter und Beihelfer erhoben werden, auch wenn es gegen den unmittelbaren Täter eine solche *actio* nicht gibt[55]. Auf die Sklavenflucht bezogen, hätte deren Qualifikation als *furtum* zur Konsequenz führen müssen, dass Anstifter und Beihelfer stets mit der *actio furti* unter Bezugnahme auf deren Klausel *ope consiliove* belangt werden konnten. In den Quellen kommt dieser Gedanke freilich nicht vor.

Auch ein *furtum* in Haupttäterschaft wird durch *sollicitare*, *consilium dare* oder *persuadere* zur Flucht eines fremden Sklaven nicht verwirklicht, wohl deswegen, weil es an der *contrectatio* fehlt; vielmehr wird ein solches Verhalten als *servi corruptio* qualifiziert (Texte 26, 147, 158, 189, 192, 261) und auch nach dem 2. Kapitel der *lex Fabia* als *plagium* bestraft (Texte 168, 200).

Hingegen haftet jemand als Beitragstäter (*ope consiliove*) mit der *actio furti*, wenn die Anstiftung zur Flucht in der Folge dazu führte, dass der Sklave von einem anderen auf der Flucht gestohlen wurde (Text 147), oder wenn der zur Flucht angestiftete Sklave Sachen des *dominus* mitgenommen hatte: In diesem Fall ist der *sollicitator* Beitragstäter zum Diebstahl der Sachen (Text 148). Wird einem Sklaven auf der Flucht bloß der Weg gezeigt, so stellt das kein *furtum* dar (Text 154).

Nimmt jemand einen flüchtigen Sklaven auf, so ist damit nicht sofort der Tatbestand des *furtum* verwirklicht, sondern nur dann, wenn es zu einem *celare* gekommen ist (Texte 30, 151, 261).

Ein *furtum* begeht auch, wer unter der falschen Behauptung, er sei der Eigentümer eines aufgegriffenen *servus fugitivus*, dessen Entlassung aus der Verwahrungshaft und Rückstellung bewirkt (Text 152).

2. SKLAVENFLUCHT UND *PLAGIUM*

Im Zusammenhang mit der Sklavenflucht stehen die im 2. Kapitel der *lex Fabia* genannten Tathandlungen *persuadere, ut dominum fugiat, celare invito vel insciente domino, invinctum habere* und das *vendere et emere* sowie die Beteiligung daran (*quive in ea re socius erit*): Texte 164, 168, 200, 196 = 199.

Ein bloßes *sollicitare* zur Flucht verwirklicht nach einem hadrianischen Reskript noch nicht per se den Tatbestand des *plagium* (Text 166), das dem Gesetzeswortlaut entsprechende *persuadere* liegt nämlich nur dann vor, wenn die Anstiftung Erfolg gehabt hat[56]; in diesem Sinn erwähnt ein

[54] Th. Mommsen, Römisches Strafrecht 17 f.; H. Bellen, Sklavenflucht 17 ff.; für Diebstähle vgl. Ulp. D 47, 2, 17 pr.

[55] Ulp. D 47, 2, 36, 1.

[56] Siehe FN 530 zu Text 166 (D 48, 15, 6 pr).

Reskript von Severus bei der Wiedergabe des Sachverhalts neben der *sollicitatio* auch die anschließende *exportatio*, welche das *plagium* verwirklicht (Text 268: ... *sollicitatam ancillam, plagio quoque facto exportatam* ...). Dass ein bloßes *suscipere* nicht ausreicht, sondern ein Verhehlen, Verheimlichen hinzutreten muss, belegen jene Texte, in deren Sachverhaltsschilderung ausdrücklich auf *occultare* (Text 269: *susceptum et aliquamdiu occultatum*) oder *celare* (Text 165: *suscepisse et celasse*; Text 273: *qui mancipium alienum celat*) hingewiesen wird. Auch ein *intercipere* kann nach dem erwähnten hadrianischen Reskript (Text 166) bloß *furtum* und muss nicht in jedem Fall *plagium* sein; davon scheint auch Diokletian in CI 6, 2, 10 auszugehen (Text 262: *abducta mancipia furto vel plagio*), während er in anderen Stellen dies nur dem *plagium* zuordnet (Text 274: *qui abduxit plagio mancipia*; vgl. auch mit Bezug auf eine freie Person CI 9, 20, 11: *abducti plagio facta venditio*).

Obwohl nach dem klaren Gesetzeswortlaut eine Verfolgung nur aufgenommen werden konnte, wenn jemand *sciens dolo malo* gehandelt hatte (Texte 168, 200, weiters 164), bedurfte es oftmals der Anrufung des Kaisers, um einen gewissen Übereifer in der Verfolgung – die sicher durch das Zunehmen der gewerbsmäßig agierenden *plagiarii* und *fugitivarii* bedingt war[57] – zu bremsen: Ein Reskript von Hadrian hält fest, dass derjenige nicht als *suppressor* anzusehen ist, dem sich flüchtige Sklaven als Dienstnehmer verdungen hatten, vor allem, wenn sie schon vorher bei anderen als Dienstnehmer beschäftigt waren (Text 167). Unter Severus und Caracalla ergingen zahlreiche Konstitutionen, die klarstellten, dass gegen gutgläubige Besitzer eine Verfolgung nach der *lex Fabia* nicht statthaft ist (Text 164). Auch Diokletian hielt fest, dass ein Käufer von einem Sklavenentführer nur dann haftet, wenn er als Komplize des *plagiator* aufgetreten ist (Text 274).

Die im Prozess vom Angeklagten aufgestellte Behauptung, er sei der Eigentümer, schützte ihn nicht vor Bestrafung, wenn sich diese Behauptung als falsch herausstellte (Texte 165, 258), Diokletian ordnete in Fällen einer solchen Behauptung aus Gründen der Verfahrensökonomie an, dass zuerst über die Eigentumsfrage und erst dann über das *plagium* entschieden werden soll (Text 272).

Die *lex Fabia* erfasste nur die Sklavenverkäufe und -käufe, die *invito vel insciente domino* erfolgten (Texte 168, 200).

Ein SC aus der Prinzipatszeit[58] erstreckte die Geldstrafe der *lex Fabia* auch auf Verkaufsakte an Sklaven, die sich gerade auf der Flucht befanden und noch nicht wieder ergriffen waren (Texte 183: *fugitivus in fuga constitutus*; Text 201: *absens fugitivus*) und meinte damit wohl jene Verkäufe, die mit Zustimmung des *dominus* oder durch ihn selbst (Text 163: *venditio fugae*) erfolgen: Für die dabei als Käufer auftretenden professionellen Sklavenfänger (*fugitivarii*) – die oft fragwürdige Methoden anwandten – war es ein Spekulationsgeschäft, weil sie die Sklaven von den *domini* zu einem ganz geringen Preis erwarben und dann weiterverkauften oder den Sklaven gegen Überlassung der auf die Flucht mitgenommenen Pekuliarsachen freiließen. Das SC ist daher vor allem gegen diese Praktiken der *fugitivarii* gerichtet[59]. Voraussetzung für die Anwendung des SC waren das gleichzeitige Vorliegen der beiden Tatbestandselemente *fuga* und *absentia*[60], so dass es nicht zur Anwendung kam, wenn der Verkauf durch einen zum Suchen Beauftragten nach der Auffindung des Sklaven erfolgte (Texte 59, 161) oder mit dem Kaufinteressenten unter der

[57] H. Bellen, Sklavenflucht 53; R. Lambertini, Plagium 88.

[58] R. Lambertini, Plagium 132 bezeichnet es als SC *de fugitivis*.

[59] D. Daube, Juridical Review 64 (1952) 12 ff.; H. Bellen, Sklavenflucht 53; G. Longo, Annali Genova 13 (1974) 419 ff.; A. Watson, Roman Slave Law 64.

[60] A. Berger, BIDR 45 (1938) 288; R. Lambertini, Plagium 137.

aufschiebenden Bedingung der *apprehensio* bzw. *deprehensio* abgeschlossen wurde (Texte 162, 270). Ausgenommen vom SC waren Fälle, die außerhalb dessen *ratio legis* standen, wie z. B. der Versteigerungserwerb im Rahmen eines Teilungsverfahrens unter Miterben oder Miteigentümern (Texte 21, 270). Einbezogen in das Verbot wurden später auch Schenkungen von *servi in fuga* (Texte 270, 228). Durch ein anderes SC wird bestimmt, dass die Freilassung eines vom *fugitivarius* gekauften Sklaven für die Dauer von 10 Jahren gegen den Willen des früheren Eigentümers nicht erfolgen konnte (Text 182).

Ein unter Mark Aurel ergangenes SC verbot die Aufnahme flüchtiger Sklaven auf Landgütern und sah dafür eine *multa* – in Anlehnung an die *lex Fabia* wohl von 50.000 HS – vor, gewährte aber Straffreiheit bei Ablieferung innerhalb von 20 Tagen (Text 31).

3. SKLAVENFLUCHT UND *CORRUPTIO SERVI*

Beide im Edikt *De servo corrupto* (Wortlaut im Text 23) genannten Tatbestände, nämlich *recepisse* und *persuasisseve dolo malo, quo eam deteriorem faceret* waren in Fluchtfällen von Relevanz.

Das *recipere* wird von Ulpian als *refugium abscondendi causa servo praestare* (Text 24) definiert, ebenso spricht der von ihm in Text 28 zitierte Julian von jemandem, *qui recepit et celavit.* Ulpian stellt in seinem Kommentar auch klar, dass sich die Ediktsworte *dolo malo* auch auf den *recipere*-Tatbestand beziehen (Text 27).

Zu den Fällen des *deteriorem facere* im Sinn des Edikts gehört auch das *persuadere* zur Flucht (Texte 26, 189, 261); der Tatbestand ist auch dann verwirklicht, wenn ein ohnedies zur Flucht bereiter Sklave in seinem Entschluss bestärkt wird (Text 25), ebenso durch das Anraten einer Flucht zur Kaiserstatue mit der Absicht, dadurch den *dominus* öffentlich herabzusetzen (Text 158: zusätzlich zur *actio iniuriarum*). Die Klage geht auf das *duplum* der konkreten Wertminderung, wobei in die Berechnung auch die vom Sklaven auf die Flucht mitgenommenen Sachen einbezogen werden (Text 290).

4. DAS GEGENSEITIGE VERHÄLTNIS DER DREI TATBESTÄNDE

Historisch ist *furtum* der ältere, schon auf die XII-Tafeln zurückgehende Tatbestand, während der *plagium*-Tatbestand erst durch die *lex Fabia* in der Republik geschaffen wurde. Auch wenn der ursprünglich sehr weite Tatbestand des *furtum* in der Klassik eingeschränkt wurde, blieben doch zahlreiche Überschneidungen zum Bereich des *plagium*. Im Zentrum des *furtum*-Begriffes steht die *contrectatio*, im Zentrum des *plagium*-Begriffes die *usurpatio* der *patria* oder *dominica potestas*[61].

Das Edikt *de servo corrupto* geht ebenfalls auf die ausgehende Republik zurück und konnte sich im Bereich des Tatbestandes *recepisse* mit dem *furtum* und dem *plagium*, im Bereich des *persuasisse* mit dem *plagium* überschneiden.

Relativ klar ist das Verhältnis bei der *persuasio* zur Flucht: Sie kommt als Tatbestand sowohl in der *lex Fabia* (Texte 168, 200) als auch im Edikt *de servo corrupto* vor. Es ist dabei davon auszugehen, dass die strafrechtliche Anklage nach der *lex Fabia* und die privatdeliktische Verfolgung mit der *actio de servo corrupto* – wie in übrigen Fällen, wo neben einem *iudicium publicum* ein *iudicium privatum* möglich war[62] – gehäuft werden konnte, auch wenn eine Stelle, die beide

[61] R. Lambertini, Plagium 121.

[62] F. De Marini Avonzo, BIDR 59/60 (1956) 125 ff.

Klagen im Zusammenhang mit der Sklavenflucht erwähnt, sehr umstritten ist (siehe Kommentar zu Text 269). Ein *furtum* ist die bloße Anstiftung zur *fuga* grundsätzlich nicht (Text 147), wohl aber dann, wenn etwa in der Folge der Anstifter den Sklaven bei sich verborgen hat (Text 261: *si sollicitatum occultavit*) oder wenn der angestiftete Sklave auf die Flucht auch Sachen des *dominus* mitgenommen hat. In diesem Fall hatte der Anstifter für *furtum* an den *res subtractae* zu haften (Text 148: *quia opem consilium contrectatori tulit*). Wie auch in anderen Bereichen[63] wurde die *actio furti* mit der *actio servi corrupti* kumuliert (Text 28; Text 261: *etiam furti cum eo agere potes*).

Bei der Aufnahme flüchtiger Sklaven durch Dritte ist zunächst klar, dass bloßes *suscipere* für ein *furtum* nicht genügt (Text 151), sondern ein *celare* (Texte 30, 151) bzw. *occultare* (Text 261) hinzutreten muss; desgleichen stellt die *lex Fabia* in ihrem Wortlaut auf *celare* ab. Trotzdem können – wie schon Huvelin betont hat[64] – *furtum* und *plagium* nicht gleichgesetzt werden; aus einem von Callistratus überlieferten Reskript Hadrians geht hervor, dass es Fälle des *intercipere* von Sklaven gibt, die sich als *furtum*, aber nicht als *plagium* darstellen (Text 166). Demnach enthält das *plagium* in diesem Bereich[65] ein *quid pluris*[66] im Verhältnis zum *furtum*, wenn auch Hadrian dafür kein konkretes Kriterium angibt.

Auch beim bewussten Weiterverkauf flüchtiger Sklaven wurde neben dem *plagium* – die *lex Fabia* erfasste das *emere* und *vendere* fremder Sklaven *invito vel insciente domino* (Texte 168, 200) – häufig gleichzeitig ein *furtum* begangen, da im klassischen Recht auch der bewusste Verkauf einer (beweglichen) *res aliena* im *furtum*-Begriff enthalten war[67]. Wenn dem Käufer die Fremdheit bekannt war, so beging auch er ein *furtum*. In der vom ergänzenden SC verbotenen *venditio* des *servus in fuga* durch den *dominus* selbst konnte hingegen kein *furtum* liegen, weder beim *dominus* (für ihn ist das Kaufobjekt keine *res aliena*, sondern eine eigene Sache) noch beim Käufer, weil er nicht *invito domino* handelt.

Soweit durch ein- und dieselbe Handlung der Tatbestand des *furtum* und des *plagium* verwirklicht wurde, kam es nach dem Ausweis einer nachklassischen Konstitution (Text 208 = 276), die sich freilich auf eine *generalis definitio* der klassischen Juristen stützt, zu einer Kumulation von *actio furti* und Bestrafung nach der *lex Fabia*.

5. DIE WEITERENTWICKLUNG IN DER NACHKLASSIK

Diokletian hält sich in seinen zahlreichen einschlägigen Reskripten zum *plagium* (vgl. die Texte 254, 262, 270 - 275) an den klassischen Standard, wobei er sich in einem an den *praefectus urbi* gerichteten Reskript aus dem Jahr 287 aufgrund besonderer Umstände für ein hartes Vorgehen mit der Todesstrafe ausspricht (Text 271).

[63] So z. B. Ulp. D 47, 1, 2, 5 (*subripere* und *flagitare* einer *ancilla aliena*) Alf. D 11, 3, 16 (Beteiligung an der Unterschlagung durch einen *servus dispensator*); dazu B. Bonfiglio, Corruptio servi 169 ff.

[64] P. Huvelin, Furtum 107.

[65] Ein anderer Fall, in dem es eines zusätzlichen Elementes bedarf, um (über das *furtum* hinaus) ein *plagium* zu verwirklichen, findet sich in Paul. Sent. 2, 31, 31 = D 47, 2, 83, 2: *Qui ancillam non meretricem libidinis causa subripuit, furti actione tenebitur et, si subpressit, poena legis Fabiae coercetur.*

[66] R. Lambertini, Plagium 69.

[67] Gai. 2, 50: *...quia qui alienam rem vendidit et tradidit, furtum committit.*

Auch Konstantin kennt beim *plagium* durch Entführung von Hauskindern noch sehr strenge Strafen[68], hinsichtlich der flüchtigen Sklaven bringt er aber in CI 6, 1, 4 aus dem Jahr 317 (Text 256) eine Neuregelung: Wer einen *servus fugitivus* in seinem Haus oder auf seiner Länderei aufgenommen hat, soll diesen zurückgeben und als Buße einen gleichwertigen Sklaven oder eine Summe von 20 *solidi* leisten; im Wiederholungsfall sind 2 oder 3 Sklaven zusätzlich zurückzugeben; ist der Täter zur Bußleistung nicht in der Lage, unterliegt er der *castigatio*. Konstantin beugt auch dem möglichen Missbrauch dieser Neuregelung vor, der dadurch entstehen könnte, dass gewiefte *domini* ihre Sklaven bewusst zur Flucht und Aufnahme durch andere ausschicken, um die doppelte Rückgabe zu erlangen: In einem solchen Fall – zu dessen Aufklärung der *servus* unter Folter befragt werden soll – verfällt dieser an den *fiscus*.

Zwei Jahre später ordnet Konstantin als Sanktion für das *sollicitare* und *avocare* von ausgebildeten Gemeindesklaven neben der doppelten Rückgabe eine Geldbuße von 12 *solidi* an die Gemeindekasse an. Ist der *defensor civitatis* bei der Rückholung säumig oder erfolglos, so hat dieser zwei Ersatzsklaven zu stellen (Text 257).

Die Anordnung von Geldbußen begegnet auch unter den nachfolgenden Kaisern, und zwar

1) für das Verhehlen von Sklaven aus der kaiserlichen Weberei (*mancipium gynaecei*)
   - unter Constantius im Jahr 357 mit einem Betrag von 5 Goldpfund (Text 214);
   - unter Valentinian I, Valens und Gratian im Jahr 372 ebenfalls mit 5 Goldpfund (Text 215 = 277);
   - unter Gratian, Valentinian II und Theodosius I im Jahr 380 herabgesetzt bei einem *mancipium textrini* auf 3 Goldpfund (Text 216 = 278);

2) für das *occultare* von fiskalischen Sklaven in einer Konstitution von Valentinian I, Valens und Gratian aus dem Jahr 371 mit einem Betrag von 12 Silberpfund (Text 259).

3) Schließlich wird unter Arcadius und Honorius ganz allgemein für die Aufnahme von flüchtigen Sklaven und Kolonen neben der doppelten Rückstellung eine Fiskalbuße von 12 Silberpfund eingeführt (Text 282).

Eine lokale Sonderregelung von Valentinian I, Valens und Gratian aus dem Jahr 371 betrifft Illyrien und die benachbarten Regionen, wo das Aufnehmen von Sklaven neben dem Ersatz aller entgangenen Vorteile und Schäden zu einer *poena quadrupli* führt (Text 284).

Werden Sklaven von *agri deserti* jemandem durch kaiserliche *liberalitas* geschenkt oder laufen sie jemandem zu, so hatte dieser die Steuerlast des Stammgrundstückes zu tragen (Text 217). Auch umherstreifende Sklaven (*mancipia vaga*) wurden durch kaiserliches *beneficium* einem *petitor* zugewiesen, wobei dieser nach erlangtem Reskript ein Verfahren vor dem Statthalter anstrengen musste, in dem auch der rechtliche Status der beanspruchten Person geprüft wurde; flüchtige Sklaven waren an den *dominus* zurückzustellen (Text 213).

In der Nachklassik werden Sklaven- und Kolonenflucht vielfach als einheitliches Problem gesehen[69] und daher oft in ein- und derselben Konstitution behandelt (vgl. Texte 206, 281, 282, 284). Justinian nennt die Rechtslage bei *servi fugitivi* ausdrücklich als Vorbild für die Regelung, wonach der *dominus* ohne zeitliche Beschränkung die Rückkehr von entflohenen *coloni* und deren Nachkommenschaft verlangen kann (Text 283).

[68] CTh 18, 1, 1 = CI 9, 20, 16 aus dem Jahr 315.

[69] H. Bellen, Sklavenflucht 62.

Das *edictum Theodorici* übernimmt die oben wiedergegebene Konstantinische Regelung (Text 256) für den Fall des *suscipere* von Kolonen und Sklaven (Text 225), beim *sollicitare* muss der Täter den Sklaven samt *peculium* und weiteren drei gleichwertigen erstatten (Text 224). Auch die *actio furti* kann in bestimmten Konstellationen eingreifen und wie im klassischen Recht mit dem Rückgabebegehren gehäuft werden (Texte 226, 227). Ebenso wird das Verbot des Verkaufs bzw. der Schenkung eines aktuell flüchtigen Sklaven übernommen (Text 228).

Die *lex Romana Burgundionum* kennt beim *sollicitare* noch die Todesstrafe (Text 231). Bei der Auffindung eines flüchtigen Sklaven hat der Grundeigentümer oder sein Verwalter diesen vorzuführen (Text 241). Die Strafen für die Verletzung dieser Pflicht sind verschieden: Dem Grundeigentümer droht unter Verweis auf CTh 5, 17, 3 (Text 206) eine *multa retemptatoris* (Text 233), dem *vilicus* eine Prügelstrafe (Text 235).

E. DIE VERFOLGUNG UND RÜCKHOLUNG VON *SERVI FUGITIVI*

1. VERFOLGUNG DURCH DEN EIGENTÜMER SELBST

Es ist Sache des Eigentümers, den entlaufenen Sklaven zu verfolgen und wieder an sich zu nehmen. Bei den Soldaten ist die Verfolgung flüchtiger Sklaven sogar als Rechtfertigungsgrund für ein längeres Ausbleiben anerkannt (Text 174). Eine Entscheidung von Ulpian (Text 155) stellt klar, dass es keinen Raub (*rapina*) darstellt, wenn der Eigentümer seinen entlaufenen Sklaven einem gutgläubigen Besitzer mit Gewalt abnimmt. Hat bei einer Sklavenhandelsgesellschaft die Verhinderung einer Flucht von Sklaven durch einen Gesellschafter bei diesem zu Verletzungen geführt, so ist strittig, ob die Heilungskosten auf die Gesellschaft überwälzt werden können (Texte 56, 57).

Die Eigentümer zahlten Belohnungen für das Aufspüren flüchtiger Sklaven. Der Empfang einer solchen Belohnung stellt keine Sittenwidrigkeit dar, sei es dass sie nach der Anzeige (Text 65, 1. Teil), sei es dass sie schon im Vorhinein für die erwartete Anzeige (Text 47) gegeben wird. Wurde hingegen bloß formlos verabredet, im Fall der Anzeige und Ergreifung eine Belohnung zu zahlen, so ordnete Ulpian diese Vereinbarung einem Innominatkontrakt zu, aus dem der erfolgreiche Aufspürer mit der *actio praescriptis verbis* die Belohnung einklagen konnte (Text 65, 2. Teil). Überliefert ist auch die Hinterlegung der Belohnungssumme bei einem Dritten zugunsten eines bestimmten Aufspürers; bei unterbliebener *reductio* konnte sie vom *dominus* mit der *actio praescriptis verbis* zurückverlangt werden (Text 66). Vereinbarungen dieser Art wurden zumeist mit professionellen *fugitivarii* geschlossen. Diese einigten sich mit den *domini* oft auch dahingehend, dass sie diesen den *servus in fuga* abkauften, freilich regelmäßig zu einem geringen Preis und oft in Kollusion mit dem entlaufenen Sklaven. Um das zu unterbinden, verbot ein SC aus der Prinzipatszeit diese spekulative *venditio fugae* (Texte 183, 201, dazu oben S. 14 f.).

Ein unentgeltliches *mandatum* liegt hingegen vor, wenn ein auf Reisen gehender Freund gebeten wird, Nachforschungen nach einem entflohenen Sklaven zu halten und diesen bei Auffinden zu verkaufen (Texte 59, 161).

Gerichtlich kann im klassischen Formularprozess die Rückgabe des Sklaven mit der *rei vindicatio* oder der *actio Publiciana* durchgesetzt werden. Im Interdiktenverfahren ist das *interdictum utrubi* zuständig (vgl. Text 142), welches auf den längeren fehlerfreien Besitz im Jahr vor der Interdiktserlassung abstellt.

In der Nachklassik kommt es zu Änderungen in verfahrensrechtlicher Hinsicht. Wie bereits erwähnt[70], hat Konstantin bei denjenigen, die einen flüchtigen Sklaven aufgenommen haben, Rückgabe und Buße kombiniert (Text 256). In der Mitte des 4. Jh. werden Begehren auf Rückgabe entlaufener Sklaven der Bagatellgerichtsbarkeit des *defensor civitatis* zugewiesen (Text 202 = 244); doch gab es weiterhin Versuche, solche Fälle vor den Provinzstatthalter zu bringen (Text 203).

2. DIE STAATLICHE UNTERSTÜTZUNG DER PRIVATEN VERFOLGUNG

Schon die *lex Fabia* und ergänzend dazu ein SC unter dem Konsulat des Modestus sahen vor, dass dem *dominus* ein Schreiben ausgestellt wird, in dem die lokalen Magistrate zur Unterstützung bei der Suche aufgefordert werden. Verweigerten diese die Hilfe, so unterlagen sie einer *multa,* ebenso auch die Personen, die eine Durchsuchung bei sich verweigerten (Text 32). In den Provinzen war nach einem Reskript von Antoninus Pius ein solches Schreiben vom Statthalter (*praeses*) auszustellen und bei Bedarf waren dem verfolgenden Eigentümer auch *apparitores* beizugeben (Text 41). Unter Mark Aurel erlaubte zunächst ein SC das Betreten von *praedia senatorum vel paganorum* zwecks Durchsuchung durch Soldaten und Zivilisten (Text 32 am Anfang, Text 41 am Ende), außerdem legte es eine *multa* für *procuratores* und *vilici* fest, welche flüchtige Sklaven aufnahmen; bei Rückgabe oder Ablieferung an die Behörden innerhalb von 20 Tagen trat allerdings Straflosigkeit ein; ebenso blieb straflos, wer einen auf seinem Grundstück aufgefundenen *servus fugitivus* dem Herrn oder Magistraten auslieferte (Text 31). Eine *generalis epistula* verpflichtete Statthalter, Magistrate, Soldaten und *stationarii* zur Hilfestellung bei der Suche (Text 32 am Ende). Ein Reskript von Diokletian schärfte den Statthaltern nochmals ein, den Eigentümern die *potestas requirendi* einzuräumen (Text 254). All diese Maßnahmen bekämpften nicht nur die Sklavenflucht als solche, sondern richteten sich auch gegen die (zumeist senatorischen) Latifundisten, die zugelaufene Sklaven wegen des Arbeitskräftemangels häufig bei sich behielten[71].

3. AUFBAU EINER STAATLICHEN VERFOLGUNGS- UND RÜCKFÜHRUNGSORGANISATION

Die Prinzipatszeit war bemüht, neben der bloßen Unterstützung der privaten Verfolgung auch unter Nutzung der staatlichen Infrastruktur von Amts wegen die Rückholung geflüchteter Sklaven zu betreiben. Jedermann, der einen *fugitivus* – dazu zählte im Sinn dieses Edikts auch ein Herumstreuner (*erro*: Text 35) – ergriffen hatte, war verpflichtet, diesen an einer öffentlichen Stelle, d. h. bei den örtlichen Munizipalmagistraten oder öffentlich Bediensteten abzuliefern (*deducere in publicum*: Texte 33, 36). Wurde dabei im Übereifer ein Freier als vermeintlich flüchtiger Sklave ergriffen, so konnte der Betroffene wegen der damit verbundenen Rufschädigung mit der *actio iniuriarum* klagen (Text 157).

Die Munizipalbehörden hatten die Sklaven sorgfältig zu bewachen (Text 34), allenfalls auch zu fesseln (Text 37). Zur Ermittlung ihres Herrn sollen die Sklaven befragt, sowie ihre *nomina et notae* öffentlich bekannt gemacht werden. Meldete sich ihr *dominus*, so ist der Sklave ohne weiteres an ihn zurückzustellen (Text 40). Freilich war es für die Munizipalmagistrate nicht immer leicht festzustellen, ob derjenige, der einen aufgegriffenen Sklaven beanspruchte, wirklich dessen Eigentümer war, daher konnte eine Rückstellung auch unter Vorbehalt der Rückgabe einschließlich

[70] Oben S. 16.

[71] So H. Bellen, Sklavenflucht 11; V. Marotta, Multa de iure sanxit. Aspetti della politica del diritto di Antonino Pio, Milano 1988, 270 ff.; L. Capogrossi-Colognesi, Index 13 (1985) 642; dagegen freilich M. Morabito, Index 13 (1985) 646.

Bürgensicherung erfolgen (Text 152). Auch Hafenmeister und *stationarii* sollen flüchtige Sklaven ergreifen und bewachen (Text 42 = 184). Wenn ein zur Bewachung abgestellter Soldat diesen entlaufen ließ, haftete er dem Eigentümer auf Wertersatz (Text 159).

Wenn der *dominus* sich nicht meldete, wurden die Sklaven in Rom an den *praefectus vigilium*, in den Provinzen an den Statthalter überstellt (Texte 38, 39, 185). Wenn sie auch dort nicht von ihren Herrn beansprucht wurden, so wurden sie verkauft (Text 187). Allerdings erlangte der Käufer kein Eigentum, sondern musste noch 3 Jahre damit rechnen, dass der bisherige *dominus* von ihm den Sklaven mit der *rei vindicatio* (Eigentumsklage) herausverlangte. Im Fall einer solchen Eviktion konnte der Käufer vom *fiscus* die Rückerstattung des Kaufpreises verlangen (Text 188).

F. DIE SKLAVENFLUCHT ALS ABWICKLUNGSHINDERNIS UND LEISTUNGSSTÖRUNG

1. WERTERSATZ – *CAUTIONES* – KEINE HAFTUNG

In verschiedenen Rechtsverhältnissen stellt sich die Frage, inwieweit für eine Sklavenflucht zu haften ist bzw. wer das Fluchtrisiko zu tragen hat. Dabei werden unverschuldete Flucht und unverschuldeter Tod eines Sklaven als vergleichbare Fälle gesehen (Texte 7, 8, 45, 51, 177). Freilich ist der Tod ein endgültiges Leistungshindernis, wogegen bei Flucht die Möglichkeit der Ergreifung besteht, mit der Konsequenz, dass zwar – wie beim natürlichen Tod – auch bei unverschuldeter Flucht keine Haftung auf Wertersatz für den entlaufenen Sklaven besteht, aber der Verpflichtete bzw. Beklagte im Prozess auf richterliches *iussum* hin eine *cautio* – d. h. ein förmliches mündliches Leistungsversprechen in Stipulationsform – abzugeben hat: In den Quellen begegnen zwei verschiedene *cautiones*[72]:

1) In der *cautio de restituendo* (Texte 7, 11, 45, 46, 54, 103, 116, 117) verpflichtet sich der Beklagte, den derzeit nicht greifbaren Sklaven bei Wiedererlangung an den Kläger herauszugeben,

z. B. *Si Stichus in potestatem tuam pervenerit,...*[73]
Si Stichus in potestate tua redierit,...[74]
Si Stichum nanctus fueris, ...[75]
Si Stichus adprehensus fuerit, ...[76]

..., Stichum mihi restituere[77] *promittisne? - Promitto.*

Wird diese *cautio* vom Beklagten im aktuellen Prozess geleistet, so wird er freigesprochen, aber der Kläger kann bei Bedingungseintritt – das ist die Wiedererlangung des Sklaven durch den Beklagten – die Herausgabe begehren und zu deren Durchsetzung nunmehr die Klage aus der Stipulation verwenden.

2) In der weitergehenden *cautio de persequendo et restituendo* (Texte 8, 87, 109, 287) verpflichtet sich der Beklagte auch zur Setzung aktiver Verfolgungsschritte des flüchtigen Sklaven. Wird diese *cautio* im aktuellen Prozess geleistet, so kommt es auch hier zur *absolutio*, aber der

[72] Dazu ausführlich A. M. Giomaro, Cautiones iudiciales e officium iudicis 39 ff., 71 ff.

[73] Vgl. Texte 7, 45, 46, 54.

[74] Vgl. Text 117.

[75] Vgl. Text 11 am Ende.

[76] Vgl. Text 116.

[77] *praestare*: Text 117.

Kläger kann vom Beklagten die zugesicherten Verfolgungsmaßnahmen verlangen und könnte bereits dann aus der Stipulation klagen, wenn der im Erstprozess freigesprochene Beklagte solche Schritte nicht setzt; in diesem Fall würde der Kläger das Interesse – das ist regelmäßig der Wert des zu verfolgenden Sklaven – zugesprochen erhalten. Werden solche Schritte gesetzt, so trägt das Risiko weiter der Kläger; führt die Verfolgung zur Ergreifung des flüchtigen Sklaven, so ist er herauszugeben.

Es sind somit als Rechtsfolgen einer Sklavenflucht denkbar:

- Haftung auf Wertersatz für den verschwundenen Sklaven
- Haftung auf Leistung einer *cautio*
- keine Haftung

Entsprechend dem aktionenrechtlichen Denken der römischen Juristen werden die Lösungen immer im Zusammenhang mit der Klage (*actio*) erörtert, die für das jeweilige Rechtsverhältnis zur Verfügung steht.

2. ÜBERSICHT ÜBER DIE EINZELNEN RECHTSVERHÄLTNISSE UND KLAGEN

Unproblematisch ist, dass für eine durch *dolus* herbeigeführte Sklavenflucht zu haften ist und mit der jeweiligen Klage Wertersatz für den entlaufenen Sklaven verlangt werden kann, eine Abwicklung mit *cautiones* scheidet aus (Text 12). Hinsichtlich der *culpa* wird darauf abgestellt, ob der Sklave bewachungsbedürftig (Text 11: *custodiendus*) ist oder nicht (Text 11: *nam si integrae opinionis videbatur, ut non debuerit custodiri*; Texte 51, 177: *fugae servorum, qui custodiri non solent*): Trifft Letzteres zu, wird nicht auf Wertersatz gehaftet; das Fluchtrisiko trägt damit die jeweilige Gegenpartei. Im Einzelnen zeigt sich folgendes Bild:

a. Leihvertrag (commodatum)

Beim Leihvertrag trifft den Entlehner zwar im Rahmen der *actio commodati directa* im Allgemeinen die sehr strenge *custodia*-Haftung; ist das Leihobjekt aber ein Sklave, so hat sich nach Diskussion unter den römischen Juristen das Prinzip durchgesetzt, dass der Entlehner nur dann für die Sklavenflucht zu haften hat, wenn es sich um einen bewachungsbedürftigen Sklaven handelt oder die *custodia*-Haftung ausdrücklich vereinbart worden ist (Text 48). Bei Flucht nicht bewachungsbedürftiger Sklaven haftet der Entlehner nicht (Text 51); das Fluchtrisiko trägt also der Verleiher. Es ist daher nur konsequent, dass der Entlehner allfällige Verfolgungs- und Rückholungskosten mit der *actio commodati contraria* vom Verleiher ersetzt verlangen kann (Text 52). Trifft den Entlehner ein Verschulden an der Flucht, so haftet er nicht nur für den entlaufenen Sklaven, sondern auch für den Wert einer mitverliehenen Sache, die der Sklave auf die Flucht mitgenommen hat (Text 49).

b. Kaufvertrag (emptio venditio)

Wenn bei einem Kauf (*emptio venditio*) der verkaufte Sklave nach Abschluss des Vertrages, aber noch vor der geplanten Übergabe entläuft, haftet der Verkäufer im Rahmen der *actio empti*, wenn ihn ein Verschulden (*dolus* oder *culpa*) an der Flucht trifft, bei unverschuldeter Flucht nur dann, wenn er vertraglich die *custodia* übernommen hat. Ansonsten haftet er nicht, muss aber dem Käufer die Klagen (*actiones*) abtreten, die er bezüglich des Sklaven gegen Dritte hat (Text 288).

Eine besondere Vertragsgestaltung begegnet in Text 60: Ein Sklave ist mit der Abrede verkauft worden, dass er aus Rom exportiert wird (*venditio ut exportetur*). Für den Fall der Rückkehr hatte sich der Verkäufer einen Zugriff auf den Sklaven durch *manus iniectio* vorbehalten. Der Erstkäufer sicherte sich in gleicher Weise gegenüber dem Zweitkäufer ab. Paulus stellt dazu klar, dass eine fluchtweise Rückkehr des Sklaven nach Rom nicht die *manus iniectio* auslöst.

Die Fugitivität als Sachmangel beim Kaufvertrag wird in einem gesonderten Abschnitt (S. 24 ff.) dargestellt.

c. Auftrag (mandatum)

Liegt ein Auftrag (*mandatum*) zum Sklavenkauf vor und entläuft der vom Beauftragten gekaufte Sklave vor dessen Weitergabe an den Auftraggeber, so haftet der Beauftragte mit der *actio mandati directa* nur bei *dolus* und *culpa lata*. Ansonsten ist er frei, muss aber dem Auftraggeber eine *cautio de restituendo* leisten (Text 54).

d. Zweckzuwendung (datio ob rem)

Bei einer Zweckzuwendung (*datio ob rem*), die darauf gerichtet ist, dass jemand nach Empfang einer Geldsumme einen Sklaven kaufen und dann freilassen soll (Text 45) bzw. einen eigenen Sklaven freilassen soll (Text 46), stellt sich die Frage nach der Zuweisung des Fluchtrisikos in der Weise, ob die hingegebene Geldsumme mit der *condictio ob causam datorum* zurückverlangt werden kann: Das wird grundsätzlich bejaht, da der mit der Geldhingabe verbundene Zweck nicht erreicht worden ist: In den Fällen, in denen das Fluchtrisiko beim Geldgeber liegt und dieser daher nicht das Geld kondizieren kann (z. B. Text 45: verspätete Ausübung eines Reuerechts; Text 46: Der an der Freilassung interessierte Geldgeber hat den Eigentümer damit von einem geplanten Verkauf des Sklaven abgebracht), muss der Empfänger eine *cautio de restituendo* leisten.

e. Mitgift (dos)

Wird der Ehemann nach Auflösung der Ehe von der Frau mit der *actio rei uxoriae* auf Herausgabe der *dos* (Mitgift) geklagt und kann er zur Mitgift gehörige Sklaven wegen deren Flucht nicht zurückstellen, so hat er eine *cautio de persequendo et restituendo* zu leisten (Text 109).

f. Vormundschaft (tutela)

Der Vormund (*tutor*) hat das Mündelvermögen zu verwalten und bei Beendigung der Vormundschaft unter Abrechnung herauszugeben, dabei haftet er im Rahmen der *actio tutelae* für Beschädigungen und Verluste. Ein Gesetz von Kaiser Konstantin stellt klar, dass er auch für die Flucht von Sklaven, die zum Mündelvermögen gehören, einzustehen hat (Text 205 = 252).

g. Vermächtnis (Legat)

Hat ein Erblasser in seinem Testament den H zum Erben (*heres*) eingesetzt und dem Legatar L durch Damnationslegat[78] einen Sklaven vermacht, so ist der H verpflichtet, den vermachten Skla-

[78] Das Damnationslegat hat nur schuldrechtliche Wirkung (schafft also ein Forderungsrecht des Legatars L gegen den beschwerten Erben H), wogegen ein Vindikationslegat dingliche Wirkung hat.

ven[79] an den L zu übereignen; dem Legatar L steht zur Durchsetzung die *actio ex testamento* zu. Ist der vermachte Sklave geflohen, so wird unterschieden, ob die *fuga* zu Lebzeiten des Erblassers oder erst nach dessen Tod erfolgt ist: Eine Flucht *vivo testatore* belastet den Legatar L, d. h. er hat die allfälligen Verfolgungskosten – und das Verfolgungsrisiko – zu tragen (Texte 120, 121). Bei Flucht nach dem Tod wird wie in anderen Fällen nach dem Verschulden differenziert: Hat H die Flucht verschuldet, so muss er den Schätzwert des Sklaven (*aestimatio*) an L leisten, ist ihm die Flucht nicht zuzurechnen, so nur eine *cautio de restituendo* (Text 116). Paulus spricht – die Fälle vor und nach dem Tod erfassend – von *cautiones de reducendo* (Text 121). Sind dem L zwei Sklaven alternativ vermacht, so bleibt nach Flucht eines Sklaven das Wahlrecht des Erben H bestehen, d. h. er muss entweder den vorhandenen oder den Schätzwert (*aestimatio*) des flüchtigen Sklaven leisten; sind beide geflohen, so ist eine *cautio de restituendo* zu leisten, die darauf abstellt, dass bloß einer zurückkehrt (Text 117).

h. Eigentumsklage (rei vindicatio)

Wenn der Eigentümer eines Sklaven mit der *rei vindicatio* dessen Herausgabe vom unberechtigten Besitzer begehrt (Texte 11, 12, 13, 103), so haftet der beklagte Besitzer bei *dolus* und im Fall des *servus custodiendus*; er wird daher auf den Schätzwert (*litis aestimatio*) des Sklaven verurteilt. Ansonsten – nämlich bei fehlendem Verschulden – reduziert sich seine Haftung auf die Leistung einer *cautio de restituendo*.

i. actio ad exhibendum

Mit der *actio ad exhibendum* wird zwecks Vorbereitung einer anderen Klage (z. B. der *rei vindicatio* = Eigentumsklage) zunächst darauf geklagt, dass ein bestimmter Gegenstand vor dem Prätor vorgewiesen wird. Ist die Vorweisung eines Sklaven wegen dessen Flucht nicht möglich, so hat der Exhibitionsbeklagte sich in Stipulationsform zur Exhibition zu verpflichten, wenn er die faktische *potestas* über den Sklaven erlangt (Text 22: *cautio de exhibendo*).

j. actio quod metus causa

Mit der *actio quod metus causa* kann ein Erpresster die Restitution des erpressten Vermögenswertes bzw. bei unterbliebener Restitution eine Buße (den 4-fachen Wert, nach Jahresfrist den 1-fachen Wert) verlangen. Die Klage kann sowohl gegen den Erpresser selbst als auch gegen Personen erhoben werden, die selbst keine Gewalt ausgeübt oder angedroht haben, aber zur Restitution imstande sind, etwa weil sie das erpresste Gut erworben haben. Handelt es sich beim erpressten Gut um einen Sklaven und ist dieser geflohen, so ist die Haftung des Erpressers strenger als die eines gutgläubigen Erwerbers; vom Erpresser selbst kann eine *cautio de persequendo et restituendo* (Text 8), von einem Dritten nur die *cautio de restituendo* (Text 7) verlangt werden. Ist der Erpresser bereits auf die vierfache Buße verurteilt worden und der Sklave erst danach geflohen, so wird im Rahmen der *actio iudicati* das 4-fache auf das 3-fache herabgesetzt, wenn der verurteilte Erpresser die *cautio de persequendo et restituendo* leistet (Text 8).

[79] Da beim Damnationslegat nicht bloß eigene Sachen des Erblassers, sondern auch fremde Sachen vermacht werden können, finden wir auch die Variantenbildung, dass ein *servus alienus* vermacht ist (Texte 116, 121). Erbe H ist dann verpflichtet, sich diesen Sklaven zu beschaffen und an den Legatar L zu leisten. Ebenso kann Gegenstand des Damnationslegats eine eigene Sache des Erben sein, dieser Fall des Legats eines *servus heredis* begegnet in Text 121.

G. FUGITIVITÄT ALS SACHMANGEL BEI SKLAVENVERKÄUFEN

Bei Sklavenverkäufen zählt zu den Sachmängeln, für welche der Verkäufer einzustehen hat, auch die Neigung zum Entlaufen (*fugitivum esse*, Fugitivität). Das Römische Recht kennt bei Sachmängeln mehrere Grundlagen für die Gewährleistungsansprüche des Käufers[80], nämlich

1) eine zusätzlich zum Kaufvertrag abgeschlossene Garantiestipulation (*promissum*): Daraus entspringt die *actio ex stipulatu*.

2) das Edikt der kurulischen Ädilen: Daraus entspringen die so genannten ädilizischen Klagen, nämlich die *actio redhibitoria* (Wandlungsklage) und die *actio quanti minoris* (Minderungsklage).

3) den Kaufvertrag selbst, aus dem die *actio empti* auf das Interesse gewährt wird. Im Zuge der historischen Entwicklung kommt es zu einer Angleichung der *actio empti* an die ädilizischen Klagen.

Neben dem *promissum* in Stipulationsform kennt das Römische Recht auch das *dictum* als ausdrückliche Zusage, deren Nichtzutreffen sowohl im Rahmen der ädilizischen Klagen wie auch im Rahmen der *actio empti* geltend gemacht werden konnte. Von den verbindlichen *dicta et promissa*[81] sind die unverbindlichen Reklameanpreisungen (Text 86: *quae ad nudam laudem servi pertinent*) zu unterscheiden. Ein Beispiel für ein verbindliches *dictum* ist die Zusicherung *ad statuam numquam confugisse* (Text 86).

Gewährleistungsansprüche sind ausgeschlossen, wenn dem Käufer die Fugitivität bekannt gewesen ist: In einem solchen Fall wird der Verkäufer bei den ädilizischen Klagen durch eine *exceptio* (Einrede) geschützt (Text 96), bei der *actio empti* bedarf es aufgrund der in der Klageformel enthaltenen *bona fides*-Klausel keiner Einrede. Ist auf der Käuferseite ein Sklave oder ein Mandatar aufgetreten, so ist die Haftung des Verkäufers auch dann ausgeschlossen, wenn zwar diese Personen die Fugitivität nicht gekannt haben, wohl aber der Herr oder der Auftraggeber (Text 61). Umstritten ist eine Entscheidung, wonach der Käufer trotz Kenntnis des Mangels aus einer ausdrücklichen Garantiestipulation *fugitivum non esse* klagen kann (siehe Kommentar zu Text 143).

Durch ausdrückliche Abrede zwischen den Parteien kann die ädilizische Haftung ausgeschlossen werden [82]. Es ist davon auszugehen, dass das in der Preisgestaltung eine entsprechende Berücksichtigung findet. Unwirksam ist eine solche Abrede, wenn sie schenkungsweise – d. h. wohl ohne Berücksichtigung in der Preisgestaltung – bei einem Sklavenverkauf unter Ehegatten erfolgte, weil darin ein Verstoß gegen das Schenkungsverbot unter Ehegatten liegt (Text 108).

1. GARANTIESTIPULATIONEN

Eine Stipulation ist ein förmliches mündliches Leistungsversprechen, bei dem der Leistungsinhalt vom Versprechensempfänger in einer Frage formuliert wird und der Versprechende mit einem

[80] W. Kunkel/H. Honsell, RPR 316 ff.; M. Kaser/R. Knütel, RPR 267 ff.; N. Donadio, La tutela del compratore tra actiones aedilicae e actio empti, Milano 2004.

[81] Dazu A. L. Olde Kalter, Dicta et promissa, Utrecht 1963; L. Manna, Actio redhibitoria 109 ff.

[82] Ulp. D 2, 14, 31: *Pacisci contra edictum aedilium omnimodo licet, sive in ipso negotio venditionis gerendo convenisset, sive postea.* J. M. J. Chorus, Handelen in strijd met de wet, Zwolle 1976, 160; R. Willvonseder, Questions de responsabilité. XLVème Session de la Société Internationale Fernand de Visscher pour l'Histoire des Droits de l'Antiquité, Miskolc 1993, 422.

korrespondierenden Verbum antwortet (z. B. *Spondes-ne ...? – Spondeo* oder *Promittis-ne ...? – Promitto*). Bei einer Garantiestipulation betreffend Mängel des verkauften Sklaven lautet die Frage des Käufers etwa *Spondesne hunc servum sanum traditum esse, furtis noxaque solutum esse, erronem fugitivum non esse praestari?* („Versprichst du dafür einzustehen, dass dieser Sklave gesund übergeben worden ist, frei von Diebstahl und Noxalhaftung ist, kein Herumstreuner und kein Ausreißer ist?" vgl. Texte 178, 179, 180). Genauso wie im Edikt der kurulischen Ädilen ist die Fugitivität unter den einstandspflichtigen Mängeln miterwähnt. Nach einem Reskript von Diokletian (Text 247) kann der Käufer den Abschluss einer *repromissio* gegen die ediktalen Mängel verlangen.

Wird ein Kaufvertrag mit Garantiestipulationen abgeschlossen, so wird ein solcher Vertrag auch als Kauf *bonis condicionibus* (Text 97) bezeichnet[83], im Syrisch-Römischen Rechtsbuch als Kauf eines „guten Sklaven" (Text 294) oder καλὴ αἵρεσις = „schöner Kauf" (Text 296)[84]. Die Garantiestipulation gegen Sachmängel ist sowohl nach dem Musterformular des Ädilen wie auch in erhaltenen Vertragsurkunden (Texte 178, 179, 180) regelmäßig mit der *stipulatio duplae* für den Fall der Eviktion[85] verbunden. In einem weiteren Sinn wird auch diese kombinierte Garantiestipulation gegen Sach- und Rechtsmängel als *stipulatio duplae* bezeichnet (Text 100). Auf Vertragsgestaltungen dieser Art weisen auch die Fallschilderungen in den Texten 101 (*servum dupla emi*) und 102 hin.

Aus der Stipulation betreffend Sachmängel erlangt der Käufer die *actio ex stipulatu* auf das Interesse, also den Ersatz jenes Schadens, den er durch den Mangel erlitten hat. Treten beim verkauften Sklaven mehrere Mängel auf, z. B. Krankheit und Fugitivität, so kann nach der Zerlegungsregel *tot stipulationes quot res* (Text 104) wegen jedes Mangels gesondert geklagt werden (Text 105). Der Anspruch auf Interesseersatz wegen eines Sachmangels wird auch nicht dadurch beeinträchtigt, dass der Sklave in der Folge wegen eines Rechtsmangels evinziert worden ist (Texte 94, 102).

Ein Kaufvertrag unter Ausschluss der Garantie ist eine *simplaria venditio*[86]; im Syrisch-Römischen Rechtsbuch heißt er ἁπλὴ ὠνή = „einfacher Vertrag" bzw. κακὴ αἵρεσις = „schlechter Vertrag" (Texte 294, 296)[87].

2. DAS EDIKT DER KURULISCHEN ÄDILEN

Den kurulischen Ädilen oblag in Rom die Marktgerichtsbarkeit. In diesem Rahmen erließen sie zwei Edikte, nämlich das *edictum de mancipiis vendundis*[88] betreffend Sklavenverkäufe und das

[83] É. Jakab, Praedicere und cavere 190.

[84] Dazu M. Memmer, SZ 107 (1990) 10 ff.; 22 ff.

[85] Unter Eviktion versteht man die erfolgreiche Klageführung eines Dritten gegen den Käufer mit einer dinglichen Klage. Bei der *stipulatio duplae* lautete die Frage des Käufers: *Si quis hunc hominem partemve quam ex ea evicerit, quominus mihi eive ad quem ea res pertinebit uti frui habere possidere recte liceat, tum quanti ea res empta est, tantam pecuniam et alterum tantum dari promittisne?* („Wenn jemand diesen Sklaven oder einen Teil von ihm evinziert, so dass mir oder demjenigen, auf den sich die Angelegenheit beziehen wird [= oder meinem Rechtsnachfolger] es nicht freisteht, die Sache rechtmäßig zu gebrauchen, zu nutzen, zu haben und zu besitzen, versprichst du mir so viel Geld zu geben, um wie viel die Sache gekauft worden ist und noch einmal so viel?").

[86] Pomp. D 21, 1, 48, 8.

[87] Dazu M. Memmer, SZ 107 (1990) 16 ff.

[88] O. Lenel, EP § 293; H. Vincent, Le droit des édiles, Paris 1922; R. Monier, Garantie contre vices cachés 19 ff.; G. Impallomeni, L'editto degli edili curuli, Padova 1955; V. Arangio-Ruiz, La compravendita in diritto romano II 361 ff.; A.

edictum de iumentis vendundis[89] betreffend Verkäufe von Zugtieren. In beiden Edikten war für den Verkäufer eine Kundmachungspflicht vorgesehen (*palam recte pronuntianto*): Diese betraf bei Sklaven *morbi* und *vitia*, die Eigenschaft als *fugitivus* und *erro* sowie die Belastung mit einer Noxalhaftung (Text 67). Waren solche ediktalen Mängel nicht kundgemacht worden oder trafen vom Verkäufer abgegebene *dicta* (Zusagen) oder *promissa* (Versprechungen) nicht zu, so verhießen und gewährten die Ädilen zwei Klagen, nämlich die *actio redhibitoria* auf Wandlung und die *actio quanti minoris* auf Preisminderung. Die *actio redhibitoria* führte zu einer Rückabwicklung des Kaufvertrages: Der Käufer konnte gegen Rückstellung des mangelhaften Sklaven oder Zugtieres die Rückzahlung des Preises verlangen. Im Edikt selbst sowie in dem umfangreichen Formelwortlaut der *actio redhibitoria* waren weitere Details der Rückstellung (z. B. Schäden am redhibierten Sklaven, zwischenzeitiger Erwerb des Sklaven, Akzessionen und daraus gezogene Früchte, Geburt eines Sklavenkindes) geregelt. Nach den Vorstellungen der Juristen ist die *actio redhibitoria* am Modell der *restitutio in integrum* orientiert: Beide Parteien sollen so gestellt werden, als hätte der Verkauf nicht stattgefunden[90]. Will der Käufer den mangelhaften Sklaven oder das mangelhafte Zugtier behalten, so kann er mit der *actio quanti minoris*[91] eine dem Mangel entsprechende Herabsetzung des Kaufpreises begehren. Die *actio redhibitoria* ist auf 6 Monate[92], die *actio quanti minoris* auf 1 Jahr befristet[93]. Beide Klagen wurden von Justinian auf Verkäufe aller Sachen ausgedehnt und sind über die Rezeption des Römischen Rechts in viele moderne Rechtsordnungen eingegangen[94].

Die Eigenschaften *fugitivus* (Ausreißer) und *erro* (Herumstreuner) mussten deshalb zusätzlich erwähnt werden, weil der ediktale Begriff *vitium* nur die körperlichen Mängel (*vitia corporis*), nicht aber Charakterfehler (*vitia animi*) erfasste (Text 68). Labeo sieht zwischen *erro* und *fugitivus* nur einen quantitativen Unterschied, indem er den *erro* als *pusillus fugitivus*, den *fugitivus* als *mag-*

Watson, Roman Slave Law 49 f.; R. Zimmermann, Law of obligations 311 ff.; L. Manna, Actio redhibitoria 1 ff.; É. Jakab, Praedicere und cavere 123 ff.; L. Garofalo, Studi sull'azione redibitoria 5 ff.; ferner CRRS III 3.

89 Ulp. D 21, 1, 38 pr; O. Lenel, EP § 294.

90 Ulp. D 21, 1, 23, 7; Paul. D 21, 1, 60. D. Medicus, Id quod interest 121; L. Manna, Actio redhibitoria 217 ff.; É. Jakab, Praedicere und cavere 137.

91 R. Monier, Garantie contre vices cachés 170 ff., vertritt mit zahlreichen Interpolationsannahmen die Ansicht, dass die *actio quanti minoris* erst auf Justinian zurückgeht, hat sich damit aber nicht durchgesetzt; F. Pringsheim, SZ 69 (1952) 234 ff.; A. Pezzana, AG 140 (1951) 53 ff.; V. Arangio-Ruiz, La compravendita in diritto romano II 382 ff.; G. Impallomeni, L'editto degli edili curuli 197 ff.; D. Medicus, Id quod interest 124; H. Honsell, Quod interest 73.

92 Gai. D 21, 1, 28 erwähnt kürzere Fristen von 2 bzw. 6 Monaten, *si venditor de his quae edicto aedilium continentur non caveat*. Die herrschende Lehre hat – auf dem angenommenen Hintergrund eines ädilizischen Garantiezwanges – dies als Weigerung des Verkäufers verstanden und die in D 21, 1, 28 erwähnten Klagen als Reaktionen auf diese Weigerung interpretiert. É. Jakab, Praedicere und cavere 146 ff., 249 ff., 301 ff. sieht die ädilizischen Stipulationen in prozessualem Zusammenhang (Zustimmung dazu bei W. Ernst, SZ 116 [1999] 208 ff.) und somit in D 21, 1, 28 eine Sanktion gegen den Verkäufer, der sich weigert, eine solche prozessbegründende Stipulation einzugehen. Neuerdings hat B. Kupisch, TR 70 (2002) 42 ff. unter Berufung auf das Stephanos-Scholion 19 zu Bas. 18, 6, 2 ausgeführt, dass die Passage *si venditor ... non caveat* nicht im Sinn einer Weigerung zu verstehen ist, sondern einfach den Umstand ausweist, dass der Verkauf ohne Garantiestipulation erfolgt ist; in diesem Fall waren auch die Gewährleistungsfristen kürzer. Dem folgen nunmehr auch M. Kaser/R. Knütel, RPR 271.

93 Ulp. D 21, 1, 19, 6. Nach Pap. D 21, 1, 55 (Text 98) beginnt sie allerdings erst dann zu laufen, wenn der Käufer das *vitium fugitivi latens* erkennen kann. Eine abschlägige Entscheidung wegen Fristablaufs findet sich in CI 4, 58, 2 (Text 249).

94 So z. B. § 932 ABGB; § 459 BGB (alte Fassung; seit der Schuldrechtsreform 2001 nunmehr § 437 Z. 2 BGB); Art. 197 ff. Schweizer OR; Art. 1641 ff. Code civil; Art. 1490 ff. Codice civile; Art. 1484 Codigo civil; H. Honsell, Gedächtnisschrift für Wolfgang Kunkel, Frankfurt/M. 1984, 53 ff.

nus erro bezeichnet, Ulpian grenzt den *erro* hingegen deutlich vom *fugitivus* ab (Text 83)[95]. Die vom Edikt geforderte Kundmachung erfolgte regelmäßig durch Umhängen eines *titulus*[96] mit den entsprechenden Angaben, bezüglich der Fugitivität genügte es aber auch, wenn der zum Verkauf angebotene Sklave *in vinculis* vorgeführt wurde (Text 95).

Zum Begriff des *fugitivus* schildert Ulpian in seinem Ediktskommentar sehr ausführlich[97] die Bemühungen der Jurisprudenz (Texte 69 - 85), die entscheidenden Kriterien zur Feststellung der Fugitivität herauszuarbeiten[98]: Betrachtet werden als objektives Element die *fuga* als tatsächliche Entfernung aus dem Herrschaftsbereich des *dominus* (Caelius in Text 79: *ait libertatis cuiusdam speciem esse fugisse, hoc est potestate dominica in praesenti liberatum esse*) und als subjektives Element der *animus fugiendi*.

Das objektive Element ist nach Caelius auf jeden Fall verwirklicht, wenn der Sklave sich an einem Ort befindet, von dem ihn der *dominus* nicht wiedererlangen oder abführen kann (Text 82): Eine konkrete Fallentscheidung dieses Juristen (Text 84) betrifft das Verbergen im selben Haus: Hat sich der Sklave eines Freigelassenen zwar außerhalb der separierten Wohnung seines Herrn, aber noch innerhalb des dem Freilasser gehörigen Gebäudes verborgen, wird er dadurch zum *fugitivus*; ist die Wohnung des Freigelassenen hingegen nicht separiert, so begründet ein solches Verhalten noch keine Fugitivität.

Die Mehrzahl der überlieferten Fälle betrifft jedoch das subjektive Element: Es fehlt, wenn das Motiv der Entfernung nicht die Flucht vor dem *dominus* ist, sondern in einer Gefahrensituation (Text 72: *qui hostem aut latronem, incendium ruinamve fugeret*) liegt. Läuft ein Sklave wegen schlechter Behandlung durch einen Lehrer oder Entlehner von diesen Personen zum *dominus* zurück (Text 72), so fehlt neben dem subjektiven Element auch das objektive. Nicht fugitiv wird der Sklavenbub, der vom Lehrer ausreißt und bei der Mutter Zuflucht sucht, die beim *dominus* eine *deprecatio* vornehmen soll (Text 74). Ebenso begründet auch die Entfernung vom *dominus* keine Fugitivität, wenn der *servus* wegen befürchteter Schläge durch den *dominus* bei dessen Freund Zuflucht sucht, um ihn als Fürsprecher zu gewinnen (Text 73, ähnlich Text 91). Auch ein Selbstmordversuch als einziges Motiv der Entfernung schließt Fugitivität aus (Texte 73, 75). Liegt in allen diesen Situationen vorher oder nachher jedoch die Absicht vor, sich dem *dominus* zu entziehen, so begründet dies Fugitivität. Ein *fugae consilium* fehlt auch, wenn sich ein testamentarisch freigelassener Sklave sofort nach dem Tod des Herrn als Freier verhält, aber sein bisheriges in der Provinz geführtes *officium* weiterhin wahrnimmt (Text 85).

Strittig war die Qualifizierung des *confugere in asylum* oder *ad statuas principis*: Die frühklassischen Juristen Labeo und Caelius nahmen Fugitivität an, Ulpian hingegen verneinte den *animus fugiendi* (Text 81).

Grundsätzlich müssen beide Elemente, nämlich das objektive und das subjektive, verwirklicht sein, um die Fugitivität zu begründen (so schon Ofilius in Text 69, Cassius in Text 71), doch findet sich bei manchen Frühklassikern die Tendenz, die Fugitivität bloß auf das subjektive Element zu stützen, auch wenn das objektive Element der *fuga* noch fehlt: So bejaht Proculus die Fugitivität,

[95] Eine Parallele im Militärstrafrecht bildet der Gegensatz von *emansor* und *desertor* (Texte 172, 173). Dazu N. Donadio, Scritti in ricordo di Barbara Bonfiglio 137 ff.

[96] Gell. Noct. Att. 4, 2, 1; É. Jakab, Praedicere und cavere 40 ff.

[97] P. R. Coleman-Norton, Studies in Honor of Allen Chester Johnson, Princeton 1951, 174 FN 65.

[98] G. Impallomeni, L'editto degli edili curuli 9 ff.; R. Martini, Definizioni 117 f.; T. Giménez-Candela, El régimen pretorio 249 ff.; F. Reduzzi Merola, Servo parere 127 ff.; L. Manna, Actio redhibitoria 55 ff.; C. Russo Ruggeri, Viviano giurista minore?, Milano 1997, 154 ff.

wenn sich ein Sklave im Haus des *dominus* in Erwartung einer *occasio fugae* verbirgt (Text 73), Caelius entscheidet ähnlich, wenn der zur Flucht entschlossene Sklave das Grundstück des *dominus* noch gar nicht verlassen hat (Text 77) oder vom Eigentümer schon bei den ersten Schritten ertappt wird (Text 78): Bereits der Fluchtversuch begründete die Fugitivität.

Allgemeine Formulierungen der subjektiven Konzeption der Fugitivität stammen von Proculus (Text 73: *ab affectu animi cuiusque aestimandum*), Vivianus (Text 72: *fugitivum fere ab affectu animi intellegendum esse, non utique a fuga*) und Caelius (Text 77: *animum enim fugitivum facere*). Diese Auffassung hat sich aber nicht durchgesetzt, der Spätklassiker Paulus beharrt auf der Verwirklichung des objektiven Elements (Text 91: *quia non solum consilii, sed et facti fugae nomen est*), Tryphoninus untermauert dies mit vergleichenden Beispielen aus dem Strafrecht: auch dort macht die bloße *propositio animi* noch keinen Dieb, Ehebrecher oder *aleator*, sondern es bedarf eines *actus*, ähnlich ist es beim *fugitivus* und *erro* (Text 176).

Fugitivität kann auch eintreten, wenn die Flucht gar nicht beim Eigentümer selbst, sondern bei einem Pfandgläubiger (Text 80), Lehrer, Entlehner (Text 72) oder einem gutgläubigen Besitzer (Text 93) erfolgt ist. Erfolgt die Flucht allerdings zum *dominus* oder ist sie dorthin beabsichtigt, so liegt keine Fugitivität vor.

Die einmal begründete Fugitivität wird durch eine reuige Rückkehr nicht wieder beseitigt (Text 70), der Sklave bleibt ein *fugitivus*.

Für den Erfolg des Käufers mit den ädilizischen Klagen kommt es darauf an, dass der geltend gemachte Mangel schon im Verkaufszeitpunkt vorlag: Bei der Fugitivität geschieht dies durch den Nachweis einer vor dem Verkaufszeitpunkt liegenden Flucht (Text 106: *antequam emeret fugisse*; Text 107 = 191: *probatio prioris fugae*; Text 250: *apud priorem dominum fugisse*); dazu konnte auch der Sklave selbst befragt werden (Texte 101, 107 = 191). Ist der Sklave beim Käufer geflohen, so kommt es darauf an, dass er dies *ex veteri vitio* (Text 190) getan hat und sich daher *in causa redhibitionis* befindet (Text 99). Gelingt der Nachweis der früheren *fuga* nicht, so hat der Käufer den Nachteil einer *fuga post venditionem interveniens* selbst zu tragen (Text 250).

Um mit der *actio redhibitoria* die Verurteilung des Verkäufers zur Rückzahlung des Preises zu erreichen, muss der Käufer den Sklaven an den Verkäufer zurückstellen. Ist nun der Sklave beim Käufer erneut geflüchtet, so ist eine Rückstellung in natura unmöglich. Eine von Ulpian überlieferte Entscheidung des Pomponius (Text 87) eröffnet dem Käufer dennoch die Wandlung, wenn er sich in einer *cautio de persequendo et reddendo* gegenüber dem Verkäufer verpflichtet, den Sklaven zu verfolgen und bei Erfolg zurückzugeben[99]. Dass die Entscheidung gerade auf eine Wandlung wegen Fugitivität – oder auf einen anderen Mangel – abstellt, ist zwar dem Wortlaut nicht zu entnehmen, ist aber wahrscheinlich, da sich in der Flucht gerade der Mangel der Fugitivität verwirklicht. In der Nachklassik wird – und hier ausdrücklich auf den Mangel der Fugitivität bezogen – dagegen der Rückzahlungsanspruch des Käufers davon abhängig gemacht, dass er den Sklaven auch tatsächlich zurückstellt (Texte 204 = 251, 294).

Ist der Käufer eines Sklaven wegen eines anderen Mangels z. B. Krankheit zur Wandlung berechtigt, hatte er aber den Sklaven so schlecht behandelt, dass er inzwischen zum Ausreißer geworden war, so muss bei der Wandlung dem Verkäufer Ersatz für die eingetretene Verschlechterung geleistet werden (Text 89).

[99] Dass dies nur gegenüber dem dolosen Verkäufer (*qui sciens vendidit*) möglich ist, wird vielfach als nachklassische oder justinianische Interpolation angesehen. Siehe Kommentar zu D 21, 1, 21, 3 (Text 87).

Hat der Sklave auch Sachen des Käufers entwendet, so kann der Käufer den dadurch erlittenen Schaden über ein Retentionsrecht am Sklaven durchsetzen (Texte 99, 100 am Ende). Auch ein spätklassisches Reskript bezieht in die *actio redhibitoria* gegen einen betrügerisch („*consilio fraudis*“) agierenden Verkäufer über die Preisrückzahlung hinaus den Schadenersatz ein (Text 248).

Die *actio quanti minoris* geht auf Preisminderung entsprechend dem Mangel. Liegt neben der Fugitivität noch ein weiterer Sachmangel z. B. Krankheit vor, so kann – ähnlich wie bei der Haftung aus einer Garantiestipulation – bezüglich jedes Mangels gesondert und auch sukzessive Preisminderung begehrt werden (Texte 90, 105).

3. DIE HAFTUNG IM RAHMEN DER *ACTIO EMPTI*

Auch im Rahmen der *actio empti* konnten Sachmängel geltend gemacht werden. Zunächst bestand diese Haftung nur bei *dolus* oder einer ausdrücklichen Zusage (*dictum*) des Verkäufers, doch schon in der Frühklassik ist die Entwicklung so weit fortgeschritten, dass der Verkäufer auch ohne besondere Zusage haftete[100]. Für die Fugitivität wird durch Neraz ausdrücklich betont, dass eine Haftung des Verkäufers auch dann besteht, wenn er selbst den Mangel nicht kannte (Text 61). In diesem Fall kann der Käufer freilich nur eine Preisminderung begehren, während bei wissentlichem Verkauf das volle Interesse verlangt werden kann (Text 62); darin sind z. B. auch jene Schäden enthalten, die der Käufer dadurch erlitten hatte, dass der gekaufte *fugitivus* andere Sklaven des Käufers zur Flucht angestiftet oder Sachen des Käufers entwendet hat (Texte 63, 190).

4. DIE HAFTUNG DES VERKÄUFERS FÜR DIE VOM FLÜCHTIGEN SKLAVEN ENTWENDETEN SACHEN

Bezüglich der Frage, in welcher Weise der Käufer auch Ersatz für die vom *servus fugitivus* entwendeten Sachen verlangen konnte, ist für das klassische Recht danach zu unterscheiden, mit welcher Klage der Käufer gegen den Verkäufer vorgeht.

a) Im Rahmen der *actio redhibitoria* soll nach erfolgter Redhibition im Grundsatz ein Zustand wiederhergestellt werden, so als wäre es niemals zum Kauf gekommen[101]. Im Verfahren stellt der *iudex* zunächst durch *pronuntiatio* fest, dass sich der Sklave in *causa redhibitionis* befindet, und trägt durch *iussum* den Parteien entsprechende Leistungen auf, wobei der Käufer vorleistungspflichtig ist, d. h. er musste zunächst den Sklaven zurückstellen, in der Folge hat der Verkäufer den Preis zu erstatten. Erstattet nach ordnungsgemäßen Vorleistungen des Käufers der beklagte Verkäufer nicht den Preis, so kommt es zur Geldverurteilung auf *quanti ea res erit*. Wie in diesem prozessualen Ablauf Schäden, die der Käufer durch den Sklaven erlitten hat, oder Aufwendungen, die er auf den Sklaven gemacht hat, liquidiert werden sollen, ist unter den römischen Juristen strittig: Julian ist der Ansicht, dass der Richter diese Posten in die Verurteilung aufnehmen soll, Paulus hingegen spricht sich für ein Retentionsrecht des Käufers am Sklaven aus, d. h. er muss ihn nur dann zurückstellen, wenn er vom Verkäufer schadlos gehalten wird[102]. Diese

[100] W. Kunkel/H. Honsell, RPR 318; M. Kaser/R. Knütel, RPR 271.

[101] Vgl. Ulp. D 21, 1, 23, 7: *Iulianus ait iudicium redhibitoriae actionis utrumque, id est venditorem et emptorem, quodammodo in integrum restituere debere*; Paul. D 21, 1, 60: *Facta redhibitione omnia in integrum restituuntur, perinde ac si neque emptio neque venditio intercessit.* Dazu L. Manna, Actio redhibitoria 220 ff., N. Donadio, La tutela del compratore 276 ff.

[102] Paul. D 21, 1, 29, 3: *Si quid tamen damni sensit vel si quid pro servo impendit, consequetur arbitrio iudicis, sic tamen, non ut ei horum nomine venditor condemnetur, ut ait Iulianus, sed ne alias compellatur hominem venditori restituere, quam si eum indemnem praestet.* Dazu L. Manna, Actio redhibitoria 194 ff. mit weiteren Belegstellen.

Lösung vertritt Paulus auch hinsichtlich der Sachen, die ein *fugitivus* gestohlen hatte; der beklagte Verkäufer kann aber – statt Ersatz zu leisten – den Sklaven auch dem Käufer überlassen (Texte 99, 100 am Ende).

b) Im Rahmen der *actio empti* haftete der *venditor sciens* auch für die vom flüchtigen Sklaven entwendeten Sachen und konnte daher auf den Ersatz von deren Schätzwert verurteilt werden (Text 63).

c) Eine Haftung des Verkäufers für die vom *servus fugitivus* entwendeten Sachen findet sich auch in den Paulus-Sentenzen (Text 190), im Edictum Theodorici (Text 230) und im Syrisch-Römischen Rechtsbuch (Text 296).

5. HAFTUNG FÜR FUGITIVITÄT IM RAHMEN ANDERER RECHTSVERHÄLTNISSE

Die Einstandspflicht für Fugitivität wurde beim Kaufvertrag ausgebildet, doch finden sich auch Erörterungen der Juristen darüber, ob im Rahmen anderer Rechtsverhältnisse eine ähnliche Haftung besteht oder rechtsgeschäftlich begründet werden kann.

Aus der Nähe des Tausches zum Kauf leitet bereits der Frühklassiker Aristo die Anwendung der Einstandspflicht für die ediktalen Mängel, darunter auch Fugitivität, auf denjenigen an, der tauschweise einen Sklaven hingegeben hat (Text 64). Bei Verwahrungs-, Leih- und Mietverträgen kann rechtswirksam eine Abrede getroffen werden, dass der übernommene Sklave nicht zu einem *fugitivus* gemacht wird (Text 6).

Wenn ein Sklave im Rahmen eines Damnationslegats vermacht ist, hat der mit dem Legat belastete Erbe dem Legatar den Sklaven so zu leisten, wie er ist; aus diesem Grund ist eine vom Erben eingegangene Stipulation *fugitivum non esse praestari* unwirksam (Text 118). Ist der Sklave samt seinem *peculium* jemandem vermacht, so berechtigt die durch Fugitivität eingetretene Wertminderung des Sklaven den *heres* nicht dazu, diese im Abzugsweg vom *peculium* hereinzubringen (Text 123).

H. BESONDERE ERSCHEINUNGSFORMEN DER SKLAVENFLUCHT

Die Zufluchtnahme von Sklaven in Tempeln oder bei der Kaiserstatue[103] löst besondere Rechtsfolgen aus. Der Sklave wird über seine Beschwerdegründe gegen den *dominus* befragt (in Rom vom *praefectus urbi*: Text 3) und bei nachgewiesener *saevitia*, *famis* oder *intolerabilis iniuria* wird der *dominus* zum Verkauf gezwungen, wie aus einem Reskript des Antoninus Pius an den Statthalter von Baetica, Aelius Marcianus, hervorgeht. Dieses Reskript ist in den Rechtsquellen mehrfach überliefert (Texte 1, 2, 198, 285). Bei den Juristen ist umstritten, ob Sklaven, die Zuflucht in Tempeln oder bei der Kaiserstatue gesucht haben, als *fugitivi* anzusehen sind: Während die frühklassischen Juristen Labeo und Caelius das bejahten, verneinte der Spätklassiker Ulpian im Hinblick auf das Edikt der kurulischen Ädilen das Vorliegen einer vom Verkäufer kundzumachenden Fugitivität (Text 81); sollte daher eine Haftung des Verkäufers auch für diesen Umstand begründet werden, bedurfte es einer ausdrücklichen Zusage, dass der Sklave niemals zur Kaiserstatue geflohen ist (Text 86: *ad statuam numquam confugisse*).

[103] Dazu C. Gioffredi, SDHI 12 (1946) 187 ff.; R. Gamauf, Ad statuam licet confugere 9 ff.; ferner CRRS VII 2.

Ein spektakulärer Fall ist in Text 169 überliefert. Aus Angst vor einer Rückkehr zu seinem Herrn (*metus revertendi ad dominum*) hatte ein Sklave fälschlicherweise einen Mord (*parricidium*) gestanden und war vom Statthalter zunächst auch verurteilt worden. Dieser hegte aber Zweifel und verhörte die angeblichen Mitwisser. Als sich die Unschuld des Verurteilten herausstellte, haben die vom Statthalter konsultierten Kaiser Mark Aurel und Lucius Verus den amtswegigen Verkauf des Sklaven mit Rückkehrverbot sowie die Aushändigung des Kauferlöses an den bisherigen Herrn angeordnet.

In der Nachklassik hatte sich die Gesetzgebung mit dem Phänomen der Flucht in Kirchen[104] zu befassen; sowohl im Codex Theodosianus als auch im Codex Iustinianus findet sich ein einschlägiger Titel (CTh 9, 45: *De his qui ad ecclesias confugiunt*; CI 1, 12: *De his qui ad ecclesias confugiunt vel ibi exclamant*). Das betraf freilich nicht primär Sklaven. Ein Gesetz von Arcadius und Honorius aus dem Jahr 398 erwähnt darüber hinaus Hörige und korporativ oder haftungsmäßig gebundene Personen wie z. B. *decuriones*, öffentliche Schuldner, Vermögensverwalter (vgl. Text 209). Kaiser Theodosius II anerkannte im Jahr 431 (Text 210) den kirchlichen Schutz für alle, die aus Furcht vor irgendeiner Bedrängnis (*timentes*) in einer Kirche Zuflucht suchten (*confugientes*) und erwähnte 439 unter den weiterhin aufrechten Kirchenprivilegien auch eines betreffend *confugae* (Text 239), ebenso auch Kaiser Leo im Jahr 466 (Text 243).

Das Gesetz von Arcadius und Honorius aus dem Jahr 398 (Text 209) sah für die darin erfassten *confugientes* noch die *revocatio ad pristinam sortem* vor. Für die Sklaven bedeutet das die Rückstellung an den *dominus*. Dies entspricht auch der *apostolica disciplina*[105] der Kirche. Auch Theodosius II hat ein Jahr nach seiner im Jahr 431 erfolgten Anerkennung des Kirchenasyls (Text 210) eine Sonderregelung für Sklaven mit folgender Differenzierung geschaffen (Text 211): Sind sie unbewaffnet in eine Kirche geflohen, so hat sie der Kleriker innerhalb eines Tages gegen Verzeihung durch den *dominus* an diesen zurückzustellen. Bewaffnete müssen sofort zurückgegeben werden; gegen sie kann der *dominus* auch innerhalb der Kirche – sogar bis zur Tötung reichende – Gewalt anwenden. Der erste Teil dieser Konstitution wurde in modifizierter Form ins Edictum Theodorici (Text 223) übernommen, der zweite Teil findet sich auch im Codex Iustinianus (Text 242). Kaiser Leo ist im Jahr 466 von der Eintagesfrist wieder abgegangen: Sklaven, ebenso auch Kolonen sowie gewaltunterworfene Personen sollen bloß nicht *diutius* in der Kirche bleiben (Text 243).

Insgesamt ergibt sich also der Befund, dass auch in der Periode des Ausbaus des kirchlichen Asylwesens bei Sklaven grundsätzlich die Rückstellung zu erfolgen hat. Ausnahmen finden sich im Zusammenhang mit der Häretikergesetzgebung: Eine Konstitution von Arcadius, Honorius und Theodosius I aus dem Jahr 405 anerkannte eine Flucht solcher Sklaven, die aus Glaubensgründen vor donatistischen oder sonstigen häretischen Herrn geflohen waren (Texte 219 = 240, 220). Auf diesem Hintergrund ist im zeitgenössischen Kontext auch das Gesetz aus dem Jahr 409 zu sehen, welches ein *abducere* von *confugientes* als *crimen maiestatis* qualifiziert (Text 221). Justinian hat dieses Gesetz aus dem antihäretischen Zusammenhang, in dem es im CTh steht, gelöst und durch Aufnahme in den Titel CI 1, 12 auf das kirchliche Asylrecht verallgemeinert (Text 241).

[104] Dazu E. Herrmann, Orientalia Christiana periodica 1 (1935) 204 ff.; L. Wenger, RAC I (1950) Sp. 840 ff.; H. Langenfeld, Christianisierungspolitik und Sklavengesetzgebung 127 ff.; J. Herrmann, Cod. Theod 351 ff.; ders., Kaiserliche Erlässe 363 ff.; A. D. Manfredini, AARC 6 (1986) 39 ff.; G. Barone Adesi, AARC 8 (1990) 695 ff.; A. Ducloux, Ad ecclesiam confugere. Naissance du droit d'asilie dans les églises (IVe – milieu du Ve s), Paris 1994 (De l'archéologie à l'histoire); G. Franke, Das Kirchenasyl im Kontext sakraler Zufluchtmaßnahmen der Antike, Frankfurt/M. u.a. 2003; Ch. Traulsen, Das sakrale Asyl 267 ff.

[105] 1 Kor. 7, 21 f.; August., epist. 108, 18 (CSEL 34, 632); I. Weiler, Beendigung des Sklavenstatus 270 f.

Bei einzelnen Kirchenvätern und vor allem im Mönchstum findet sich im Gegensatz zur *apostolica disciplina* der Gedanke, dass eine Weihe zum Kleriker oder ein Klostereintritt eines Sklaven auch ohne Willen des *dominus* möglich sein und diesem die Freiheit verschaffen soll[106]. Flüchtige Sklaven versuchten daher, sich durch Aufnahme in den Klerikerstand oder Eintritt in ein Kloster ihrem Herrn zu entziehen. Sowohl die kirchliche als auch die staatliche Rechtssetzung reagierten darauf restriktiv[107]. Auf Initiative von Kaiser Marcian wurde im Jahr 451 auf dem Konzil von Chalcedon das Verbot ausgesprochen, Sklaven gegen den Willen des *dominus* als Mönche in ein Kloster aufzunehmen; den dagegen verstoßenden Vorstehern wurde die Exkommunikation angedroht[108]. Im Westen schärfte Valentinian III das Verbot ein, Sklaven – und andere abhängige Personen – in den Klerikerstand oder in ein Kloster aufzunehmen (Text 222). Im Osten hatte Kaiser Zeno verfügt, dass auch bei Zustimmung des *dominus* ein Sklave nur Kleriker werden konnte, wenn der *dominus* zuvor die Freilassung vornahm[109]. Nach der Justinianischen Novelle 123, 17 aus dem Jahr 546 (Text 292) erlangte ein Sklave durch die Weihe mit Wissen und Zustimmung des *dominus* die Freiheit; erfolgt die Weihe ohne Wissen des *dominus*, so kann dieser innerhalb Jahresfrist den Sklavenstand nachweisen und den Sklaven zurückverlangen. Bei Klostereintritt ließ Justinian durch Nov. 5, 2 aus dem Jahr 535 den Sklaven nach 3-jährigem Noviziat die Freiheit erwerben; er verlor sie allerdings wieder, falls er in der Folge auch aus dem Kloster floh. Vor Ablauf der 3-Jahresfrist konnte der *dominus* seinen ins Kloster geflohenen Sklaven nur bei Nachweis von Verfehlungen zurückverlangen (Text 291). An dieser Frist hielt auch die Nov. 123, 35 aus dem Jahr 546 fest (Text 293).

[106] Dazu H. Bellen, Sklavenflucht 78 ff.

[107] Dazu J. Gaudemet, L'église dans l'Empire romain (IVe – Ve siècles), Paris 1959, 138 f.; St. Pietrini, Religio e ius romanum nell'epistolario di Leone Magno, Milano 2002, 166 ff.

[108] Cn. 4 Conc. Chalc. (ACO II 1, 2, 159), dazu G. Barone Adesi, Monachesimo ortodosso 323 ff.

[109] CI 1, 3, 36, 1 (a. 484).

II. TEXTE MIT ÜBERSETZUNGEN UND KOMMENTAREN

1. GAIUS

1. **Gaius 1, 53**. Sed hoc tempore neque civibus Romanis nec ullis aliis hominibus, qui sub imperio populi Romani sunt, licet supra modum et sine causa in servos suos saevire: nam ex constitutione sacratissimi imperatoris Antonini, qui sine causa servum suum occiderit, non minus teneri iubetur, quam qui alienum servum occiderit. sed et maior quoque asperitas dominorum per eiusdem principis constitutionem coercetur: nam consultus a quibusdam praesidibus provinciarum de his servis, qui ad fana deorum vel ad statuas principum confugiunt, praecepit, ut si intolerabilis videatur dominorum saevitia, cogantur servos suos vendere. et utrumque recte fit: [Regula] male enim nostro iure uti non debemus; qua ratione et prodigis interdicitur bonorum suorum administratio.

Aber heutzutage dürfen weder römische Bürger noch irgendwelche anderen Menschen, die unter der Herrschaft des römischen Volkes leben, ihre Sklaven über das Maß hinaus und ohne Grund misshandeln; denn eine Konstitution des hochverehrten Kaisers Antoninus befiehlt, dass derjenige, der ohne Grund seinen eigenen Sklaven getötet hat, ebenso strafbar ist wie derjenige, der einen fremden Sklaven getötet hat. Aber auch eine allzu große Strenge der Herren wird durch eine Konstitution desselben Kaisers gezügelt: Als er nämlich von manchen Provinzstatthaltern wegen solcher Sklaven, welche sich zu Götterhainen oder Kaiserstatuen flüchteten, um Rat gefragt wurde, befahl er, dass die Herren gezwungen werden sollten, ihre Sklaven zu verkaufen, wenn man ihre Grausamkeit als unerträglich ansehe. Und beides geschieht zu Recht, [Regel] denn wir dürfen unser Recht nicht missbrauchen; aus dieser Überlegung heraus wird auch den Verschwendern die Verwaltung ihres Vermögens untersagt.

Kommentar: Wie Gaius in seinem Lehrbuch zuvor festhält, haben – und zwar bei allen Völkern – die Herren über ihre Sklaven eine Gewalt über Leben und Tod (*vitae necisque potestatem*)[110]. Gaius schildert zwei kaiserrechtliche Einschränkungen, nämlich die Strafe auch für die Tötung des eigenen Sklaven[111] sowie den erzwungenen Verkauf von Sklaven wegen übermäßiger Misshandlung. Die erwähnte Konstitution des Antoninus Pius, welche das Verfahren nach einer Flucht zur Kaiserstatue regelt und den Zwangsverkauf vorsieht, wird in den Texten 2, 198 und 285 im Wortlaut wiedergegeben. Der hier zur Motivierung herangezo-

[110] Gai. Inst 1, 52.

[111] Die Tötung fremder Sklaven wurde in der Klassik als Deliktstatbestand nach der *lex Aquilia* erfasst. Dazu CRRS III 2.

gene Gedanke des Rechtsmissbrauchs[112] wird in der Justinianischen Fassung durch die *utilitas publica* ersetzt, die es verbietet, dass man seine Sache schlecht gebraucht (Text 285).

2. DIGESTEN

2. **D 1, 6, 2.** *Ulpianus libro octavo de officio proconsulis.* Si dominus in servos saevierit vel ad impudicitiam turpemque violationem compellat, quae sint partes praesidis, ex rescripto divi Pii ad Aelium Marcianum proconsulem Baeticae manifestabitur. cuius rescripti verba haec sunt: „Dominorum quidem potestatem in suos servos illibatam esse oportet nec cuiquam hominum ius suum detrahi: sed dominorum interest, ne auxilium contra saevitiam vel famem vel intolerabilem iniuriam denegetur his qui iuste deprecantur. ideoque cognosce de querellis eorum, qui ex familia Iulii Sabini ad statuam confugerunt, et si vel durius habitos quam aequum est vel infami iniuria affectos cognoveris, veniri iube ita, ut in potestate domini non revertantur. qui si meae constitutioni fraudem fecerit, sciet me admissum severius exsecuturum." divus etiam Hadrianus Umbriciam quandam matronam in quinquennium relegavit, quod ex levissimis causis ancillas atrocissime tractasset.

Ulpian im 8. Buch über das Amt des Prokonsuls. Für den Fall, dass ein Eigentümer an seinen Sklaven seinen Zorn auslässt oder sie zur Unzucht oder schändlicher Preisgabe zwingt, geht aus dem Reskript des vergöttlichten Kaisers Antoninus Pius an den Aelius Marcianus, den Prokonsul der Provinz Baetica, hervor, was die Aufgabe des Provinzstatthalters ist. Der Wortlaut des Reskripts ist folgender: „Zwar muss die Gewalt der Eigentümer über ihre Sklaven ungeschmälert bleiben und darf keinem Menschen sein Recht genommen werden, doch liegt es im Interesse der Eigentümer, dass Hilfe gegen Grausamkeit, Hunger oder unerträgliches Unrecht denen nicht versagt wird, die sie mit Recht erflehen. Deshalb untersuche die Beschwerden derer, die aus der Sklavenschar des Iulius Sabinus sich zur Kaiserstatue geflüchtet haben, und wenn Du findest, dass sie härter behandelt wurden, als billig ist, oder dass ihnen schändliches Unrecht zugefügt wurde, so befiehl, sie mit der Maßgabe zu verkaufen, dass sie nicht in die Gewalt ihres Eigentümers zurückkommen dürfen. Und wenn dieser [Sabinus] meine Konstitution umgeht, soll er wissen, dass ich sein Vergehen strenger ahnden werde." Der vergöttlichte Kaiser Hadrian hat sogar eine gewisse Umbricia, eine Frau von Stand, für fünf Jahre in die Verbannung geschickt, weil sie aus nichtigsten Anlässen auf das Grausamste mit ihren Sklavinnen verfuhr.

Kommentar: Ulpian gibt hier das von Gaius in Text 1 erwähnte Reskript[113] wieder, dem ein konkreter Anlassfall, nämlich die Flucht mehrerer Sklaven zur Kaiserstatue, zugrunde lag. Der Provinzstatthalter, der die Anfrage an den Kaiser gerichtet hat, soll die Beschwerden untersuchen und bei festgestellter Überschreitung des Maßes durch den Herrn diesen zum

[112] Die Charakterisierung als [*Regula*] ist wohl der Einschub eines späteren Bearbeiters: U. Manthe, Erläuterung zu Gai. Inst 1, 53 in: Die Institutionen des Gaius. Herausgegeben, übersetzt und kommentiert von Ulrich Manthe, Darmstadt 2004, S. 419.

[113] Dazu H. Bellen, Sklavenflucht 70 f.; F. Casavola, Potere imperiale e stato delle persone tra Adriano ed Antonino Pio, Labeo 14 (1968) 268 ff. = Giuristi adrianei, Napoli 1980, 224 f.; A. D. Manfredini, AARC 6 (1986) 50 f.; V. Marotta, Multa de iure sanxit 327 ff.; R. Gamauf, Ad statuam licet confugere 56 ff., 81 ff., der auch im Gegensatz zur bisher überwiegenden Meinung die These vertritt (S. 58), dass der Zwangsverkauf schon vorher praktiziert (und nicht erst durch dieses Reskript erstmalig eingeführt) wurde.

Verkauf zwingen. Der Verkauf erfolgte mit der Maßgabe, *ne in potestatem domini revertantur*, d. h. dem *dominus* war der Wiedererwerb verboten. Ein Verstoß dagegen wurde als *fraus constitutionis* vom Kaiser selbst im Rahmen der *extraordinaria cognitio* bestraft[114].

Der Reskriptswortlaut wird auch in der Collatio (Text 198) und in den Justinianischen Institutionen (Text 285) überliefert[115].

3. **D 1, 12, 1, 1**. *Ulpianus libro singulari de officio praefecti urbi*. Servos qui ad statuas confugerint, vel sua pecunia emptos ut manumittantur, de dominis querentes audiet.
Ulpian in der Einzelschrift über das Amt des Stadtpräfekten. Er gewährt den Sklaven, die sich zu den Kaiserstandbildern geflüchtet haben oder die sich, um freigelassen zu werden, mit eigenem Geld haben kaufen lassen, rechtliches Gehör, wenn sie sich über ihre Eigentümer beschweren.

Kommentar: Schon Seneca belegt für die Zeit Neros eine (nicht näher identifizierte) Beschwerdestelle für misshandelte Sklaven[116]; sie wird mit dem hier genannten *praefectus urbi* gleichgesetzt[117], der im Rahmen seiner polizeilichen Funktionen die Beschwerden der zur Kaiserstatue geflohenen Sklaven anzuhören hatte und mit Mitteln der *coercitio*[118] Abhilfe schaffen konnte.

4. **D 1, 14, 3**. *Ulpianus libro trigensimo octavo ad Sabinum*. Barbarius Philippus cum servus fugitivus esset, Romae praeturam petiit et praetor designatus est. sed nihil ei servitutem obstetisse ait Pomponius, quasi praetor non fuerit: atquin verum est praetura eum functum. et tamen videamus: si servus quamdiu latuit, dignitate praetoria functus sit, quid dicemus? quae edixit, quae decrevit, nullius fore momenti? an fore propter utilitatem eorum, qui apud eum egerunt vel lege vel quo alio iure? et verum puto nihil eorum reprobari: hoc enim humanius est: cum etiam potuit populus Romanus servo decernere hanc potestatem, sed et si scisset servum esse, liberum effecisset. quod ius multo magis in imperatore observandum est.
Ulpian im 38. Buch zu Sabinus. Obwohl Barbarius Philippus ein flüchtiger Sklave war, bewarb er sich in Rom um die Prätur und wurde zum Prätor gewählt. Sein Status als Sklave stand ihm aber, wie Pomponius sagt, keineswegs entgegen, so als wäre er überhaupt nicht Prätor gewesen: Gleichwohl ist wahr, dass er die Prätur verwaltet hat. Und dennoch wollen wir genau prüfen: Was sollen wir sagen, wenn ein Sklave, solange sein Status verborgen blieb, das Amt des Prätors verwaltet hat? Ist das, was er als Edikt verkündet oder als Dekret beschlossen hat, ohne rechtliche Wirkung? Oder ist es wirksam im Interesse derer, die vor ihm Rechtshandlungen entweder nach dem Gesetz oder irgendeiner anderen Rechtsgrundlage vorgenommen haben? Und ich halte es für richtig, nichts davon für ungültig zu erklären: Denn das ist menschlicher, zumal da das römische Volk einem Sklaven diese Amtsgewalt hätte zuerkennen können und ihn sogar, wenn es gewusst hätte, dass er Sklave ist, zu einem

[114] W. Williams, JRS 66 (1976) 76; V. Marotta, Multa de iure sanxit 329.

[115] Die Abweichungen der Texte sind bei F. Wieacker, Textstufen klassischer Juristen 392 f. und R. Gamauf, Ad statuam licet confugere 82 f. dargestellt.

[116] Sen. ben. 3, 22, 3: *Atqui de iniuriis dominorum in servos qui audiat positus est, qui et saevitiam et libidinem et in praebendis ad victum necessariis avaritiam conpescat.*

[117] H. Bellen, Sklavenflucht 66; R. Gamauf, Ad statuam licet confugere 52.

[118] A. Dell'Oro, I libri de officio nella giurisprudenza romana, Milano 1960, 242; G. Giliberti, Sodalitas. Scritti in onore di Antonio Guarino IV, Napoli 1984, 1855; M. Kaser/K. Hackl, ZPR 459.

Freien gemacht hätte. Dieses Recht [zur Freilassung durch Übertragung eines Amtes] ist umso mehr beim Kaiser zu beachten.

Kommentar: Der Text[119] geht auf eine Begebenheit ein, die sich während des zweiten Triumvirats ereignet hat [120]. Die zunächst wiedergegebene Stellungnahme des hochklassischen Juristen Pomponius erscheint prima vista widersprüchlich bzw. schwer verständlich. Daher wird in der Textkritik angenommen, dass [*nihil*] auf die Kompilatoren bzw. auf ein Versehen zurückgeht und ursprünglich <*enim*> bzw. <*nihilominus*>[121] stand, so dass sich Pomponius für die Ungültigkeit der *designatio* ausgesprochen hat, womit auch die nachfolgende Wahl den *fugitivus* nicht wirksam zum Prätor machen kann. Ulpian geht auf die Frage[122] der Rechtsbeständigkeit der von ihm gesetzten Akte ein, wenn der Sklavenstand des Barbarius weiterhin unentdeckt geblieben ist und dieser daher die Prätur faktisch ausgeübt hat[123]. Die *utilitas*, die von Ulpian für die Rechtsbeständigkeit ins Treffen geführt wird, liegt vor allem in der Rechtssicherheit und Verfahrensökonomie; daher kommt es zu keiner Aufhebung der gesetzten Akte[124]. Im Schlussteil wird dieses Ergebnis durch einen Hinweis auf die Volkssouveränität abgestützt: Die Komitialversammlung hat auch die Macht, durch die Wahl einen Sklaven zum Freien zu machen und damit die Ineligibilität zu beseitigen[125]. In der Prinzipatszeit ist diese Befugnis auf den Kaiser übergegangen[126].

[119] Dazu ausführlich M. E. Lucifredi Peterlongo, Barbarius Philippus 1 - 113; P. Cerami, Problemi storico-dogmatici in tema di funzionario di fatto, in: Studi Scaduto III, Padova 1970, 377 ff.; L. Aru, St. Volterra III 653 ff.; P. Voci, D. 1.14.3. Note in tema di esercizio di fatto di pubbliche funzioni, in: Studi di diritto romano I, Padova 1985, 623 ff.; G. Poma, Index 15 (1987) 149 ff.; R. Knütel, Barbarius Philippus und seine Spuren. "Falsus praetor", "parochus putativus" und Scheinbeamter, in: Festschrift Paul Mikat, Berlin 1989, 345 ff.; A. Guarino, La pretura di Barbario Filippo, in: Pagine di diritto romano III, Napoli 1994, 411 ff.; M. Navarra, Ricerche sulla utilitas 141 ff.

[120] Auf diese Angelegenheit nehmen auch Cass. Dio 48, 34, 5 (zum Jahr 41 v. Chr., allerdings ohne Wiedergabe des Namens) und Suidas sv. Βαρβιος Φιλππικος Bezug; S. Treggiari, Roman Freedmen During the Late Republic, Oxford 1969, 62; G. Poma, Index 15 (1987) 149 ff. Anders freilich noch T. R. S. Broughton, The Magistrates of the Roman Republic II, New York 1952 (ND Atlanta 1984) 372, der den hier genannten Barbarius Philippus mit dem bei App. b. c. 5, 31, 120 erwähnten Barbatius identifiziert.

[121] Für <*enim*> Th. Mommsen in der Digestenausgabe; O. Lenel, SZ 39 (1918) 122; L. Aru, St. Volterra III 662; für <*nihilominus*> A. Carcaterra, Il possesso dei diritti nel diritto romano, Milano 1942, 59; M. E. Lucifredi Peterlongo, Barbarius Philippus 50 f.; gegen diese Vorschläge freilich P. Cerami, Iura 17 (1966) 374; ders., Studi Scaduto III, Padova 1970, 397; G. Longo, Labeo 18 (1972) 23; A. Guarino, La pretura di Barbario Filippo, in: Pagine di diritto romano III, Napoli 1994, 413.

[122] F. Wieacker, Textstufen klassischer Juristen 319 f. sieht darin freilich rhetorische Fragen, die einer nachklassischen Textschicht zuzuordnen sind.

[123] Sehr umstritten ist auch, wem die Passage *atquin verum est praetura eum functum* zuzuschreiben ist. Für eine spätere Glosse O. Lenel, SZ 39 (1918) 122; G. Beseler, Beiträge IV 171; L. Aru, St. Volterra III 663; G. Longo, Labeo 18 (1972) 23; A. Guarino, La pretura di Barbario Filippo, in: Pagine di diritto romano III, Napoli 1994, 414. Für Klassizität hingegen (d. h. Ulpian zuzuschreiben): B. Kübler, SZ 42 (1921) 521; M. E. Lucifredi Peterlongo, Barbarius Philippus 50.

[124] Im 38. Buch seines Sabinus-Kommentars behandelt Ulpian die *datio tutoris*, also die magistratische Bestellung eines Vormundes: O. Lenel, Paling. Nr. 2842.

[125] Vgl. G. Nocera, Il potere dei comizi e i suoi limiti, Milano 1940, 127 f., 216, der allerdings in Ulpians Eingehen auf die Volkssouveränität nur eine theoretische Konstruktion sieht, um die nunmehr kaiserliche Prärogative historisch abzusichern. Ähnlich auch S. Treggiari, Roman Freedmen During the Late Republic, Oxford 1969, und G. Poma, Index 15 (1987) 149; M. Navarra, Ricerche sulla utilitas 147.

[126] Vgl. auch Paul. D 40, 1, 14, 1.

5. **D 1, 15, 5.** *Ulpianus libro singulari de officio praefecti urbi.* Imperatores Severus et Antoninus Iunio Rufino praefecto vigilum ita rescripserunt: „Insularios et eos, qui neglegenter ignes apud se habuerint, potes fustibus vel flagellis caedi iubere: eos autem, qui dolo fecisse incendium convincentur, ad Fabium Cilonem praefectum urbi amicum nostrum remittes: fugitivos conquirere eosque dominis reddere debes."

Ulpian in der Einzelschrift über das Amt des Stadtpräfekten. Die Kaiser Severus und Antoninus [Caracalla] haben dem Präfekten der Feuerpolizei Iunius Rufinus folgenden Bescheid erteilt: „Die mit der Verwaltung der [in Brand geratenen] Mietshäuser betrauten Sklaven und diejenigen, die mit ihrer Feuerstelle nachlässig umgegangen sind, kannst du mit Stöcken und Peitschen schlagen lassen: jene aber, die überführt worden sind, vorsätzlich den Brand gelegt zu haben, wirst du unserem Freund Fabius Cilo, dem Stadtpräfekten, übergeben: Flüchtige Sklaven musst du ausforschen und ihren Eigentümern zurückgeben."

Kommentar: Das Amt des *praefectus vigilum* wurde von Augustus eingeführt. Zu seinen Aufgaben zählt auch die Ausforschung und Rückgabe von *servi fugitivi* in Rom. Aus Italien wurden von den lokalen Munizipalmagistraten an ihn flüchtige Sklaven überstellt (Text 38). Meldete sich der Eigentümer nicht, so verkaufte der *praefectus vigilum* die nicht agnoszierten Sklaven (Text 187).

6. **D 2, 14, 50.** *Ulpianus libro quadragensimo secundo ad Sabinum.* Non impossibile puto in contractibus depositi, commodati et locati et ceteris similibus hoc pactum: „ne facias furem vel fugitivum servum meum", hoc est: ne sollicites ut fur fiat, ut fugitivus fiat: ne ita neglegas servum, ut fur efficiatur. sicut enim servi corrupti actio locum habet, ita potest etiam haec pactio locum habere, quae ad non corrumpendos servos pertinet.

Ulpian im 42. Buch zu Sabinus. Für nicht unmöglich halte ich bei Verwahrungs-, Leih- sowie Miet-, Pacht-, Dienst- und Werkverträgen und anderen ähnlichen Verträgen die folgende Vereinbarung: „dass du meinen Sklaven nicht zum Dieb oder Flüchtigen machst", das heißt, dass du weder den Sklaven dazu anstiftest zu stehlen oder zu fliehen, noch dass du ihn so wenig beaufsichtigst, dass er ein Dieb wird. Ebenso wie es nämlich die Klage wegen Korrumpierens eines Sklaven gibt, so kann es auch die Vereinbarung geben, die darauf gerichtet ist, dass Sklaven nicht korrumpiert werden.

Kommentar: Das vorliegende Fragment ist Teil einer von Ulpian wiedergegebenen Diskussion darüber, ob Abreden dieser Art auf etwas Unmögliches gerichtet und daher ungültig sind[127]. Ulpian verwirft jedoch diesen Gedanken[128], da hier vom Übernehmer des Sklaven nur ein eigenes Verhalten versprochen (Unterlassung von Anstiftung zum Diebstahl oder zur Flucht, Beaufsichtigung) wird, das ohnedies geboten ist, weil ansonsten der Tatbestand der *corruptio servi*[129] (vgl. S. 15) verwirklicht wird[130]. Ein Verstoß gegen die Abrede führte daher

[127] O. Lenel hat in Paling. Nr. 2886 die in den Digesten an verschiedenen Orten zerstreuten Teile zusammengefasst. D. Medicus, SZ 86 (1969) 94 f.: vgl. insbesondere Ulp. D 21, 2, 31 zum Versprechen *sanum esse, furem non esse, vispellionem non esse.* Siehe dazu P. Apathy, SZ 111 (1994) 138 f.; É. Jakab, Praedicere und cavere 240 ff. und die dort zitierte Literatur.

[128] Ähnlich auch das diokletianische Reskript CI 4, 58, 3 (Text 250).

[129] Dazu Einleitung S. 10, S. 15.

[130] B. Albanese, APal 27 (1959) 115; B. Bonfiglio, Corruptio servi 44. Dagegen G. Longo, Ricerche romanistiche 743, der den Hinweis auf die *actio servi corrupti* für interpoliert hält.

zu einer Konkurrenz der jeweiligen Vertragsklage[131] mit der *actio servi corrupti*, die im Edikt des Prätors (Text 23) verheißen wird.

7. **D 4, 2, 14, 5.** *Ulpianus libro undecimo ad edictum.* Aliquando tamen et si metus adhibitus proponatur, arbitrium absolutionem adfert. quid enim si metum quidem Titius adhibuit me non conscio, res autem ad me pervenit, et haec in rebus humanis non est sine dolo malo meo: nonne iudicis officio absolvar? aut si servus in fuga est, aeque, si cavero iudicis officio me, si in meam potestatem pervenerit, restituturum, absolvi debebo. unde quidam putant bona fide emptorem ab eo qui vim intulit comparantem non teneri nec eum qui dono accepit vel cui res legata est. sed rectissime Viviano videtur etiam hos teneri, ne metus, quem passus sum, mihi captiosus sit. Pedius quoque libro octavo scribit arbitrium iudicis in restituenda re tale esse, ut eum quidem qui vim admisit iubeat restituere, etiamsi ad alium res pervenit, eum autem ad quem pervenit, etiamsi alius metum fecit: nam in alterius praemium verti alienum metum non oportet.

Ulpian im 11. Buch zum Edikt. Zuweilen jedoch führt das Urteil zu einem Freispruch, auch wenn vorgetragen wird, es sei Furcht erregt worden. Was nämlich, wenn ohne mein Wissen zwar Titius Furcht erregt hat, die [entzogene] Sache aber an mich gelangt ist, und diese dann, ohne dass bei mir Vorsatz gegeben wäre, untergegangen ist? Muss ich nicht vom Richter von Amts wegen freigesprochen werden? Oder wenn der Sklave entflohen ist, werde ich ebenso freigesprochen werden müssen, sofern ich auf Anordnung des Richters Sicherheit dahin leiste, den Sklaven zurückzugewähren, wenn er wieder in meine Gewalt gelangt ist. Und daher meinen einige Juristen, ein Käufer, der in gutem Glauben von dem kauft, der Gewalt angewendet hat, hafte nicht und ebenso wenig derjenige, der die [entzogene] Sache als Geschenk angenommen hat oder dem sie vermacht worden ist. Aber Vivianus ist sehr zu Recht der Meinung, dass auch diese haften, damit mir die Furcht, die ich erlitten habe, nicht zum Schaden gereicht. Auch Pedius schreibt im 8. Buch [zum Edikt], das richterliche Ermessen hinsichtlich der Rückgewähr der Sache sei so beschaffen, dass der Richter demjenigen, der selbst Gewalt angewendet hat, befiehlt, die Sache zurückzugewähren, obwohl sie an einen anderen gelangt ist, und andererseits demjenigen, an den sie gelangt ist, [dasselbe befiehlt], obwohl ein anderer die Furcht erregt hat; denn die von dem einen erregte Furcht darf für den anderen nicht zu einem Gewinn ausschlagen.

Kommentar: Ulpian behandelt hier die *actio quod metus causa*: War gegen jemanden Zwang ausgeübt worden, so hatte dieser eine Klage auf das 4-fache, nach Jahresfrist auf das Einfache. Aufgrund der in die Klageformel eingebauten Arbiträrklausel konnte der Richter während des Prozesses dem Beklagten anheim stellen, das Erpresste in natura zurückzustellen (so genannte „judiziale Restitution"). Kam der Beklagte dem nach, wurde er freigesprochen, ansonsten wurde er in den Bußbetrag verurteilt.

Im zweiten Teil der Stelle (ab *unde quidam putant*) schildert Ulpian die Diskussion darüber, ob die *actio quod metus causa* nicht nur gegen den Erpresser selbst (eine solche Konstellation findet sich im folgenden Text 8), sondern auch gegen gutgläubige Erwerber gerichtet werden konnte, die selbst weder Zwang ausgeübt haben noch davon wussten: Gegen die *quidam* bejahten Vivianus und Pedius eine Passivlegitimation des gutgläubigen Erwerbers.

[131] Bei den genannten Verträgen sind – gestützt auf den Gedanken der *bona fides* (Treu und Glauben) – Nebenabreden (*pacta adiecta*) mit der Klage aus dem Hauptvertrag durchsetzbar: M. Kaser, RPR I 487; W. Kunkel/H. Honsell, RPR 220.

Wenn sich Ulpian dem anschließt (*rectissime*), gibt er damit die in der Klassik[132] herrschend gewordene Auffassung wieder, die dem Charakter der *metus*-Klage als *actio in rem scripta*[133] entspricht, bei der es nicht darauf ankommt, ob der Beklagte selbst oder ob ein anderer der Erpresser ist; es reicht, wenn der Beklagte aus dem erpresserischen Akt, auch wenn er daran nicht beteiligt war, einen Vorteil gezogen hat[134]. Die Buße bestraft also nicht den Deliktstatbestand der Erpressung, sondern als Kontumazialstrafe die unterlassene Restitution trotz richterlicher Aufforderung[135].

Der erste Teil der Stelle geht auf einen Fall ein, in dem Gegenstand des unter Zwang erfolgten Rechtsgeschäfts ein Sklave war; dieser kann aber nicht mehr restituiert werden, weil er inzwischen gestorben (*in rebus humanis non est*) oder entlaufen (*si servus in fuga est*) ist. Wie sich aus dem Vergleich mit dem folgenden Text 8 ergibt, zeigt sich hier eine Besserstellung des gutgläubigen Erwerbers gegenüber dem Erpresser selbst, wenn die Restitution unmöglich ist. Tod ohne *dolus* des Beklagten führt zur *absolutio*; im Fall der Flucht reicht zum Freispruch eine *cautio de restituendo*: Der Beklagte verspricht in Stipulationsform (= durch förmliches mündliches Leistungsversprechen) die Restitution des Sklaven, wenn dieser wieder in die Gewalt des Beklagten kommt; nicht verlangt wird eine *cautio de persequendo*, die den Beklagten zur Setzung aktiver Verfolgungsmaßnahmen verpflichten würde. Nach Leistung der *cautio de restituendo* wird der Beklagte im aktuellen *metus*-Prozess vom Richter freigesprochen[136]. Der abgewiesene Kläger kann aber bei Bedingungseintritt – also wenn der Beklagte den Sklaven wiedererlangt hat („*si servus in meam potestatem pervenerit*") – aus der Stipulation klagen.

8. **D 4, 2, 14, 11.** *Ulpianus libro undecimo ad edictum.* Quid si homo sine dolo malo et culpa eius, qui vim intulit et condemnatus est, periit? in hoc casu a rei condemnatione ideo relaxabitur, si intra tempora iudicati actionis moriatur, quia tripli poena propter facinus satisfacere cogitur. pro eo autem, qui in fuga esse dicitur, cautio ab eo extorquenda est, quatenus et persequatur et omnimodo eum restituat: et nihilominus in rem vel ad exhibendum vel si qua alia ei competit actio ad eum recipiendum integra ei qui vim passus est servabitur, ita ut, si dominus eum quoquo modo receperit, is qui ex stipulatione convenitur exceptione tutus fiat. haec si post condemnationem: si autem ante sententiam homo sine dolo malo et culpa mortuus fuerit, tenebitur, et hoc fit his verbis edicti „neque ea res arbitrio iudicis restituetur". ergo si in fuga sit servus sine dolo malo et culpa eius cum quo agetur, cavendum est per iudicem, ut eum servum persecutus reddat. sed et si non culpa ab eo quocum agitur aberit, si tamen peritura res non fuit, si metum non adhibuisset, tenebitur reus: sicut in interdicto unde vi

[132] Als justinianisch verdächtigt wurde die Passivlegitimation des gutgläubigen Dritterwerbers von der Interpolationenkritik: G. Beseler, Beiträge I 75 f.; F. Schulz, SZ 43 (1922) 252 ff.; U. v. Lübtow, Der Ediktstitel „Quod metus causa gestum erit", Greifswald 1932, 198 ff.; für Klassizität hingegen G. H. Maier, Prätorische Bereicherungsklagen, Berlin-Leipzig 1932, 131 ff.; A. S. Hartkamp, Der Zwang im römischen Privatrecht, Amsterdam 1971, 211 ff.; B. Kupisch, In integrum restitutio 208 ff.; M. Kaser, SZ 94 (1977) 129; A. D'Ors, AHDE 51 (1981) 265 ff.; A. M. Giomaro, Cautiones iudiciales e officium iudicis 73 f.; C. Russo Ruggeri, Viviano giurista minore? 70 ff.

[133] So Ulp. D 4, 2, 9, 8.

[134] So Ulp. in § 3 des hier behandelten Fragments: *In hac actione non quaeritur, utrum is qui convenitur an alius metum fecit: sufficit enim hoc docere metum sibi illatum vel vim, et ex hac re eum qui convenitur, etsi crimine caret, lucrum tamen sensisse. ....*

[135] B. Kupisch, In integrum restitutio 227 ff.; M. Kaser, SZ 94 (1977) 115 ff., 132 f.; M. Kaser/K. Hackl, ZPR 424 f.

[136] Zur Ableitung der *cautio* aus dem *officium iudicis* siehe A. M. Giomaro, Cautiones iudiciales e officium iudicis 76 ff.; 84 f.

vel quod vi aut clam observatur. itaque interdum hominis mortui pretium recipit, qui eum venditurus fuit, si vim passus non esset.

Ulpian im 11. Buch zum Edikt. Was, wenn ein Sklave ohne Vorsatz oder Fahrlässigkeit desjenigen, der Gewalt angewendet hat und verurteilt worden ist, umgekommen ist? In diesem Fall wird die Verurteilung des Beklagten um den Wert der Sache gemindert, sofern der Sklave während der Frist bis zur Erhebung der Klage aus dem Urteil stirbt, und zwar deshalb, weil der Täter mit der Strafe des Dreifachen [in ausreichender Weise] gezwungen ist, für sein Vergehen Genugtuung zu leisten. Aber in Bezug auf einen Sklaven, von dem vorgetragen wird, er sei geflohen, muss dem Verurteilten eine Sicherheitsleistung dafür abverlangt werden, dass er ihn verfolgt und auch auf jeden Fall zurückgibt. Und dessen ungeachtet bleibt die dingliche Klage oder die Klage auf Vorführung oder, wenn irgendeine andere Klage auf Wiedererlangung des Sklaven gegeben ist, diese Klage demjenigen ungeschmälert erhalten, der Gewalt erlitten hat, allerdings mit der Maßgabe, dass dann, wenn der Eigentümer [und Stipulationsgläubiger] den Sklaven auf irgendeine Weise zurückerlangt hat, derjenige, der aus der Sicherheitsstipulation verklagt wird, durch eine Einrede geschützt wird. Dies gilt für die Zeit nach der Verurteilung. Wenn er aber vor dem Urteil ohne Vorsatz oder Fahrlässigkeit des Beklagten gestorben ist, haftet der Beklagte nicht, und dies beruht auf folgenden Worten des Edikts „und wenn die Sache nicht nach dem Ermessen des Richters zurückgewährt wird“. Wenn dementsprechend ein Sklave ohne Vorsatz oder Fahrlässigkeit desjenigen, gegen den geklagt wird, entflohen ist, muss auf Anordnung des Richters durch ein Versprechen Sicherheit dafür geleistet werden, dass der Beklagte diesen Sklaven nach erfolgreicher Verfolgung zurückgibt. Aber auch wenn der Sklave ohne Verschulden des Beklagten nicht mehr bei diesem ist, die Sache [also der Sklave] jedoch nicht untergegangen wäre, wenn er keine Furcht erregt hätte, so haftet der Beklagte dennoch, ebenso wie dies für das Interdikt „Von wo mit Gewalt“ oder „Was gewaltsam oder heimlich“ gilt. Deshalb erhält auch zuweilen derjenige den Wert eines gestorbenen Sklaven, der ihn verkauft hätte, wenn er nicht Opfer einer Gewaltanwendung geworden wäre.

Kommentar: In dieser Stelle geht es um die Haftung des Erpressers selbst, die im Vergleich zur Haftung eines gutgläubigen Erwerbers (voriger Text 7) wesentlich strenger ausgestaltet ist. Der Text[137] geht im ersten Teil auf unverschuldeten Tod bzw. Flucht des erpresserisch erlangten Sklaven *post condemnationem* (also nach dem Urteil über die *actio quod metus causa*) ein. Im zweiten Teil werden dieselben Ereignisse (nämlich Tod, Flucht) erfasst, wenn sie vor dem Urteil (also noch während des Prozesses über die *actio quod metus causa*) eingetreten sind. Für die hier interessierenden Fälle der *fuga* wird ebenso wie im vorangegangenen Text eine Lösung über die Leistung von richterlichen *cautiones* (Sicherheitsversprechen in Stipulationsform) gesucht.

Bei Sklavenflucht nach dem Urteil soll der verurteilte Beklagte eine *cautio de persequendo et restituendo* leisten. Er verpflichtet sich dadurch, aktiv Verfolgungsmaßnahmen zu setzen und

[137] Als byzantinisch verdächtigt wird der Text schon seit A. Faber, Coniecturarum iuris civilis libri XX, Coloniae Allogrogum 1630, XVI, p. 664 ff.; ebenso A. Pernice, Labeo II/2, Halle 1900 (ND Aalen 1963) 91 FN 3, 140 FN 1; B. Biondi, Studi sulle actiones arbitrariae e l'arbitrium iudicis, Palermo 1912, 57 ff.; U. v. Lübtow, Der Ediktstitel „Quod metus causa gestum erit“, Greifswald 1932, 145 ff.; M. Marrone, APal 26 (1957) 550 ff.; L. Chiazzese, Iusiurandum in litem 69 f.; A. S. Hartkamp, Der Zwang im römischen Privatrecht, Amsterdam 1971, 220 ff. Als klassisch werden die darin angesprochenen Probleme hingegen gesehen von B. Kupisch, In integrum restitutio 210 FN 372; M. Kaser, SZ 94 (1977) 119 FN 58; A. D'Ors, AHDE 51 (1981) 270 ff.

bei Erfolg den Sklaven herauszugeben. Da bereits ein Urteil auf das *quadruplum* vorliegt, bezieht sich diese Lösung auf den Prozess über die *actio iudicati*, mit der die Urteilsobligation durchgesetzt wird. Nach Leistung der geforderten *cautio* kommt es natürlich nicht zur gänzlichen *absolutio*, sondern nur mehr zur Verurteilung auf das pönale *triplum*[138]. Daneben bleiben dem Erpressten andere Klagemöglichkeiten zur Sachverfolgung erhalten. Hat dieser den Sklaven selbst auf irgendeine Weise wiedererlangt, so wird einer auf die *cautio* gestützten Klage des Erpressten der Erfolg versagt, indem dem Beklagten eine *exceptio doli* gewährt wird.

Auch bei unverschuldeter Flucht während des Prozesses geht die Stipulation darauf, *ut eum servum persecutus reddat*; sie enthält also die Verpflichtung zur Setzung aktiver Verfolgungsmaßnahmen und zur anschließenden Herausgabe. Wird diese *cautio* geleistet, endet der Prozess über die *actio quod metus causa* mit *absolutio*, der Erpresste hat aber die Klage aus der Stipulation.

9. **D 4, 3, 7, 7.** *Ulpianus libro undecimo ad edictum.* Idem Labeo quaerit, si compeditum servum meum ut fugeret solveris, an de dolo actio danda sit? et ait Quintus apud eum notans: si non misericordia ductus fecisti, furti teneris: si misericordia, in factum actionem dari debere.

Ulpian im 11. Buch zum Edikt. Labeo fragt weiter, ob die Klage wegen Arglist erteilt werden müsse, wenn du meinen gefesselten Sklaven losgebunden hast, damit er fliehen konnte. Und Quintus merkt zu Labeo an: Wenn du es nicht aus Mitleid getan hast, haftest du mit der Diebstahlsklage; wenn du es aus Mitleid getan hast, muss eine auf den Sachverhalt zugeschnittene Klage erteilt werden.

Kommentar: Jemand hat einen gefesselten Sklaven des Ego losgebunden und ihm dadurch die Flucht ermöglicht. Gefragt wird nach der *actio*, die dem Ego zusteht. Die *actio de dolo*, die Labeo in Erwägung zieht, ist eine subsidiäre Klage, die nur dann gewährt werden kann, wenn es dafür keine andere *actio* gibt[139]. Der zweite zitierte Jurist Quintus (Saturninus oder Cervidius Scaevola) sucht daher nach anderen *actiones* und verneint damit[140] implizit die von Labeo aufgeworfene Frage: Da es auch zu einer *contrectatio* gekommen ist, ist an den Tatbestand des *furtum* – hier als dauernde Sachentziehung – zu denken und damit die *actio furti* zuständig. *Furtum* setzt allerdings eine böse Absicht (*dolus malus*) voraus, die bei Vorliegen von *misericordia* fehlt. Der Jurist spricht sich daher in dieser Variante für eine *actio in factum* aus. Eine ähnliche auf den *dolus malus* abstellende Differenzierung zwischen *actio furti* und *actio in factum* findet sich auch beim Verscheuchen von Vieh durch Schwenken eines roten Tuches[141], ebenso wird eine *actio in factum* auch in vergleichbaren Fällen erwähnt, in denen jemand ohne

[138] So überzeugend A. M. Giomaro, Atti del II seminario romanistico Gardesano 12-14 giugno 1978, Milano 1980, 202 f. gegen die vorgebrachte Interpolationenkritik.

[139] Ulp. D 4, 3, 1, 1: *Verba autem edicti talia sunt: „Quae dolo malo facta esse dicentur, si de his rebus alia actio non erit et iusta causa esse videbitur, iudicium dabo.“*

[140] Anders sieht A. Watson, SZ 78 (1961) 393 f. den Grund der Ablehnung der *actio de dolo* durch Quintus im Fehlen einer „actual deception in the course of negotiations“.

[141] Ulp.-Lab. D 47, 2, 50, 4.

Eingriff in die Sachsubstanz eine Sachentziehung ohne eigene Bereicherung[142] oder ohne böse Absicht[143] herbeiführt[144].

Zur *misericordia* vgl. auch Texte 27 und 289.

10. **D 4, 4, 11, 5.** *Ulpianus libro undecimo ad edictum.* Si locupleti heres extitit et subito hereditas lapsa sit (puta praedia fuerunt quae chasmate perierunt, insulae exustae sunt, servi fugerunt aut decesserunt): Iulianus quidem libro quadragensimo sexto sic loquitur, quasi possit minor in integrum restitui. Marcellus autem apud Iulianum notat cessare in integrum restitutionem: neque enim aetatis lubrico captus est adeundo locupletem hereditatem, et quod fato contingit, cuivis patri familias quamvis diligentissimo possit contingere. sed haec res adferre potest restitutionem minori, si adiit hereditatem, in qua res erant multae mortales vel praedia urbana, aes autem alienum grave, quod non prospexit posse evenire, ut demoriantur mancipia, praedia ruant, vel quod non cito distraxerit haec, quae multis casibus obnoxia sunt.

Ulpian im 11. Buch zum Edikt. Wenn ein Minderjähriger Erbe eines reichen Mannes geworden ist und diese Erbschaft alsbald verloren gegangen ist (zum Beispiel sind Stadthäuser durch Erdrutsch eingestürzt, Mietshäuser abgebrannt, Sklaven geflohen oder gestorben), drückt Julian sich freilich im 46. Buch [seiner Digesten] so aus, als ob der Minderjährige in den vorigen Stand wiedereingesetzt werden könne. Marcellus aber merkt zu Julian an, dass die Wiedereinsetzung in den vorigen Stand ausscheidet. Im Antritt eines reichen Erbes liegt nämlich keine Benachteiligung des Minderjährigen infolge Unbedachtsamkeit des Alters, und das, was durch Zufall geschieht, kann jedem noch so sorgfältigen Hausvater widerfahren. Aber einem Minderjährigen, der eine Erbschaft angetreten hat, zu der viele Lebewesen, die sterben können, oder Stadthäuser gehören, aber auch drückende Schulden, kann der Umstand zu einer Wiedereinsetzung verhelfen, dass er nicht als Möglichkeit vorausgesehen hat, dass die Sklaven versterben, die Häuser einstürzen, oder dass er nicht schnell das verkauft hat, was vielen Unglücksfällen ausgesetzt ist.

Kommentar: Zu den Schutzeinrichtungen für Minderjährige (*minores XXV annis*) gehörte auch die *restitutio in integrum*, die beim Prätor beantragt werden konnte und darauf abzielte, die Wirkungen eines nachteiligen Rechtsgeschäfts oder Rechtsaktes wieder zu beseitigen[145]. Sie konnte auch gegen einen Erbschaftsantritt gewährt werden, der sich für den *minor* als nachteilig herausstellte. Im zunächst geschilderten Fall ist der vom *minor* angetretene Nachlass im Zeitpunkt des Antritts hochaktiv, erst später kommt es durch die erwähnten Umstände

[142] Ulp.-Sab. D 9, 2, 27, 21: Geldstücke werden aus der Hand geschlagen; Ulp.-Pomp. D 19, 5, 14, 2: Ein Silberkelch wird in die Tiefe geschleudert.

[143] Alf.-Paul. D 19, 5, 23: Beim Betrachten eines fremden Ringes entgleitet dieser und fällt in den Tiber; Proc. D 41, 1, 55: Ein gefangener wilder Eber wird freigelassen.

[144] In der Lehre ist umstritten, ob es sich bei den *actiones in factum*, die bei Sachentziehungen ohne Substanzeinwirkungen erwähnt werden, um eigenständige Klagen (so Chr. Krampe, *Proculi epistulae*. Eine frühklassische Juristenschrift, Karlsruhe 1970, 66; U. von Lübtow, Untersuchungen zur lex Aquilia de damno iniuria dato, Berlin 1971, 180 ff.; J.-F. Gerkens, Aeque perituris 148 f.) oder um *actiones* handelt, die an die *lex Aquilia* angelehnt sind (so G. MacCormack, SDHI 41 [1975] 30 ff.; W. Selb, St. Biscardi III, Milano 1982, 326; P. Ziliotto, L'imputazione del danno aquiliano: tra iniuria e damnum corpore datum, Padova 2000, 70; P. Gröschler, Actiones in factum. Eine Untersuchung zur Klage-Neuschöpfung im nichtvertraglichen Bereich, Berlin 2002, 22). Speziell für unseren Text bestreitet J. L. Barton, Daube Noster, Essays in Legal for David Daube, Edinburgh-London 1974, 5 eine Anlehnung der *actio in factum* an die *lex Aquilia*.

[145] H. G. Knothe, Die Geschäftsfähigkeit der Minderjährigen in geschichtlicher Entwicklung, Köln 1983, 62 ff.

– darunter fällt neben anderen Ereignissen höherer Gewalt auch Tod und Flucht von Sklaven[146], die zum Nachlass gehören – zu einer drastischen Wertminderung. Der vorliegende Text[147] schildert dazu eine Juristenkontroverse: Julian befürwortet auch hier eine *restitutio in integrum*, Marcellus lehnt das mit dem Hinweis ab, die eingetretene Wertminderung sei nicht Folge der jugendlichen Unerfahrenheit. Nur falls auch schwere Schulden (*aes alienum grave*) vorliegen und durch die Verringerung der umfangreichen Aktiva dem *minor* ein Nachteil erwachsen ist, spricht sich Marcellus für die *restitutio in integrum* aus.

11. **D 6, 1, 21**. *Paulus libro vicensimo primo ad edictum*. Si a bonae fidei possessore fugerit servus, requiremus, an talis fuerit, ut et custodiri debuerit. nam si integrae opinionis videbatur, ut non debuerit custodiri, absolvendus est possessor, ut tamen, si interea eum usuceperat, actionibus suis cedat petitori et fructus eius temporis quo possedit praestet. quod si nondum eum usucepit, absolvendum eum sine cautionibus, ut nihil caveat petitori de persequenda ea re: quo minus enim petitor eam rem persequi potest, quamvis interim, dum in fuga sit, usucapiat? nec iniquum id esse Pomponius libro trigensimo nono ad edictum scribit. si vero custodiendus fuit, etiam ipsius nomine damnari debebit, ut tamen, si usu eum non cepit, actor ei actionibus suis cedat. Iulianus autem in his casibus, ubi propter fugam servi possessor absolvitur, etsi non cogitur cavere de persequenda re, tamen cavere debere possessorem, si rem nanctus fuerit, ut eam restituat, idque Pomponius libro trigensimo quarto variarum lectionum probat: quod verius est.

Paulus im 21. Buch zum Edikt. Ist ein Sklave [nach Prozessbegründung][148] einem gutgläubigen Besitzer entflohen, müssen wir klären, ob er von der Art war, dass er auch hätte bewacht werden müssen. Denn wenn der Sklave offensichtlich einen einwandfreien Ruf hatte, so dass er nicht hätte bewacht werden müssen, ist der Besitzer freizusprechen, jedoch mit der Maßgabe, dass er dem Kläger seine Klagen abtritt, falls er den Sklaven zwischenzeitlich ersessen hatte, und außerdem die Nutzungen aus der Zeit, zu der er ihn besaß, zurückgewährt. Wenn er ihn noch nicht ersessen hat, ist er ohne Sicherheitsstellung freizusprechen, so dass er dem Kläger bezüglich der prozessualen Verfolgung der Sache nichts zu versprechen braucht. Denn soll der Kläger diese Sache nicht verfolgen können, auch wenn der Besitzer, während der Sklave auf der Flucht ist, die Ersitzung vollenden kann? Das sei auch nicht ungerecht, schreibt Pomponius im 39. Buch zum Edikt. Wenn aber der Sklave zu bewachen gewesen wäre, muss der Besitzer auch wegen des Sklaven selbst verurteilt werden, jedoch mit der Maßgabe, dass der Kläger ihm seine Klagen abtritt, falls der Beklagte ihn noch nicht ersessen hat. Julian aber bemerkt zu den Fällen, in denen der Besitzer wegen der Flucht des Sklaven freigesprochen wird: Obwohl der Besitzer nicht gezwungen wird, wegen der prozessualen Verfolgung der Sache Sicherheit zu leisten, muss er gleichwohl Sicherheit dafür leisten, dass er die Sache zurückgewährt, falls er sie erlangt. Das billigt auch Pomponius im 34. Buch seiner Lesefrüchte, und es ist richtiger.

[146] Die Gleichbehandlung von Tod und Flucht findet sich auch in den Texten 7, 8, 45, 51 und 177.

[147] Dazu J. Rastätter, Marcelli notae ad Iuliani digesta, Freiburg/Br. 1981, 106 f.; A. Doll, Vis maior 86 ff.

[148] So die Übersetzung von O. Behrends/R. Knütel/B. Kupisch/H. H. Seiler. M. Wimmer, Besitz und Haftung des Vindikationsbeklagten 51 FN 237 hat allerdings darauf hingewiesen, dass aus dem Gesichtspunkt der Passivlegitimation nicht zwingend auszuschließen ist, dass der Sklave bereits vor dem Prozess geflohen ist.

Kommentar: Der umfangreiche Text [149] bezieht sich auf eine Eigentumsklage (*rei vindicatio*), welche der Eigentümer als Kläger gegen den gutgläubigen Besitzer eines Sklaven angestellt hat. Gelingt dem Kläger der Eigentumsnachweis, so erlässt der Richter zunächst ein *iussum de restituendo*. Kommt der Beklagte dem nach und gibt er den Sklaven heraus, wird er freigesprochen, restituiert er hingegen nicht, kommt es zur Geldverurteilung (*condemnatio pecuniaria*) auf den Schätzwert (*litis aestimatio*). Im vorliegenden Fall ist eine Naturalrestitution nicht möglich, weil der eingeklagte Sklave entflohen ist. Es geht daher um die Frage, wie der Prozess zu beenden ist, insbesondere ob der Beklagte auf Geld zu verurteilen oder nach Leistung einer *cautio* (Versprechen in Stipulationsform) bzw. auch ohne eine solche freizusprechen ist: Dem Umfang nach werden dabei zwei *cautiones* unterschieden: In der weniger weit gehenden *cautio de restituendo* verpflichtet sich der Beklagte, dem Kläger den derzeit flüchtigen Sklaven bei Wiedererlangung zurückzustellen. Bei der weitergehenden *cautio de persequendo* übernimmt der Beklagte auch und vor allem die Verpflichtung, von sich aus aktive Verfolgungsschritte zu setzen.

Weder durch die Prozessbegründung noch durch die Flucht[150] änderte sich etwas am Besitz des Beklagten. Daher konnte es dazu kommen, dass die einjährige Ersitzungsfrist noch während des Prozesses ablief und der Beklagte damit das Eigentum am Sklaven erlangte. Aus diesem Grund erklärt es sich, dass in dem vorliegenden Text auch darauf Rücksicht genommen wird.

Die Rechtsfolgen der Flucht orientieren sich an zwei Differenzierungskriterien: Das Hauptkriterium liegt darin, ob der Sklave bewachungsbedürftig war oder nicht: Die im ersten Teil behandelte Flucht eines *servus non custodiendus* führte im Grundsatz zur *absolutio*, die im zweiten Teil behandelte Flucht eines *servus custodiendus* hingegen zur Verurteilung auf den Schätzwert (vgl. Text 13). Innerhalb dieser beiden Fallgruppen erfolgt eine technische Verfeinerung der Rechtsfolgen in Abhängigkeit davon, ob der Beklagte die Ersitzung während des Prozesses vollendet hatte oder nicht.

Bei Freispruch und bereits abgeschlossener Ersitzung hat der Beklagte seine (aus dem inzwischen erworbenen Eigentum resultierenden) *actiones* an den Kläger abzutreten (der damit in der Folge gegen Dritte vorgehen kann)[151]. Bei noch nicht abgeschlossener Ersitzung war es unter den Juristen kontrovers, ob der Freispruch *sine cautionibus* erfolgte (so in der Passage *quo si nondum usucepit*) oder von der Leistung einer *cautio de restituendo* abhing (so vor allem Julian und Pomponius im Schlusssatz); eine *cautio de persequendo* wurde jedenfalls nicht verlangt.

[149] F. Schulz, SZ 32 (1911) 83 ff.; A. Herdlitczka, Zur Lehre vom Zwischenurteil bei den sogenannten actiones arbitrariae, Wien 1930, 83 ff.; L. Chiazzese, Iusiurandum in litem 62 ff.; G. Nicosia, L'acquisto del possesso 459 ff.; A. Metro, L'obbligazione di custodire 153 ff.; C. A. Cannata, Responsabilità contrattuale 48 ff.; M. Kaser, Restituere als Prozessgegenstand, München ^{2}1968, 11, 195; ders., SZ 96 (1979) 110 f.; S. Schipani, Responsabilità del convenuto 58 ff.; P. Zamorani, Possessio e animus I 101 f.; A. M. Giomaro, Cautiones iudiciales e officium iudicis 102 ff.; G. Klingenberg, Vestigia iuris Romani, Festschrift für Gunter Wesener, Graz 1992, 248 ff.; M. Wimmer, Besitz und Haftung des Vindikationsbeklagten 51 ff.; E. Stolfi, Studi sui „libri ad edictum" di Pomponio II, Milano 2001, 332 ff.

[150] Zur Fortdauer des Besitzes am *servus fugitivus* siehe Einleitung S. 3 ff.

[151] So z. B. wenn der eingeklagte Sklave von einem Dritten verletzt worden ist. Nach der *lex Aquilia* steht die daraus resultierende Klage (*actio legis Aquiliae*) dem Eigentümer – nach abgelaufener Ersitzungsfrist ist das der Beklagte – zu. Er muss sie an den Kläger abtreten.

Kam es zur Verurteilung, weil ein *servus custodiendus* entlaufen war, so musste bei noch nicht abgeschlossener Ersitzung der Kläger seine *actiones* an den Beklagten abtreten, erst dann erfolgte dessen Verurteilung auf den Schätzwert. Einer solchen Abtretung bedurfte es hingegen dann nicht, wenn der Beklagte den Sklaven schon während des Prozesses ersessen hatte und er somit ohnedies die an das Eigentum anknüpfenden Klagen selbst erworben hatte[152].

12. **D 6, 1, 22**. *Ulpianus libro sexto decimo ad edictum*. Quod si dolo possessoris fugerit, damnandum eum, quasi possideret.

Ulpian im 16. Buch zum Edikt. Wenn der Besitzer den Sklaven absichtlich entfliehen ließ, muss er verurteilt werden, als ob er ihn noch im Besitz hätte.

Kommentar: Die Entscheidung ist an der Fiktion *dolus pro possessione est* orientiert[153]. Die Besitzfiktion ist hier notwendig, weil bei doloser Herbeiführung der Flucht auch der Besitzwille weggefallen ist und daher die ansonsten bei Sklavenflucht gegebene Aufrechterhaltung des Besitzes *solo animo*[154] hier gerade nicht zum Tragen kommt. Offen bleibt, ob die Besitzfiktion verwendet wird, um die Basis für die Verurteilung zu liefern, oder dazu, um den Umfang der Verurteilung zu determinieren[155].

13. **D 6, 1, 36, 1**. *Gaius libro septimo ad edictum provinciale*. Qui in rem convenitur, etiam culpae nomine condemnatur. culpae autem reus est possessor, qui per insidiosa loca servum misit, si is periit, et qui servum a se petitum in harena esse concessit, et is mortuus sit: sed et qui fugitivum a se petitum non custodit, si is fugit, et qui navem a se petitam adverso tempore navigatum misit, si ea naufragio perempta est.

Gaius im 7. Buch zum Provinzialedikt. Wer mit einer dinglichen Klage belangt wird, wird auch wegen Fahrlässigkeit verurteilt. Dem Besitzer ist aber Fahrlässigkeit vorzuwerfen, wenn er einen Sklaven in eine gefährliche Gegend schickt und dieser dort umkommt, wenn er erlaubt, dass der Sklave, auf dessen Herausgabe er verklagt ist, in der Arena auftritt und dort den Tod findet, aber auch, wenn er einen von ihm herausverlangten, zur Flucht neigenden Sklaven nicht bewacht und dieser flieht, und schließlich, wenn er ein von ihm herausverlangtes Schiff zur ungünstigen Jahreszeit auf eine Seereise schickt und es durch Schiffbruch verloren geht.

Kommentar: Gaius bringt hier eine Aufzählung gefahrenerhöhender Verhaltensweisen des Vindikationsbeklagten[156], die eine Haftung wegen *culpa* auslösen. Darin findet sich auch die unterlassene Bewachung eines fluchtanfälligen Sklaven (vgl. Text 11 zum *servus custodiendus*).

[152] So z. B. die *actio legis Aquiliae* auf Schadenersatz, falls der Sklave inzwischen von einem Dritten verletzt oder gar getötet worden ist: Sie steht demjenigen zu, der im Zeitpunkt der Schädigung Eigentümer des Sklaven ist.

[153] Vgl. Paul. D 50, 17, 131; M. Kaser, SZ 98 (1981) 106 ff.

[154] Siehe Einleitung S. 3 f.

[155] M. Wimmer, Besitz und Haftung des Vindikationsbeklagten 15 bringt dazu als Beispiel, dass über die Fiktion auch der rechnerische Wert der *operae servi* in die Verurteilung miteinbezogen werden konnte.

[156] A. Wacke, Festschrift für Heinz Hübner, Berlin-New York 1984, 676; M. Wimmer, Besitz und Haftung des Vindikationsbeklagten 48 f.

14. **D 6, 2, 9, 5.** *Ulpianus libro sexto decimo ad edictum.* Haec actio in his quae usucapi non possunt, puta furtivis vel in servo fugitivo, locum non habet.

Ulpian im 16. Buch zum Edikt. Diese Klage ist auf unersitzbare Sachen, zum Beispiel auf gestohlene Sachen oder einen entflohenen Sklaven, nicht anwendbar.

Kommentar: Die Stelle bezieht sich auf die *actio Publiciana*[157], welche demjenigen zusteht, der sich in einer Ersitzungslage befunden hatte und nunmehr die Sache von einem Dritten herausverlangt. Die Klageformel enthält die Fiktion des Ablaufs der Ersitzungsfrist und schützt damit denjenigen, der bei angenommenem Ablauf der Ersitzungsfrist ziviler Eigentümer geworden wäre[158]. Wo eine Ersitzung ausgeschlossen ist, kann auch die *actio Publiciana* nicht Erfolg haben. Zu den nicht ersitzungsfähigen Sachen gehören auch die *servi fugitivi*, so dass ein gutgläubiger Besitzer eines solchen Sklaven, wenn dieser ihm wieder abhanden kommt, nicht die *actio Publiciana* gegen den aktuellen Besitzer hat. Zum Ersitzungsausschluss an *servi fugitivi* vgl. auch die Texte 153, 253 und 286.

15. **D 6, 2, 15.** *Pomponius libro tertio ad Sabinum.* Si servus meus, cum in fuga sit, rem a non domino emat, Publiciana mihi competere debet, licet possessionem rei traditae per eum nactus non sim.

Pomponius im 3. Buch zu Sabinus. Wenn mein Sklave, während er flüchtig ist, eine Sache von einem Nichteigentümer kauft, muss mir die Publizianische Klage zustehen, auch wenn ich durch ihn den Besitz an der übergebenen Sache nicht erlangt habe.

Kommentar: Wer gutgläubig von einem Nichtberechtigten eine Sache kauft, wird durch die Übergabe nicht Eigentümer. Er kann das Eigentum aber im Wege der Ersitzung (*usucapio*) erlangen. Kommt ihm vor vollendeter Ersitzung die Sache abhanden, so hat er gegen jeden aktuellen Besitzer, der eine relativ schlechtere Position hat, die *actio Publiciana.* Hat nun ein flüchtiger Sklave des Ego von einem nichtberechtigten Verkäufer V eine Sache gekauft, so genießt Ego nach Pomponius[159] Publizianischen Rechtsschutz, obwohl es nicht einmal zu einem Erwerb des Besitzes für Ego gekommen ist, was unter den römischen Juristen freilich kontrovers war, vgl. dazu die Texte 134 (Darstellung der Positionen) und 131, 140, 156 (bejahend). Pomponius lehnt an anderer Stelle (Text 133) jedenfalls eine Ersitzung *per servum fugitivum, quem non possidet* ab. Pomponius ist sich hier durchaus bewusst, dass er mit seiner Entscheidung von einem wesentlichen Tatbestandselement absieht (*licet possessionem rei traditae nactus non sim*)[160].

16. **D 7, 1, 12, 3.** *Ulpianus libro septimo decimo ad Sabinum.* De illo Pomponius dubitat, si fugitivus, in quo meus usus fructus est, stipuletur aliquid ex re mea vel per traditionem acci-

[157] Sie geht auf ein Edikt des Prätors Publicius (im ersten Jh. v. Chr.) zurück. O. Lenel, EP 169 ff.; P. Apathy, Die Publizianische Klage. Das relative Recht des rechtmäßigen Besitzers, Wien 1981, 21 ff. mit weiterer Literatur.

[158] Vgl. Gai. Inst 4, 36; Inst 4, 6, 4.

[159] E. Albertario, Studi di diritto romano II 277; G. Nicosia, L'acquisto del possesso 416 und G. Longo, Ricerche romanistiche 462 nehmen eine Justinianische Interpolation an und meinen, Pomponius habe die Klage abgelehnt, weil die *actio Publiciana* Besitz voraussetzte.

[160] F. Pringsheim, Ges. Abhandlungen I 347 und H.-P. Benöhr, Besitzerwerb 131 sehen mit der Übergabe an den Sklaven die Voraussetzungen für die Fiktion der *actio Publiciana* als erfüllt an, da der *dominus* durch ihn hätte ersitzen können. P. Apathy, Sodalitas. Scritti in onore di Antonio Guarino II, Napoli 1984, 749 ff. und F. Klinck, Erwerb durch Übergabe 123 ff. haben darauf hingewiesen, dass es auch andere Fälle einer *actio Publiciana* ohne Besitz gibt.

piat: an per hoc ipsum, quasi utar, retineam usum fructum? magisque admittit retinere. nam saepe etiamsi praesentibus servis non utamur, tamen usum fructum retinemus: ut puta aegrotante servo vel infante, cuius operae nullae sunt, vel defectae senectutis homine: nam et si agrum aremus, licet tam sterilis sit, ut nullus fructus nascatur, retinemus usum fructum. Iulianus tamen libro trigensimo quinto digestorum scribit, etiamsi non stipuletur quid servus fugitivus, retineri tamen usum fructum: nam qua ratione, inquit, retinetur a proprietario possessio, etiamsi in fuga servus sit, pari ratione etiam usus fructus retinetur.

Ulpian im 17. Buch zu Sabinus. Zweifel hat Pomponius in dem Fall, dass ein flüchtiger Sklave, an dem ich einen Nießbrauch habe, sich durch Stipulation etwas mit Mitteln meines Vermögens versprechen oder übereignen lässt; ob ich allein dadurch, indem ich gewissermaßen nutze, den Nießbrauch erhalte? Er neigt dazu, dies zuzulassen. Denn oft geschieht es, dass wir auch Sklaven, die nicht flüchtig sind, nicht nutzen, und uns dennoch den Nießbrauch erhalten; so zum Beispiel, wenn ein Sklave krank ist oder noch ein Kind, das keine Dienste leisten kann, oder ein gebrechlicher alter Mann. Denn auch wenn wir einen Acker pflügen, erhalten wir uns den Nießbrauch, mag auch der Boden so unfruchtbar sein, dass er keine Frucht trägt. Aber Julian schreibt im 35. Buch seiner Digesten, auch wenn der flüchtige Sklave sich nichts durch Stipulation versprechen lasse, bleibe der Nießbrauch erhalten; denn aus demselben Grund, sagt er, aus dem der Besitz dem Eigentümer erhalten bleibt, auch wenn ein Sklave flüchtig ist, bleibt auch der Nießbrauch erhalten.

Kommentar: Die Stelle ist auch in den Fragmenta Vaticana 89 überliefert (Text 197). War jemandem ein Fruchtgenussrecht (*ususfructus*) an einem Sklaven eingeräumt worden, so blieb dem Eigentümer nur mehr die *nuda proprietas*, die Nutzungen (insbesondere der Arbeitskraft) des Sklaven kamen dem Fruchtgenussberechtigten zu. Ein solches Fruchtgenussrecht konnte durch *non usus* erlöschen, bei Sklaven als bewegliche Sachen nach einem Jahr. Auf diesem Hintergrund wird die Frage erörtert, wie bei Flucht des Nießbrauchsklaven der *ususfructus* aufrechterhalten und das Erlöschen durch *non usus* verhindert wird[161]. Im von Pomponius eingangs gebrachten Fall hat der flüchtige Nießbrauchsklave (für eine Gegenleistung aus Mitteln des Nießbrauchers) sich etwas versprechen oder übereignen lassen: Dies stellt eine Nutzung des Sklaven dar und verhindert das Erlöschen des Fruchtgenussrechts durch *non usus*. Weiter geht der im Schlussteil zitierte Julian, der gar keine Erwerbshandlung des flüchtigen Sklaven für den Nießbraucher verlangt, das *retinere usumfructum* am *servus fugitivus* generell bejaht und dahinter eine *paris ratio* sieht, mit der auch das Weiterbestehen des Besitzes für den Eigentümer begründet wird: Wie die Besitzerhaltung am *servus fugitivus* den Interessen des Eigentümers dient, so liegt die Aufrechterhaltung des *ususfructus* im Schutz der Interessen des Nießbrauchers: Der Sklave soll ihn nicht durch eine möglicherweise länger dauernde Flucht um den Nießbrauch bringen können.

17. **D 9, 2, 13 pr.** *Ulpianus libro octavo decimo ad edictum.* Liber homo suo nomine utilem Aquiliae habet actionem: directam enim non habet, quoniam dominus membrorum suorum nemo videtur. fugitivi autem nomine dominus habet.

Ulpian im 18. Buch zum Edikt. Ein freier Mensch hat für seine eigene Person eine Klage analog der Klage nach der lex Aquilia. Denn die direkte Klage kann er nicht anstellen, weil

[161] G. Grosso, Usufrutto e figure affini nel diritto romano, Torino 1958, 304, 390; G. Nicosia, L'acquisto del possesso 431 ff.

niemand als Eigentümer seiner eigenen Glieder angesehen wird. Wegen eines entflohenen Sklaven hat aber der Eigentümer die Klage.

Kommentar: Der Digestentitel 9, 2 handelt von der *lex Aquilia*. Diese erfasst im ersten Kapitel Tötungen (*occidere*) von fremden Sklaven und vierfüßigen Herdentieren, im dritten Kapitel alle sonstigen Sachbeschädigungen durch Verbrennen, Zerreißen, Verstümmeln (*urere, frangere, rumpere*), darunter fallen auch die Verletzungen von Sklaven. Die daraus entspringende Klage (*actio legis Aquiliae*) steht dem Eigentümer zu. Im vorliegenden Text werden zwei Fälle erörtert. Im ersten Fall wurde ein Freier verletzt, wobei der Text ursprünglich wohl von einem irrtümlich als Sklaven gehaltenen freien Menschen (*liber homo bona fide serviens*) gesprochen hat[162]. Da die *lex Aquilia* auf die Verletzung freier Personen vom Wortlaut her nicht anwendbar ist, konnte der Prätor in einem solchen Fall nur eine *actio utilis* gewähren. In unserem Zusammenhang von Interesse ist der zweite Fall, in dem ein *servus fugitivus* verletzt oder getötet wird. Dass hier der *dominus* als klageberechtigt genannt wird, ergibt sich unproblematisch daraus, dass während der Flucht selbstverständlich das Eigentum aufrecht bleibt. Der *dominus* hat die direkte – d. h. unmittelbar auf das Gesetz – gestützte Klage (*actio directa*).

18. **D 9, 2, 27, 3.** *Ulpianus libro octavo decimo ad edictum.* Servi autem occidentis nomine dominus tenetur, is vero cui bona fide servit non tenetur. sed an is, qui servum in fuga habet, teneatur nomine eius Aquiliae actione, quaeritur: et ait Iulianus teneri et est verissimum: cum et Marcellus consentit.

Ulpian im 18. Buch zum Edikt. Wegen eines Sklaven aber, der einen anderen tötet, haftet der Eigentümer; dagegen haftet derjenige nicht, dem er als Gutgläubiger dient. Fraglich ist, ob derjenige, der einen auf der Flucht befindlichen Sklaven hat, seinetwegen mit der Klage nach der lex Aquilia haftet; Julian sagt, er hafte, und das ist vollkommen zutreffend; auch Marcellus stimmt ihm zu.

Kommentar: Die Tötung eines Sklaven fällt unter das erste Kapitel der *lex Aquilia* und löst eine Haftung auf den Höchstwert dieses Sklaven im Jahr vor der Schädigung aus. Ist auch der Täter ein Sklave, so haftet – wie bei anderen Delikten auch – dessen Gewalthaber im Rahmen der so genannten Noxalhaftung, d. h. er hat die Möglichkeit, entweder den Sklaven an den Geschädigten auszuliefern (*noxae deditio*) oder die Deliktsbuße zu bezahlen. Im Einleitungssatz ist zunächst ausgesprochen, dass grundsätzlich der Eigentümer (*dominus*) haftet, dann werden zwei besondere Fallkonstellationen behandelt: nämlich die des *bona fide serviens*[163] und die des *servus in fuga*. Für Letzteren wird nach Julian und Marcellus die Haftung desjenigen bejaht[164], der einen auf der Flucht befindlichen Sklaven hat (*qui servum in fuga habet*)[165]. Die Interpretation dieser Textpassage ist umstritten: Zum einen wird darunter der

[162] Siehe dazu A. Söllner, CRRS IX Nr. 37, R. Wittmann, Die Körperverletzung an Freien im klassischen römischen Recht, München 1972, 104; R. Zimmermann, Law of Obligations 1017; H. Hausmaninger, Das Schadenersatzrecht der lex Aquilia, Wien ^{5}1996, 35 f.

[163] Zu diesem Fall A. Söllner, CRRS IX Nr. 39.

[164] Das einleitende *quaeritur* zeigt aber, dass die Frage unter den Juristen zunächst umstritten war.

[165] Dass der Ausdruck *habere* sowohl im rechtlichen Sinn die Eigentümerposition als auch im materiellen Sinn die aktuelle faktische Beherrschung meinen kann, zeigt Ulp. D 45, 1, 38, 9: „*habere*" *dupliciter accipitur: nam et eum habere dicimus, qui rei dominus est et eum, qui dominus quidem non est, sed tenet. …*

Eigentümer[166] des *servus in fuga* verstanden, zum anderen der aktuelle Besitzer, bei dem sich der *fugitivus* gerade befindet[167]: Für letztere Auffassung spricht der Umstand, dass nur der aktuelle Besitzer die *noxae deditio* vornehmen kann, während dem Eigentümer die faktische *potestas* gerade fehlt. In diesem Sinn wird auch im Fall eines vom *fugitivus* begangenen Diebstahls (*furtum*) entschieden (Texte 146, 193)[168].

19. **D 9, 4, 21, 3**. *Ulpianus libro vicensimo tertio ad edictum.* „In potestate" sic accipere debemus, ut facultatem et potestatem exhibendi eius habeat: ceterum si in fuga sit vel peregre, non videbitur esse in potestate.

Ulpian im 23. Buch zum Edikt. „In der Gewalt" müssen wir so verstehen, dass der Beklagte die Möglichkeit und die tatsächliche Gewalt hat, ihn vorzuführen. Ist der Sklave dagegen auf der Flucht oder außer Landes, so ist er offensichtlich nicht in der tatsächlichen Gewalt des Beklagten.

Kommentar: Wenn ein Sklave ein Delikt begeht, haftet der jeweilige Gewalthaber im Rahmen der so genannten Noxalhaftung, d. h. er hat die Möglichkeit, entweder den Sklaven an den Geschädigten auszuliefern (*noxae deditio*) oder die Deliktsbuße zu bezahlen. Gegen den Gewalthaber wird die jeweilige Deliktsklage als *actio noxalis* gewährt. Die Noxalhaftung setzt voraus, dass der Beklagte auch die faktische *potestas* über den Sklaven hat, weil nur dann eine *noxae deditio* möglich ist. Diese *facultas et potestas exhibendi* fehlt, wenn der Sklave, der ein Delikt begangen hat, sich auf der Flucht befindet (vgl. auch Texte 146, 193).

20. **D 9, 4, 24**. *Paulus libro octavo decimo ad edictum.* De illo videndum, utrum adversus eum tantum, qui dolo fecit, quo minus in potestate haberet, actio locum habeat noxalis, si ex dolo eius acciderit, ut cesset noxalis actio (forte si servo suo fugam mandavit) an et si possit nihilo minus cum alio agi (quod accidit, cum alienatus manumissusve est). quod est verius: in quo casu electio est actoris, cum quo velit agere. Julianus autem ait de eo qui manumissit, si paratus sit defendere se manumissus, exceptionem dandam ei qui manumisit. hoc et Labeo.

Paulus im 18. Buch zum Edikt. Es muss geprüft werden, ob gegen denjenigen, der arglistig bewirkt hat, dass er [den Sklaven] nicht mehr in seiner tatsächlichen Gewalt hat, die Klage [ohne die Klausel der Auslieferung als Schädiger] nur dann stattfindet, wenn infolge seiner Arglist die Noxalklage überhaupt entfällt (zum Beispiel wenn er seinem Sklaven die Flucht befohlen hat), oder auch dann, wenn gleichwohl immerhin noch ein anderer verklagt werden kann (was etwa der Fall ist, wenn der Sklave veräußert oder freigelassen wurde). Die letztge-

[166] So die seit langem (Bas. 60, 3, 27, 3) herrschende Auffassung F. J. B. Wubbe, SZ 80 (1963) 198 FN 35; A. Wacke, Festschrift für Erwin Seidl, Köln 1975, 210; M. Sargenti, Labeo 23 (1977) 337. In diesem Sinn auch die Übersetzung von O. Behrends/R. Knütel/B. Kupisch/H. H. Seiler: „der Eigentümer eines flüchtigen Sklaven ist".

[167] So F. De Visscher, Le régime romain de la noxalité 319 ff.; T. Giménez-Candela, El régimen pretorio 262.

[168] Die Vertreter der herrschenden Auffassung, mit *is qui servum in fuga habet* sei der Eigentümer gemeint, sind daher gezwungen, den Widerspruch unseres Textes D 9, 2, 27, 3 zu D 47, 2, 17, 3 (Text 146) zu erklären; so etwa P. F. Girard, Mélanges de droit romain II, Paris 1923, 331 ff. mit der Annahme einer Spezialregelung der Noxalhaftung im Bereich der *lex Aquilia;* G. L. Falchi, Ricerche sulla legittimazione passiva 108 ff. durch die Annahme, in unserem Text gehe es gar nicht um die Noxalhaftung, sondern um die direkte Haftung des *dominus*, weil der Sklave das Delikt mit Wissen des *dominus* begangen habe (so schon Schol. 1 zu Bas. 60, 5, 11; Schol. 13 zu Bas. 60, 3, 27); A. Wacke, Festschrift für Erwin Seidl, Köln 1975, 211 mit der Erwägung, dass das besonders schwerwiegende Risiko, aus einer Tötung haftbar zu werden, dem Eigentümer auferlegt wurde; ebenso findet sich schon seit Schol. 15 zu Bas. 60, 3, 27 die Erklärung, die Haftung des *dominus* komme nur dann zum Tragen, wenn dieser auch wieder die faktische *potestas* erlangt hat, ebenso F. J. B. Wubbe, SZ 80 (1963) 197 FN 34.

nannte Meinung verdient den Vorzug. In diesem Fall hat der Kläger die Wahl, gegen wen er klagen will. Julian aber sagt von dem, der freigelassen hat, es sei, wenn der Freigelassene bereit sei, sich selbst zu verteidigen, dem, der [ihn] freigelassen hat, eine Einrede zu gewähren. Derselben Meinung ist auch Labeo.

Kommentar: Ein Sklave des E hat gegenüber einem geschädigten G ein Delikt begangen, daraufhin hat der bisherige Gewalthaber E, der im Rahmen der Noxalhaftung für das Delikt haften würde (und zwar mit der Möglichkeit, statt der Buße eine *noxae deditio* vorzunehmen), arglistig die *potestas* aufgegeben. Wegen seines *dolus* – als Beispiel dafür wird zunächst das Anbefehlen einer Flucht gebracht – wird gegen E nun eine Klage ohne Möglichkeit der *noxae deditio*[169] gewährt. Die eigentliche Diskussion in diesem Text betrifft die Frage, ob diese Klage gegen E auch dann in Betracht kommt, wenn G ohnedies gegen andere klagen kann: Das trifft zu, wenn der Sklave von E inzwischen an K veräußert (hier kann G nach der Regel *noxa caput sequitur* den K mit der *actio noxalis* klagen) oder freigelassen worden ist (hier kann G den ehemaligen Sklaven und nunmehr Freigelassenen selbst klagen). Paulus bejaht mit der Formulierung *quod est verius* auch in diesen Fällen die Klagemöglichkeit gegen E: Der Geschädigte G kann also wählen, ob er gegen E oder gegen K, allenfalls auch gegen den nunmehr Freigelassenen selbst vorgeht. Im Fall der anbefohlenen Flucht kann G nur gegen E vorgehen.

Der Schlusssatz, in dem sich Paulus auf Labeo und Julian beruft, schildert die prozesstechnische Verwirklichung der elektiven Konkurrenz im Freilassungsfall: Wenn der Freigelassene bereit ist, sich auf die von G angestrengte Klage einzulassen, erhält der Freilasser E, falls er ebenso von G geklagt wird, eine Einrede der Arglist (*exceptio doli*), die zur Abweisung des Klagebegehrens führt.

21. **D 10, 3, 19, 3.** *Paulus libro sexto ad Sabinum.* Iudex communi dividundo, item familiae erciscundae de servo qui in fuga est iubere debet liceri eos inter quos iudex est et tunc eum adiudicare, penes quem licitatio remansit: nec erit periculum, ne ex senatus consulto poena legis Fabiae committatur.

Paulus im 6. Buch zu Sabinus. Der Richter muss bei der Teilungsklage, ebenso bei der Erbteilungsklage über einen Sklaven, der flüchtig ist, den Parteien, für die er der Richter ist, aufgeben, auf den Sklaven zu bieten, und ihn dann demjenigen, für den das Bieten erfolgreich endet, zu Eigentum zuweisen. Und es besteht keine Gefahr, dass damit nach dem Senatsbeschluss die Strafe der *lex Fabia* verwirkt wird.

Kommentar: Im Rahmen eines Teilungsverfahrens zwischen Miteigentümern oder Miterben musste der Richter eine unteilbare Sache – dazu gehört auch ein Sklave – einer Partei zusprechen (*adiudicatio*), die hier durch eine interne Versteigerung ermittelt wurde, d. h. der Sklave wurde demjenigen zugesprochen, der den anderen Miteigentümern den höchsten Betrag

[169] B. Biondi, Studi sulle actiones arbitrariae e l'arbitrium iudicis, Palermo 1912, 219; F. De Visscher, Le régime romain de la noxalité 281; D. Liebs, Die Klagenkonkurrenz im römischen Recht, Göttingen 1972, 127; M. Brutti, La problematica del dolo processuale nell'esperienza romana, Milano 1973, 736; T. Giménez-Candela, El régimen pretorio 281; M. Marrone, St. Biscardi VI, Milano 1987, 191 f. Dass im Text die Klage gegen E als *noxalis* bezeichnet wird, steht in eklatantem Widerspruch zum folgenden *ut cesset noxalis actio* und wird einem Versehen der Kompilatoren zugeschrieben: M. Marrone aaO 191 FN 37 und die dort zitierte Literatur; vorsichtiger E. Levy, Die Konkurrenz der Aktionen und Personen I, Berlin 1918 (ND Aalen 1964) 324.

bot[170]. Da diese *adiudicatio* als kaufähnlicher Vorgang angesehen wurde[171], stellte sich die Frage, ob damit nicht gegen jenes SC verstoßen wurde, welches das *vendere* und *emere* von flüchtigen Sklaven der Geldbuße der *lex Fabia* unterwarf (Texte 183, 201). Der vorliegende Fall hatte freilich mit der *ratio legis*, die hinter dem SC stand – nämlich Bekämpfung von Spekulationsankäufen durch professionelle *fugitivarii* –, nichts zu tun und wurde daher durch teleologische Reduktion herausgenommen. Auf diese Ausnahme weist auch ein diokletianisches Reskript (Text 270) hin.

22. **D 10, 4, 5, 6**. *Ulpianus libro vicensimo quarto ad edictum.* Item si quis facultatem restituendi non habeat, licet possideat, tamen ad exhibendum non tenebitur, ut puta si in fuga servus sit: ad hoc plane solum tenebitur, ut caveat se exhibiturum, si in potestatem eius pervenerit. sed et si non sit in fuga, permiseris autem ei ubi velit morari, idem erit dicendum, aut peregre a te missus sit, vel in praediis tuis agat, ad hoc solum teneberis, ut caveas.

Ulpian im 24. Buch zum Edikt. Ferner haftet derjenige, dem die tatsächliche Möglichkeit der Rückgewähr fehlt, obgleich er besitzt, dennoch nicht auf Vorlegung, zum Beispiel wenn ein Sklave auf der Flucht ist; vielmehr haftet er nur darauf, dass er Sicherheit dafür leistet, den Sklaven vorzuführen, sobald dieser in seine tatsächliche Gewalt zurückgelangt ist. Aber auch wenn dieser Sklave nicht auf der Flucht ist, du ihm jedoch gestattet hast, sich aufzuhalten, wo er will, gilt das Gleiche; oder wenn er entweder von dir auf Reisen geschickt wurde oder auf deinen Gütern tätig ist, haftest du nur darauf, dass du Sicherheit leistest.

Kommentar: Der Text bezieht sich auf die *actio ad exhibendum*, mit der auf Vorweisung einer Sache vor dem Prätor geklagt wird, um eine andere Klage (z. B. eine dingliche Klage) vorzubereiten. Ist ein Sklave Gegenstand des Vorweisungsbegehrens und dieser entflohen, so haftet der Beklagte nur darauf, dass er in Stipulationsform (*cautio*) verspricht, bei Erlangung des Sklaven diesen zu exhibieren. Technisch wird dies im Exhibitionsprozess so abgewickelt, dass der *iudex* im Rahmen seines *officium* dem Beklagten die Leistung der *cautio* aufträgt[172]: Kommt der Beklagte dem nach, wird er freigesprochen[173]. Der Kläger kann in der Folge, wenn der Beklagte die faktische *potestas* über den Sklaven erlangt, aus der Stipulation klagen. Dasselbe gilt auch, wenn sich der zur Vorführung begehrte Sklave auf Reisen oder auswärtigen Gütern befindet; in diesen beiden Fällen ist natürlich die Wahrscheinlichkeit, dass die Stipulation zum Tragen kommt, viel höher als im Fall der Flucht.

23. **D 11, 3, 1 pr**. *Ulpianus libro vicensimo tertio ad edictum.* Ait praetor: „Qui servum servam alienum alienam recepisse persuasisseve quid ei dicetur dolo malo, quo eum eam deteriorem faceret, in eum quanti ea res erit in duplum iudicium dabo."

[170] Dazu G. Klingenberg, Festgabe für János Zlinszky, Miskolc 1988, 101 ff.

[171] Generell und plakativ Ant. CI 3, 38, 1: *Divisionem praediorum vicem emptionis obtinere placuit.* Vgl. Ulp. D 10, 3, 7, 13: *... partem, quam ... per adiudicationem emit.* G. Aricò Anselmo, APal 42 (1992) 309 f.

[172] Zur Ableitung der *cautio* aus dem *officium iudicis* siehe A. M. Giomaro, Cautiones iudiciales e officium iudicis 76 ff., 84 f.

[173] Bzw. er riskiert die Geldverurteilung auf das Exhibitionsinteresse, wenn er die *cautio* nicht leistet. Da also keine Verurteilung auf Leistung der *cautio* erfolgt, erübrigen sich auch die von L. Chiazzese, Iusiurandum in litem 69 – und ihm folgend – G. Nicosia, L'acquisto del possesso 477 FN 330 sowie G. Longo, Il possesso sul servus fugitivus 485 geäußerten Interpolationsannahmen, die sich darauf stützen, dass eine Verurteilung auf Leistung einer *cautio* mit dem klassischen Prinzip der *condemnatio pecuniaria* in Widerspruch steht. Auch M. Marrone, APal 26 (1958) 380 ff. hält die Stelle weitgehend für überarbeitet.

Ulpian im 23. Buch zum Edikt. Der Prätor sagt: „Wenn vorgetragen wird, dass jemand einen fremden Sklaven oder eine fremde Sklavin aufgenommen oder arglistig zu etwas überredet hat, so dass er ihn oder sie verschlechtert, dann werde ich gegen ihn eine Klage auf das Doppelte dessen gewähren, was der Streitgegenstand wert ist".

Kommentar: Durch diese Ediktsbestimmung wird die *actio servi corrupti* verheißen. Umstritten ist, ob beide Tatbestände, nämlich *recipere* und *persuadere*, sich von Anfang an im Edikt befanden[174] oder ob zunächst nur *persuadere* erfasst wurde[175] bzw. überhaupt nur das *persuadere* genuin ist[176] oder ob umgekehrt das *recipere* den Ausgangspunkt der Entwicklung bildete[177]. Das *duplum* des Bußbetrages orientierte sich im Fall des *recipere* am Wert des Sklaven[178], in den Fällen des *persuadere* an der konkreten Wertminderung.

24. **D 11, 3, 1, 2**. *Ulpianus libro vicensimo tertio ad edictum.* Quod autem praetor ait „recepisse", ita accipimus, si susceperit servum alienum ad se: et est proprie recipere refugium abscondendi causa servo praestare vel in suo agro vel in alieno loco aedificiove.

Ulpian im 23. Buch zum Edikt. Wenn aber der Prätor sagt „aufgenommen hat", dann verstehen wir das dahin, dass jemand einem fremden Sklaven bei sich Aufnahme gewährt. „Aufnehmen" bedeutet im technischen Sinn [des Edikts], dem Sklaven eine Zuflucht zu gewähren, um ihn zu verstecken, entweder auf dem eigenen Land oder in einem fremden Gebäude.

Kommentar: Es geht um die Auslegung des im Edikt *De servo corrupto* (Wortlaut siehe vorangehenden Text) gebrauchten Begriffes *recepisse*. Nicht in der Begrifflichkeit, wohl aber im Ergebnis stimmt die Auslegung mit dem beim *furtum* und *plagium* gesondert formulierten Erfordernis des Verhehlens bzw. Versteckens (*celare, occultare*) überein, das zum *suscipere* hinzutreten muss (vgl. Texte 30, 151, 165, 269).

25. **D 11, 3, 1, 4**. *Ulpianus libro vicensimo tertio ad edictum.* Sed utrum ita demum tenetur, si bonae frugi servum perpulit ad delinquendum, an vero et si malum hortatus est vel malo monstravit, quemadmodum faceret? et est verius etiam si malo monstravit, in quem modum delinqueret, teneri eum. immo et si erat servus omnimodo fugiturus vel furtum facturus, hic vero laudator huius propositi extitit, tenetur: non enim oportet laudando augeri malitiam. sive ergo bonum servum fecerit malum sive malum fecerit deteriorem, corrupisse videbitur.

Ulpian im 23. Buch zum Edikt. Aber haftet nun nur derjenige, der einen anständigen Sklaven zu unerlaubtem Tun verleitet, oder auch derjenige, der einen verderbten Sklaven nur ermuntert oder ihm gezeigt hat, wie er etwas Unerlaubtes tun kann? Und es ist richtiger, dass man auch haftet, wenn man einem verderbten Sklaven nur gezeigt hat, wie er etwas Unerlaubtes tun kann. Sogar wenn dieser Sklave unter allen Umständen schon zur Flucht oder zum Diebstahl entschlossen war, haftet auch derjenige, der nur gekommen ist und seinen Plan gelobt hat. Denn böser Wille darf durch Lob nicht noch bestärkt werden. Man

[174] So W. W. Buckland, Law of Slavery 33 ff.; B. Albanese, APal 27 (1959) 7 ff.; B. Bonfiglio, Corruptio servi 72 ff.

[175] P. Huvelin, Furtum 507 ff. denkt dabei an eine Entwicklung, in der das *persuadere* sich ursprünglich nur auf körperliche Verschlechterungen bezog und erst später die moralischen einbezogen wurden.

[176] So G. Longo, Ricerche romanistiche 734.

[177] So H. Bellen, Sklavenflucht 47.

[178] B. Albanese, APal 27 (1959) 64 ff.; B. Bonfiglio, Corruptio servi 126.

nimmt also an, dass ein Sklave korrumpiert wird, wenn jemand einen anständigen Sklaven zu einem verderbten macht oder einen schon verderbten zu einem noch verderbteren.

Kommentar: Es geht um die Auslegung der Passage *quo eum eam deteriorem faceret* des Edikts *De servo corrupto* (oben Text 23). Ulpian stellt klar, dass die *actio servi corrupti* wegen moralischen Verderbens (*corrumpere*) eines fremden Sklaven auch dann in Betracht kommt, wenn der Sklave schon ein *servus malus* ist und in seiner charakterlichen Fehlhaltung noch bestärkt wird.

26. **D 11, 3, 1, 5**. *Ulpianus libro vicensimo tertio ad edictum.* Is quoque deteriorem facit, qui servo persuadet, ut iniuriam faceret vel furtum vel fugeret vel alienum servum ut sollicitaret vel ut peculium intricaret, aut amator existeret vel erro vel malis artibus esset deditus vel in spectaculis nimius vel seditiosus: vel si actori suasit verbis sive pretio, ut rationes dominicas intercideret adulteraret vel etiam ut rationem sibi commissam turbaret:

Ulpian im 23. Buch zum Edikt. Auch derjenige verschlechtert einen Sklaven, der ihn überredet, eine Personenverletzung oder einen Diebstahl zu begehen oder zu fliehen – oder [der ihn überredet] einen fremden Sklaven zu diesen Taten zu verleiten – oder den Bestand seines Sonderguts zu verschleiern, ein Schürzenjäger zu werden, sich herumzutreiben, sich schwarzen Künsten hinzugeben, zu häufig zu öffentlichen Schauspielen zu gehen oder aufsässig zu sein: oder wenn er einen Sklaven, der Vermögensverwalter ist, durch Zureden oder Geld dazu bringt, die Buchhaltung seines Eigentümers zu vernichten oder zu verfälschen oder auch dazu, dass er die ihm übertragene Buchführung in Unordnung bringt.

Kommentar: Ulpian bringt einen Katalog von Beispielen, wodurch der im Edikt *De servo corrupto* (oben Text 23) genannte Tatbestand der moralischen Verschlechterung eines Sklaven durch *persuadere* verwirklicht wird. Auch die Anstiftung zur Flucht ist darin enthalten. Vgl. auch die Texte 158, 192, 261.

27. **D 11, 3, 5 pr**. *Ulpianus libro vicensimo tertio ad edictum.* Doli verbum etiam ad eum qui recepit referendum est, ut non alius teneatur, nisi qui dolo malo recepit: ceterum si quis, ut domino custodiret, recepit vel humanitate vel misericordia ductus vel alia probata atque iusta ratione, non tenebitur.

Ulpian im 23. Buch zum Edikt. Das Wort Arglist ist auch auf denjenigen zu beziehen, der einen Sklaven bei sich aufgenommen hat, so dass nur haftet, wer den Sklaven arglistig aufgenommen hat; dagegen haftet nicht, wer den Sklaven aufgenommen hat, um ihn für den Eigentümer zu beaufsichtigen, oder aus Menschlichkeit oder Mitleid oder aus einem anderen anerkannten und gerechten Beweggrund.

Kommentar: In Auslegung des Edikts *De servo corrupto* (oben Text 23) stellt Ulpian zunächst klar, dass sich das *dolus*-Erfordernis nicht nur auf den *persuadere*-, sondern auch auf den *recipere*-Tatbestand bezieht. Der zweite Teil bringt Fälle, in denen bei der Aufnahme des fremden Sklaven der *dolus* fehlt und daher keine Haftung nach dem Edikt eintritt. Zur *misericordia* vgl. auch die Texte 9 und 289.

28. **D 11, 3, 11, 2.** *Ulpianus libro vicensimo tertio ad edictum.* Quamvis autem rerum subtractarum nomine servi corrupti competat actio, tamen et furti agere possumus, ope enim consilio sollicitatoris videntur res abesse: nec sufficiet alterutra actione egisse, quia altera alteram non minuit. idem et in eo, qui servum recepit et celavit et deteriorem fecit, Iulianus scribit: sunt

enim diversa maleficia furis et eius qui deteriorem servum facit: hoc amplius et condictionis nomine tenebitur. quamvis enim condictione hominem, poenam autem furti actione consecutus sit, tamen et quod interest debebit consequi actione servi corrupti,

Ulpian im 23. Buch zum Edikt. Obgleich für die Wegnahme von Sachen die Klage wegen Korrumpierens eines Sklaven zusteht, können wir gleichwohl auch die Diebstahlsklage erheben; denn die Sachen sind, wie man annimmt, mit Rat und Tat des Anstifters abhanden gekommen. Und der Angelegenheit ist damit noch nicht Genüge getan, dass mit einer der beiden Klagen geklagt worden ist, weil die eine die andere nicht [durch Anrechnungspflicht] einschränkt. Dasselbe schreibt Julian auch von demjenigen, der einen Sklaven aufgenommen, versteckt und verschlechtert hat. Darüber hinaus haftet man auch mit der Kondiktion. Denn auch wenn der Kläger mit der Kondiktion den Sklaven und mit der Diebstahlsklage die Buße erlangt hat, darf er dennoch mit der Klage wegen Korrumpierens eines Sklaven auch noch das Interesse verlangen,

Kommentar: Der Eingang der Stelle lässt offen, ob es sich um eine Anstiftung (*sollicitatio*) zum Diebstahl oder (wie in Text 148) zur Flucht gehandelt hat. Jedenfalls hatte der Sklave Sachen des *dominus* entwendet. Der Julian-Fall mit seinem Hinweis auf *recipere* und *celare* weist jedoch auf einen Fluchtfall hin. Die von Ulpian herausgestellte Parallele beider Fälle liegt darin, dass die *actio furti* (im Anstiftungsfall gestützt auf die Beitragstäterschaft *ope consilio*, im Julian-Fall auf das *celare*) und die *actio servi corrupti* kumuliert werden (so auch Text 261). Dazu kommt noch die Kondiktion auf Rückgabe. Der Schlusssatz beschreibt als Konsequenz für den Eingangsfall die Kumulation aller drei Klagen, nämlich *condictio furtiva* auf Rückgabe der Sachen, *actio furti* auf Buße in Höhe des doppelten Sachwerts und *actio servi corrupti* auf das Interesse.

29. **D 11, 3, 12.** *Paulus libro nono decimo ad edictum.* quia manet reus obligatus etiam rebus redditis.

Paulus im 19. Buch zum Edikt. Weil der Beklagte verpflichtet bleibt, auch wenn die Sachen zurückgegeben sind.

Kommentar: Das Paulus-Fragment[179] wurde von den Justinianischen Kompilatoren als Begründung für den Schluss des vorangegangenen Fragments verwendet: Die Sachrückgabe befreit nicht von der Verpflichtung zur Buße.

Vorbemerkung zu den Texten 30 - 39: In seinem Ediktskommentar geht Ulpian hier auf das prätorische Edikt *De fugitivis*[180] ein. Es richtete sich an die Munizipalmagistrate und regelte deren Pflichten im Zusammenhang mit aufgegriffenen *servi fugitivi*. Zudem verhieß der Prätor gegen die Munizipalmagistrate bei Verletzung dieser Pflichten eine Klage (*iudicium dabo*). Da dieses Edikt schon von Labeo kommentiert wird (vgl. Text 35), geht es noch in die ausgehende Republik zurück. In seinem Kommentar erwähnt Ulpian zunächst außerediktale

[179] Dieses Fragment stand auch bei Paulus im Zusammenhang mit der *actio servi corrupti*: O. Lenel, Paling. Paul. Nr. 306.

[180] O. Lenel, EP 54 (§ 4); R. Domingo, Estudios III 52 ff., der auch eine vollständige Rekonstruktion des Wortlautes versucht (65).

Regelungen (Texte 30 - 32)[181], erst dann kommentiert er einzelne Lemmata des Edikts (Texte 33 - 39)[182].

30. **D 11, 4, 1 pr.** *Ulpianus libro primo ad edictum.* Is qui fugitivum celavit fur est.
Ulpian im 1. Buch zum Edikt. Wer einen flüchtigen Sklaven versteckt, ist ein Dieb.

Kommentar: Nicht das bloße Aufnehmen (*suscipere*) eines flüchtigen Sklaven, sondern erst das Verstecken oder Verhehlen (*celare*) verwirklicht den Tatbestand des *furtum*. Vgl. dazu auch Text 151 sowie die Sachverhaltsschilderungen in den Texten 165 (*suscepisse et celasse*) und 261 (*si sollicitatum occultavit*).

31. **D 11, 4, 1, 1.** *Ulpianus libro primo ad edictum.* Senatus censuit, ne fugitivi admittantur in saltus neque protegantur a vilicis vel procuratoribus possessorum et multam statuit: his autem, qui intra viginti dies fugitivos vel dominis reddidissent vel apud magistratus exhibuissent, veniam in ante actum dedit: sed et deinceps eodem senatus consulto impunitas datur ei, qui intra praestituta tempora, quam repperit fugitivos in agro suo, domino vel magistratibus tradiderit.
Ulpian im 1. Buch zum Edikt. Der Senat hat beschlossen, dass flüchtige Sklaven auf Landgütern keine Aufnahme finden dürfen und dass ihnen durch Gutsverwalter oder sonstige Verwalter von Grundbesitzern kein Schutz gewährt werden darf und er hat deswegen eine Geldstrafe festgesetzt. Denjenigen aber, die flüchtige Sklaven innerhalb von zwanzig Tagen an die Eigentümer zurückgegeben oder den Magistraten ausgeliefert haben, gewährt er Nachsicht für ihr vorheriges Verhalten. Ferner wird in demselben Senatsbeschluss auch demjenigen Straffreiheit gewährt, der flüchtige Sklaven, die er auf seinem Anwesen angetroffen hat, innerhalb der festgesetzten Frist dem Eigentümer oder den Behörden übergibt.

Kommentar: Das hier und auch noch am Beginn des folgenden Textes genannte SC erging unter Mark Aurel[183] und gehört zu jenen, welche in Ergänzung zur *lex Fabia* ergangen sind[184], so dass die Höhe der vom Senat angedrohten *multa* derjenigen der *lex Fabia*, nämlich 50.000 HS, entspricht[185]. Die *venia* bei Rückgabe oder Auslieferung an den Magistrat innerhalb von 20 Tagen entspricht der Anerkennung „tätiger Reue“[186] durch die *vilici* und *procuratores* von *saltus*. Adressaten des Schlusssatzes sind hingegen die Eigentümer, die flüchtige Sklaven auf ihrem Grundstück (*in agro suo*) antreffen; sie werden erst strafbar, wenn sie innerhalb von 20 Tagen den Sklaven nicht abliefern[187].

[181] O. Lenel, Paling. Nr. 185; R. Domingo, Estudios III 54 ff.

[182] O. Lenel, Paling. Nr. 186; R. Domingo, Estudios III 58 ff.

[183] So E. Volterra, NNDI 16 (1969) 1075; H. Bellen, Sklavenflucht 11 FN 54; G. Longo, Iura 23 (1972) 175; R. Lambertini, Plagium 141; R. Domingo, Estudios III 54. Anders freilich W. W. Buckland, Law of Slavery 268 und M. Morabito, Réalités de l'esclavage 263, ebenso Index 13 (1985) 486 FN 18, 646, die das SC dem Antoninus Pius zuschreiben.

[184] R. Lambertini, Plagium 15, 140.

[185] H. Bellen, Sklavenflucht 11.

[186] W. Waldstein, Untersuchungen zum römischen Begnadigungsrecht, Innsbruck 1964, 144.

[187] Der Schlusssatz *sed et ... tradiderit* wird als Glosse verdächtigt von H. P. Bonfante/C. Fadda/S. Riccobono/V. Scialoja, Digesta Iustiniani Augusti, Milano 1908 (ND Milano 1960) 280, H. Bellen, Sklavenflucht 11 FN 56 und R. Domingo, Estudios III 54. Doch dagegen spricht, dass es sich nicht bloß um eine gedankliche Fortführung des vorangehen-

32. **D 11, 4, 1, 2**. *Ulpianus libro primo ad edictum*. Hoc autem senatus consultum aditum etiam dedit militi vel pagano ad investigandum fugitivum in praedia senatorum vel paganorum (cui rei etiam lex Fabia prospexerat et senatus consultum Modesto consule factum), ut fugitivos inquirere volentibus litterae ad magistratus dentur, multa etiam centum solidorum in magistratus statuta, si litteris acceptis inquirentes non adiuvent. sed et in eum, qui quaeri apud se prohibuit, eadem poena statuta. est etiam generalis epistula divorum Marci et Commodi, qua declaratur et praesides et magistratus et milites stationarios dominum adiuvare debere inquirendis fugitivis, et ut inventos redderent, et ut hi, apud quos delitescant, puniantur, si crimine contingantur.

Ulpian im 1. Buch zum Edikt. Dieser Senatsbeschluss gewährt auch Soldaten oder Zivilpersonen für die Suche nach flüchtigen Sklaven Zugang zu Grundstücken, die Senatoren gehören oder Landleuten (dies hatte auch eine *Lex Fabia* sowie ein Senatsbeschluss unter dem Konsulat des Modestus vorgesehen), indem er anordnet, dass denjenigen, die nach flüchtigen Sklaven suchen wollen, ein amtliches Schreiben zur Vorlage bei den örtlichen Behörden mitzugeben sei, wobei als Strafe gegen die örtlichen Beamten, die trotz Entgegennahme solcher Schreiben den Nachforschenden ihre Unterstützung verweigern, einhundert Goldmünzen festgesetzt sind. Aber auch gegen denjenigen, der Nachforschungen bei sich verhindert, ist dieselbe Strafe festgesetzt. Es gibt auch eine allgemeine Dienstanweisung der vergöttlichten Kaiser Mark Aurel und Commodus, in der bestimmt wird, dass Provinzstatthalter und Magistrate sowie Soldaten der Polizeistationen den Eigentümern bei der Suche nach flüchtigen Sklaven helfen müssen und dass sie entdeckte Sklaven zurückzugeben und auch für die Bestrafung derjenigen zu sorgen haben, bei denen die Sklaven sich verbergen, falls jene sich dabei strafbar gemacht haben.

Kommentar: Der Text erwähnt vier verschiedene Rechtssetzungsakte im Zusammenhang mit der Verfolgung flüchtiger Sklaven[188], nämlich das schon im vorigen Text zitierte SC unter Mark Aurel, die *lex Fabia* und ein ergänzendes SC unter Modestus[189], sowie eine *generalis epistula* von Marcus und Commodus.

Das Betreten von Grundstücken der Senatoren und *pagani* wird auch in Text 41 (zweiter Teil) einer *oratio* des Mark Aurel zugeschrieben, die dem hier eingangs zitierten SC entspricht.

Die Einführung des amtlichen Schreibens mit der Aufforderung an die lokalen Magistrate zur Hilfe bei der Suche und der Festsetzung einer *multa* geht wohl nicht erst auf dieses SC unter

den *veniam in ante factum dedit* (so H. Bellen aaO), sondern um eine selbstständige Bestimmung mit anderem Adressatenkreis handelt. Für Echtheit auch G. Longo, Iura 23 (1972) 175.

[188] L. Capogrossi-Colognesi, Index 13 (1985) 642 sieht das Motiv des stärkeren staatlichen Engagements auch darin, das Abwerben und Aufnehmen von flüchtigen Sklaven durch Großgrundbesitzer zu unterbinden.

[189] Umstritten ist, ob es sich dabei um den bei Plin. epist. 1, 5 genannten Mettius Modestus (so Mommsen in der Editio maior der Digesten, Vol. I, 345 FN 1; R. Domingo, Estudios III 58) oder den in D 48, 21, 3, 8 erwähnten und unter Antoninus Pius wirkenden Modestus Taurinus (so M. Voigt, Berichte über die Verhandlungen der königlich-sächsischen Gesellschaft, Phil.-hist. Classe 37 [1885] 340) handelt. O. Behrends/R. Knütel/B. Kupisch/H. H. Seiler, Corpus Iuris Civilis, Text und Übersetzung III 20 FN 2 setzen das SC „ebenfalls unter Mark Aurel" an. E. Groag, RE XV/2 (1932) spricht von einem *„consul (suffectus)* in unbekanntem Jahr". Nach dem Aufbau unseres Textes muss das *SC Modesto consule factum* jedoch dem zuvor genannten SC zeitlich vorangegangen sein.

Mark Aurel, sondern auf das SC unter Modestus zurück[190]; diese Maßnahmen bezogen sich auf Italien. In den Provinzen ist eine ähnliche Regelung (Ausstellung von *litterae*, Festsetzung einer *poena* bei Verweigerung der Durchsuchung) unter Antoninus Pius eingeführt worden (Text 41, erster Teil).

Die *generalis*[191] *epistula* schärft die Mitwirkungspflicht öffentlicher Organe bei der Verfolgung flüchtiger Sklaven ein. Diokletian wiederholt dies für die Statthalter (Text 254).

33. **D 11, 4, 1, 3**. *Ulpianus libro primo ad edictum*. Unusquisque eorum, qui fugitivum adprehendit, in publicum deducere debet.

Ulpian im 1. Buch zum Edikt. Jeder, der einen flüchtigen Sklaven ergreift, muss ihn an eine öffentliche Stelle[192] ausliefern.

Kommentar: In § 3 beginnt Ulpian mit der Kommentierung der *verba edicti*. Der Begriff *deducere in publicum* wird von Ulpian in § 6 (Text 36) näher erläutert: Er meint Auslieferung an die Munizipalmagistrate oder sonstige öffentliche Bedienstete. Die hier erwähnte allgemeine Pflicht zur *deductio* beruhte jedoch nicht auf dem Edikt, da dieses nur die Pflichten der Munizipalmagistrate regelte[193]. Eine Pflicht zur *deductio* lässt sich jedoch auch zumindest indirekt aus den einschlägigen delikts- und strafrechtlichen Bestimmungen (*furtum, plagium, corruptio servi*, dazu Einleitung S. 10 ff.) ableiten[194]. Das Edikt setzt jedenfalls diese Pflicht voraus und ordnet an, dass die Munizipalmagistrate die *fugitivos in publicum deductos* bis zur Rückgabe oder Überstellung sorgfältig zu bewachen hatten (dazu die folgenden Texte).

34. **D 11, 4, 1, 4**. *Ulpianus libro primo ad edictum*. Et merito monentur magistratus eos diligenter custodire, ne evadant.

Ulpian im 1. Buch zum Edikt. Und zu Recht werden die Beamten angewiesen, diese Sklaven sorgfältig zu bewachen, damit sie nicht wieder entweichen.

Kommentar: Aus der *laudatio edicti* durch Ulpian ergibt sich, dass Adressaten des Edikts die (Munizipal-) Magistrate waren. Es gebrauchte die Formulierung *diligenter custodiant*[195].

35. **D 11, 4, 1, 5**. *Ulpianus libro primo ad edictum*. Fugitivum accipe et si quis erro sit. fugitivi autem appellatione ex fugitiva natum non contineri Labeo libro primo ad edictum scribit.

[190] Daher hält H. Bellen, Sklavenflucht 10 FN 48 die oben wiedergegebene Klammersetzung für verfehlt und lässt den Satz von *cui res* bis *adiuvent* ohne Klammern in einem durchgehen.

[191] Die Qualifikation der *epistula* als *generalis* meint, dass sie als Rundschreiben an alle betroffenen Funktionäre erging: R. Orestano, Il potere normativo degli imperatori e le costituzioni imperiali, Roma 1937 (ND Torino 1962), 75; F. M. De Robertis, Scritti varii di diritto romano II, Bari 1987, 240; V. Marotta, Mandata principum, Torino 1991, 80 FN 28; F. Arcaria, SDHI 63 (1997) 321 f.; anders hingegen A. Dell'Oro, „Mandata" e „litterae", Bologna 1960, 30 f., der *generalis* als einen interpretativen Zusatz Ulpians sieht.

[192] Die Übersetzung von O. Behrends/R. Knütel/B. Kupisch/H. H. Seiler gibt *in publicum* mit „den staatlichen Behörden" wieder.

[193] O. Lenel, EP 54; G. Longo, Iura 23 (1972) 175; R. Domingo, Estudios III 65.

[194] Anders freilich H. Bellen, Sklavenflucht 12 FN 54, der die Pflicht zum *deducere in publicum* erst auf das SC unter Mark Aurel zurückführt.

[195] O. Lenel, EP 45; R. Domingo, Estudios III 65.

Ulpian im 1. Buch zum Edikt. Als flüchtiger Sklave ist auch anzusehen, wer sich herumtreibt. Der Begriff des flüchtigen Sklaven erstreckt sich aber nicht auf denjenigen, der von einer flüchtigen Sklavin geboren wurde, wie Labeo im 1. Buch zum Edikt schreibt.

Kommentar: Nach einer an anderer Stelle (Text 83) zitierten Definition Labeos bestand zwischen *fugitivus* und *erro* ohnedies nur ein quantitativer Unterschied. Im Hinblick auf das *edictum de fugitivis*, das die Rückholung von Sklaven erfasste, ist die Unterstellung des *erro* unter den Begriff *fugitivus* durchaus sinnvoll[196]; anders freilich im Hinblick auf das *edictum de mancipiis vendundis* (Text 67), wo die bei Sklavenverkäufen kundmachungspflichtigen Eigenschaften *fugitivus* und *erro* getrennt erfasst sind.
Da das von einer flüchtigen Sklavin geborene Kind selbst nicht geflohen ist, kann es kein *servus fugitivus* sein, es gilt allerdings als von seiner Mutter dem Herrn gestohlen[197]: Text 153.

36. **D 11, 4, 1, 6**. *Ulpianus libro primo ad edictum.* In publicum deduci intelleguntur qui magistratibus municipalibus traditi sunt vel publicis ministeriis.
Ulpian im 1. Buch zum Edikt. Unter Auslieferung der Sklaven an die staatlichen Behörden versteht man ihre Übergabe an gemeindliche Behörden oder an öffentliche Bedienstete.

Kommentar: Ulpian erläutert hier den ediktalen Ausdruck *fugitivos in publicum deductos*. An dieses *deduci* knüpft die Pflicht der Munizipalmagistrate und sonstigen Funktionäre (z. B. die in Text 42 genannten *limenarchae* und *stationarii*) zur sorgfältigen Bewachung an.

37. **D 11, 4, 1, 7**. *Ulpianus libro primo ad edictum.* Diligens custodia etiam vincire permittit.
Ulpian im 1. Buch zum Edikt. Zur sorgfältigen Bewachung ist auch eine Fesselung erlaubt.

Kommentar: Ulpian bezieht sich hier auf die ediktale Anordnung *diligenter custodiant*. Die Fesselung (*vincire, vincula*)[198] – die hier keinen Strafcharakter hat – geht über eine bloße Festhaltung im munizipalen Gefängnis[199] hinaus[200].

38. **D 11, 4, 1, 8**. *Ulpianus libro primo ad edictum.* Tamdiu autem custodiuntur, quamdiu ad praefectum vigilum vel ad praesidem deducantur.
Ulpian im 1. Buch zum Edikt. Die Sklaven stehen aber so lange unter Bewachung, bis sie dem Präfekten der Feuerpolizei oder dem Provinzstatthalter überstellt sind.

Kommentar: Vermutlich war im Edikt *De fugitivis* auch eine bestimmte Frist angegeben[201], innerhalb derer die Munizipalmagistrate die abgelieferten Sklaven zur Abholung (*agnitio*) durch die Eigentümer bereithalten (zur Frage der Kundmachung siehe den folgenden Text) und auch bewachen mussten. Danach erfolgte die Überstellung von den italischen Munizipal-

196 R. Gamauf, Ad statuam licet confugere 73.

197 E. Herrmann-Otto, Ex ancilla natus 277 FN 102.

198 Zur Terminologie vgl. A. Lovato, Il carcere nel diritto penale romano, Bari 1994, 19 ff., (zur Stelle) 58.

199 Zu den munizipalen Gefängnissen J. Krause, Gefängnisse im Römischen Reich, Stuttgart 1996, 254 ff.; zur Festhaltung ergriffener *fugitivi* 149 ff.

200 Vgl. Ulp. D 50, 16, 216: *Verum est eum, qui in carcere clusus est, non videri neque 'vinctum' neque 'in vinculis' esse, nisi corpori eius vincula sint adhibita.*

201 R. Domingo, Estudios III 65.

magistraten an den *praefectus vigilum*[202], in den Provinzen an den Statthalter (vgl. Text 42 = 185). In Rom zählte es zu den Aufgaben des *praefectus vigilum*, flüchtige Sklaven auszuforschen und ihren Eigentümern zurückzustellen (Text 5). Nach der Überstellung wurden die nicht abgeholten Sklaven in der Folge verkauft (Text 188).

39. **D 11, 4, 1, 8a.** *Ulpianus libro primo ad edictum.* Eorumque nomina et notae et cuius se quis esse dicat ad magistratus deferantur, ut facilius adgnosci et percipi fugitivi possint (notae autem verbo etiam cicatrices continentur): idem iuris est, si haec in scriptis publice vel in aedes proponas.

Ulpian im 1. Buch zum Edikt. Diesen Behörden sind auch ihre Namen anzugeben sowie ihre besonderen Kennzeichen und wer nach Angaben der Sklaven ihr Eigentümer ist, damit flüchtige Sklaven leichter identifiziert und [von ihren Eigentümern] wieder in Besitz genommen werden können (unter besondere Kennzeichen fallen auch Narben); dem steht es rechtlich gleich, wenn du diese Angaben in schriftlicher Form öffentlich oder in einem Tempel aushängst.

Kommentar: Umstritten ist vor allem die Interpretation der Passage *ad magistratus deferantur*: O. Lenel bezieht sie auf ein Schreiben der Munizipalmagistrate an die zuvor genannten Organe – nämlich den *praefectus vigilum* bzw. den Statthalter – aus Anlass der Überstellung[203], R. Domingo hingegen auf *litterae* der *domini* an die Munizipalmagistrate, damit diese die im Schlusssatz erwähnte Kundmachung (*proscriptio*) veröffentlichen konnten[204]. Wieder anders bezieht R. Düll die Passage auf die Anzeige desjenigen, der den Sklaven ergriffen hat und die *deductio in publicum* vornimmt, wobei er die im Schlusssatz[205] erwähnte *proscriptio* nicht den Munizipalmagistraten[206], sondern dem Ergreifer zuordnet[207].

40. **D 11, 4, 2.** *Callistratus libro sexto cognitionum.* Fugitivi simplices dominis reddendi sunt: sed si pro libero se gesserint, gravius coerceri solent.

Callistratus im 6. Buch über außerordentliche Gerichtsverfahren. Sklaven, die auf der Flucht ergriffen werden, müssen ihren Eigentümern ohne weiteres zurückgegeben werden; haben sie sich dagegen schon wie freie Personen verhalten, pflegt man sie sehr hart zu bestrafen.

Kommentar: Callistratus unterscheidet den *fugitivus simplex* vom *fugitivus pro libero se gerens*. Nur Letzterer wurde im Rahmen der *extraordinaria cognitio* staatlicherseits bestraft[208],

[202] Da die Einführung des *praefectus vigilum* auf Augustus zurückgeht, wird von R. Domingo, Estudios III 65 für die Republik eine Überstellung an den Prätor (*ad me*) angenommen.

[203] So O. Lenel, EP 45. In diesem Sinn auch die Digestenübersetzung von O. Behrends/R. Knütel/B. Kupisch/H. H. Seiler: „Diesen [staatlichen] Behörden sind [von den Gemeindebehörden] auch ihre Namen anzugeben sowie .....“

[204] So R. Domingo, Estudios III 61 f.

[205] Er wird vielfach als interpoliert verdächtigt: A. Pernice, Labeo. Römisches Privatrecht II, 1, Halle 1895, 107 FN 3; O. Lenel, EP 54 FN 8; W. W. Buckland, Law of Slavery 268 FN 9.

[206] So die herrschende Auffassung und auch die Digestenübersetzung von O. Behrends/R. Knütel/B. Kupisch/H. H. Seiler: „...., wenn die Gemeindebehörden diese Angaben in schriftlicher Form öffentlich oder in einem Tempel aushängen.“

[207] R. Düll, SZ 61 (1941) 36.

[208] In diesem Sinn wird auch SHA Macrinus 12, 10 (*servos qui dominis fugissent repertos ad gladium ludi deputavit*) verstanden: H. Bellen, Sklavenflucht 31; anders W. W. Buckland, Law of Slavery 268 FN 11.

was freilich indirekt zu Lasten des *dominus* ging und daher wohl nur temporär[209] und keineswegs zu allen Zeiten praktiziert worden ist. So erwähnen weder Gaius (Text 130) noch Paulus (Text 141) etwas von einer Bestrafung des *fugitivus pro libero se gerens*; sondern äußern sich dazu nur im Zusammenhang mit einem anschließenden *status*-Prozess. Dieser wäre für den *dominus* im Fall des Obsiegens jedoch ohne Vorteil, wenn der unterlegene Beklagte zusätzlich einer strengen staatlichen Strafe zugeführt würde. Bei Eintritt in den Militärdienst – der nur freien Personen zugänglich war – schwankte die Vorgangsweise zwischen bloßer Rückstellung an die *domini* und Verhängung kapitaler Strafe (siehe dazu Kommentar zu Text 207).

41. **D 11, 4, 3**. *Ulpianus libro septimo de officio proconsulis.* Divus Pius rescripsit eum, qui fugitivum vult requirere in praediis alienis, posse adire praesidem litteras ei daturum et, si ita res exegerit, apparitorem quoque, ut ei permittatur ingredi et inquirere, et poenam eundem praesidem in eum constituere, qui inquiri non permisserit. sed et divus Marcus oratione, quam in senatu recitavit, facultatem dedit ingrediendi tam Caesaris quam senatorum et paganorum praedia volentibus fugitivos inquirere scrutarique cubilia atque vestigia occultantium.

Ulpian im 7. Buch über das Amt des Prokonsuls. Der vergöttlichte Kaiser Antoninus Pius hat auf Anfrage entschieden, dass derjenige, der einen flüchtigen Sklaven auf fremden Grundstücken aufspüren will, sich an den Provinzstatthalter wenden kann, der ihm ein amtliches Schreiben ausstellen und, wenn es die Sache erfordert, auch einen Vollzugsbeamten beigeben werde, so dass es ihm gestattet sei, die Grundstücke zu betreten und zu durchsuchen; der Provinzstatthalter werde außerdem auch eine Strafe gegen denjenigen festsetzen, der die Suche nicht gestattet. Aber auch der vergöttlichte Kaiser Mark Aurel hat in einer Rede, die er im Senat verlesen hat, denjenigen, die flüchtige Sklaven aufspüren wollen, die Befugnis eingeräumt, Grundstücke sowohl des Kaisers als auch der Senatoren und der Landleute zu betreten, sowie nach Schlafstätten und Spuren derer zu suchen, die sich versteckt halten.

Kommentar: Mit dem im ersten Teil erwähnten Reskript hat Antoninus Pius die Maßnahmen, die nach der *lex Fabia* und dem ergänzenden *SC Modesto consule* (Text 32) für Italien vorgesehen waren, auf die Provinzen erstreckt[210]. Die im Schlussteil erwähnte *oratio divi Marci* entspricht inhaltlich dem am Beginn von Text 32 erwähnten SC.

42. **D 11, 4, 4**. *Paulus libro primo sententiarum.* Limenarchae et stationarii fugitivos deprehensos recte in custodiam retinent. magistratus municipales ad officium praesidis provinciae vel proconsulis conprehensos fugitivos recte transmittunt.

Paulus im 1. Buch der Sentenzen. Die Hafenmeister[211] und die Soldaten der Polizeistationen halten flüchtige Sklaven, wenn sie aufgegriffen worden sind, zu Recht in ihrem Gewahrsam. Die Magistrate der Stadtgemeinden überstellen die aufgegriffenen Sklaven zu Recht der Behörde des Provinzstatthalters oder des Prokonsuls.

[209] Dazu im Einzelnen H. Bellen, Sklavenflucht 17 ff.

[210] Dazu V. Marotta, Multa de iure sanxit 270 f.

[211] E. Levy, Pauli Sententiae, Ithaca 1945 (ND New York 1969), übersetzt *limenarchae* mit „custom house officers".

Kommentar: Den eingangs genannten *limenarchae*[212] obliegt die Überwachung der Häfen; sie sind ebenfalls munizipale Organe[213]. Die *stationarii* hingegen entsprechen den *milites stationarii*, die in der *epistula generalis* von Mark Aurel und Commodus (Text 32) erwähnt sind[214] und polizeiliche Aufgaben, vor allem in der Verbrechensbekämpfung[215], haben. Im Schlusssatz fehlt die Erwähnung des *praefectus vigilum*, an den die *fugitivi* in Rom und aus Italien überstellt wurden (Text 38)[216].

Vgl. auch Paul. Sent. 1, 6a, 3 - 4 (Text 184, 185)

43. **D 11, 4, 5**. *Tryphoninus libro primo disputationum.* Si in harenam fugitivus servus se dederit, ne isto quidem periculo, discriminis vitae tantum, sibi irrogato potestatem domini evitare poterit: nam divus Pius rescripsit omnimodo eos dominis suis reddere sive ante pugnam ad bestias sive post pugnam, quoniam interdum aut pecunia interversa aut commisso aliquo maiore maleficio ad fugiendam inquisitionem vel iustitiam animadversionis in harenam se dare mallent. reddi ergo eos oportet.

Tryphoninus im 1. Buch seiner Erörterungen. Wenn ein flüchtiger Sklave sich zu Kampfspielen im Amphitheater verdungen hat, wird er sich nicht einmal durch diese Gefahr – so sehr sie auch sein Leben aufs Spiel setzt – der Gewalt seines Eigentümers entziehen können. Denn der vergöttlichte Kaiser Antoninus Pius hat auf Anfrage entschieden, dass die Sklaven auf jeden Fall ihren Eigentümern zurückzugeben sind, sei es vor dem Kampf mit den wilden Tieren, sei es danach, weil sie es bisweilen vorziehen, sich im Amphitheater zu verdingen, wenn sie Geld unterschlagen haben oder ein noch größeres Delikt begangen haben, um so der Untersuchung oder der gerechten Strafe zu entgehen. Sie sind also zurückzugeben.

Kommentar: Die Fallentscheidung – sie stellt keine Neuerung, sondern nur eine Anwendung bestehenden Rechts dar – passt nicht nur zur allgemeinen Haltung von Antoninus Pius, die Verfolgung durch den Eigentümer zu erleichtern (Text 41, erster Teil), sondern stimmt auch mit einem anderen Reskript desselben Kaisers (Text 126) überein[217]: Der Sklave soll keine Möglichkeit haben, sich durch Flucht der *potestas* des *dominus* zu entziehen.

44. **D 12, 1, 11, 2**. *Ulpianus libro vicensimo sexto ad edictum.* Si fugitivus servus nummos tibi crediderit, an condicere tibi dominus possit, quaeritur. et quidem si servus meus, cui concessa est peculii administratio, crediderit tibi, erit mutua: fugitivus autem vel alius servus contra voluntatem domini credendo non facit accipientis. quid ergo? vindicari nummi possunt, si exstant, aut, si dolo malo desinant possideri, ad exhibendum agi: quod si sine dolo malo consumpsisti, condicere tibi potero.

Ulpian im 26. Buch zum Edikt. Hat ein flüchtiger Sklave dir Geld als Darlehen gegeben, stellt sich die Frage, ob sein Eigentümer von dir kondizieren kann. Und sicherlich ist es ein

[212] Zu ihnen Ch. Lecrivain, DS III (1969) 1255; P. Rougé, L'organisation du commerce maritime en Méditerranée sous l'Empire romain, Paris 1966, 210.

[213] Arc. Char. D 50, 4, 18, 20 ordnet dieses Amt den *munera personalia* zu.

[214] Als munizipale Organe werden sie hingegen gesehen von Th. Mommsen, Römisches Strafrecht 307 FN 2 und H. Bellen, Sklavenflucht 104 FN 741; anders O. Hirschfeld, Kleine Schriften, Berlin 1913, 597. Vgl. jüngst M. F. Petracca Lucernoni, Gli stationarii in età imperiale, Roma 2001.

[215] Dazu jüngst G. Zanon, Le strutture accusatorie della cognitio extra ordinem nel principato, Padova 1998, 132 ff.

[216] Dazu E. Levy, Pauli Sententiae 114 f.

[217] H. Bellen, Sklavenflucht 42.

Darlehen, wenn mein Sklave, dem die Verwaltung eines Sondergutes gestattet war, dir Geld geliehen hat. Ein flüchtiger oder sonstiger Sklave verschafft aber durch Hingabe eines Darlehens gegen den Willen des Eigentümers dem Empfänger kein Eigentum. Wie ist also die Rechtslage? Die Münzen können vindiziert werden, wenn sie noch vorhanden sind, oder es kann, wenn sie infolge Arglist nicht mehr in Besitz [des Empfängers] sind, auf Vorlegung geklagt werden. Hast du sie dagegen ohne Arglist verbraucht, kann ich sie von dir kondizieren.

Kommentar: Durch das Entlaufen erlischt die Verwaltung des dem Sklaven eingeräumten Sondergutes (Text 53). Ein *servus fugitivus* ist rechtlich nicht in der Lage, dem Empfänger das Eigentum an den Münzen zu verschaffen, damit ist auch kein wirksamer Darlehensvertrag zustande gekommen. Ohne wirksamen Darlehensvertrag kann es auch keine Darlehensklage (*condictio* aus Darlehen = *actio certae creditae pecuniae*) geben. Der Jurist untersucht daher die Möglichkeiten des Rechtsschutzes für den *dominus* und bildet folgende Differenzierung: Wenn die Münzen noch vorhanden sind[218], geht der *dominus* mit einer dinglichen *vindicatio nummorum* (Geldvindikation) vor, bei bösgläubiger Besitzaufgabe klagt er den Empfänger mit der *actio ad exhibendum* (auf Vorweisung vor Gericht), bei gutgläubiger *consumptio*[219] mit einer *condictio*: Diese *condictio* wird in der Forschung zum Teil als Darlehens-*condictio*[220], zum Teil als eine *condictio* aus ungerechtfertigter Bereicherung[221] angesehen.

45. **D 12, 4, 5, 2**. *Ulpianus libro secundo disputationum.* Item si quis dederit Titio decem, ut servum emat et manumittat, deinde paeniteat, si quidem nondum emptus est, paenitentia dabit condictionem, si hoc ei manifestum fecerit, ne si postea emat, damno adficietur: si vero iam sit emptus, paenitentia non facit iniuriam ei qui redemit, sed pro decem quae accepit ipsum servum quem emit restituet aut, si ante decessisse proponatur, nihil praestabit, si modo per eum factum non est. quod si fugit nec culpa eius contigit qui redemit, nihil praestabit: plane repromittere eum oportet, si in potestatem suam pervenerit, restitutum iri.

[218] Die herrschende Lehre versteht *nummi extant* in dem Sinn, dass die Münzen noch abgesondert vorhanden und als vom Kläger stammend identifizierbar sind; nur in diesem Fall könne es zu einer dinglichen *vindicatio nummorum* kommen: M. Kaser, TR 29 (1961) 173 ff.; A. Wacke, BIDR 79 (1976) 67 ff. Demgegenüber hat R. Gamauf, Vindicatio nummorum. Eine Untersuchung zu Reichweite und praktischer Durchführung des Eigentumsschutzes an Geld im klassischen römischen Recht, Habilitationsschrift Wien 2001, 136 ff. dargelegt, dass die *vindicatio nummorum* auf eine Summe (und nicht auf identifizierbare Münzen) geht und mit *nummi extant* das Besitzerfordernis des Beklagten gemeint ist.

[219] Die Bedeutung von *consumptio nummorum* wird von M. Kaser, TR 29 (1961) 193 ff. als Verbrauch durch Ausgeben gesehen, hingegen von J. G. Fuchs, Iusta causa traditionis in der romanistischen Wissenschaft, Basel 1952, 194 ff., Mélanges Philippe Meylan I, Lausanne 1963, 125 ff., A. Wacke, BIDR 79 (1976) 91 ff. und K. Hasler, Studien zu Wesen und Wert des Geldes in der römischen Kaiserzeit von Augustus bis Severus Alexander, Bochum 1980, 44 als einen Vorgang gesehen, durch den die *vindicatio nummorum* ausgeschlossen wird. R. Gamauf, Vindicatio nummorum 136 ff. hat dazu dargelegt, dass die Wahl der richtigen Klage von einer vorprozessualen Äußerung des Beklagten zu Besitz oder *consumptio* abhing.

[220] F. Haymann, JheringsJb 77 (1927) 216; J. G. Fuchs, Iusta causa traditionis in der romanistischen Wissenschaft, Basel 1952, 212; F. Schwarz, Die Grundlage der Condictio im klassischen römischen Recht, Münster 1952, 244; U. v. Lübtow, Beitrag zur Lehre von der Condictio nach römischem und geltendem Recht, Berlin 1952, 43 ff.; U. Manthe, Die libri ex Cassio des Iavolenus Priscus, Berlin 1982, 51; K. Bauer, Ersitzung und Bereicherung im klassischen römischen Recht und die Ersitzung im BGB, Berlin 1988, 154. Formal spricht für diese Zuordnung auch der Umstand, dass Ulpian im 26. Buch seines Ediktskommentars das Darlehen behandelt (O. Lenel, Paling. Nr. 769), materiell lässt sich das damit begründen, dass das zunächst unwirksame Darlehen durch die *consumptio* geheilt wird.

[221] A. Burdese, Rivista di diritto commerciale 51 (1953) 281 ff.; P. Chévallier, RHD 33 (1955) 406 ff.

Ulpian im 2. Buch seiner Erörterungen. Hat ferner jemand Titius zehn gegeben, damit dieser einen Sklaven kauft und freilässt, und übt er danach sein Reuerecht aus, dann führt die Reue, falls der Sklave noch nicht gekauft worden ist, zu einer Kondiktion, sofern der Geldgeber Titius davon benachrichtigt hat, damit Titius nicht Schaden erleidet, wenn er nach der Sinnesänderung kauft. Sofern der Sklave jedoch bereits gekauft ist, bringt das Reuerecht dem Käufer keinen Nachteil. Statt der erhaltenen zehn kann er den Sklaven selbst, den er gekauft hat, herausgeben, oder wenn vorgetragen werden kann, dieser sei vorher verstorben, braucht er nichts zu leisten, falls der Tod nicht von ihm zu verantworten ist. Wenn der Sklave aber geflohen ist und dies nicht durch Verschulden dessen geschehen ist, der ihn gekauft hat, haftet dieser nicht. Er muss freilich mittels Stipulation versprechen, den Sklaven herauszugeben, wenn dieser in seine Gewalt gelangen sollte.

Kommentar: Hier liegt eine Zweckzuwendung (*datio ob rem*) vor: Der Empfänger Titius soll als Gegenleistung für die erhaltenen 10 einen bestimmten Sklaven kaufen und diesen freilassen[222]. Erörtert werden mehrere Abwicklungsvarianten, wenn der Geber in Ausübung eines Reuerechts die Zweckzuwendung widerruft. Wird der Empfänger davon verständigt, bevor er gekauft hat, so kann der Geber die 10 mit der *condictio ob causam datorum* zurückverlangen. Wird der Empfänger erst nach dem Kauf verständigt, so wird ähnlich wie beim Widerruf eines Mandats[223] auch hier das Vertrauen des Empfängers geschützt: Der Empfänger soll als Gegenleistung für die erhaltenen 10 (*pro decem quae accepit*) den gekauften Sklaven leisten. Im letzten Teil wird die Frage behandelt, wer in diesem Fall das Risiko des Todes bzw. der Flucht hinsichtlich des gekauften Sklaven trägt. Ulpian weist dieses Risiko dem Geber zu, der Empfänger schuldet daher dem Geber nichts; im Fall der Flucht hat er jedoch in Stipulationsform eine *cautio de restituendo* abzugeben, also sich durch förmliches mündliches Leistungsversprechen (Stipulation) zu verpflichten, den Sklaven bei Wiedererlangung zu restituieren (vgl. auch Texte 7, 11, 46, 54, 103, 116, 117). Prozesstechnisch wird dies wie folgt abgewickelt: Wenn der Geber den Empfänger klagt, trägt der *iudex* im Rahmen seines *officium* dem Beklagten die Leistung der *cautio* auf[224]: Kommt der Beklagte dem nach, wird er freigesprochen[225]. Der Kläger kann in der Folge, wenn der Beklagte die *potestas* über den Sklaven wiedererlangt, aus der Stipulation klagen.

[222] Eine solche Vereinbarung könnte an sich auch Gegenstand eines Auftrages (*mandatum*) sein; vgl. R. Knütel, in: Mandatum und Verwandtes, hrsg. von D. Nörr und S. Nishimura, Berlin-Heidelberg 1993, 353 ff. Im vorliegenden Fall liegt jedoch entgegen A. Riechelmann, Paenitentia: Reue und Bindung nach römischen Rechtsquellen, Frankfurt/M. 2005, 18 kein *mandatum* vor. Gegen ein *mandatum* spricht zunächst der Umstand, dass Ulpian diesen Fall im Rahmen von Erörterungen zu Zweckzuwendungen (*dationes ob rem*) bringt; auch ist der Ausdruck *paenitentia* für den Widerruf des Mandats durch den Mandanten ansonsten nicht üblich (vgl. Gai 3, 159; Paul D 17, 1, 15; Ulp. D 17, 1, 12, 16). Ein Mandat liegt hier deswegen nicht vor, weil die 10 nicht als vorweggenommener Aufwandersatz (mit der Folge einer Abrechnungspflicht, falls die Kosten für Kauf und Freilassung geringer ausfallen, bzw. einer Nachschusspflicht, falls die Kosten die 10 übersteigen), sondern als Entgelt für die Abwicklung insgesamt zu sehen sind, mit der Konsequenz, dass der Empfänger dabei auch einen Gewinn erzielen oder Verlust erleiden kann. Beides passt nicht zum *mandatum*. Die Vereinbarung ist daher den so genannten Innominatkontrakten (atypische Austauschvereinbarungen außerhalb der anerkannten Verträge unter Vorleistung einer Partei) zuzuordnen.

[223] Vgl. Paul. D 17, 1, 15.

[224] Zur Ableitung der *cautio* aus dem *officium iudicis* siehe A. M. Giomaro, Cautiones iudiciales e officium iudicis 84 ff.; zur Stelle 96 f.

[225] Bei Verweigerung der *cautio* würde der Beklagte verurteilt werden.

46. **D 12, 4, 5, 3**. *Ulpianus libro secundo disputationum*. Sed si accepit pecuniam ut servum manumittat isque fugerit prius quam manumittatur, videndum, an condici possit quod accepit. et si quidem distracturus erat hunc servum et propter hoc non distraxit, quod acceperat ut manumittat non oportet ei condici: plane cavebit, ut, si in potestatem suam pervenerit servus, restituat id quod accepit eo minus, quo vilior servus factus est propter fugam. plane si adhuc eum manumitti velit is qui dedit, ille vero manumittere nolit propter fugam offensus, totum quod accepit restituere eum oportet. sed si eligat is, qui decem dedit, ipsum servum consequi, necesse est aut ipsum ei dari aut quod dedit restitui. quod si distracturus non erat eum, oportet id quod accepit restitui, nisi forte diligentius eum habiturus esset, si non accepisset ut manumitteret: tunc enim non est aequum eum et servo et toto pretio carere.

Ulpian im 2. Buch seiner Erörterungen. Hat aber jemand Geld erhalten, damit er einen Sklaven freilässt, und flieht dieser, bevor er freigelassen wird, so ist zu prüfen, ob das, was der Empfänger erhalten hat, kondiziert werden kann. Und wenn der Empfänger etwa beabsichtigte, diesen Sklaven zu veräußern, und er ihn deshalb nicht veräußert hat, weil er Geld erhalten hatte, dass er ihn freilässt, darf von ihm nicht kondiziert werden. Er muss allerdings Sicherheit dafür leisten, dass er das, was er erhalten hat, zurückgibt, falls der Sklave in seine Gewalt zurückkehrt, abzüglich des Betrags, um den der Sklave wegen der Flucht an Wert verloren hat. Wenn der, der das Geld gegeben hat, freilich weiterhin wünscht, dass der Sklave freigelassen wird, der Empfänger aber, wegen der Flucht erzürnt, ihn nicht freilassen will, so muss er alles, was er erhalten hat, zurückerstatten. Trifft jedoch der, der die zehn gegeben hat, die Wahl, dass er selbst den Sklaven haben will, so muss ihm entweder dieser übereignet oder das Geld, das er gegeben hat, zurückerstattet werden. Wenn der Empfänger den Sklaven [im Unterschied zum Ausgangsfall] nicht zu veräußern beabsichtigte, muss er das, was er erhalten hat, zurückgeben, es sei denn, er [könne geltend machen, er] hätte den Sklaven sorgfältiger beaufsichtigt, wenn er kein Geld erhalten hätte, um ihn freizulassen; in diesem Fall ist es nämlich nicht gerecht, dass er sowohl den Sklaven als auch den gesamten Preis verliert.

Kommentar: Auch hier liegt wie im vorigen Text eine Zweckzuwendung (*datio ob rem*) vor. Während aber im vorangegangenen Text das Geld dazu gegeben wird, dass der Empfänger einen Sklaven kauft und freilässt, soll der Empfänger im hier vorliegenden Fall einen eigenen Sklaven freilassen[226]. Die Freilassung kann nicht vorgenommen werden, weil der Sklave zuvor flieht[227]. Wieder geht es hauptsächlich um die Frage, ob der Geldgeber mit der *condictio ob causam datorum* die hingegebene Summe zurückverlangen kann. Ulpian bildet für die Rechtsfolgen eine Unterscheidung danach, ob der Empfänger *distracturus* war oder nicht. Im zunächst erörterten *distracturus*-Fall ist der Empfänger nicht zur Rückzahlung verpflichtet, soll allerdings in Stipulationsform versprechen, bei Wiedererlangung des Sklaven den Betrag abzüglich einer Wertminderung wegen der eingetretenen Fugitivität zu restituieren. Gegenstand der erwähnten *cautio de restituendo* ist hier nicht wie in anderen Fluchtfällen (z. B. Texte 7, 11, 54, 103, 116, 117) der Sklave selbst, sondern der erhaltene Betrag[228]. Die beiden folgenden Varianten gehen auf Fälle ein, in denen der Geldgeber bei Flucht zunächst kein Reuerecht ausübt, sondern – Beendigung der Flucht vorausgesetzt – an

[226] Ein ähnlicher Fall findet sich in Pap. D 19, 5, 7: Bei Unterlassen der Freilassung hat der Geber aus dem Innominatkontrakt die *actio praescriptis verbis* auf das Interesse, bei fehlendem Interesse die *condictio ob causam datorum* auf Rückgabe des Betrages.

[227] Im folgenden § 4 wird dann der Fall des Todes des Sklaven behandelt.

[228] A. M. Giomaro, Cautiones iudiciales e officium iudicis 98.

der Freilassung festhalten oder den Sklaven erwerben will, der Eigentümer sich aber dem widersetzt. Will dann der Sklaveneigentümer nicht freilassen, so ist der ganze Betrag – ohne Abzug der Wertminderung – zurückzuzahlen; widersetzt er sich der vom Geber angestrebten Übereignung, so kann dieser zwischen Erfüllung bzw. Erfüllungsinteresse (durchsetzbar mit der *actio praescriptis verbis*) und Rückzahlung (durchsetzbar mit der *condictio ob causam datorum*) wählen. Im *non distracturus*-Fall liegt das Fluchtrisiko grundsätzlich beim Sklaveneigentümer, also dem Empfänger des Geldes, der die geplante Freilassung nicht vornehmen kann und daher den Betrag zurückzahlen muss. Doch wird auch hier eine Ausnahme erwähnt, in der das Fluchtrisiko beim Geber liegt, nämlich dann, wenn der Eigentümer im Hinblick auf die bevorstehende Freilassung eine geringere Sorgfalt bei der Bewachung angelegt hat als er es zuvor getan hat, dies wohl aufgrund der plausiblen Überlegung, dass jemand, der ohnedies kurz vor der Freilassung steht, kaum fliehen wird.

Zusammenfassend gesehen, geht das Fluchtrisiko in zwei Fällen auf den Geldgeber über: Im *distracturus*-Fall deswegen, weil der Sklaveneigentümer durch den Erhalt des Geldes von einem anderweitigen Verkauf abgehalten wurde, bei dem er ja auch einen entsprechenden Erlös erzielt hätte, im Schlussfall (geminderte Bewachung im Hinblick auf die bevorstehende Freilassung) deswegen, weil bei Wegdenken der Geldhingabe (*si non accepisset ut manumitteret*) die Bewachung intensiver gewesen und der Sklave nicht entlaufen wäre[229].

47. **D 12, 5, 4, 4**. *Ulpianus libro vicensimo sexto ad edictum*. Si tibi indicium dedero, ut fugitivum meum indices vel furem rerum mearum, non poterit repeti quod datum est: nec enim turpiter accepisti. quod si a fugitivo meo acceperis ne eum indicares, condicere tibi hoc quasi furi possim: sed si ipse fur indicium a me accepit vel furis vel fugitivi socius, puto condictionem locum habere.

Ulpian im 26. Buch zum Edikt. Wenn ich dir eine Belohnung gegeben habe, damit du meinen flüchtigen Sklaven oder den Dieb meiner Sachen aufspürst, so wird das, was gegeben worden ist, nicht zurückverlangt werden können; es war nämlich von dir nicht sittenwidrig, es anzunehmen. Hast du jedoch von meinem flüchtigen Sklaven etwas dafür empfangen, dass du ihn nicht anzeigst, so kann ich das von dir als einem Dieb [des Geldes] kondizieren. Wenn aber der Dieb selbst von mir eine Belohnung empfangen hat oder der Mittäter des Diebes oder des flüchtigen Sklaven, so meine ich, dass die Kondiktion zur Anwendung kommt.

Kommentar: Ulpian geht im gesamten Fragment auf Situationen ein, in denen es um die Frage geht, ob eine Zahlung mit einer *condictio ob turpem causam* zurückgefordert werden kann[230]. Im hier vorliegenden § 4 behandelt er Zahlungen im Zusammenhang mit einer Sklavenflucht und bringt dazu drei Fälle: Im ersten Fall hat der Eigentümer E ein *indicium* (Anzeigerbelohnung) bezahlt. Diese kann nicht zurückgefordert werden, da den Empfänger kein Sittenwidrigkeitsvorwurf trifft (vgl. Text 65). Im zweiten Fall hat der *servus fugitivus* gezahlt, damit der Zahlungsempfänger die Anzeige unterlässt. Dieses „Schweigegeld" kann seitens des E zurückgefordert werden[231]. Der dritte Fall[232] betrifft die Zahlung eines *indicium*

[229] Dazu ausführlich R. Willvonseder, Condicio sine qua non 99 ff.

[230] A. Guarino, Labeo 38 (1992) 331 ff.

[231] Aus dem Textteil *quasi furi* ergibt sich, dass dabei an die *condictio furtiva* und nicht wie im ersten Fall an die *condictio ob turpem causam* gedacht ist: H. H. Pflüger, SZ 32 (1911) 171; D. Daube, Studies in Roman Law in memory of A. A. Schiller, Leiden 1986, 36.

durch E an den Dieb einer Sache oder Fluchthelfer. Da auf diese Personen – anders als auf den Empfänger des *indicium* im ersten Fall – der Vorwurf der *turpitudo* beim Empfang zutrifft, ist die Rückforderung berechtigt.

48. **D 13, 6, 5, 5 - 6.** *Ulpianus libro vicensimo octavo ad edictum.* Custodiam plane commodatae rei etiam diligentem debet praestare. § 6. Sed an etiam hominis commodati custodia praestetur, apud veteres dubitatum est. nam interdum et hominis custodia praestanda est, si vinctus commodatus est, vel eius aetatis, ut custodia indigeret: certe si hoc actum est, ut custodiam is qui rogavit praestet, dicendum erit praestare.

Ulpian im 28. Buch zum Edikt. Er muss allerdings auch für sorgfältige Bewachung der geliehenen Sache einstehen. § 6. Ob aber auch für die Bewachung eines geliehenen Sklaven gehaftet wird, ist unter den alten Juristen umstritten gewesen. Denn manchmal muss man auch für die Bewachung eines Sklaven einstehen, so wenn er in gefesseltem Zustand geliehen worden ist oder wenn er in einem Alter ist, in dem er der Bewachung bedarf. Sofern vereinbart war, dass derjenige, der darum gebeten hat [ihm den Sklaven zu leihen], für die Bewachung einzustehen hat, so muss man zweifellos sagen, dass er haftet.

Kommentar: Dieser und die folgenden Texte aus dem Digestentitel D 13, 6 beziehen sich auf den Leihvertrag (*commodatum*). Der Verleiher hat daraus die *actio commodati directa* auf Rückgabe bzw. Wertersatz bei unterbliebener Rückgabe. Der Ausdruck *custodia* kann einerseits die Bewachung als Tätigkeit (*custodia* im untechnischen Sinn), andererseits eine strenge objektive Haftung (*custodia* im technischen Sinn) meinen[233]. Die obige Übersetzung[234] verwendet die technische Bedeutung von *custodia*-Haftung[235], die im klassischen Recht den Entlehner trifft[236]. Ob sie auch dann eingreift, wenn das Leihobjekt ein Sklave ist, war unter den republikanischen Juristen (*veteres*) noch strittig. Aus dem von Ulpian gebrauchten *interdum* ergibt sich, dass bei der Sklavenleihe im Regelfall[237] keine *custodia*-Haftung bestand, sondern nur bei Vorliegen besonderer Umstände oder ausdrücklicher Vereinbarung. Der *servus vinctus* gehört zweifellos zur Kategorie der *servi qui custodiri solent* (vgl. Texte 11, 51, 177), brachte doch die Fesselung zum Ausdruck, dass es sich um einen *servus fugitivus* handelt (Text 95).

[232] Da im zweiten und dritten Fall die Rückforderung zugelassen wird, erscheint das den dritten Fall einleitende *sed* unpassend: So D. Daube, Studies in Roman Law in memory of A. A. Schiller, Leiden 1986, 36. Ein Gegensatz besteht freilich zum ersten Fall.

[233] Dazu A. Metro, L'obbligazione di custodire 2 ff.; C. A. Cannata, Responsabilità contrattuale 39 ff.; ders., Iura 43 (1992) 52 ff.; R. Robaye, L'obligation de garde 18 ff.; P. Voci, SDHI 56 (1990) 62 ff.

[234] Sie folgt der Digestenübersetzung von O. Behrends/R. Knütel/B. Kupisch/H. H. Seiler.

[235] In diesem Sinn wird *custodiam praestare* hier verstanden von G. I. Luzzato, Ricerche sul caso fortuito e la forza maggiore come limite alla responsabilità contrattuale nel diritto romano, Milano 1937, 107; F. De Robertis, La responsabilità contrattuale II 655; R. Robaye, L'obligation de garde 283, 285; F. Pastori, Labeo 2 (1956) 323 ff.; ders., Il commodato in diritto romano, Milano 1995, 255; anders hingegen Paul Krückmann, SZ 64 (1944) 33; D. Nörr, Die Fahrlässigkeit im byzantinischen Vertragsrecht, München 1960, 67; A. Metro, L'obbligazione di custodire 152. R. Cardilli, L'obbligazione di „praestare" e la responsabilità contrattuale in diritto romano, Milano 1995, 173 ff.: C. A. Cannata, Responsabilità contrattuale 45 f. sowie Iura 43 (1992) 53 weist auf den Zusammenhang von Haftung und geschuldeter Bewachungstätigkeit hin. In der Passage *eius aetatis ut custodia indigeret* meint *custodia* zweifelsfrei die Bewachungstätigkeit.

[236] Gai. 3, 206.

[237] So G. Nicosia, L'acquisto del possesso 409 FN 53; M. Kaser, SZ 96 (1979) 110; F. De Robertis, La responsabilità contrattuale II 656; F. Pastori, Il commodato 264; anders R. Robaye, L'obligation de garde 283 f.

49. **D 13, 6, 5, 13**. *Ulpianus libro vicensimo octavo ad edictum.* Si me rogaveris, ut servum tibi cum lance commodarem et servus lancem perdiderit, Cartilius ait periculum ad te respicere, nam et lancem videri commodatam: quare culpam in eam quoque praestandam. plane si servus cum ea fugerit, eum qui commodatum accepit non teneri, nisi fugae praestitit culpam.

Ulpian im 28. Buch zum Edikt. Wenn du mich bittest, dir einen Sklaven mit einer Schale zu leihen, und der Sklave die Schale verliert, treffe dich, wie Cartilius sagt, die Gefahr, weil nämlich auch die Schale als geliehen anzusehen sei; und deshalb sei im Hinblick auf sie auch für Verschulden einzustehen. Wenn allerdings der Sklave mit ihr flieht, haftet der Entleiher nicht, falls er nicht für Verschulden bei der Flucht des Sklaven einstehen muss.

Kommentar: Ein Sklave wird mit einer Schale verliehen. Es werden zwei Fälle behandelt. (1) Der Sklave verliert die Schale; (2) Der Sklave flieht mit der Schale. Im Fall (1) haftet der Entlehner, d. h. er hat im Rahmen der *actio commodati directa* dem Verleiher den Wert der Schale zu ersetzen. Für den von Ulpian zitierten (ansonsten kaum bekannten) Juristen Cartilius lag das Problem darin, ob auch die Schale Leihobjekt und damit von der strengen *custodia*-Haftung erfasst war, die den Entlehner trifft. Das wurde von Cartilius bejaht. Der Folgesatz *quare culpam in eam quoque praestandam* wird in dieser Form teilweise Ulpian selbst[238], vielfach aber einem späteren Bearbeiter zugeschrieben, weil der subjektive Verschuldensgedanke erst in der Nachklassik in die *custodia*-Haftung hineingetragen wurde, während sie in der Klassik objektiv gesehen wurde[239]. Dass im Fall (2) der Entlehner hingegen nicht haftet, stimmt mit den Texten 48 und 51 überein, wonach für Sklavenflucht nur bei Bewachungsbedürftigkeit oder ausdrücklicher Vereinbarung zu haften ist. Der abschließende Vorbehalt[240] stellt klar, dass bei Verschulden an der Flucht die Haftung selbstverständlich[241] besteht.

50. **D 13, 6, 12, 1**. *Ulpianus libro vicensimo nono ad Sabinum.* Commodatam rem missus qui repeteret cum recepisset, aufugit. si dominus ei dari iusserat, domino perit: si commonendi causa miserat, ut referretur res commodata, ei qui commodatus est.

Ulpian im 29. Buch zu Sabinus. Ein Sklave[242], der geschickt wurde, um die verliehene Sache zurückzuverlangen, floh, nachdem er sie erhalten hatte. Falls der Eigentümer den Sklaven zum Empfang ermächtigt hatte, trägt er den Verlust: Wenn er ihn dagegen nur geschickt hatte, um an die Rückgabe der verliehenen Sache zu erinnern, geht der Verlust zu Lasten des Entlehners.

[238] So G. MacCormack, SZ 89 (1972) 213 FN 185; SZ 96 (1979) 152; S. Tafaro, Regula e ius antiquum in D 50, 17, 23, Bari 1984, 236.

[239] Entweder wird der Satz insgesamt als Einschub eines späteren Bearbeiters gesehen, so vor allem F. Haymann, SZ 40 (1919) 181; H. H. Pflüger, SZ 65 (1947) 133 f., oder es wird dem Bearbeiter der Ersatz des ursprünglichen <*custodiam*> durch [*culpam*] zugeschrieben: W. W. Buckland, Law of Slavery 11 FN 10; F. Schulz, Grünhuts Zeitschrift 38 (1911) 14; V. Arangio-Ruiz, Responsabilità contrattuale in diritto romano, Napoli [2]1958, 96; J. Miquel, SZ 81 (1964) 152; F. Pastori, Il commodato 302.

[240] Der Vorbehalt muss nicht unklassisch sein, wie Schulz, Haymann, Arangio-Ruiz und Pflüger (siehe vorige FN) annehmen; ein ähnlicher Vorbehalt findet sich auch bei Gaius (Text 51) im Zusammenhang mit dem Tod von Sklaven (*mortes servorum quae sine dolo et culpa eius accidunt*).

[241] So auch F. De Robertis, La responsabilità contrattuale II 657.

[242] So die Übersetzung von O. Behrends/R. Knütel/B. Kupisch/H. H. Seiler. Der im Text vorkommende Ausdruck *missus* sagt freilich nichts über dessen personenrechtlichen Status aus. P. Voci, SDHI 56 (1990) 106 hat daher zu Recht darauf hingewiesen, dass die Entscheidung nicht darauf abstellt, ob der *missus* ein Sklave oder eine freie Person ist.

Kommentar: Es geht um die Frage, welche Vertragspartei den Verlust zu tragen hat, wenn ein vom Verleiher ausgeschickter Bote (*missus*) mit der Sache geflohen ist, die der Entlehner diesem übergeben hat. Die Differenzierung ergibt sich aus dem Formelwortlaut der *actio commodati directa*, in dem als Verurteilungsvoraussetzung *rem redditam non esse* genannt ist. Dass in der ersten Variante – der *missus* war zur Entgegennahme ermächtigt – der Entlehner nicht haftet, erklärt sich daraus, dass mit der Aushändigung an den *missus* die Rückgabe erfolgt ist; daher trägt ab diesem Moment der Verleiher als Eigentümer wieder die volle Sachgefahr[243]. In der zweiten Variante – der Bote sollte bloß mahnen – ist mit der Aushändigung an diesen die Rückgabepflicht noch nicht erfüllt und der Entlehner haftet daher dem Verleiher mit der *actio commodati directa* auf Schadenersatz. Aus der zweiten Variante wurde teilweise abgeleitet, dass die Rückstellung des Leihobjekts eine Bringschuld ist[244], doch ist das nicht zwingend[245].

51. **D 13, 6, 18 pr**. *Gaius libro nono ad edictum provinciale*. In rebus commodatis talis diligentia praestanda est, qualem quisque diligentissimus pater familias suis rebus adhibet, ita ut tantum eos casus non praestet, quibus resisti non possit, veluti mortes servorum quae sine dolo et culpa eius accidunt, latronum hostiumve incursus, piratarum insidias, naufragium, incendium, fugas servorum qui custodiri non solent. quod autem de latronibus et piratis et naufragio diximus, ita scilicet accipiemus, si in hoc commodata sit alicui res, ut eam rem peregre secum ferat: alioquin si cui ideo argentum commodaverim, quod is amicos ad cenam invitaturum se diceret, et id peregre secum portaverit, sine ulla dubitatione etiam piratarum et latronum et naufragii casum praestare debet. haec ita, si dumtaxat accipientis gratia commodata sit res, at si utriusque, veluti si communem amicum ad cenam invitaverimus tuque eius rei curam suscepisses et ego tibi argentum commodaverim, scriptum quidem apud quosdam invenio, quasi dolum tantum praestare debeas: sed videndum est, ne et culpa praestanda sit, ut ita culpae fiat aestimatio, sicut in rebus pignori datis et dotalibus aestimari solet.

Gaius im 9. Buch zum Provinzialedikt. Bei entliehenen Sachen ist für eine solche Sorgfalt einzustehen, wie sie der sorgfältigste Hausvater in seinen eigenen Angelegenheiten anwendet, so dass der Entleiher nur für solche Fälle nicht einstehen muss, die man nicht vermeiden kann, wie zum Beispiel Todesfälle von Sklaven, die sich ohne Vorsatz und Fahrlässigkeit des Entleihers ereignen, Überfälle von Räubern oder Feinden, hinterhältige Anschläge von Seeräubern, Schiffbruch, Feuer, Flucht von Sklaven, die man nicht zu bewachen pflegt. Was wir aber von den Straßen- und Seeräubern und über den Schiffbruch gesagt haben, meinen wir natürlich nur für den Fall, dass jemandem eine Sache zu dem Zweck geliehen worden ist, sie mit sich auf Reisen zu nehmen. Leihe ich dagegen jemandem deshalb Silber, weil er erklärt, er wolle Freunde zum Essen einladen, nimmt er dann aber das Silber mit auf Reisen, muss er ohne jeden Zweifel auch für Unglücksfälle wie Überfälle durch See- und Straßenräuber sowie Schiffbruch einstehen. Dies gilt, sofern die Sache nur im Interesse des Entleihers verliehen worden ist. Wenn jedoch die Leihe im Interesse beider Vertragspartner liegt, wie etwa wenn wir einen gemeinsamen Freund zum Essen eingeladen haben, du die Ausrichtung des Essens übernommen hast und ich dir dazu das Silber geliehen habe, so finde ich zwar bei einigen Autoren Ausführungen, als müsstest du nur für Vorsatz einstehen; es ist aber zu prü-

[243] R. Knütel, SZ 100 (1983) 388 f.; H. Wicke, Respondeat superior, Berlin 2000, 78.

[244] So S. Solazzi, L'estinzione dell'obligazione nel diritto romano, Napoli ^{2}1935, 117; F. Amarelli, Locus Solutionis, Milano 1984, 77.

[245] P. Voci, Le obligazioni romane I, Milano 1969, 310 FN 47; R. Knütel, SZ 100 (1983) 387 FN 200.

fen, ob nicht auch für Fahrlässigkeit einzustehen ist, wie sie bei zum Pfand gegebenen oder zur Mitgift gehörigen Sachen beurteilt zu werden pflegt.

Kommentar: Entsprechend dem Utilitätsprinzip[246] hängt die Reichweite der Haftung von der *utilitas* ab, die jemand am Vertrag hat. Weil der Entlehner das Leihobjekt unentgeltlich nutzen kann, liegt die *utilitas* typischerweise ausschließlich bei ihm, daher trifft ihn eine sehr strenge Haftung für das Leihobjekt: Als Maßstabperson wird hier nicht ein Durchschnitts-, sondern überaus sorgfältiger Mensch (*diligentissimus pater familias*)[247] herangezogen; haftungsfrei ist der Entlehner nur in Fällen höherer Gewalt (*casus quibus resisti non potest*): In dem Katalog der dazugehörigen Fälle ist auch die Flucht nicht bewachungsbedürftiger Sklaven (*fugas servorum qui custodiri non solent*, vgl. auch Texte 48, 177) enthalten. Das folgende Beispiel – das nicht auf die Sklavenflucht, sondern auf die Reiserisiken eingeht – macht deutlich, dass eine Überschreitung des vertragsmäßigen Gebrauchs die Haftung in den Bereich höherer Gewalt erweitert. Das letzte Beispiel (Leihe von Geschirr zur Einladung eines gemeinsamen Freundes) macht klar, dass bei beiderseitiger *utilitas* die Haftung des Entlehners jedenfalls herabgesetzt ist, wenn auch unter den Juristen kontrovers war, wie weit; dementsprechend erweitert sich der Risikobereich des Verleihers.

52. **D 13, 6, 18, 2**. *Gaius libro nono ad edictum provinciale*. Possunt iustae causae intervenire, ex quibus cum eo qui commodasset agi deberet: veluti de impensis in valetudinem servi factis quaeve post fugam requirendi reducendique eius causa factae essent: nam cibariorum impensae naturali scilicet ratione ad eum pertinent, qui utendum accepisset. sed et id, quod de impensis valetudinis aut fugae diximus, ad maiores impensas pertinere debet: modica enim impendia verius est, ut sicuti cibariorum ad eundem pertineant.

Gaius im 9. Buch zum Provinzialedikt. Es können anerkennenswerte Gründe gegeben sein, derentwegen eine Klage gegen den Verleiher gerechtfertigt sein kann; etwa hinsichtlich der Aufwendungen, die wegen der Krankheit eines Sklaven gemacht worden sind oder die nach seiner Flucht dadurch entstanden sind, dass er gesucht und zurückgeholt werden musste. Die Ausgaben für die Nahrungsmittel trägt dagegen, natürlicher Vernunft entsprechend, derjenige, der den Sklaven zum Gebrauch erhalten hat. Aber selbst das, was wir hinsichtlich der Aufwendungen für die Krankheit und wegen der Flucht gesagt haben, ist auf größere Ausgaben zu beziehen; denn geringfügige Ausgaben [dieser Art] treffen nach richtiger Ansicht den Entleiher ebenso wie die für die Nahrungsmittel.

Kommentar: Hier geht es um die Klage des Entlehners gegen den Verleiher, die *actio commodati contraria*[248], mit der Aufwendungsersatz begehrt werden kann. Die gewöhnlichen Aufwendungen – bei einem entliehenen Sklaven den täglichen Unterhalt[249] – hat der Entlehner selbst zu tragen, für außerordentliche Aufwendungen (über eine Geringfügigkeitsgrenze: *modica impendia*) kann er Ersatz verlangen. Der Umstand, dass bei Flucht des entlehnten

[246] D. Nörr, SZ 73 (1956) 68; R. Zimmermann, Law of Obligations 198, 205.

[247] Dazu H. Hausmaninger, Festschrift Max Kaser zum 70. Geburtstag, München 1976, 274 f.; A. Doll, Vis maior 65 f.

[248] Die Ansicht von B. Biondi, APal 7 (1920) 139 f., wonach der gaianische Originaltext die Geltendmachung im Rahmen einer Kompensation behandelt habe, ist von G. Provera, SDHI 8 (1942) 130 bzw. ders., Contributi alla teoria dei iudicia contraria, Torino 1951, 78 unter Hinweis auf den palingenetischen Zusammenhang zu Recht zurückgewiesen worden.

[249] Dazu A. Bürge, Ars boni et aequi. Festschrift für Wolfgang Waldstein, Stuttgart 1993, 72.

Sklaven die Kosten für die Verfolgung und Rückholung[250] vom Verleiher zu ersetzen (und daher nicht vom Entlehner zu tragen) sind, passt zu dem in Texten 48 und 51 erhobenen Befund, wonach der Entlehner bei Sklaven regelmäßig nicht für deren Flucht haftet.

53. **D 15, 1, 48 pr**. *Paulus libro septimo decimo ad Plautium.* Libera peculii administratio non permanet neque in fugitivo neque in subrepto neque in eo, de quo nesciat quis, vivat an mortuus sit.

Paulus im 17. Buch zu Plautius. Die freie Verwaltung des Sonderguts findet ihr Ende, wenn der Sklave geflohen ist oder geraubt wurde oder wenn man nicht weiß, ob er lebt oder gestorben ist.

Kommentar: Ein *peculium* ist ein Sondervermögen, welches ein Gewalthaber seinen Gewaltunterworfenen zur selbstständigen Bewirtschaftung einräumt. Dass Sklaven ihr *peculium* oder ihre Pekuliarsachen auf die Flucht mitgenommen haben, wird häufig vorgekommen sein; ein solcher Fall ist ausdrücklich in Text 265 erwähnt.

54. **D 17, 1, 8, 9 - 10**. *Ulpianus libro trigensimo primo ad edictum.* Dolo autem facere videtur, qui id quod potest restituere non restituit: § 10. proinde si tibi mandavi, ut hominem emeres, tuque emisti, teneberis mihi, ut restituas. sed et si dolo emere neglexisti (forte enim pecunia accepta alii cessisti ut emeret) aut si lata culpa (forte si gratia ductus passus es alium emere), teneberis. sed et si servus quem emisti fugit, si quidem dolo tuo, teneberis, si dolus non intervenit nec culpa, non teneberis nisi ad hoc, ut caveas, si in potestatem tuam pervenerit, te restituturum. sed et si restituas, et tradere debes. et si cautum est de evictione vel potes desiderare, ut tibi caveatur, puto sufficere, si mihi hac actione cedas, ut procuratorem me in rem meam facias, nec amplius praestes quam consecuturus sis.

Ulpian im 31. Buch zum Edikt. Bewusst treuwidrig handelt ersichtlich auch derjenige, der nicht herausgibt, was er herausgeben kann. § 10. Wenn ich dir folglich den Auftrag erteilt habe, einen Sklaven zu kaufen, und du ihn gekauft hast, haftest du mir dafür, dass du ihn herausgibst. Du haftest mir aber auch dann, wenn du in bewusster Treuwidrigkeit davon abgesehen hast, ihn zu kaufen (zum Beispiel weil du für Geld einem anderen den Vortritt gelassen hast, so dass er den Sklaven kaufen konnte) oder auch aus schwerer Pflichtwidrigkeit (zum Beispiel wenn du es aus Gefälligkeit zugelassen hast, dass ein anderer ihn kaufte). Aber auch wenn der Sklave flieht, den du gekauft hast, haftest du, sofern dies durch deine bewusste Treuwidrigkeit möglich wurde. Liegt dagegen keine bewusste Treuwidrigkeit vor und auch keine Fahrlässigkeit, so haftest du nur insoweit, als du Sicherheit dafür leisten musst, dass du ihn herausgibst, wenn er wieder in deine Gewalt gelangt. Wenn du ihn aber herausgibst, musst du ihn auch übereignen. Und wenn wegen der Eviktion Sicherheit geleistet worden ist oder du verlangen kannst, dass dir Sicherheit geleistet werde, genügt es meiner Ansicht nach, wenn du mir diese Klage in der Weise abtrittst, dass du mich zum Prozessvertreter in eigener Sache machst und für nicht mehr einstehst, als du zu erlangen imstande bist.

Kommentar: Ulpian behandelt hier das *mandatum* (Auftrag) und erläutert die Haftung des Mandatars[251]. Als Fall eines *dolus* wird in § 9 die bewusste Nichtherausgabe geschildert, was in § 10 an Beispielfällen im Zusammenhang mit dem Mandat zum Kauf eines Sklaven

[250] Es handelt sich dabei um außergewöhnliche Aufwendungen: F. Schwarz, SZ 71 (1954) 123.

[251] In der Klassik haftet der Mandatar grundsätzlich für *dolus* (Mod. Coll. 10, 2, 3); in diesen wurden allerdings auch grobe fahrlässige Pflichtverletzungen einbezogen: Justinian lässt den Mandatar für *dolus* und *culpa* haften: Text 177.

verdeutlicht wird[252]. Im ersten Teil geht es auch um die Frage, ob der Mandatar (mit der *actio mandati directa*) auf Schadenersatz haftet, wenn der Kauf unterbleibt: Ulpian sieht im Fall einer Geldannahme von einem anderen Interessenten *dolus* des Mandatars, aber auch im Fall der Unterlassung des Kaufs aus *gratia* haftet der Mandatar aus *culpa lata*[253].

Im zweiten Teil wird die hier interessierende Frage behandelt, inwieweit der Mandatar bei Flucht des Sklaven nach erfolgtem Kauf haftet. Auch in diesem Fall wird auf *dolus* und *culpa*[254] abgestellt; liegt weder *dolus* noch *culpa* vor, so haftet der Mandatar nur auf Leistung einer *cautio de restituendo*. Prozesstechnisch wird das wie folgt abgewickelt: Der mit der *actio mandati directa* beklagte Mandatar verspricht in Stipulationsform (= durch förmliches mündliches Leistungsversprechen) die Restitution des Sklaven, wenn dieser wieder in die Gewalt des Beklagten kommt; nach Leistung der *cautio de restituendo* wird der Beklagte im aktuellen Prozess (über die *actio mandati directa*) vom Richter freigesprochen[255]. Der Kläger kann aber bei Bedingungseintritt (*si servus in potestatem tuam pervenerit*) aus der Stipulation klagen.

Der letzte Teil der Stelle geht auf Details der Restitutionsverpflichtung aus dem Mandat ein. Da im Römischen Recht der Mandatar nur als indirekter Stellvertreter handeln kann, tritt er beim Kauf im eigenen Namen auf, d. h. ihn selbst (und nicht den Auftraggeber) treffen die Rechte und Pflichten aus dem Kauf sowie er selbst erlangt zunächst das Eigentum am gekauften Sklaven. Daher führt Ulpian nun aus, dass das Eigentum an den Mandanten zu übertragen ist, was in der Klassik freilich nicht durch bloßes *tradere*, sondern durch den förmlichen Akt der *mancipatio* zu erfolgen hat[256]. Hat der Mandatar beim Sklavenkauf sich stipulationsweise gegen Eviktion abgesichert[257], so muss er die daraus resultierende Klage an den Mandanten abtreten, was im Römischen Recht – das noch keine voll ausgebildete Zession kennt – technisch über eine Bestellung zum Prozessvertreter abgewickelt wird[258].

55. **D 17, 1, 22, 9**. *Paulus libro trigensimo secundo ad edictum.* Fugitivus meus cum apud furem esset, pecuniam adquisiit et ex ea servos paravit eosque Titius per traditionem a venditore

[252] Dazu O. Lenel, SZ 38 (1917) 273; H. H. Pflüger, SZ 65 (1947) 171 ff.; V. Arangio-Ruiz, Il mandato in diritto romano, Napoli 1949 (ND 1965), 193 ff.; A. Watson, Contract of Mandate in Roman Law, Oxford 1961, 213 ff.; W. Gordon, Synteleia Arangio-Ruiz, Napoli 1964, 203 f.; G. MacCormack, Labeo 18 (1972) 156; ders., SZ 100 (1983) 531; H. T. Klami, Mandati teneor, Turku 1976, 60 ff.; G. W. Litewski, Index 12 (1983) 122 f.; B. Choe, in: Mandatum und Verwandtes, hrsg. von D. Nörr und S. Nishimura, Berlin-Heidelberg 1993, 121 f.

[253] Die hier erwähnte *culpa lata* lässt sich in den *dolus*-Begriff einbeziehen: Die *gratia* gegenüber dem dritten Interessenten ändert nichts daran, dass der Mandatar gegenüber dem Mandanten vorsätzlich seine Pflicht verletzt: D. Nörr, in: Mandatum und Verwandtes, hrsg. von D. Nörr und S. Nishimura, Berlin-Heidelberg 1993, 19 FN 26.

[254] Zunächst wird die Haftung für *dolus* erwähnt (*si quidem dolo tuo*), dann aber als Gegenfall *si dolus non intervenit nec culpa* dargestellt: Die unklare Stellung der *culpa* hat zu Interpolationsannahmen geführt: O. Lenel, SZ 38 (1917) 273; H. H. Pflüger, SZ 65 (1947) 171 ff.; V. Arangio-Ruiz, Il mandato in diritto romano, Napoli 1949 (ND 1965), 193 ff.; W. Gordon, Synteleia Arangio-Ruiz, Napoli 1964, 203 f. Für Klassizität der Fälle hingegen A. Watson, Contract of Mandate in Roman Law, Oxford 1961, 215 und H. T. Klami, Mandati teneor, Turku 1976, 62. Ansatzpunkt für die *culpa* ist vor allem die Bewachungsbedürftigkeit des Sklaven, vgl. Texte 11, 48, 51, 177.

[255] Zur Ableitung der *cautio* aus dem *officium iudicis* siehe A. M. Giomaro, Cautiones iudiciales e officium iudicis 84 ff.; zur Stelle 93.

[256] Die *mancipatio* wurde von Justinian aus den Quellen beseitigt. Statt [*tradere*] stand im klassischen Original <*mancipio dare*>.

[257] Siehe dazu oben FN 85 und die Vertragsurkunden Texte 178, 179, 180.

[258] Dazu M. Kaser, RPR I 652 ff.; W. Kunkel/H. Honsell, RPR 277 ff.

accepit. Mela ait mandati actione me consecuturum, ut restituat mihi Titius, quia servus meus mandasse Titio videbatur, ut per traditionem acciperet, si modo rogatu servi hoc fecerit: quod si sine voluntate eius venditor Titio tradiderit, tunc posse me ex empto agere, ut mihi eos venditor traderet, venditoremque per condictionem a Titio repetiturum, si servos tradiderit Titio quos non debuerit, cum debere se existimaret.

Paulus im 32. Buch zum Edikt. Mein flüchtiger Sklave hat, als er sich beim 'Dieb' [dem bösgläubigen Besitzer] befand, Geld verdient und davon Sklaven gekauft. Diese hat Titius durch Übereignung vom Verkäufer erhalten. Mela sagt, ich könne mit der Auftragsklage erreichen, dass Titius mir die Sklaven herausgibt, weil mein Sklave ersichtlich Titius einen Auftrag erteilt habe, sich die Sklaven übereignen zu lassen, wenn Titius dies tatsächlich auf Bitten des Sklaven hin getan hat. Habe der Verkäufer sie dagegen nicht mit Willen des Sklaven an Titius übereignet, dann könne ich aus dem Kauf klagen, dass der Verkäufer sie mir übereigne, und der Verkäufer könne die Sklaven von Titius kondizieren, wenn er sie, ohne sie zu schulden, aber in der Annahme zu schulden, Titius übereignet habe.

Kommentar: Die Stelle zeigt sehr deutlich, dass ein Sklave auch auf der Flucht durch Rechtsgeschäfte Ansprüche und Klagen für seinen *dominus* erwirbt[259]: Der flüchtige Sklave des Ego hielt sich bei einem *fur* auf – als *fur* gilt auch, wer einen flüchtigen Sklaven versteckt (Text 30) – und hat mit verdientem Geld Sklaven bei Verkäufer V gekauft; dieser hat sie an den Titius[260] übereignet[261]. Es werden zwei Varianten erörtert: Beruht die Übereignung an Titius auf einem *rogatus* des flüchtigen Sklaven, wird dies als Mandat gesehen[262], aus dem der Ego (als Herr des *fugitivus*) gegen den Empfangsmandatar Titius den Anspruch auf Herausgabe erwirbt, der mit der *actio mandati directa* durchgesetzt werden kann. Erfolgt die Leistung an Titius ohne Willen des *fugitivus*, so ist Titius auch nicht empfangsberechtigt: Die Leistung an ihn befreit daher nicht den Verkäufer V: Somit kann Ego (als Herr des *fugitivus*) von V nach wie vor die Erfüllung des Kaufvertrages verlangen und dazu die *actio empti* anstellen. V seinerseits kann die irrtümlich an Titius geleisteten Sklaven mit einer *condictio indebiti* zurückverlangen.

56. **D 17, 2, 60, 1**. *Pomponius libro tertio decimo ad Sabinum.* Socius cum resisteret communibus servis venalibus ad fugam erumpentibus, vulneratus est: impensam, quam in curando se fecerit, non consecuturum pro socio actione Labeo ait, quia id non in societatem, quamvis propter societatem inpensum sit, sicuti si propter societatem eum heredem quis instituere desisset aut legatum praetermisisset aut patrimonium suum neglegentius administrasset: nam nec compendium, quod propter societatem ei contigisset, veniret in medium, veluti si propter societatem heres fuisset institutus aut quid ei donatum esset.

[259] So auch W. W. Buckland, Law of Slavery 272 FN 2; F. Pringsheim, Ges. Abhandlungen I 343.

[260] Von P. Huvelin, Furtum 634, F. Pringsheim, Ges. Abhandlungen I 343 und F. Reduzzi Merola, Servo parere 110 wird der Titius mit dem eingangs erwähnten *fur* gleichgesetzt; R. Santoro, APal 32 (1971) 71 und A. D'Ors, Iura 25 (1974) 14 sehen im *fur* und in Titius verschiedene Personen.

[261] In der klassischen Zeit erfolgte die Übereignung von Sklaven durch *mancipatio*, sie wurde von Justinian aus den Quellen beseitigt, vgl. auch oben bei FN 256. Statt [*per traditionem... accepit*] stand im klassischen Original <*mancipio accepit*>.

[262] Nach F. Horak, Rationes decidendi I 142 wäre dazu freilich die Genehmigung durch den *dominus* erforderlich, welche nach I. Buti, Studi sulla capacità patrimoniale dei „servi", Napoli 1976, 108 freilich auch implizit durch Erhebung der *actio mandati* erfolgen kann.

Pomponius im 13. Buch zu Sabinus. Als ein Gesellschafter gemeinschaftlichen Sklaven, die zum Verkauf bestimmt waren, bei deren Fluchtversuch Widerstand leistete, wurde er verletzt. Labeo sagt, dass er die Aufwendungen, die er für seine Heilung gemacht habe, mit der Gesellschafterklage nicht ersetzt erhalten werde, weil diese, obschon wegen [das heißt aus Anlass] der Gesellschaft, nicht für die Gesellschaft gemacht worden seien, so, wie wenn jemand ihn wegen der Gesellschaft nicht mehr als Erbe eingesetzt hat oder wenn er [wegen der Gesellschaft] ein Vermächtnis nicht erwerben kann oder sein Vermögen zu nachlässig verwaltet. Denn auch ein Vorteil, der ihm wegen der Gesellschaft zugefallen ist, geht nicht in die gemeinsame Rechnung ein, zum Beispiel wenn er wegen der Gesellschaft als Erbe eingesetzt oder ihm etwas geschenkt worden ist.

Kommentar: Zwischen mehreren Personen ist ein Gesellschaftsvertrag (*societas*) mit dem Geschäftszweck Sklavenhandel geschlossen worden. Im Rahmen der *actio pro socio* kommt es zur Abrechnung. Im konkreten Fall geht es um die Frage, ob der Gesellschafter, der bei einem Fluchtversuch von Sklaven Verletzungen erlitten hatte, die Heilungskosten auf die Gesellschaft überwälzen kann oder selbst zu tragen hat. Labeo entwickelt ein Kriterium[263], das für die Überwälzbarkeit nicht allein auf die Kausalität (*propter societatem*), sondern zusätzlich auf eine besondere Beziehung zum Gesellschaftszweck (*in societatem*) abstellt[264], die von Labeo bei den erwähnten Heilungskosten jedoch verneint wird[265]. Abgerundet wird die Entscheidung durch weitere Beispiele für Nachteile, die jemand wegen der *societas* erleidet bzw. durch eine gleichartige Erwägung für Vorteile, die ein Gesellschafter nicht einbringen muss, auch wenn sie ihm *propter societatem* zugeflossen sind[266].

57. **D 17, 2, 61**. *Ulpianus libro trigensimo primo ad edictum.* Secundum Iulianum tamen et quod medicis pro se datum est recipere potest, quod verum est.

Ulpian im 31. Buch zum Edikt. Nach Julian kann er jedoch auch das erhalten, was er den Ärzten für seine Heilung gegeben hat; das ist richtig.

Kommentar: Die von den justinianischen Kompilatoren vorgenommene unmittelbare Anknüpfung macht den Eindruck einer Juristenkontroverse zum selben Fall wie im vorigen Text. Dieser Zusammenhang ist allerdings palingenetisch nicht gesichert[267]. Die Kompilato-

[263] F. Horak, Rationes decidendi 188 hält das allerdings für kein brauchbares Kriterium, sondern sieht die Entscheidung Labeos in der Tendenz motiviert, die Totalität der *societas* einzuschränken.

[264] G. Gandolfi, St. Volterra III 529 f.; A. Guarino, La società in diritto romano, Napoli 1988 (= Antiqua 48), 61 FN 189; R. Willvonseder, Condicio sine qua non 50 f.; M. Talamanca, ED XLII (1990) 857; G. Santucci, Il socio d'opera in diritto romano, Padova 1997, 128 ff.; F.-St. Meissel, Societas 136 f.

[265] K. H. Below, Der Arzt im römischen Recht, München 1953, 70 meint dagegen, dass Labeo einen engeren Kausalzusammenhang verlangt habe; dagegen R. Willvonseder, Condicio sine qua non 51 und F.-St. Meissel, Societas 136 FN 276.

[266] R. Zimmermann, Law of Obligations 461 FN 70 sieht darin ein *argumentum ad absurdum*.

[267] D 17, 2, 61 ist – auch ausweislich der inscriptio (vgl. O. Lenel, Paling. Nr. 922) – eine Kurzfassung (V. Arangio-Ruiz, La società in diritto romano, Napoli 1965, 194 FN 2: „versione compilatoria"; K. Misera, Iuris Professio, Festgabe für Max Kaser, Wien-Köln-Graz 1986, 203: „aus eod. 52,4 abgespalten"; M. Talamanca, ED XLII (1990) 857 FN 472: „un breve sunto") von Ulp.-Iul. D 17, 2, 52, 4, wo es neben anderen Schäden auch um Heilungskosten von Sklaven eines *socius* geht, die auf einer gesellschaftsbedingten Reise verletzt worden sind. Diese Aufwendungen sind nach Julian und Ulpian von der Gesellschaft und nicht vom *socius* zu tragen. F. Wieacker, Societas – Hausgemeinschaft und Erwerbsgesellschaft: Untersuchungen zur Geschichte des römischen Gesellschaftsrechts, Weimar 1936, 202 ordnet D 17, 2, 52, 4 jenen Belegen zu, in denen noch die alte Gesamtbeziehung unter den *socii* nachwirkt. F.-St. Meissel, Societas

ren gaben offensichtlich der großzügigeren Haltung von Julian und Ulpian den Vorzug gegenüber der engeren Auffassung von Labeo und Pomponius.

58. **D 18, 1, 13**. *Pomponius libro nono ad Sabinum*. Sed si servo meo vel ei cui mandavero vendas sciens fugitivum illo ignorante, me sciente, non teneri te ex empto verum est.

Pomponius im 13. Buch zu Sabinus. Verkaufst du jedoch meinem Sklaven oder demjenigen, den ich damit beauftragt habe, wissentlich einen zur Flucht neigenden Sklaven und kenne ich den Mangel des Sklaven, während der, der den Sklaven [für mich] kauft, ihn nicht kennt, so ist es richtig, dass du nicht aus dem Kauf haftest.

Kommentar: Ein Kauf in Kenntnis eines Mangels – hier der Fugitivität – schließt Gewährleistungsansprüche im Rahmen der *actio empti* aus. (Bei den ädilizischen Klagen bedurfte es dazu einer Einrede: Text 96). Wurde der Kaufvertrag auf Käuferseite durch einen Sklaven oder Beauftragten abgeschlossen, so beseitigte das Wissen des Herrn oder Auftraggebers die Haftung des Verkäufers, selbst wenn der Sklave oder der Beauftragte den Mangel nicht kannte[268].

59. **D 18, 1, 35, 3**. *Gaius libro decimo ad edictum provinciale*. Si quis amico peregre eunti mandaverit, ut fugitivum suum quaerat et si invenerit vendat, nec ipse contra senatus consultum committit, quia non vendidit, neque amicus eius, quia praesentem vendit: emptor quoque, qui praesentem emit, recte negotium gerere intellegitur.

Gaius im 10. Buch zum Provinzialedikt. Wenn jemand einen Freund, der nach auswärts reist, beauftragt, seinen entlaufenen Sklaven zu suchen, und, falls er ihn findet, zu verkaufen[269], so verstößt weder er selbst gegen den Senatsbeschluss, weil nicht er ihn verkauft hat, noch der Freund, weil dieser einen nicht flüchtigen Sklaven verkauft. Auch der Käufer, der einen in diesem Sinne anwesenden Sklaven kauft, schließt ein gültiges Rechtsgeschäft ab.

Kommentar: Gaius bezieht sich auf jenes aus der Prinzipatszeit stammende SC, welches das *vendere* und *emere* von flüchtigen Sklaven der Geldbuße der *lex Fabia* unterwarf (Texte 183, 201): Dazu mussten im Verkaufszeitpunkt zwei Tatbestandselemente, nämlich *fuga* und *absentia* vorliegen (Text 201). Ähnlich entscheidet auch Ulpian in Text 160.

60. **D 18, 7, 9**. *Paulus libro quinto quaestionum*. Titius servum vendidit ea lege, ut, si Romae moratus esset, manus inicere liceret: emptor alii eadem lege vendidit: servus fugit a secundo emptore et Romae moratur: quaero, an sit manus iniectio et cui. respondi: in fugitivo non est dubitandum nihil contra legem factum videri, quia nec domino auferre se potest nec qui in fuga est ibi moratur. quod si ex voluntate secundo emptoris contra legem moratus sit, potior habendus est qui auctor fuit legis, et posterior magis admonendi emptoris et liberandi se eandem legem repetierit nec poterit aliquo modo auferre legem sui venditoris cuius condicio ex-

137 hat auf sachliche Unterschiede zwischen D 17, 2, 60, 1 und D 17, 2, 52, 4 hingewiesen, welche die gegenteiligen Entscheidungen erklären können. Für G. Gandolfi, St. Volterra III 542 f. und G. Santucci, Socio d'opera in diritto romano, Padova 1997, 138 f. handelt es sich bei D 17, 2, 61 um eine bewusste Manipulation der Kompilatoren, um den vorangegangenen Text als Grenzfall erscheinen zu lassen.

268 Vgl. auch Afr. D 21, 1, 51, 1.

269 Eine solche Abmachung ist in Pap. Oxy XIV 1643 (298 n. Chr.) überliefert, worin der Eigentümer einen anderen beauftragt ἀναζητῆσαι δοῦλόν μου und ὅνπερ ἀνευρὼν παραδώσεις, [ἐξουσίας σοι] οὔσης ὅσα κἀμοὶ παρόντι ἔξεστιν.

stitit: nam et si poenam promisisset, tenetur, licet ipse quoque stipulatus esset: sed in poena promissa duae actiones sunt, manus autem iniectio in servum competit. ...

Paulus im 5. Buch der Rechtsfragen. Titius verkaufte einen Sklaven mit der Vertragsbestimmung, dass er, sobald der Sklave sich in Rom aufhalten würde, an ihm seine [frühere] Herrschaftsgewalt geltend machen könne. Der Käufer verkaufte ihn mit derselben Vertragsbestimmung an einen Dritten weiter. Der Sklave floh vom zweiten Käufer und hält sich in Rom auf. Ich frage, ob die Herrschaftsgewalt an dem Sklaven geltend gemacht werden kann und wem sie zusteht. Ich habe geantwortet: Es ist nicht daran zu zweifeln, dass im Fall eines flüchtigen Sklaven eindeutig nichts gegen die Vertragsbestimmung geschehen ist, weil er sich weder der Herrschaftsgewalt seines Eigentümers entziehen kann, noch sich dort 'aufhält', wo er sich auf der Flucht befindet. Hat er sich aber mit Willen des zweiten Käufers entgegen der Vertragsbestimmung in Rom aufgehalten, so ist das Recht dessen stärker, der Urheber der Vertragsbestimmung war, und der zweite [Verkäufer] hat eben dieselbe Vertragsbestimmung eher nur wiederholt, um den [zweiten] Käufer zu unterrichten und um sich ihm gegenüber von der Haftung zu befreien, und er kann auf keine Weise die Vertragsbestimmung seines Verkäufers, deren Bedingung eingetreten ist, aufheben. Denn auch wenn er eine Vertragsstrafe versprochen hätte, würde er haften, auch wenn er sich selbst ebenfalls eine solche hätte versprechen lassen. Jedoch gibt es bei versprochenen Vertragsstrafen zwei Klagen; die Geltendmachung der Herrschaftsgewalt gibt es nur gegenüber dem Sklaven. ...

Kommentar: Der Digestentitel D 18, 7 behandelt Sklavenverkäufe mit Nebenbestimmungen über das künftige Schicksal des Sklaven: Dazu gehören der Verkauf zwecks Ausfuhr bzw. mit Rückkehrverbot (*venditio ut exportetur*), mit Prostitutionsverbot (*venditio ne prostituatur*), mit Freilassungsverbot (*ne manumittatur*) oder Freilassungspflicht (*venditio ut manumittatur*). Im hier interessierenden ersten Teil des Fragments 9[270] hat Titius einen Sklaven unter Rückkehrverbot an K_1 verkauft. Das Rückkehrverbot wird dadurch abgesichert, dass sich Titius eine *manus iniectio* vorbehält[271], also ein Zugriffsrecht, mit dem er am zurückgekehrten Sklaven wieder die Herrschaftsgewalt erlangen kann[272]. K_1 hat in der Folge den Sklaven an K_2 mit derselben Vereinbarung weiterverkauft. Der Sklave flieht von K_2 und kehrt nach Rom zurück.

Da sich sowohl Titius als auch K_1 eine *manus iniectio* vorbehalten haben, kann bei vertragswidriger Rückkehr des Sklaven eine Konkurrenzsituation zwischen der *manus iniectio* des Titius und des K_1 entstehen, weshalb Paulus auf die Frage eingeht, wer die *manus iniectio* vornehmen kann. Für den Ausgangsfall der fluchtweisen Rückkehr stellt sich aber diese Frage deswegen nicht, weil in der Flucht keine zurechenbare Verletzung der Vertragsbestimmung erblickt werden kann. Paulus begründet dies mit dem Gedanken, dass sich der Sklave durch Flucht nicht dem *dominus* entziehen kann; das passt zu der auch von Paulus (Text 134) vertretenen Auffassung, dass der Besitz am *servus fugitivus* aufrecht

[270] Im zweiten Teil des Fragments wird auf einen Verkauf mit Prostitutionsverbot eingegangen.

[271] Zur Frage, ob der Vorbehalt der *manus iniectio* als *lex venditionis* (also als eine Bestimmung im Rahmen des Kaufvertrages) oder als eine *lex dicta in mancipio* (also als eine mit der förmlichen Eigentumsübertragung verbundene einseitige Erklärung des Manzipanten) zu sehen ist, siehe: F. Peters, Die Rücktrittsvorbehalte des römischen Kaufrechts, Köln-Wien 1973, 189 ff. (der sich für eine *lex dicta in mancipio* ausspricht) und die dort genannte Literatur.

[272] Es handelt sich dabei um einen Akt außergerichtlicher Selbsthilfe: F. Peters, Die Rücktrittsvorbehalte des römischen Kaufrechts, Köln-Wien 1973, 190; M. Kaser, Festgabe für Johannes Sontis, München 1977, 22.

bleibt, und führt zur Fiktion, dass sich der Sklave gar nicht in Rom aufhält (vgl. die ähnliche Fiktion von Julian in Text 119).

Hält sich der Sklaven dagegen mit dem Willen des K_2 in Rom auf, so steht die *manus iniectio* dem Titius als dem *auctor legis* zu; K_1 hat diese Vertragsbestimmung gegenüber seinem Abnehmer K_2 zu dessen Ermahnung und zur eigenen Absicherung gegenüber Titius wiederholt. Paulus geht dazu vergleichsweise auf eine Vertragsgestaltung ein, bei der die Sicherung des Rückkehrverbots nicht durch eine *manus iniectio* (die nur einer ausüben kann), sondern jeweils durch Vereinbarung einer Konventionalstrafe erfolgt ist: Diese kann in beiden Verhältnissen durchgesetzt werden (*duae actiones sunt*).

61. **D 19, 1, 11, 7**. *Ulpianus libro trigesimo secundo ad edictum*. Venditorem, etiamsi ignorans vendiderit, fugitivum non esse praestare emptori oportere Neratius ait.

Ulpian im 32. Buch zum Edikt. Der Verkäufer muss, wie Neraz sagt, dem Käufer [mit der Kaufklage auch] dafür einstehen, dass der Sklave nicht zur Flucht neigt, auch wenn er ihn insofern gutgläubig verkauft hat.

Kommentar: Die Stelle bezieht sich auf die *actio empti*. Die Haftung des Verkäufers hinsichtlich der Fugitivität ist (ebenso wie nach dem Edikt der kurulischen Ädilen) objektiv und damit unabhängig davon, ob der Verkäufer den Mangel kannte oder nicht. Das Wissen des Verkäufers vom Mangel spielt eine Rolle für die Frage, wie weit diese Haftung geht, siehe dazu den folgenden Text 62.

62. **D 19, 1, 13, 1**. *Ulpianus libro trigesimo secundo ad edictum*. Item qui furem vendidit aut fugitivum, si quidem sciens, praestare debebit, quanti emptoris interfuit non decipi: si vero ignorans vendiderit, circa fugitivum quidem tenetur, quanti minoris empturus esset, si eum esse fugitivum scisset, circa furem non tenetur: differentiae ratio est, quod fugitivum quidem habere non licet et quasi evictionis nomine tenetur venditor, furem autem habere possumus.

Ulpian im 32. Buch zum Edikt. Ebenso muss derjenige, der einen Sklaven verkauft hat, welcher ein Dieb ist oder zur Flucht neigt, falls er dies wissentlich getan hat, dem Käufer das Interesse leisten, das dieser daran hatte, nicht getäuscht zu werden. Hat er ihn dagegen ohne Kenntnis der Mängel verkauft, dann haftet er zwar hinsichtlich des zur Flucht neigenden Sklaven, um wie viel weniger der Käufer gekauft hätte, wenn er gewusst hätte, dass der Sklave zur Flucht neigt; hinsichtlich dessen, der einen Diebstahl begangen hat, haftet er nicht. Der Grund für den Unterschied liegt darin, dass man einen Ausreißer nicht in ungestörtem Besitz hat und der Verkäufer daher gewissermaßen wegen Eviktion haftet; einen Dieb hingegen können wir im ungestörten Besitz haben.

Kommentar: Es wird eine schon im Principium[273] des Fragments getroffene Differenzierung zwischen dem *venditor sciens* und dem *venditor ignorans* vorgeführt. Der *venditor sciens* haftet auf das Interesse des Käufers (Beispiel dazu im folgenden Text 63), der *venditor ignorans* nur auf Preisminderung; Letzteres entspricht einer inhaltlichen Anpassung der *actio*

[273] In Ulp. D 19, 1, 13 pr wird unter Berufung auf Julian eine Differenzierung der Haftung zwischen einem *venditor ignorans* (Haftung auf Preisminderung) und einem *venditor sciens* (zusätzlich Ersatz des Mangelfolgeschadens) an Hand zweier Beispielfälle vorgeführt: Ansteckung eigener *pecora* des Käufers nach Kauf eines *pecus morbosum*; Gebäudeeinsturz nach Einbau eines gekauften *tignum vitiosum*; R. Zimmermann, Law of Obligations 309, 320.

empti an die ädilizische *actio quanti minoris*[274]. Aus dem Vorbild der ädilizischen Klage lässt sich auch die unterschiedliche Rechtsfolge beim *fur* und beim *fugitivus* erklären, da das Edikt der Ädilen (Text 67) nur eine Kundmachungspflicht für Fluchtneigung, nicht aber für Diebstahlsneigung vorsah: In der Lehre wird daher auch der Begründungssatz mit der Annäherung der Fugitivität an die Eviktion[275] vielfach für unecht gehalten[276].

63. **D 19, 1, 13, 2.** *Ulpianus libro trigesimo secundo ad edictum.* Quod autem diximus „quanti emptoris interfuit non decipi", multa continet, et si alios secum sollicitavit ut fugerent, vel res quasdam abstulit.

Ulpian im 32. Buch zum Edikt. Was aber unsere Formulierung betrifft „das Interesse, das der Käufer hatte, nicht getäuscht zu werden", so umfasst sie vieles, wie zum Beispiel den Fall, dass der Sklave andere angestiftet hat, mit ihm zu fliehen, oder dass er einige Sachen entwendet hat.

Kommentar: Hier werden Beispiele für die Interessehaftung des *venditor sciens* gebracht. Der Fall des Anstiftens anderer Sklaven zur Flucht ist eine schöne Parallele zur Ansteckung eigener *pecora* des Käufers durch das gekaufte *pecus morbosum* im Principium des Fragments[277]. Eine Haftung des Verkäufers für die vom *servus fugitivus* entwendeten Sachen findet sich auch in den Paulus-Sentenzen (Text 190), im Edictum Theodorici (Text 230) und im Syrisch-Römischen Rechtsbuch (Text 296)[278].

64. **D 19, 4, 2.** *Paulus libro quinto ad Plautium.* Aristo ait, quoniam permutatio vicina esset emptioni, sanum quoque furtis noxisque solutum et non esse fugitivum servum praestandum, qui ex causa daretur.

Paulus im 5. Buch zu Plautius. Aristo sagt: Weil der Tausch dem Kauf benachbart ist, muss man dafür einstehen, dass ein Sklave, der aus diesem Rechtsgrund hingegeben wird, gesund, von Diebstahls- und Noxalhaftung frei ist und auch nicht zur Flucht neigt.

Kommentar: Die Sabinianische Rechtsschule hat versucht, den Tausch überhaupt in den Kauf einzubeziehen, was von den Prokulianern freilich abgelehnt wurde und sich nicht durchsetzen konnte[279]. Der Hochklassiker Aristo spricht hier zwar nicht von einer Identität, sondern von einer *vicinitas* von Tausch und Kauf[280] und leitet daraus ab, dass bei tauschweiser Hingabe eines Sklaven für die genannten Mängel genauso einzustehen ist wie bei einem

[274] Nach W. Kunkel, SZ 46 (1926) 85 ff. handelte dieser Teil des Textes in seiner klassischen Gestalt überhaupt von der *actio quanti minoris*, die *actio empti* gehe erst auf einen nachklassischen Bearbeiter zurück.

[275] Dagegen wird in Text 103 das fehlende *habere licere* wegen Eviktion von dem wegen *fuga* deutlich unterschieden.

[276] Nachweise bei D. Medicus, Id quod interest 130 FN 130 und H. Honsell, Quod interest 83 f.

[277] Siehe oben FN 273.

[278] Im Rahmen der *actio redhibitoria* konnte der Ersatz für entwendete Sachen nur über ein Retentionsrecht des Käufers am Sklaven durchgesetzt werden (Text 99).

[279] Dazu Gai. Inst 3, 141; Paul. D 18, 1, 1 pr - 1; Inst 3, 23, 3; M. Kaser, RPR I 550; W. Kunkel/H. Honsell, RPR 124 FN 8; L. W. Nelson/U. Manthe, Gai. Institutiones III 88 - 181. Die Kontraktsobligationen, Text und Kommentar, Berlin 1999, 263 ff., 525 ff.

[280] Dazu A. Schiavone, Studi sulle logiche dei giuristi romani, Napoli 1971, 143; R. Santoro, APal 37 (1983) 224 ff.; L. D'Amati, BIDR 90 (1987) 572; F. Gallo, Labeo 44 (1998) 23 f. Zum erwähnten *dare ex causa* C. A. Cannata, Contratto e causa nel diritto romano, in: L. Vacca (Hrsg.), Causa e contratto nella prospettiva storico-comparatistica, Torino 1997, 55 f.; M. Sargenti, ebenda 146.

Verkauf[281]. Auch der Spätklassiker Ulpian erwähnt in seinem Kommentar zum Edikt der kurulischen Ädilen die unmittelbare Gewährung der ädilizischen Klagen (*actio redhibitoria, actio quanti minoris*) beim Tausch, weil die Parteien *emptoris et venditoris loco* stehen[282].

65. **D 19, 5, 15.** *Ulpianus libro quadragesimo secundo ad Sabinum.* Solent, qui noverunt servos fugitivos alicubi celari, indicare eos dominis ubi celentur: quae res non facit eos fures. solent etiam mercedem huius rei accipere et sic indicare, nec videtur illicitum esse hoc quod datur. quare qui accepit, quia ob causam accepit nec improbam causam, non timet condictionem. quod si solutum quidem nihil est, sed pactio intercessit ob indicium, hoc est ut, si indicasset adprehensusque esset fugitivus, certum aliquid daretur, videamus, an possit agere. et quidem conventio ista non est nuda, ut quis dicat ex pacto actionem non oriri, sed habet in se negotium aliquod: ergo civilis actio oriri potest, id est praescriptis verbis. nisi si quis et in hac specie de dolo actionem competere dicat, ubi dolus aliquis arguatur.

Ulpian im 42. Buch zu Sabinus. Diejenigen, die wissen, wo flüchtige Sklaven sich verborgen haben, pflegen deren Eigentümern anzuzeigen, wo sie sich verborgen haben; dieses Verhalten macht sie nicht zu Dieben. Gewöhnlich erhalten sie dafür sogar einen Lohn und zeigen deshalb an; diese Zahlung wird auch nicht als unerlaubt angesehen. Deshalb braucht der Empfänger keine Kondiktion zu befürchten, weil er mit Rechtsgrund empfängt, und zwar aus einem nicht missbilligten Rechtsgrund. Wir wollen [aber] prüfen, ob er klagen kann, wenn nichts bezahlt, aber eine Vereinbarung wegen der Anzeige getroffen worden ist, nämlich, dass er einen bestimmten Betrag erhalten werde, wenn er die Anzeige vornimmt und der flüchtige Sklave ergriffen worden ist. Diese Vereinbarung ist sicherlich keine bloße Abrede, so dass man sagen könnte: ‘aus einer bloßen Abrede erwächst keine Klage’, vielmehr hat sie etwas von einem Rechtsgeschäft in sich. Also kann aus ihr eine zivilrechtliche Klage entstehen, nämlich eine solche mit vorgeschalteten Formelworten, falls man nicht vorbringt, auch in diesem Fall sei die Klage wegen Arglist gegeben, wenn jemand der Arglist beschuldigt wird.

Kommentar: Dem Text liegt folgende Situation zugrunde: Ein Sklave des E ist entlaufen; A kennt den Aufenthaltsort und zeigt diesen dem E an. Die folgende Passage *quae res non facit eos fures* – sie ist vielfach als spätere Glosse verdächtigt worden[283] – ergibt einen Sinn, wenn man sie nicht auf die Mitteilung als solche[284], sondern auf die Gewinn bringende Verwertung dieses Wissens bezieht, worauf Ulpian im Folgenden näher eingeht. Er erörtert dazu im Auf-

[281] Zur Einstandspflicht des Sklavenverkäufers für Mängel siehe Einleitung S. 24 ff. Die hier genannten Mängel, darunter auch die Fugitivität, entsprechen jenen im Edikt der kurulischen Ädilen (Text 67).

[282] Ulp. D 21, 1, 19, 5: *Sed si quis permutaverit, dicendum est utrumque emptoris et venditoris loco haberi et utrumque posse ex hoc edicto experiri.* Die enge Anlehnung des Aristo-Zitats an den Ediktswortlaut bei der Aufzählung der Mängel legt nahe, dass schon Aristo das Edikt auf den Tausch angewandt wissen wollte. Anders A. Burdese, Iura 36 (1985) 51, der für Aristo an eine *actio in factum* denkt. M. Sargenti, Iura 39 (1988) 39 lässt für Aristo offen, ob auch beim Tausch eine ediktale Kundmachungspflicht oder eine Verpflichtung zum Abschluss einer Garantiestipulation bestand.

[283] So G. Beseler, Beiträge II 164; E. Schepses, SDHI 4 (1938) 133 FN 117; F. Schwarz, Die Grundlage der Condictio im klassischen römischen Recht, Münster 1952, 128; R. Santoro, APal 37 (1983) 243 FN 200; C. A. Cannata, Contratto e causa nel diritto romano, in: L. Vacca (Hrsg.), Causa e contratto nella prospettiva storico-comparatistica, Torino 1997, 51 FN 21.

[284] Dazu hat schon P. Huvelin, Furtum 698 f. ausgeführt, dass der Gedanke an ein *furtum* eher zu einem *non indicare* als zu einem *indicare* passen würde. So wird in Ulp. D 47, 2, 48, 1 die *furtum*-Qualifikation des *non indicare* eines Diebes abgelehnt.

bau der Stelle zwei verschiedene Situationen: Im ersten Fall hat A für die Bekanntgabe des Aufenthaltsortes schon eine Belohnung von E erhalten, im zweiten Fall noch nicht; es liegt aber eine formlose Vereinbarung[285] (*pactio*) zwischen A und E über eine Belohnung in bestimmter Höhe (*certum aliquid*) vor, wenn A die Anzeige vornimmt und dadurch der *fugitivus* gefasst werden kann.

Zum ersten Fall wird die Frage erörtert, ob A die Belohnung behalten darf. Diese Fragestellung ist auf dem Hintergrund zu sehen, dass ein Geldempfang aus einer sittenwidrigen oder unerlaubten *causa* zur Rückzahlung verpflichten würde. Ulpian sieht jedoch in der Geldannahme durch A nichts Unerlaubtes und schließt daher eine Rückforderung durch E mittels *condictio ob turpem causam* aus (vgl. auch Text 47).

Im zweiten Teil geht es um die Frage, ob A einen klagbaren Anspruch gegen E erlangt. Diese Frage stellt sich wegen des Typenzwangs im römischen Vertragsrecht. Die vorliegende Vereinbarung (*pactio*) entspricht keinem der vom *ius civile* anerkannten Vertragstypen[286]. Ulpian muss sich daher damit auseinander setzen, dass aus einem *pactum nudum* – also einer formlosen Vereinbarung außerhalb der typischen Verträge – keine *actio* entspringt[287]. Verneint man die Klagbarkeit einer solchen Abrede, dann bleibt als Rechtsschutz, wie im Schlusssatz[288] ausgeführt, nur ein deliktischer Anspruch: A kann gegen E die *actio de dolo* erheben. Ulpian hingegen kommt zu einem vertraglichen Anspruch, der mit der *actio praescriptis verbis*[289] durchzusetzen ist. Er begründet dies damit, dass A und E kein *pactum nudum*, sondern eine *conventio* geschlossen haben, die ein *negotium* enthält. Das hier erwähnte *negotium* wird vielfach mit der *causa* gleichgesetzt[290], auf welche schon der hochklassische Jurist Aristo die Klagbarkeit von *pacta* stützt[291]. Voraussetzung für die

[285] Daher ist, wie R. Düll, SZ 61 (1941) 26 klargestellt hat, hier nicht an eine einseitige Auslobung zu denken.

[286] Sie fällt insbesondere nicht unter eine *locatio conductio*, weil nicht beiderseitige Pflichten, sondern nur eine Zahlungspflicht für E begründet werden soll, die vom *indicare* und der Ergreifung abhängig ist. Weitere inhaltliche Bedenken gegen eine *locatio conductio* bei M. Artner, Agere praescriptis verbis 229 FN 275. Unproblematisch wäre die Klagbarkeit dann, wenn A und E ihre Vereinbarung zum Gegenstand einer förmlichen Stipulation gemacht hätten.

[287] Vgl. Ulp. D 2, 14, 7, 4: *...igitur nuda pactio non parit obligationem...*

[288] Mit *quis...dicat* gibt Ulpian nicht seine eigene, sondern eine von anderen vertretene Auffassung wieder; M. Artner, Agere praescriptis verbis 230 sieht im *quis* den Juristen Paulus. Freilich wird der Schlusssatz auch stark verdächtigt: Vgl. IndItp; G. Diósdi, BIDR 74 (1971) 101; A. Wacke, RIDA 27 (1980) 358 FN 28 bezeichnet ihn als „nichtssagende Tautologie". Z. Végh, Meditatio de edicto de pactis, in: Ars boni et aequi, Festschrift Wolfgang Waldstein, Stuttgart 1993, 351 f. hat dagegen gezeigt, wie die beiden in der Stelle aufgezeigten Lösungen, nämlich *actio de dolo* und vertragliche Klagbarkeit aus einem *pactum*, schon in der Klassik nebeneinander funktionieren konnten.

[289] Die Bezeichnung erklärt sich daraus, dass in der Klageformel der anspruchsbegründende Sachverhalt vorangeschrieben wurde. Dazu J. Kranjc, SZ 106 (1989) 434 ff.; M. Artner, Agere praescriptis verbis 46 ff. Die von der Interpolationenkritik vertretene Auffassung, die *actio praescriptis verbis* sei eine nachklassische bzw. byzantinische Schöpfung, wird heute nicht mehr geteilt, man geht von der Klassizität aus: Dazu M. Artner, Agere praescriptis verbis 24 ff. (allgemein), 231 (zum vorliegenden Text).

[290] P. De Francisci, Συνάλλαγμα. Storia e dottrina dei cosidetti contratti innominati I, Pavia 1913, 210 f.; E. Betti, BIDR 28 (1915) 35; C. A. Cannata, Contratto e causa nel diritto romano, in: L. Vacca (Hrsg.), Causa e contratto nella prospettiva storico-comparatistica, Torino 1997, 51. G. Melillo, Contrahere, pacisci, transigere. Contributi allo studio del negozio bilaterale romano, Napoli 1994, 61 f. Hingegen sieht R. Santoro, APal 37 (1983) 245 ff. eine Inkongruenz zwischen dem ersten Teil der Argumentation (es liegt kein *pactum nudum* vor) und dem zweiten Teil (*negotium in se habet*) und tilgt daher den ersten Teil; dagegen G. MacCormack, SDHI 51 (1985) 149 FN 35.

[291] Ulp. D 2, 14, 7, 2: *Sed et si in alium contractum res non transeat, subsit tamen causa, eleganter Aristo Celso respondit esse obligationem.*

Klagbarkeit ist freilich die Vorleistung des A[292], nämlich eine zum Erfolg führende Anzeige[293]. Es liegt damit ein so genannter Innominatkontrakt (atypischer Vertrag) nach dem Schema *facio ut des* vor.

66. **D 19, 5, 18**. *Ulpianus libro trigesimo ad edictum*. Si apud te pecuniam deposuerim, ut dares Titio, si fugitivum meum reduxisset, nec dederis, quia non reduxit: si pecuniam mihi non reddas, melius est praescriptis verbis agere: non enim ambo pecuniam ego et fugitivarius deposuimus, ut quasi apud sequestrem sit depositum.

Ulpian im 30. Buch zum Edikt. Ich habe bei dir Geld hinterlegt, damit du es dem Titius gibst, wenn er meinen flüchtigen Sklaven zurückbringen würde; du hast es ihm aber nicht gegeben, weil er den Sklaven nicht zurückgebracht hat. Wenn du mir das Geld nicht zurückgibst, ist es besser, mit vorgeschalteten Formelworten zu klagen. Wir, ich und der Sklavenfänger, haben nämlich nicht gemeinsam das Geld hinterlegt, so wie man es bei einem Sequester täte.

Kommentar: Es geht hier um die Frage, mit welcher *actio* (Klage) der Ego das Geld von Tu zurückverlangen kann. Abgelehnt wird eine Klage aus einem *depositum sequestre* (Streitverwahrung), denn ein *depositum sequestre* setzt die gemeinsame Hinterlegung durch zwei Personen (z. B. der zwischen ihnen strittigen Sache für die Dauer eines Prozesses) voraus[294], hier hat aber nur Ego hinterlegt. Für die Hinterlegung gibt es zwar die *actio depositi* als Klage, damit diese aber wegen der atypischen Vertragsgestaltung nicht an möglichen Subsumptionsschwierigkeiten scheitert, empfiehlt Ulpian mit den Worten *melius est* die Verwendung einer *actio praescriptis verbis*[295]. In deren Formel wurde der konkrete Sachverhalt samt dem Inhalt der getätigten Vereinbarung vorangeschrieben, so dass es nicht der Zuordnung zu einem bestimmten Vertragstypus bedurfte.

67. **D 21, 1, 1, 1**. *Ulpianus libro primo ad edictum aedilium curulium*. Aiunt aediles: „Qui mancipia vendunt certiores faciant emptores, quid morbi vitiive cuique sit, quis fugitivus errove sit noxave solutus non sit: eademque omnia, cum ea mancipia venibunt, palam recte pronuntianto. quodsi mancipium adversus ea venisset, sive adversus quod dictum promissumve fuerit cum veniret, fuisset, quod eius praestari oportere dicetur: emptori omnibusque ad quos ea res pertinet iudicium dabimus, ut id mancipium redhibeatur. si quid autem post venditionem traditionemque deterius emptoris opera familiae procuratorisve eius factum erit,

[292] Darin sieht die herrschende Auffassung die *causa*, die das *pactum* zum *negotium* macht: A. Burdese, Iura 36 (1985) 60; anders freilich R. Santoro, APal 37 (1983) 246 ff., der die hier genannte *causa* in Parallele zur ersten Fallvariante - als rechtfertigenden Grund - sieht.

[293] In diesem Sinn auch G. MacCormack, SDHI 51 (1985) 149 f.

[294] Vgl. Ulp. D 16, 3, 6: *Proprie autem sequestre est depositum, quod a pluribus in solidum certa condicione custodiendum reddendumque traditur.*

[295] Zu diesem Formeltypus vgl. J. Kranjc und M. Artner, Agere praescriptis verbis, Berlin 2002. Freilich wurde auch in unserer Stelle die *actio praescriptis verbis* für interpoliert gehalten: So P. De Francisci, Συνάλλαγμα. Storia e dottrina dei cosidetti contratti innominati I, Pavia 1913, 324; G. Beseler, Beiträge II 156, der [*praescriptis verbis*] durch <*in factum*> ersetzt; F. Schulz, Classical Roman Law, Oxford 1951 (ND Aalen 1992), der an die Gewährung der *actio depositi* denkt; für Unechtheit auch E. Albertario, Studi di diritto romano II 156 f. und É. Jakab, Studi in honorem Elemér Pólay septuagenario, Szeged 1985, 238. Hingegen hält F. Guizzi, Mnemeion Solazzi, Napoli 1964, 328 f. die Klage für echt und nur den Begründungssatz für formal anstößig. Keine Bedenken hingegen bei V. Arangio-Ruiz, Scritti di diritto romano I, Napoli 1974, 103 FN 1, der im *quasi* in der Schlusspassage den Gedanken einer Analogie zum *depositum sequestre* ausgedrückt sieht; für Echtheit auch M. Artner, Agere praescriptis verbis 198 f.

sive quid ex eo post venditionem natum adquisitum fuerit, et si quid aliud in venditione ei accesserit, sive quid ex ea re fructus pervenerit ad emptorem, ut ea omnia restituat. item si quas accessiones ipse praestiterit, ut recipiat. item si quod mancipium capitalem fraudem admiserit, mortis consciscendae sibi causa quid fecerit, inve harenam depugnandi causa ad bestias intromissus fuerit, ea omnia in venditione pronuntianto: ex his enim causis iudicium dabimus. hoc amplius si quis adversus ea sciens dolo malo vendidisse dicetur, iudicium dabimus".

Ulpian im 1. Buch zum Edikt der kurulischen Ädilen. Die Ädilen sagen: „Diejenigen, die Sklaven verkaufen, sollen die Käufer davon in Kenntnis setzen, was jeder Sklave an Krankheiten und Fehlern hat, wer ein Ausreißer, ein Herumstreuner oder wer nicht frei von Noxalhaftung ist: All das sollen sie, wenn diese Sklaven verkauft werden, öffentlich und ordnungsgemäß kundmachen. Wenn ein Sklave entgegen diesen Bestimmungen verkauft worden ist, oder entgegen dem, was beim Verkauf zugesagt oder versprochen worden ist, beschaffen ist, weswegen vorgebracht werden wird, dass der Verkäufer dafür einzustehen hat, werden wir dem Käufer und allen, die diese Sache angehen wird, eine Klage gewähren, dass dieser Sklave redhibiert wird. Wenn aber nach dem Verkauf und der Übergabe durch Zutun des Käufers, seines Gesindes oder seines Verwalters eine Verschlechterung [beim Sklaven] eingetreten ist, oder wenn nach dem Verkauf ein Sklavenkind geboren oder etwas hinzu erworben worden ist, und wenn etwas anderes beim Verkauf als Zubehör gegeben worden ist, oder wenn aus dieser Sache dem Käufer ein Ertrag zugekommen ist, muss er all das zurückerstatten. Ebenso wenn er selbst irgendwelche Zugaben geleistet hat, muss er sie zurückerhalten. Ebenso wenn der Sklave ein Kapitalverbrechen begangen hat, in selbstmörderischer Absicht etwas getan hat, oder zum Tierkampf in die Arena geschickt worden ist, sollen sie alle diese Umstände beim Verkauf kundmachen: Denn aus diesen Gründen werden wir eine Klage gewähren. Darüber hinaus werden wir eine Klage gewähren, wenn vorgebracht werden wird, dass jemand entgegen diesen Bestimmungen wissentlich in böser Absicht verkauft hat".

Kommentar: Den kurulischen Ädilen oblag neben polizeilichen Aufgaben auch die Marktgerichtsbarkeit in Rom. In diesem Zusammenhang proponierten sie auch das hier wiedergegebene *edictum de mancipiis vendundis*[296]. Es ist historisch in mehreren Schichten gewachsen[297]. Eingangs wird für die Verkäufer von Sklaven eine Kundmachungspflicht für bestimmte Mängel statuiert (*palam recte pronuntianto*)[298], die im Einzelnen aufgezählt werden: Ediktale Mängel sind demnach Krankheiten (*morbi*), Fehler (*vitia*), die Fugitivität, die Eigenschaft als Herumstreuner (*erro*) sowie die Belastung mit einer Noxalhaftung aus

[296] O. Lenel, EP § 293 (S. 555 ff.); G. Impallomeni; L'editto degli edili curuli 5 ff.; L. Manna, Actio redhibitoria 1 ff.; É. Jakab, Praedicere und cavere 125 ff.; L. Garofalo, Studi sull'azione redibitoria 5 ff.

[297] M. Kaser, Festschrift Fritz Schulz II, Weimar 1951, 69; G. Impallomeni, L'editto degli edili curuli 94 ff.; É. Jakab, Praedicere und cavere 126. Der historisch ältesten Schicht gehört jedenfalls die imperativisch formulierte Kundmachungspflicht und die Aufzählung der Mängel an. Einer jüngeren Schicht gehören die mit *dicetur* versehenen Passagen an, mit denen die Gewährung von Rechtsschutz von einer bloßen Parteienbehauptung abhängig gemacht wird.

[298] Nach der bei Gell. Noct. Att. 4, 2, 1 überlieferten Fassung des Edikts sollten die Informationen auf einen *titulus* geschrieben werden, der dem zum Verkauf angebotenen Sklaven sichtbar umgehängt wurde: *In edicto aedilium curulium, qua parte de mancipiis vendundis cautum est, scriptum sic fuit: „Titulus servorum singulorum scriptis sit curato ita, ut intellegi recte possit, quid morbi vitiive cuique sit, quis fugitivus errove sit noxave solutus non sit.*" Der Katalog der kundmachungspflichtigen Mängel deckt sich mit D 21, 1, 1, 1.

vorangegangenen Delikten (*noxave solutus non sit*)[299]. Es folgt die Verheißung der *actio redhibitoria* bei einem Verstoß gegen die Kundmachungspflicht (*si adversus ea venisset*) sowie bei Nichtzutreffen von Zusagen und Versprechungen (*dicta et promissa*). Mit der *actio redhibitoria* kann der Käufer Wandlung des Kaufvertrages begehren, d. h. gegen Rückgabe des mangelhaften Sklaven erhält er den Kaufpreis zurück, wozu auf einige Besonderheiten bei der Rückabwicklung eingegangen wird. Schließlich folgen noch weitere anzeigepflichtige Umstände (Kapitalverbrechen, Selbstmordversuch, Tierkampf). Die Bedeutung des Schlusssatzes mit dem Hinweis auf ein *adversus ea sciens dolo malo*[300] *vendidisse* ist umstritten: Eine skeptische Auffassung sieht darin einen überflüssigen und funktionslosen Zusatz[301] bzw. eine kompilatorische Verkürzung aus anderem Zusammenhang[302]; demgegenüber lässt sich gerade die Platzierung am Ende durch eine Anlehnung an den Stil der *leges* erklären[303]. Inhaltlich wird die Passage zum einen als ein zusätzlicher Tatbestand gesehen, der sich in verschärfter Weise gegen den dolosen Verkäufer richtet, während nach den vorherigen Bestimmungen schon der objektive Verstoß gegen die ediktalen Bestimmungen ausreicht[304], zum anderen als eine Bestimmung, die Umgehungsakte erfasst[305], wie z. B. den Verkauf einer *quota servi* durch eine fingierte *societas venaliciorum*[306], die Aufnahme von Freizeichnungsklauseln durch den dolosen Verkäufer[307].

68. **D 21, 1, 4, 3.** *Ulpianus libro primo ad edictum aedilium curulium.* Idem Pomponius ait, quamvis non valide sapientem servum venditor praestare debeat, tamen, si ita fatuum vel morionem vendiderit, ut in eo usus nullus sit, videri vitium. et videmur hoc iure uti, ut vitii morbique appellatio non videatur pertinere nisi ad corpora: animi autem vitium ita demum praestabit venditor, si promisit, si minus, non. et ideo nominatim de errone et fugitivo excipitur: hoc enim animi vitium est, non corporis. unde quidam iumenta pavida et calcitrosa morbosis non esse adnumeranda dixerunt: animi enim, non corporis hoc vitium esse.

Ulpian im 1. Buch zum Edikt der kurulischen Ädilen. Derselbe Pomponius sagt: Auch wenn der Verkäufer nicht dafür einstehen muss, dass der Sklave besonders klug ist, so wird es dennoch als Fehler angesehen, wenn er einen solchen Toren oder Narren verkauft hat, dass er nicht zu gebrauchen ist. Und offensichtlich ist es bei uns geltendes Recht, dass die Bezeichnung Fehler und Krankheit sich nur auf körperliche Mängel bezieht: Für einen Charaktermangel wird daher der Verkäufer nur dann einstehen, wenn er es versprochen hat; wenn das nicht der Fall ist, wird er nicht einstehen. Und daher wird bezüglich des Herumstreuners und Ausreißers eine Sonderbestimmung getroffen: es handelt sich dabei nämlich um einen Mangel des Charakters, nicht des Körpers. Daher haben auch einige ge-

[299] Zur Noxalhaftung siehe Einleitung S. 6 f. sowie ausführlich CRRS IV 4.

[300] Die Wendung *sciens (prudensque) dolo malo* findet sich auch häufig in der Gesetzessprache. Nach G. MacCormack, Sodalitas. Scritti in onore di Antonio Guarino III, Napoli 1984, 1445 ff. sind *sciens (prudensque)* einerseits und *dolo malo* andererseits nicht als Pleonasmus, sondern als zwei getrennte Begriffe zu sehen; kritisch dazu L. Winkel, Mélanges Felix Wubbe, Fribourg 1993, 573.

[301] M. Wlassak, Zur Geschichte der *negotiorum gestio*, Leipzig 1879, 173 f.

[302] V. Arangio-Ruiz, La compravendita in diritto romano II 368 f.

[303] É. Jakab, Praedicere und cavere 139.

[304] So W. W. Buckland, Law of Slavery 65; R. Monier, Garantie contre vices cachés 56 ff.

[305] So bereits O. Karlowa, Römische Rechtsgeschichte II, Leipzig 1901, 1290.

[306] H. Vincent, Le droit des édiles, Paris 1922, 64 f.

[307] G. Impallomeni, L'editto degli edili curuli 35 f.

sagt, dass scheue und ausschlagende Zugtiere nicht zu den kranken Tieren zu zählen sind: denn das sei ein charakterlicher, kein körperlicher Mangel.

Kommentar: Die Eigenschaften *fugitivus* (Ausreißer) und *erro* (Herumstreuner) sind Charaktermängel (*vitia animi*). Ihre gesonderte Erwähnung im ädilizischen Edikt *de mancipiis vendundis* (oben Text 67) erklärt sich daraus, dass der im Edikt gebrauchte Begriff *vitium* (ebenso wie *morbus*) sich nur auf die körperliche, nicht auf die charakterliche Sphäre bezog. Der Schlusssatz bezieht sich auf das *edictum de iumentis vendundis*.

69. **D 21, 1, 17 pr**. *Ulpianus libro primo ad edictum aedilium curulium*. Quid sit fugitivus, definit Ofilius: fugitivus est, qui extra domini domum fugae causa, quo se a domino celaret, mansit.

Ulpian im 1. Buch zum Edikt der kurulischen Ädilen. Was ein Ausreißer ist, das definiert Ofilius: Ein Ausreißer ist einer, der sich zwecks Flucht außerhalb des Hauses des Eigentümers aufhält, um sich vor dem Eigentümer zu verbergen.

Kommentar: Schon die älteste Definition des republikanischen Juristen Ofilius – eines Schülers des Servius – stellt für die Fugitivität auf ein objektives und ein subjektives Element ab. Diese beiden Elemente beherrschen die nachfolgende Diskussion und Entwicklung der Kasuistik.

70. **D 21, 1, 17, 1**. *Ulpianus libro primo ad edictum aedilium curulium*. Caelius autem fugitivum esse ait eum, qui ea mente discedat, ne ad dominum redeat, tametsi mutato consilio ad eum revertatur: nemo enim tali peccato, inquit, paenitentia sua nocens esse desinit.

Ulpian im 1. Buch zum Edikt der kurulischen Ädilen. Caelius hingegen sagt, dass derjenige ein Ausreißer ist, der sich in der Absicht entfernt hat, nicht zum Eigentümer zurückzukehren, auch wenn er nach Änderung seines Plans zu ihm zurückkehrt. Denn niemand, so sagt er, hört durch Reue auf, eines solchen Vergehens schuldig zu sein.

Kommentar: Sobald das objektive und das subjektive Element einmal verwirklicht sind, liegt nach dem Sabinianer Caelius die Eigenschaft *fugitivus* vor. Sie wird durch reuige Rückkehr nicht aufgehoben[308].

71. **D 21, 1, 17, 2**. *Ulpianus libro primo ad edictum aedilium curulium*. Cassius quoque scribit fugitivum esse, qui certo proposito dominum relinquat.

Ulpian im 1. Buch zum Edikt der kurulischen Ädilen. Auch Cassius schreibt, dass derjenige ein Ausreißer ist, der mit bestimmtem Vorsatz seinen Eigentümer verlässt.

Kommentar: Auch die Definition des – ebenfalls der sabinianischen Rechtsschule angehörenden – Cassius Longinus stellt auf ein objektives und subjektives Element ab.

72. **D 21, 1, 17, 3**. *Ulpianus libro primo ad edictum aedilium curulium*. Item apud Vivianum relatum est fugitivum fere ab affectu animi intellegendum esse, non utique a fuga: nam eum,

[308] Eine ähnliche Entscheidung mit wortidentischer Begründung findet sich im Zusammenhang mit dem Diebstahl in Ulp. D 47, 2, 66: *Qui ea mente alienum quid contrectavit, ut lucrifaceret, tametsi mutato consilio id domino postea reddidit, fur est: nemo enim tali peccato paenitentia sua nocens esse desinit*. Nach der *inscriptio* stammt sie auch aus dem Kommentar zum Edikt der kurulischen Ädilen.

qui hostem aut latronem, incendium ruinamve fugeret, quamvis fugisse verum est, non tamen fugitivum esse. item ne eum quidem, qui a praeceptore cui in disciplinam traditus erat aufugit, esse fugitivum, si forte ideo fugit, quia immoderate eo utebatur. idemque probat et si ab eo fugerit cui erat commodatus, si propter eandem causam fugerit. idem probat Vivianus et si saevius cum eo agebat. haec ita, si eos fugisset et ad dominum venisset: ceterum si ad dominum non venisset, sine ulla dubitatione fugitivum videri ait.

Ulpian im 1. Buch zum Edikt der kurulischen Ädilen. Ebenso ist bei Vivianus überliefert, dass der Begriff Ausreißer in der Regel von der Willenshaltung, nicht unbedingt von der Flucht her zu verstehen sei: Denn derjenige, der vor einem Räuber, einem Brand oder einem Gebäudeeinsturz flieht, sei, obgleich es richtig ist, dass er geflohen ist, trotzdem kein Ausreißer. Ebenso sei nicht einmal derjenige ein Ausreißer, der vor dem Lehrer, dem er zur Ausbildung übergeben ist, davonläuft, wenn er etwa deswegen geflohen ist, weil dieser mit ihm anmaßend umgegangen ist. Dasselbe befürwortet Vivianus auch, wenn er demjenigen entlaufen ist, dem er verliehen war, wenn er aus demselben Grund geflohen ist. Dasselbe billigt Vivianus auch, wenn er mit ihm allzu streng verfuhr. Das gelte dann, wenn er diesen Personen davongelaufen und zu seinem Eigentümer zurückgekommen ist: Im Übrigen, wenn er nicht zu seinem Eigentümer zurückgekommen ist, so sagt Vivianus, wird er ohne Zweifel als Ausreißer angesehen.

Kommentar: Vivianus streicht die Bedeutung des subjektiven Elements heraus[309].

73. **D 21, 1, 17, 4.** *Ulpianus libro primo ad edictum aedilium curulium.* Idem ait: interrogatus Proculus de eo, qui domi latuisset in hoc scilicet, ut fugae nactus occasionem se subtraheret, ait, tametsi fugere non posset videri, qui domi mansisset, tamen eum fugitivum fuisse: sin autem in hoc tantum latuisset, quoad iracundia domini effervesceret, fugitivum non esse, sicuti ne eum quidem, qui cum dominum animadverteret verberibus se adficere velle, praeripuisset se ad amicum, quem ad precandum perduceret. ne eum quidem fugitivum esse, qui in hoc progressus est, ut se praecipitaret (ceterum etiam eum quis fugitivum diceret, qui domi in altum locum ad praecipitandum se ascendisset), magisque hunc mortem sibi consciscere voluisse. illud enim, quod plerumque ab imprudentibus, inquit, dici solet, eum esse fugitivum, qui nocte aliqua sine voluntate domini emansisset, non esse verum, sed ab affectu animi cuiusque aestimandum

Ulpian im 1. Buch zum Edikt der kurulischen Ädilen. Derselbe [Vivianus] sagt: Proculus wurde über einen Sklaven befragt, der sich zu Hause verborgen hielt, freilich zu dem Zweck, um sich bei Erlangung einer Fluchtgelegenheit davonzumachen; er sagte, auch wenn derjenige, der zu Hause geblieben ist, nicht als einer angesehen werden könne, der flieht, so sei er dennoch ein Ausreißer gewesen: Wenn er sich aber nur im Hinblick darauf verborgen hatte, weil die Wut des Eigentümers aufbrauste, sei er kein Ausreißer, ebenso wie nicht einmal derjenige [ein Ausreißer ist], der, als er bemerkte, dass ihn sein Eigentümer mit Schlägen traktieren wolle, zu einem Freund davonstürzte, den er zum Bitten vorführte. Nicht einmal derjenige sei ein Ausreißer, der dazu aufgebrochen ist, dass er sich kopfüber hinunterstürze (sonst könnte man auch den als Ausreißer bezeichnen, der im Haus zu einem hohen Platz hinaufgestiegen ist um sich herabzustürzen), und dieser habe eher Selbstmord begehen wollen. Denn auch das sei nicht richtig, was zumeist von Unkundigen, wie er ausführt, gesagt zu werden pflegt, nämlich dass derjenige ein Ausreißer sei, der in einer Nacht ohne Willen sei-

309 Dazu A. Doll, Vis maior 38 f.; C. Russo Ruggeri, Viviano giurista minore? 154 ff.

nes Eigentümers fortgeblieben ist; sondern ein solches Verhalten müsse nach der Willenshaltung jedes Einzelnen beurteilt werden.

Kommentar: Vivianus stützt sich mit seiner hohen Bewertung des subjektiven Elements auf Proculus: Im ersten Beispiel wird trotz Fehlens des objektiven Elements, nämlich der Entfernung vom Haus des Herrn, die Eigenschaft *fugitivus* bejaht. Es folgen Beispiele, wo umgekehrt trotz Vorliegens des objektiven Elements die Fugitivität verneint wird, weil der Fluchtwille fehlt[310]. Die Orientierung am subjektiven Element kommt auch in dem etwas polemischen Schlusssatz (*ab imprudentibus*) deutlich zum Ausdruck.

74. **D 21, 1, 17, 5**. *Ulpianus libro primo ad edictum aedilium curulium.* Idem Vivianus ait, si a magistro puer recessit et rursus ad matrem pervenit, cum quaereretur, num fugitivus esset: si celandi causa quo, ne ad dominum reverteretur, fugisset, fugitivum esse: sin vero ut per matrem faciliorem deprecationem haberet delicti alicuius, non esse fugitivum.

Ulpian im 1. Buch zum Edikt der kurulischen Ädilen. Wenn ein Sklavenbub vom Lehrer entwichen und wieder zu seiner Mutter gelangt ist, als gefragt wurde, ob er ein Ausreißer sei, sagte derselbe Vivianus: Wenn er in der Absicht geflohen ist sich zu verbergen, um nicht mehr zum Eigentümer zurückzukehren, sei er ein Ausreißer; wenn er es aber in der Absicht getan hat, um durch die Mutter eine leichtere Fürbitte für ein Vergehen zu haben, sei er kein Ausreißer.

Kommentar: Die Fallentscheidung entspricht der von Vivianus vertretenen Orientierung am subjektiven Element (vgl. die vorangegangenen Texte).

75. **D 21, 1, 17, 6**. *Ulpianus libro primo ad edictum aedilium curulium.* Caelius quoque scribit, si servum emeris, qui se in Tiberim deiecit, si moriendi dumtaxat consilio suscepto a domino discessisset, non esse fugitivum, sed si fugae prius consilium habuit, deinde mutata voluntate in Tiberim se deiecit, manere fugitivum. eadem probat et de eo, qui de ponte se praecipitavit. haec omnia vera sunt, quae Caelius scribit.

Ulpian im 1. Buch zum Edikt der kurulischen Ädilen. Auch Caelius schreibt: Wenn du einen Sklaven gekauft hast, der sich in den Tiber gestürzt hat, wenn er sich von seinem Eigentümer nur in Todesabsicht entfernt hat, ist er kein Ausreißer; wenn er aber zunächst eine Fluchtabsicht gehabt hat, sich hierauf nach Willensänderung in den Tiber gestürzt hat, dann bleibt er ein Ausreißer. Dasselbe billigt er auch hinsichtlich desjenigen, der sich von einer Brücke heruntergestürzt hat. Das alles ist richtig, was Caelius schreibt.

Kommentar: Vom Sachverhalt ist vorauszusetzen, dass es beim Selbstmordversuch geblieben ist[311]. Der Sklave hat überlebt und wurde dann verkauft. Es geht um die Frage, unter welchen Umständen der Sklave als *fugitivus* anzusehen ist. Die Entscheidung stimmt mit der in Text 70 wiedergegebenen überein: Sobald einmal das objektive wie das subjektive Element verwirklicht ist, liegt Fugitivität vor.

[310] Freilich war auch die Neigung zum Selbstmord vom Verkäufer kundzumachen (Text 67); vgl. A. Wacke, SZ 97 (1980) 71 f.

[311] A. Wacke, SZ 97 (1980) 72; anders T. Giaro, Labeo 36 (1990) 190, der davon ausgeht, dass der Sklave "ertrunken ist".

76. **D 21, 1, 17, 7**. *Ulpianus libro primo ad edictum aedilium curulium*. Idem ait, si servus tuus fugiens vicarium suum secum abduxit: si vicarius invitus aut imprudens secutus est neque occasionem ad te redeundi nactus praetermisit, non videri fugitivum fuisse: sed si aut olim cum fugeret intellexit quid ageretur aut postea cognovit quid acti esset et redire ad te cum posset noluit, contra esse. idem putat dicendum de eo, quem plagiarius abduxit.

Ulpian im 1. Buch zum Edikt der kurulischen Ädilen. Derselbe sagt, wenn dein Sklave bei der Flucht seinen Untersklaven mit sich entführt hat: Wenn der Untersklave gegen seinen Willen oder aus Unwissenheit gefolgt ist und auch keine Rückkehrgelegenheit zu dir erlangt hat und vergehen ließ, scheint er kein Ausreißer gewesen zu sein; wenn er aber zum Fluchtzeitpunkt durchschaute, was getan wurde, oder später erkannte, was getan worden ist, und nicht zu dir zurückkehren wollte, obwohl er konnte, sei es anders. Er meint auch, man müsse dasselbe über denjenigen sagen, den ein Plagiarier entführt hat.

Kommentar: Ein *servus ordinarius* nimmt den ihm untergeordneten *servus vicarius* auf die Flucht mit. Die Entscheidung entspricht der Grundhaltung des Caelius, wonach für die Begründung der Fugitivität zum objektiven Element das subjektive hinzutreten muss (vgl. auch Text 70): Beim *vicarius* liegt Fugitivität nur insofern vor, als er einen eigenen Fluchtwillen hat. Auch bei Entführung durch einen *plagiarius*[312] wird der entführte Sklave nur und erst dann zum *fugitivus*, wenn er einen eigenen Fluchtwillen hat.

77. **D 21, 1, 17, 8**. *Ulpianus libro primo ad edictum aedilium curulium*. Idem Caelius ait, si servus, cum in fundo esset, exisset de villa ea mente, ut profugeret et quis eum, priusquam ex fundo tuo exisset comprehendisset, fugitivum videri: animum enim fugitivum facere.

Ulpian im 1. Buch zum Edikt der kurulischen Ädilen. Derselbe Caelius sagt, wenn ein Sklave, als er sich auf einem Grundstück befand, vom Landhaus in der Absicht wegging, um zu fliehen, und jemand diesen ergriffen hatte, bevor er noch aus deinem Grundstück hinausgegangen war, dann wird er als Ausreißer angesehen: Denn die Absicht mache ihn zum Ausreißer.

Kommentar: Mit der plakativen Begründung *animum enim fugitivum facere* folgt hier Caelius der schon von Proculus (oben Text 73) eingeschlagenen Linie, wonach das subjektive Element allein für die Begründung der Fugitivität ausreicht, auch wenn sich das objektive nicht oder – wie hier – nicht vollständig verwirklicht hat. Die Gegenposition findet sich bei Paulus (unten Text 91).

78. **D 21, 1, 17, 9**. *Ulpianus libro primo ad edictum aedilium curulium*. Idem ait nec eum, qui ad fugam gradum unum alterumve promovit vel etiam currere coepit, si dominum sequentem non potest evadere, non esse fugitivum.

Ulpian im 1. Buch zum Edikt der kurulischen Ädilen. Derselbe sagt, dass auch derjenige, der zur Flucht den einen oder anderen Schritt gesetzt hat oder auch zu laufen begonnen hat, wenn er dem Eigentümer bei der Verfolgung nicht entkommen kann, sehr wohl ein Ausreißer sei.

Kommentar: Die Entscheidung entspricht derjenigen des vorigen Textes.

312 Beim *plagiarius* ist nicht an einen *servus plagiarius* (so G. Impallomeni, L'editto degli edili curuli 10 FN 17), sondern an einen (zumeist professionellen) Sklavenentführer zu denken, der sich des *plagium* schuldig macht: F. Pringsheim, Ges. Abhandlungen II 160; R. Lambertini, Plagium 65; F. Reduzzi-Merola, Servo parere 128.

79. **D 21, 1, 17, 10**. *Ulpianus libro primo ad edictum aedilium curulium*. Idem recte ait libertatis cuiusdam speciem esse fugisse, hoc est potestate dominica in praesenti liberatum esse.

Ulpian im 1. Buch zum Edikt der kurulischen Ädilen. Derselbe sagt zu Recht, es sei Art einer gewissen Freiheit, entflohen zu sein, das heißt von der Herrschaftsgewalt für jetzt frei zu sein.

Kommentar: Caelius definiert das *fugisse* und damit das objektive Element der Fugitivität.

80. **D 21, 1, 17, 11**. *Ulpianus libro primo ad edictum aedilium curulium*. Pignori datus servus debitorem quidem dominum habet, sed si, posteaquam ius suum exercuit creditor, ei se subtraxit, potest fugitivus videri.

Ulpian im 1. Buch zum Edikt der kurulischen Ädilen. Ein zum Pfand hingegebener Sklave hat zwar den Schuldner als Eigentümer, aber wenn er, nachdem der Gläubiger sein Recht ausgeübt hat, sich diesem entzogen hat, kann er als Ausreißer angesehen werden.

Kommentar: Innerhalb des langen Fragments (Texte 69 - 85) ist § 11 der einzige Text, in dem ausschließlich Ulpian selbst spricht: Ein zum Pfand gegebener Sklave hat sich dem Gläubiger entzogen, nachdem dieser sein Recht ausgeübt hat. Versteht man unter *ius suum exercere* den Pfandverkauf[313], der in der Spätklassik die übliche Verwertungsform war[314], so muss das Entlaufen nach dem Abschluss des Kaufvertrages, aber noch vor Übergabe an den Pfandkäufer erfolgt sein; der Sklave entlief also noch dem Pfandgläubiger (*ei se subtraxit*) und nicht – wie im Fall des Textes 267 – dem Pfandkäufer.

81. **D 21, 1, 17, 12**. *Ulpianus libro primo ad edictum aedilium curulium*. Apud Labeonem et Caelium quaeritur, si quis in asylum confugerit aut eo se conferat, quo solent venire qui se venales postulant, an fugitivus sit: ego puto non esse eum fugitivum, qui id facit quod publice facere licere arbitratur. ne eum quidem, qui ad statuam Caesaris confugit, fugitivum arbitror: non enim fugiendi animo hoc facit. idem puto et in eum, qui in asylum vel quod aliud confugit, quia non fugiendi animo hoc facit: si tamen ante fugit et postea se contulit, non ideo magis fugitivus esse desinit.

Ulpian im 1. Buch zum Edikt der kurulischen Ädilen. Bei Labeo und Caelius wird gefragt, ob jemand ein Ausreißer ist, wenn er in ein Asyl geflohen ist oder sich dorthin begibt, wohin üblicherweise diejenigen gehen, die verkauft zu werden verlangen. Ich meine, dass derjenige kein Ausreißer ist, der das macht, wovon er glaubt dass man es öffentlich tun darf. Ich glaube, dass nicht einmal derjenige ein Ausreißer ist, der zur Statue des Kaisers geflohen ist: Denn er macht das nicht in Fluchtabsicht. Ich glaube dasselbe auch bei demjenigen, der in ein Asyl oder an irgendeine andere Stätte geflohen ist, weil er das nicht in Fluchtabsicht macht. Wenn er freilich zuvor entlaufen ist und sich später dorthin begeben hat, hört er deswegen keineswegs auf, ein Ausreißer zu sein.

Kommentar: Die von den Frühklassikern Labeo und Caelius Sabinus aufgeworfene Frage bezieht sich auf (vermutlich provinzielle, insbesondere griechische) Tempelasyle[315]. Ob das

[313] So auch G. Impallomeni, L'editto degli edili curuli 10 FN 1, der allerdings auch eine Textverkürzung oder eine gänzliche Interpolation erwägt.

[314] Ulp. D 13, 7, 4; M. Kaser, RPR I 471.

[315] F. v. Woess, Das Asylwesen Ägyptens in der Ptolemäerzeit und die spätere Entwicklung, München 1923, 208; R. Gamauf, Ad statuam licet confugere 69 f.

ebenfalls erwähnte *quo solent venire qui se venales postulant* damit in Zusammenhang steht[316] oder auf den Zwangsverkauf durch den *praefectus urbi* anspielt[317], ist umstritten. Im Anschluss an die Eingangsfrage ist nur die Meinung Ulpians wiedergegeben, welcher die Fugitivität im Sinne des Edikts genauso verneint wie beim *confugere ad statuam Caesaris*. Die Antwort von Labeo und Caelius ist von den Kompilatoren weggelassen worden; aus der deutlichen Gegenüberstellung der eigenen Meinung Ulpians (*sed ego puto*) sowie dem folgenden § 13 lässt sich aber erschließen, dass die beiden frühklassischen Juristen die Fugitivität bejaht haben[318]. Dass Ulpian dem nicht folgen konnte, ergibt sich[319] aus dem zwischenzeitig ergangenen Reskript des Antoninus Pius (Gai. 1, 53 = Coll 3, 3 = Ulp. D 1, 6, 2 = Inst 1, 8, 2, überliefert in den Texten 1, 2, 198 und 285), welches diese Vorgangsweisen als ein erlaubtes Verhalten der Sklaven gegen Herrenwillkür anerkennt. Für Ulpian fehlt damit das subjektive Element, der *animus fugiendi*.

82. **D 21, 1, 17, 13**. *Ulpianus libro primo ad edictum aedilium curulium.* Item Caelius scribit placere eum quoque fugitivum, qui eo se conferat, unde eum dominus reciperare non possit, multoque magis illum fugitivum esse, qui eo se conferat, unde abduci non possit.

Ulpian im 1. Buch zum Edikt der kurulischen Ädilen. Ebenso schreibt Caelius, es sei anerkannt, dass auch derjenige ein Ausreißer ist, der sich an einen Ort begibt, von dem ihn sein Eigentümer nicht wiedererlangen kann; umso mehr sei auch jener ein Ausreißer, der sich dorthin begibt, von wo er nicht weggeführt werden kann.

Kommentar: Die hier von Caelius verwendete Argumentation betrifft das objektive Element der Fugitivität.

83. **D 21, 1, 17, 14**. *Ulpianus libro primo ad edictum aedilium curulium.* Erronem ita definit Labeo pusillum fugitivum esse, et ex diverso fugitivum magnum erronem esse. sed proprie erronem sic definimus: qui non quidem fugit, sed frequenter sine causa vagatur et temporibus in res nugatorias consumptis serius domum redit.

Ulpian im 1. Buch zum Edikt der kurulischen Ädilen. Labeo definiert es in der Weise, dass ein Herumstreuner ein kleiner Ausreißer, und umgekehrt ein Ausreißer ein großer Herumstreuner ist. Aber im eigentlichen Sinn definieren wir einen Herumstreuner so: Das ist einer, der zwar nicht flieht, aber häufig sich ohne Zweck herumtreibt und, nachdem er die Zeit mit läppischen Dingen verbracht hat, zu spät nach Hause zurückkehrt.

Kommentar: Labeo[320] sieht zwischen *fugitivus* und *erro* nur einen quantitativen Unterschied[321]. Ulpian folgt dem nicht: Seine Definition des *erro* zeigt, dass er sich auch hier am Konzept des *animus fugiendi* (vgl. oben Text 81) orientiert, der dem *erro* fehlt.

[316] Es könnte sich um die Rezeption des πρᾶσιν αἰτεῖν handeln; M. Kaser, RPR I 179 FN 7; R. Gamauf, Ad statuam licet confugere 71; I. Weiler, Beendigung des Sklavenstatus 269.

[317] H. Bellen, Sklavenflucht 67.

[318] J. Ch. Dumont, Servus 142; R. Gamauf, Ad statuam licet confugere 72 ff. vermutet aber, dass sich die Stellungnahmen der beiden Juristen nicht auf das Edikt der kurulischen Ädilen, sondern auf das prätorische Edikt *De fugitivis* (dazu die Texte 30 - 43) bezogen haben.

[319] A. D. Manfredini, AARC 6 (1986) 52.

[320] D. Behrens, SZ 74 (1957) 357 hält die Inhaltsbestimmung für freilich „so sinnleer, daß sie kaum zu Recht unter dem Namen Labeos überliefert sein kann". Für Echtheit dagegen R. Martini, Definizioni 145 FN 18 und L. Manna, Actio

84. **D 21, 1, 17, 15**. *Ulpianus libro primo ad edictum aedilium curulium.* Apud Caelium scriptum est: liberti apud patronum habitantis sic, ut sub una clave tota eius habitatio esset, servus ea mente, ne rediret ad eum, extra habitationem liberti fuit, sed intra aedes patroni, et tota nocte oblituit: videri esse fugitivum Caelius ait. plane si talem custodiam ea habitatio non habuit et in ea cella libertus habitavit, cui commune et promiscuum plurium cellarum iter est, contra placere debere Caelius ait et Labeo probat.

Ulpian im 1. Buch zum Edikt der kurulischen Ädilen. Bei Caelius ist geschrieben: Ein Freigelassener war beim Freilasser in der Weise wohnhaft, dass seine ganze Wohnung unter einem einzigen Verschluss war. Ein Sklave des Freigelassenen war in der Absicht, nicht mehr zu ihm zurückzukehren, außerhalb der Wohnung des Freigelassenen, aber innerhalb des Gebäudes des Freilassers, und hielt sich die ganze Nacht verborgen: Caelius sagt, dass er als Ausreißer angesehen wird. Freilich wenn diese Wohnung keine solche Absperrung hatte und der Freigelassene in einer Kammer wohnte, die mit mehreren Kammern einen gemeinsamen ungetrennten Zugang hatte, sagt Caelius, dass das Gegenteil anzunehmen ist, und Labeo billigt das.

Kommentar: Die hier wiedergegebene Diskussion betrifft das objektive Element der Fugitivität. Die *fuga* setzt voraus, dass die dem *dominus* und dem *servus* gemeinsame Sphäre verlassen ist.

85. **D 21, 1, 17, 16**. *Ulpianus libro primo ad edictum aedilium curulium.* Idem Caelius ait servum in provinciam missum a domino, cum eum mortuum esse et testamento se liberum relictum audisset et in eodem officio permansisset tantumque pro libero se gerere coepisset, hunc non esse fugitivum: nec enim mentiendo se liberum, inquit, fugitivus esse coepit, quia sine fugae consilio id fecit.

Ulpian im 1. Buch zum Edikt der kurulischen Ädilen. Derselbe Caelius sagt: Als ein von seinem Eigentümer in die Provinz geschickter Sklave gehört hatte, dass dieser gestorben sei und er testamentarisch freigelassen sei, und als er im selben Dienst verblieben war und nur begonnen hatte, sich als Freier zu verhalten, so sei dieser kein Ausreißer: Er hat nämlich, so sagt er, nicht durch fälschliches Vorspiegeln der Freiheit begonnen ein Ausreißer zu sein, weil er das ohne Fluchtabsicht getan hat.

Kommentar: Zur testamentarischen Freilassung siehe CRRS II. Die Diskussion um die Fugitivität eines *pro libero se gerere* ist nur dann sinnvoll, wenn der testamentarisch Freigelassene zunächst noch eine Zeit lang Sklave war. Das passt sehr gut zu einer indirekten testamentarischen Freilassung, bei der der Erblasser dem Erben durch Fideikommiss aufträgt, den Sklaven freizulassen (*fideicommissaria libertas*)[322]. Die Verneinung der Fugitivität wird mit dem Fehlen des subjektiven Elements begründet.

redhibitoria 63, FN 63. Nach R. Gamauf, Ad statuam licet confugere 73 stand die Abgrenzung bei Labeo nicht im Zusammenhang mit dem *edictum de mancipiis vendundis*, sondern mit dem *edictum de fugitivis*. Vgl. Kommentar zu Text 35.

[321] So G. Impallomeni, L'editto degli edili curuli 12; G. Camodeca, Labeo 33 (1987) 174; N. Donadio, Scritti in ricordo di Barbara Bonfiglio 157 f

[322] Bei einer direkten *manumissio testamento* müsste man den Sachverhalt so annehmen, dass das *pro libero se gerere* zwar nach dem Tod, aber noch vor dem Erbschaftsantritt durch einen Erben erfolgte (vgl. Pomp. D 40, 4, 11, 2). Für eine fideikommissarische Freilassung spricht auch die Ausdrucksweise *liberum relictum*.

86. **D 21, 1, 19 pr. - 1.** *Ulpianus libro primo ad edictum aedilium curulium.* Sciendum tamen est quaedam et si dixerit praestare eum non debere, scilicet ea, quae ad nudam laudem servi pertinent: veluti si dixerit frugi probum dicto audientem. ut enim Pedius scribit, multum interest, commendandi servi causa quid dixerit, an vero praestaturum se promiserit quod dixit. § 1. Plane si dixerit aleatorem non esse, furem non esse, ad statuam numquam confugisse, oportet eum id praestare.

Ulpian im 1. Buch zum Edikt der kurulischen Ädilen. Man muss wissen, dass der Verkäufer für bestimmte Angaben nicht einstehen muss, nämlich für solche, die sich auf die bloße Anpreisung des Sklaven beziehen: So zum Beispiel wenn er gesagt hat, der Sklave sei sparsam, anständig und folge aufs Wort. Wie nämlich Pedius schreibt, besteht ein großer Unterschied, ob der Verkäufer etwas zur Anpreisung gesagt hat oder ob er versprochen hat für das einzustehen, was er gesagt hat. § 1. Freilich wenn er zugesagt hat, dass der verkaufte Sklave kein Spieler, kein Dieb ist, niemals zur Kaiserstatue geflohen ist, dann muss er dafür einstehen.

Kommentar: Von den verbindlichen *dicta et promissa* sind die unverbindlichen Reklameanpreisungen zu unterscheiden[323]. Unter den Beispielen für ein verbindliches *dictum* bringt Ulpian auch die Zusicherung, der Sklave sei niemals zur Kaiserstatue geflohen. Nach Ulpian begründete ein solches Verhalten im Gegensatz zur Ansicht früherer Juristen wegen des fehlenden *animus fugiendi* keine Fugitivität (Text 81) und konnte daher nur dann eine Haftung des Verkäufers auslösen, wenn es zum Gegenstand eines *dictum* gemacht worden war[324].

87. **D 21, 1, 21, 3.** *Ulpianus libro primo ad edictum aedilium curulium.* Idem ait futuri temporis nomine cautionem ei, qui sciens vendidit, fieri solere, si in fuga est homo sine culpa emptoris et nihilo minus condemnatur venditor: tum enim cavere oportere, ut emptor hominem persequatur et in sua potestate redactum venditori reddat,

Ulpian im 1. Buch zum Edikt der kurulischen Ädilen. Derselbe [Pomponius] sagt, dass [im Rahmen des Redhibitionsprozesses] dem Verkäufer, der wissentlich verkauft hat, für die Zukunft Sicherheit geleistet zu werden pflegt, wenn der Sklave sich ohne Verschulden des Käufers auf der Flucht befindet und der Verkäufer nichtsdestoweniger verurteilt wird: Dann nämlich müsse der Käufer Sicherheit dafür leisten, dass er den Sklaven verfolgt und, wenn dieser in seine Gewalt gelangt ist, dem Verkäufer zurückgibt,

Kommentar: Der Käufer eines Sklaven konnte wegen eines Mangels, der entgegen dem Edikt der kurulischen Ädilen (Text 67) nicht kundgemacht worden war, mit der *actio redhibitoria* gegen den Verkäufer vorgehen und die Rückerstattung des Kaufpreises begehren. Dazu musste er aber den Sklaven an den Verkäufer zurückstellen, was bei dessen Flucht nicht möglich war. Pomponius lässt anstelle der Rückstellung eine *cautio de persequendo et reddendo* zu, d. h. der klagende Käufer musste dem beklagten Verkäufer in Stipulationsform versprechen, den Sklaven zu suchen und bei Wiedererlangung an den Verkäufer herauszugeben. Nach dem Wortlaut der Stelle kommt diese Lösung zum Tragen, wenn der Verkäufer den Mangel gekannt hatte (*qui sciens vendidit*) und die Flucht *sine culpa emptoris* erfolgt

[323] A. L. Olde Kalter, Dicta et promissa 48; M. Kaser, Festschrift Heinrich Demelius, Wien 1973, 127 ff.; L. Manna, Actio redhibitoria 123 ff.

[324] Dazu R. Gamauf, Ad statuam licet confugere 74.

war. Die erste Voraussetzung wird in der Literatur vielfach für interpoliert gehalten[325], vor allem mit dem Argument, dass die ädilizischen Klagen nicht auf Gut- oder Schlechtgläubigkeit abstellen. Überwiegend wird auch angenommen, dass der Mangel, weswegen die Wandlung begehrt wird, gerade in der Fugitivität liegt, d. h. dass sich durch die Flucht der Mangel verwirklicht[326]. Ein aus derselben Periode stammendes Reskript (Text 248) erwähnt allerdings in einem vergleichbaren Fall keine Pflicht des Käufers zu einer *cautio de persequendo et reddendo*. In der Nachklassik wird dagegen dem Käufer der Rückzahlungsanspruch verweigert, wenn er wegen der Flucht des Sklaven nicht in der Lage ist, diesen zurückzustellen (Texte 204 = 251, 294).

88. **D 21, 1, 22.** *Gaius libro primo ad edictum aedilium curulium.* et neque per se neque per heredem suum futurum, quo minus eum hominem venditor habeat.

Gaius im 1. Buch zum Edikt der kurulischen Ädilen. und dass es weder durch ihn selbst noch durch seinen Erben geschehen wird, dass der Verkäufer diesen Sklaven nicht besitzen kann.

Kommentar: Die Stelle knüpft an die vorherige an und erweitert den Inhalt der vom Käufer im Redhibitionsprozess zu leistenden *cautio*.

89. **D 21, 1, 23 pr**. *Ulpianus libro primo ad edictum aedilium curulium.* Cum autem redhibitio fit, si deterius mancipium sive animo sive corpore ab emptore factum est, praestabit emptor venditori, ut puta si stupratum sit aut saevitia emptoris fugitivum esse coeperit: et ideo, inquit Pomponius, ut ex quacumque causa deterius factum sit, id arbitrio iudicis aestimetur et venditori praestetur. quod si sine iudice homo redhibitus sit, reliqua autem quae diximus nolit emptor reddere, sufficiat venditori ex vendito actio.

Ulpian im 1. Buch zum Edikt der kurulischen Ädilen. Wenn die Wandlung erfolgt, und wenn der Sklave vom Käufer – sei es in seinem Charakter, sei es an seinem Körper – schlechter gemacht worden ist, wird der Käufer dem Verkäufer dafür einstehen, wie z. B. wenn der Sklave geschändet worden ist oder durch die Grausamkeit des Käufers begonnen hat, ein Ausreißer zu sein: Und daher, so sagt Pomponius, soll, aus welchem Grund auch immer der Sklave schlechter geworden ist, das nach dem Ermessen des Richters geschätzt und dem Verkäufer geleistet werden. Wenn der Sklave ohne Richter restituiert worden ist, der Käufer aber das Sonstige, was wir erwähnt haben, nicht erstatten will, soll dem Verkäufer die Klage aus dem Verkauf genügen.

Kommentar: Für Verschlechterungen, die der zurückzustellende Sklave beim Käufer erfahren hatte, muss dieser dem Verkäufer Ersatz leisten[327]; als Beispiel wird im vorliegenden

[325] G. Impallomeni, L'editto degli edili curuli 148 FN 3; U. Manthe, TR 44 (1976) 138; R. Lederle, Mortuus redhibetur 68 ff.; P. Mader, SZ 100 (1983) 222; M. Memmer, SZ 107 (1990) 35; R. Zimmermann, Law of Obligations 332 f. FN 287; für Echtheit hingegen (in Abkehr von seiner früheren Auffassung) G. Impallomeni, Iura 34 (1963) 217 und L. Garofalo, Studi sull'azione redibitoria 65.

[326] So U. Manthe, TR 44 (1976) 134; R. Lederle, Mortuus redhibetur 70; G. Impallomeni, Iura 34 (1983) 217; P. Mader, SZ 100 (1983) 222; Vorbehalte gegen diese Auffassung bei L. Garofalo, Studi sull'azione redibitoria 65 FN 72.

[327] Vgl. auch Ulp. D 21, 1, 25 pr. Davon sind nicht bloß körperliche Verschlechterungen, sondern auch *vitia* erfasst: Ulp. D 21, 1, 25, 6; N. Donadio, La tutela del compratore 289 ff.

Text[328] auch die üble Behandlung durch den Käufer erwähnt, die dazu geführt hat, dass der – wegen eines anderen Mangels z. B. Krankheit – zurückzustellende Sklave nunmehr zum Ausreißen neigte, was er zuvor noch nicht getan hat. Bei gerichtlicher Abwicklung der Rückstellung (im Rahmen der *actio redhibitoria*) hatte der Redhibitionsrichter die Verschlechterung zu schätzen, bei außergerichtlicher Redhibition (d. h. der Verkäufer hatte zunächst ohne Prozess nach Rückerhalt des Sklaven dem Käufer den Preis erstattet) musste die Wertminderung in einem eigenen Verfahren mit der *actio venditi* durchgesetzt werden.

90. **D 21, 1, 31, 16.** *Ulpianus libro primo ad edictum aedilium curulium.* Si quis egerit quanto minoris propter servi fugam, deinde agat propter morbum, quanti fieri condemnatio debeat? et quidem saepius agi posse quanto minoris dubium non est, sed ait Iulianus id agendum esse, ne lucrum emptor faciat et bis eiusdem rei aestimationem consequatur.

Ulpian im 1. Buch zum Edikt der kurulischen Ädilen. Wenn jemand mit der Minderungsklage wegen der Flucht des Sklaven geklagt hat, dann wegen einer Krankheit klagt, auf wie viel soll die Verurteilung erfolgen? Es besteht zwar kein Zweifel, dass mit der Minderungsklage mehrmals geklagt werden kann, aber Julian sagt, dass darauf hingewirkt werden muss, dass der Käufer keinen Gewinn zieht und nicht zweimal wegen derselben Angelegenheit Preisminderung erlangt.

Kommentar: Wegen verschiedener Sachmängel konnte mehrfach sukzessive Preisminderung begehrt werden; dabei wurde jeder Mangel gesondert bewertet. Die dazu zitierte Entscheidung Julians findet sich auch, versehen mit einem rechnerischen Beispiel, in Text 105.

91. **D 21, 1, 43, 1.** *Paulus libro primo ad edictum aedilium curulium.* Qui ad amicum domini deprecaturus confugit, non est fugitivus: immo etiamsi ea mente sit, ut non impetrato auxilio domum non revertatur, nondum fugitivus est, quia non solum consilii, sed et facti fugae nomen est.

Paulus im 1. Buch zum Edikt der kurulischen Ädilen. Wer zu einem Freund seines Eigentümers geflohen ist, um eine Fürbitte zu erlangen, ist kein Ausreißer: Ja sogar wenn er die Absicht hat, bei nicht erlangter Hilfe nicht nach Hause zurückzukehren, ist er noch kein Ausreißer, weil der Begriff Flucht nicht bloß auf die Absicht, sondern auch auf die Tatsache abstellt.

Kommentar: Paulus stellt die Bedeutung des objektiven Elements heraus und unterscheidet sich damit im Grundsätzlichen von früheren Juristen, die zur Begründung der Fugitivität bereits das subjektive Element ausreichen lassen (Vivianus in Text 72: Proculus in Text 73, Caelius in Text 77). Daher stimmt die konkrete Fallentscheidung – Verneinung der Fugitivität – zwar im Ergebnis, nicht aber in der Begründung mit den Parallelfällen überein (Text 73: Zuflucht *ad amicum, quem ad precandum perduceret*; Text 74: Zuflucht bei der Mutter, *ut ... faciliorem deprecationem haberet delicti alicuius*).

92. **D 21, 1, 43, 2.** *Paulus libro primo ad edictum aedilium curulium.* Qui persuasu alterius a domino recessit, fugitivus est, licet id non fuerit facturus citra consilium eius qui persuasit.

[328] Dazu R. Lederle, Mortuus redhibetur 35; L. Manna, Actio redhibitoria 187, 251; L. Garofalo, Studi sull'azione redibitoria 35; N. Donadio, La tutela del compratore 288.

Paulus im 1. Buch zum Edikt der kurulischen Ädilen. Wer sich auf Zureden eines anderen hin von seinem Eigentümer entfernt hat, ist ein Ausreißer, auch wenn er das ohne den Rat dessen, der ihn überredet hat, nicht getan hätte.

Kommentar: Aufgrund des *persuadere* bildet der Sklave einen eigenen *animus fugiendi*. Der Anstifter selbst haftet wegen *persuadere* einerseits dem Eigentümer nach dem Edikt *de servo corrupto* (Text 23), andererseits unterlag er der strafrechtlichen Verfolgung nach der *lex Fabia* (Texte 168, 200).

93. **D 21, 1, 43, 3**. *Paulus libro primo ad edictum aedilium curulium.* Si servus meus bona fide tibi serviens fugerit vel sciens se meum esse vel ignorans, fugitivus est, nisi animo ad me revertendi id fecit.

Paulus im 1. Buch zum Edikt der kurulischen Ädilen. Ist dir mein Sklave, der dir nach Treu und Glauben Sklavendienste leistet, entflohen, mag er sich dessen, dass er mir gehört, bewusst sein oder nicht, so ist er ein Ausreißer, es sei denn, er hat dies in der Absicht getan, zu mir zurückzukehren.[329]

Kommentar: Ein Sklave des Ego befindet sich zunächst bei einem gutgläubigen Besitzer B und flieht von diesem. Auch das löst Fugitivität nach dem Edikt der kurulischen Ädilen aus. Die im Schlusssatz gebrachte Ausnahme schützt vor allem den Eigentümer, wenn dieser den Sklaven später verkaufen will. Da der Sklave kein *fugitivus* ist, besteht kein anzeigepflichtiger (und damit preisdrückender) Mangel nach dem ädilizischen Edikt. – Vgl. auch A. Söllner, CRRS IX Nr. 71.

94. **D 21, 1, 44, 2**. *Paulus libro secundo ad edictum aedilium curulium.* In redhibitoria vel aestimatoria potest dubitari, an, quia alienum servum vendidit, et ob evictionem et propter morbum forte vel fugam simul teneri potest: nam potest dici nihil interesse emptoris sanum esse, fugitivum non esse eum, qui evictus sit. sed interfuit emptoris sanum possedisse propter operas, neque ex postfacto decrescat obligatio: statim enim ut servus traditus est committitur stipulatio quanti interest emptoris.

Paulus im 2. Buch zum Edikt der kurulischen Ädilen. Bei der Wandlungs- oder Minderungsklage kann zweifelhaft sein, ob derjenige, der einen fremden Sklaven verkauft hat, sowohl wegen Eviktion als auch wegen einer Krankheit oder einer Flucht zugleich haften kann: Denn man könnte sagen, dass der Käufer kein Interesse daran hat, dass derjenige [Sklave] gesund bzw. kein Ausreißer ist, der [ohnedies] evinziert worden ist. Aber einen gesunden [Sklaven] besessen zu haben, lag wegen der Arbeitsleistungen im Interesse des Käufers, und aus einem späteren Ereignis heraus verringert sich nicht die Haftung: Denn sogleich, wie der Sklave übergeben worden ist, verfällt die Stipulation auf das Interesse des Käufers.

[329] Ich folge hier der Übersetzung von A. Söllner, CRRS IX Nr. 71 und auch seiner Auffassung, dass die Redlichkeit (die *bona fides* als Gutgläubigkeit im sachenrechtlichen Sinn nach der bisherigen Auffassung) hier auf den Besitzer, nicht auf den *serviens* zu beziehen ist: Dazu zwingt, wie Söllner überzeugend ausführt, schon der auf den *serviens* bezogene Einschub *sive sciens se meum esse sive ignorans*. Lediglich *fugitivus* habe ich im Sinn der Einheitlichkeit der Terminologie hier mit „Ausreißer“ und nicht wie Söllner mit „entlaufener Sklave“ übersetzt. In der Sache besteht kein Unterschied.

Kommentar: Der viel diskutierten Stelle[330] liegt folgender Sachverhalt zugrunde: Der verkaufte Sklave weist sowohl einen Sachmangel (Krankheit, Fugitivität) als auch einen Rechtsmangel (der Sklave gehörte nicht dem Verkäufer, sondern einem Dritten) auf, letzterer führt zur Eviktion, d. h. der Eigentümer dringt mit seiner Klage gegen den Käufer durch, so dass dieser den ungestörten Besitz am Sklaven verliert. Es geht um die Frage, ob der Käufer kumulativ den Sachmangel und den Rechtsmangel geltend machen kann. Paulus bejaht dies. Der Umstand, dass die Frage des Interesses diskutiert wird, und ebenso auch der Schlusssatz haben zu Verdächtigungen geführt, dass die am Eingang erfolgte Erwähnung der ädilizischen Klagen (*actio redhibitoria, actio quanti minoris*) nicht genuin ist, sondern auf einem späteren Texteingriff beruht; Paulus behandelte die Konkurrenz der Klagen aus der Stipulation *sanum esse, fugitivum non esse* einerseits und aus der *stipulatio* (*duplae*, allenfalls *habere licere*), welche für den Fall der Eviktion abgeschlossen war[331]. Paulus verwirft das Argument, dass infolge der Eviktion ohnedies kein Interesse an der Mangelfreiheit bestehe. Das Interesse an der Mangelfreiheit besteht ab der Übergabe, eine später erfolgende Eviktion durch den Eigentümer kann dies nicht mehr mindern. Vgl. auch Text 102.

95. **D 21, 1, 48, 3**. *Pomponius libro vicesimo tertio ad Sabinum*. Ei, qui servum vinctum vendiderit, aedilicium edictum remitti aequum est: multo enim amplius est id facere, quam pronuntiare in vinculis fuisse.

Pomponius im 23. Buch zu Sabinus. Es ist billig, demjenigen vom ädilizischen Edikt Nachsicht zu gewähren, der einen Sklaven in Fesseln verkauft hat: Denn das zu tun ist um vieles mehr als kundzumachen, dass er in Fesseln gewesen ist.

Kommentar: Die Vorführung *in vinculis* brachte zum Ausdruck, dass der zum Verkauf angebotene Sklave zur Flucht neigte oder aus einem sonstigen Grund besonderer *custodia* bedurfte; funktional entspricht der Verkauf in Fesseln dem *pronuntiare* dieser Mängel[332].

96. **D 21, 1, 48, 4**. *Pomponius libro vicesimo tertio ad Sabinum*. In aediliciis actionibus exceptionem opponi aequum est, si emptor sciret de fuga aut vinculis aut ceteris rebus similibus, ut venditor absolvatur.

Pomponius im 23. Buch zu Sabinus. Wenn der Käufer von der Flucht oder den Fesseln oder über die übrigen ähnlichen Umstände Bescheid wusste, ist es bei den ädilizischen Klagen gerecht, eine Einrede entgegenzusetzen, so dass der Verkäufer freigesprochen wird.

Kommentar: Ein Kauf in Kenntnis des Mangels schließt eine erfolgreiche Wandlungs- oder Minderungsklage des Käufers aus. Im Prozess wurde dem beklagten Verkäufer eine Einrede (*exceptio*) gewährt. Vgl. auch Text 58 (zur *actio empti*).

[330] Eine eingehende Exegese dieser Stelle hat zuletzt J.-F. Gerkens, Aeque perituris 252 ff. unternommen. Dort wird auch die umfangreiche Literatur vorgeführt.

[331] Vgl. O. Lenel, Paling. Nr. 845 FN 1; R. Monier, Garantie contre vices cachés 175; M. Kaser, SZ 54 (1934) 172; G. Impallomeni, L'editto degli edili curuli 49; A. Pezzana, AG 140 (1951) 66; F. Pringsheim, SZ 69 (1952) 280; D. Medicus, Id quod interest 112; G. Thielmann, St. Volterra II 494 ff.; R. Willvonseder, Condicio sine qua non 152. Für Echtheit hingegen G. Hanausek, Haftung des Verkäufers für die Beschaffenheit der Waare, Bd. 1, Berlin 1883, 38; V. Arangio-Ruiz, La compravendita in diritto romano II 389 FN 1; sorgfältig zwischen beiden Positionen abwägend J.-F. Gerkens, Aeque perituris 257 ff.

[332] R. Monier, Garanties contre vices cachés 42; G. Impallomeni, L'editto degli edili curuli 22 FN 41; H. Bellen, Sklavenflucht 33 FN 231; É. Jakab, Praedicere und cavere 44.

97. **D 21, 1, 54**. *Papinianus libro quarto responsorum*. Actioni redhibitoriae non est locus, si mancipium bonis condicionibus emptum fugerit, quod ante non fugerat.

Papinian im 4. Buch seiner Rechtsgutachten. Für die Wandlungsklage ist kein Platz, wenn ein zu guten Bedingungen verkaufter Sklave entlaufen ist, der vorher nicht entlaufen war.

Kommentar: Ein Verkauf *bonis condicionibus* liegt vor, wenn der Verkäufer eine Garantieerklärung abgegeben hat[333], er entspricht der καλὴ αἵρεσις in § 101 SRRB (Text 296)[334]. War der Sklave vor dem Verkauf nicht geflohen, sondern erst danach, so war er im maßgeblichen Zeitpunkt mangelfrei und der Käufer auch im Rahmen seiner Garantieerklärung nicht haftbar[335]. Vgl. auch Texte 106 und 250.

98. **D 21, 1, 55**. *Papinianus libro duodecimo responsorum*. Cum sex menses utiles, quibus experiundi potestas fuit, redhibitoriae actioni praestantur, non videbitur potestatem experiundi habuisse, qui vitium fugitivi latens ignoravit: non idcirco tamen dissolutam ignorationem emptoris excusari oportebit.

Papinian im 12. Buch seiner Rechtsgutachten. Da für die Wandlungsklage sechs dienliche Monate gewährt werden, in denen die Klagemöglichkeit bestanden hat, wird es nicht so angesehen werden, dass derjenige die Klagemöglichkeit gehabt hat, der den verborgenen Mangel eines Ausreißers nicht gekannt hat. Deswegen darf trotzdem nicht die liederliche Unwissenheit des Käufers entschuldigt werden.

Kommentar: Eine Fristberechnung als *tempus utile* erfolgt nicht (wie beim so genannten *tempus continuum*) nach Kalendertagen, sondern nach Tagen, an denen die Möglichkeit zur Rechtsverfolgung (*potestas experiundi*) besteht[336]. Die kurze Frist für die Erhebung der *actio redhibitoria* beginnt zwar grundsätzlich *ex die venditionis* bzw. *ex quo dictum promissumve quid sit*[337], doch verneint Papinian die *potestas experiundi*, solange dem Käufer das *vitium fugitivi latens*[338] ohne eigene grobe Fahrlässigkeit unbekannt war: Es liegt eine Anfangshemmung vor[339].

99. **D 21, 1, 58 pr**. *Paulus libro quinto responsorum*. Quaero, an, si servus apud emptorem fugit et in causa redhibitionis esse pronuntiatus fuerit, non prius venditori restitui debeat, quam rerum ablatarum a servo aestimationem praestiterit. Paulus respondit venditorem cogendum non tantum pretium servi restituere, sed etiam rerum ablatarum aestimationem, nisi si pro his paratus sit servum noxae nomine relinquere.

Paulus im 5. Buch seiner Rechtsgutachten. Ich frage: Wenn ein Sklave beim Käufer entlaufen ist und über ihn die Feststellung ergangen ist, dass er sich in einer Redhibitionslage befindet, muss er erst dann dem Verkäufer zurückgestellt werden, wenn dieser den Schätz-

[333] Dazu É. Jakab, Praedicere und cavere 187 ff. mit Nachweisen aus der Urkundenpraxis.

[334] M. Memmer, SZ 107 (1990) 11.

[335] Nur wenn der Verkäufer *temere* versprach, auch für künftige Mängel einzustehen, war er im Rahmen der *actio empti* haftbar: CI 4, 58, 3 (Text 250).

[336] M. Kaser, RPR I 260; M. Schmitz, Die Fristberechnung nach römischem Recht, Hamburg 2002, 244.

[337] Ulp. D 21, 1, 19, 6; dazu B. Kupisch, TR 70 (2002) 46 ff.

[338] Überwiegend wird im *vitium fugitivi latens* die (dem Käufer zunächst nicht erkennbare) Fugitivität oder Fluchtneigung gesehen, abweichend É. Jakab, Praedicere und cavere 145, die im *vitium fugitivi latens* einen anderen Mangel sieht, der wegen der Flucht vom Käufer nicht erkannt werden kann.

[339] R. Zimmermann, Law of Obligations 318; M. Memmer, SZ 107 (1990) 29.

wert der vom Sklaven entwendeten Sachen geleistet hat? Paulus erteilte das Gutachten, der Verkäufer müsse nicht nur gezwungen werden, den Preis des Sklaven zurückzustellen, sondern auch den Schätzwert der entwendeten Sachen, außer er ist bereit, dafür den Sklaven wegen dessen Schadenstat aufzugeben.

Kommentar: Die Stelle nimmt auf folgende Prozesslage im Rahmen der *actio redhibitoria* Bezug[340]: Der *iudex* hatte bereits festgestellt, dass sich der verkaufte Sklave – wohl wegen Fugitivität – in *causa redhibitionis* befindet. Die Verurteilung des Verkäufers war nach der Restitutionsklausel der *actio redhibitoria* davon abhängig, dass zunächst der insoweit vorleistungspflichtige Käufer den Sklaven zurückgestellt hat. Im konkreten Fall war der verkaufte Sklave beim Käufer nicht nur geflohen, sondern hatte auch Sachen des Käufers entwendet. An Paulus war die Frage gerichtet worden, ob der Käufer ein Retentionsrecht [341] hat, d. h. ob er den Sklaven zurückhalten kann, bis der Verkäufer ihm den Wert der entwendeten Sachen ersetzt hat. Paulus gibt darauf keine direkte Antwort[342], sondern geht mit *cogendum* auf den Inhalt der Verpflichtungen des beklagten Verkäufers ein, wie sie im Rahmen des richterlichen *arbitratus* durch ein *iussum* noch während des Verfahrens durchgesetzt werden konnten: Demnach musste der Verkäufer nicht nur den Preis des Sklaven, sondern auch den Wert der entwendeten Sachen erstatten, allerdings hatte der Verkäufer die Möglichkeit, ihm statt Wertersatz für die Sachen (*pro his*) den Sklaven zu überlassen[343]. Dieser Vorgang entspricht vom Ergebnis her[344] einer Rückstellung und anschließenden *noxae deditio*[345]. Der Käufer behielt also den Sklaven (sofern er ihn wiedererlangt hatte) bzw. musste ihn nicht zurückstellen (sofern der Sklave noch immer auf der Flucht war) und konnte den gezahlten Kaufpreis verlangen.

100. **D 21, 1, 58, 1.** *Paulus libro quinto responsorum.* Item quaero, si nolit aestimationem et pretia rerum restituere, an servus retinendus sit et danda sit actio de peculio vel de pretio redhibiti servi ex duplae stipulatione. Paulus respondit de pretio servi repetendo competere actionem etiam ex duplae stipulatione: de rebus per furtum ablatis iam responsum est.

Paulus im 5. Buch seiner Rechtsgutachten. Ebenso frage ich: Wenn der Verkäufer nicht den Schätzwert und die Preise der Sachen erstatten will, ist dann der Sklave zurückzubehalten und muss die Sondergutsklage oder bezüglich des Preises des redhibierten Sklaven die Klage aus der Stipulation auf das Doppelte gewährt werden? Paulus erteilte das Gutachten, dass bezüglich der Rückforderung des Preises auch die Klage aus der Stipulation auf das Doppelte zusteht: Über die durch Diebstahl fortgeschafften Sachen ist bereits ein Gutachten erteilt worden.

[340] G. Impallomeni, L'editto degli edili curuli 170 ff.; L. Manna, Actio redhibitoria 249 f.

[341] A. Bürge, Retentio im römischen Sachen- und Obligationenrecht, Zürich 1979, 204.

[342] Nach G. Impallomeni, L'editto degli edili curuli 171 hätte Paulus ein Retentionsrecht verneint.

[343] Vgl. auch Afr.-Iul. D 47, 2, 62, 2.

[344] P. Mader, SZ 101 (1984) 217; M. Memmer, SZ 107 (1990) 42.

[345] Die *noxae deditio* begegnet ansonsten bei Pönalklagen aus Delikten eines Sklaven: Der Gewalthaber hatte hier die Möglichkeit, sich von der Haftung dadurch zu befreien, dass er den Täter an den Geschädigten auslieferte. Siehe dazu CRRS IV 4. Zur Diskussion um die Echtheit der Passage *noxae nomine* in unserem Fragment und die dahinter stehende Frage, ob es auch bei nichtdeliktischen Klagen eine *noxae deditio* gibt, siehe U. Wesel, SZ 85 (1986) 147 ff. und die dort angeführte Literatur.

Kommentar: Paulus prüft weitere Klagemöglichkeiten des Käufers, wenn der Verkäufer nicht zum Schadenersatz bereit ist. Die schwer erklärbare Stelle wird zum Teil für überarbeitet gehalten[346]. Die *actio de peculio* passt nur dann, wenn man – wie im vorangegangenen ebenso von Paulus stammenden Fragment 57 – von einem Verkauf durch einen Haussohn oder Sklaven ausgeht[347]: Dann ist damit gemeint, dass die Haftung des (mit der *actio redhibitoria* beklagten) Gewalthabers auf die rechnerische Höhe des *peculium* beschränkt ist. Die weiters erwähnte Klage aus einer *stipulatio duplae* passt zu einem Fall, in dem der Verkäufer zusätzlich eine Garantiestipulation abgegeben hatte; dass eine Klage auf den einfachen[348] Preis des redhibierten Sklaven (*de pretio redhibiti servi*) erwähnt wird, kann damit erklärt werden, dass in der Vertragspraxis die auf das *duplum* gehende Stipulation für den Fall der Eviktion mit der Garantiestipulation gegen Sachmängel regelmäßig verbunden worden ist[349] (siehe dazu die Texte 178, 179, 180). Gemeint ist daher mit dem Hinweis eine Klage, die sich auf die regelmäßig mitenthaltene Stipulation ... *fugitivum non esse praestari* stützt; diese geht nicht auf das *duplum*. Am Schluss verweist Paulus nochmals auf seine im Principium (voriger Text) getroffene Entscheidung.

101. **D 21, 1, 58, 2**. *Paulus libro quinto responsorum*. Servum dupla emi, qui rebus ablatis fugit: mox inventus praesentibus honestis viris interrogatus, an et in domo venditoris fugisset, respondit fugisse: quaero, an standum sit responso servi. Paulus respondit: si ei alia indicia prioris fugae non deficiunt, tunc etiam servi responso credendum.

Paulus im 5. Buch seiner Rechtsgutachten. Ich habe einen Sklaven unter einer Stipulation auf das Doppelte gekauft, welcher unter Mitnahme von Sachen entlaufen ist. Bald wurde er gefunden und in Gegenwart ehrenhafter Männer befragt, ob er auch im Haus des Verkäufers geflohen ist, und er antwortete, dass er geflohen ist. Ich frage, ob man bei der Antwort des Sklaven bleiben soll. Paulus erteilte das Gutachten: Wenn auch andere Anzeichen für seine frühere Flucht vorhanden sind, dann ist auch der Antwort des Sklaven zu glauben.

Kommentar: Zum *dupla emi* siehe Kommentar zur der vorigen Stelle. Durch den Nachweis, dass der verkaufte Sklave schon beim Verkäufer geflohen war, stand fest, dass der Mangel der Fugitivität schon im Verkaufszeitpunkt vorhanden war und der Verkäufer daher zu haften[350] hatte, vgl. auch das ursprünglich dazugehörige Paulus-Fragment D 22, 3, 4 (Text 106) und das diokletianische Reskript CI 4, 58, 3 pr (Text 250). Die Befragung des Sklaven zwecks Nachweises der früheren *fuga* findet sich auch in Text 107 = 191.

102. **D 21, 2, 16, 2**. *Pomponius libro nono ad Sabinum*. Si servus, cuius nomine duplam stipulati sumus, evictus fuerit a nobis: ob id quod fugitivus vel sanus non fuerit an agere nihilo minus possimus, quaeritur. Proculus videndum ait, ne hoc quoque intersit, utrum tum evictus sit, cum meus factus non esset, an tum cum meus factus esset: in eo enim casu quo meus factus

[346] R. Monier, Garantie contre vices cachés 103 ff.; M. Kaser, SZ 54 (1934) 177 ff.; R. Röhle, SZ 100 (1983) 743.

[347] So O. Karlowa, Römische Rechtsgeschichte II, Leipzig 1901, 1993; G. Impallomeni, L'editto degli edili curuli 51 f., 171.

[348] Anders P. F. Girard, Mélanges de droit romain II, Paris 1923, 116 FN 1, wonach die Klage auf das *duplum* geht.

[349] Schon E. Rabel, Haftung des Verkäufers wegen Mangel im Rechte, Leipzig 1902, 139 spricht von einer „*stipulatio duplae* im weiteren Sinn"; so auch G. Sacconi, La pluris petitio nel processo formulare, Milano 1977, 97 FN 1; M. Kaser, RPR I 558; É. Jakab, Praedicere und cavere 189.

[350] Es geht auch hier, wie É. Jakab, Praedicere und cavere 189 klargestellt hat, um die Haftung aus Garantiestipulation gegen Sachmängel.

est statim mea interest, quanto ob id deterior est, et quam actionem semel ex stipulatu habere coepi, eam nec evictione nec morte nec manumissione nec fuga servi nec ulla simili causa amitti: at si in bonis meis factus non sit, nihil ob ea quod fugitivus sit pauperior sim, utpote cum in bonis meis non sit. quod si sanum esse, erronem non esse stipulatus essem, tantum mea interesse, quantum ad praesentem usum pertineret, tametsi in obscuro esset (utpote ignorantibus nobis, quamdiu eum habiturus essem et an futurum esset, ut eum quisquam aut a me aut ab eo cui vendidissem cuive similiter promisissem evinceret). summam autem opinionis suae hanc esse, ut tantum ex ea stipulatione consequar, quanti mea intersit aut post stipulationem interfuerit eum servum fugitivum non esse.

Pomponius im 9. Buch zu Sabinus. Wenn der Sklave, bezüglich dessen wir eine Stipulation auf das Doppelte abgeschlossen haben, von uns evinziert wird: Es fragt sich, ob wir deswegen, weil er ein Ausreißer oder nicht gesund gewesen ist, nichtsdestoweniger klagen können. Proculus sagt, es ist zu prüfen, ob nicht auch ein Unterschied darin besteht, ob er zu einem Zeitpunkt evinziert worden ist, als er nicht in mein Eigentum übergegangen ist, oder zu einem Zeitpunkt, als er mein Eigentum geworden ist. Denn in dem Fall, in dem er mein Eigentum geworden ist, habe ich sofort ein Interesse in dem Ausmaß, um wie viel er deswegen schlechter ist, und die Klage, die ich einmal aus der Stipulation zu haben begonnen habe, geht weder durch Eviktion noch durch Tod noch durch Freilassung noch durch Flucht des Sklaven noch aus irgendeinem ähnlichen Grund verloren: Aber wenn er nicht in mein Vermögen übergegangen ist, bin ich deswegen, weil er ein Ausreißer ist, um nichts ärmer, da er ja nicht in meinem Vermögen ist. Wenn ich mir habe versprechen lassen, dass er gesund bzw. dass er kein Herumstreuner ist, dann ist mein Interesse so groß, wie es sich auf den gegenwärtigen Nutzen erstreckt, auch wenn das im Unklaren ist (wie z. B. wenn wir nicht wissen, wie lange ich ihn haben werde oder ob es geschehen wird, dass ihn jemand von mir oder von demjenigen evinziert, dem ich ihn verkauft habe und dem ich in ähnlicher Weise versprochen habe). Der Hauptpunkt seiner Meinung liegt darin, dass ich nur so viel aus der Stipulation erlange, wie viel mein Interesse ausmacht oder nach der Stipulation ausgemacht hat, dass dieser Sklave kein Ausreißer ist.

Kommentar: Der Stelle[351] liegt folgender Sachverhalt zugrunde: V hatte an K einen Sklaven verkauft, der in Wahrheit dem E gehört. Zusätzlich zum Kaufvertrag hatte sich der Käufer K durch Stipulation einerseits die Mangelfreiheit (z. B. *sanum esse, fugitivum non esse*) zusichern lassen, andererseits eine *stipulatio duplae* für den Fall der Eviktion[352] geschlossen. Im hier behandelten Fall hatte der gekaufte Sklave nun sowohl einen Sachmangel (z. B. Krankheit, Fugitivität) als auch einen Rechtsmangel; es ist damit zu rechnen, dass der wahre Eigentümer E auch tatsächlich initiativ wird; wenn er gegen K erfolgreich klagt, so dass K dadurch den ungestörten Besitz am Kaufobjekt verliert, liegt eine Eviktion vor.

Es stellt sich die Frage, ob neben der erfolgten Eviktion, deretwegen der Verkäufer aus der *stipulatio duplae* schon auf den doppelten Kaufpreis haftete, noch der jeweilige Sachmangel geltend gemacht und – gestützt auf die jeweilige Stipulation – zusätzlich das Interesse an der Mangelfreiheit begehrt werden kann. Die von Proculus mit *videndum sit* erwogene[353] Differenzierung stellt nach dem Wortlaut zunächst darauf ab, ob der Sklave in das Eigentum des Käufers übergegangen ist oder nicht (*meus factus non esset – meus factus esset*), im

[351] Eingehende Exegese zuletzt bei J.-F. Gerkens, Aeque perituris 252 ff. samt umfangreicher Literatur.

[352] Zum Formular der *stipulatio duplae* siehe FN 85. Zur Vertragspraxis vgl. auch die Texte 178, 179, 180.

[353] Zur Bedeutung von *videndum/videamus ne* als motivierende Erwägung siehe H. E. Pool, SZ 100 (1983) 456.

weiteren Fortgang wird allerdings der Terminus *in bonis meis non sit* verwendet. Diese Divergenz sowie der Umstand, dass bei Eigentum des Käufers eine Eviktion schwer vorstellbar ist[354], hat zu Interpolationsannahmen und verschiedenen Erklärungsversuchen geführt[355]. Jedenfalls stellt bei Zugehörigkeit zum Käufervermögen der Sachmangel eine Wertminderung (*quanto ob id vitium deterior est*) dar, die sofort geltend gemacht werden kann: Die einmal damit erworbene *actio ex stipulatu* geht durch eine nachfolgende Eviktion nicht mehr verloren. Ist der Sklave nicht *in bonis* des Käufers, so ist dieser zwar nicht von einer Wertminderung betroffen und kann diese nicht geltend machen, wohl aber den Schaden *quantum ad praesentem usum*, auch dies unabhängig von einer später allenfalls erfolgenden Eviktion. Vgl. auch Text 94.

103. **D 21, 2, 21, 3**. *Ulpianus libro vicesimo nono ad Sabinum*. Idem Iulianus eodem libro scribit, si lite contestata fugerit homo culpa possessoris, damnatus quidem erit possessor, sed non statim eum ad venditorem regressurum et ex duplae stipulatione acturum, quia interim non propter evictionem, sed propter fugam ei hominem habere non licet: plane, inquit, cum adprehenderit possessionem fugitivi, tunc committi stipulationem Iulianus ait. nam et si sine culpa possessoris fugisset, deinde cautionibus interpositis absolutus esset, non alias committeretur stipulatio, quam si adprehensum hominem restituisset. ubi igitur litis aestimationem optulit, sufficit adprehendere: ubi cavit, non prius, nisi restituerit.

Ulpian im 29. Buch zu Sabinus. Derselbe Julian schreibt im selben [43.] Buch: Wenn nach Prozessbegründung der Sklave durch Verschulden des Besitzers entflohen ist, wird der Besitzer zwar verurteilt werden, aber er kann nicht sofort Regress gegenüber dem Verkäufer nehmen und aus der Stipulation auf das Doppelte klagen, weil ihm der ungestörte Besitz am Sklaven nicht wegen der Eviktion, sondern wegen der Flucht fehlt. Freilich, so sagt Julian, wenn er den Besitz am flüchtigen Sklaven erlangt hat, dann verfällt die Stipulation. Denn auch wenn er ohne Verschulden des Käufers geflohen wäre, dieser dann nach Leistung von Sicherheitsversprechen freigesprochen worden wäre, würde die Stipulation nur dann verfallen, wenn er den Sklaven nach Ergreifung restituiert hätte. Sofern er also den Schätzwert des Streitgegenstandes geleistet hat, genügt die Ergreifung; sofern er Sicherheit geleistet hat, [wird er] erst dann [aus der Stipulation klagen können], wenn er den Sklaven restituiert hat.

Kommentar: Hintergrund der Stelle[356] ist folgender schon von Julian beurteilter Sachverhalt: E ist Eigentümer eines Sklaven. Dieser Sklave ist vom nichtberechtigten Verkäufer V an den Käufer K verkauft und auch übergeben worden, daher wird der Käufer K in der Stelle als *possessor* = Besitzer bezeichnet. Gleichzeitig mit dem Kaufvertrag hat der Verkäufer V mit dem Käufer K eine *stipulatio duplae* abgeschlossen, in der er sich verpflichtet, im Fall der

[354] D. Medicus, Id quod interest 116.

[355] Ersitzungsbesitz (*possessio ad usucapionem*) bzw. *in bonis esse* aufgrund einer bloßen *traditio* (ohne *mancipatio*) des Sklaven: O. Lenel, Paling. Pomp. Nr. 559 FN. 4; D. Medicus, Id quod interest 116; G. Thür, SZ 89 (1972) 369 FN 35; R. Willvonseder, Condicio sine qua non 152 f.; J.-F. Gerkens, Aeque perituris 270. H. Ankum/M. van Gessel-de Roo/E. Pool, SZ 105 (1988) 350 f. sehen in den Ausdrücken *meus factus est* und dessen Verneinung *meus factus non est* und *in bonis meis factus non sit* eine synonyme Eigentumsterminologie im weiteren Sinn.

[356] Textkritische Bemerkungen finden sich bei F. Haymann, Haftung des Verkäufers 86 f., G. v. Beseler, SZ 66 (1948) 353; H. J. Wolff, Festschrift Fritz Schulz II, Weimar 1951, 161; L. Chiazzese, Iusiurandum in litem 58 ff. Für Klassizität der Differenzierung und Entscheidung S. Schipani, Responsabilità del convenuto 56 ff.; A. M. Giomaro, Cautiones iudiciales e officium iudicis 82 f.; A. Wacke, Festschrift Hubert Niederländer, Heidelberg 1991, 152 ff.; ders., Sem. Comp. 4 (1992) 171 ff.

Eviktion[357] den doppelten Kaufpreis zu erstatten[358]. Nun klagt E den K mit der Eigentumsklage (*rei vindicatio*) auf Herausgabe des ihm gehörigen Sklaven, der beklagte K kann aber den Sklaven nicht mehr an Kläger E restituieren, weil dieser nach Prozessbegründung geflohen ist.

Die im Text behandelten Fragen betreffen einerseits den Eigentumsprozess (*rei vindicatio*) zwischen E und K, andererseits den auf die *stipulatio duplae* gestützten Regressprozess von K gegen V.

Im Eigentumsprozess kommt es darauf an, ob den K ein Verschulden (*culpa*) an der Flucht des eingeklagten Sklaven trifft oder nicht. Im ersten Fall wird K auf den Schätzwert (*litis aestimatio*) verurteilt und hat diesen an E zu leisten, im zweiten Fall wird er *cautionibus interpositis* freigesprochen: Damit ist vor allem die *cautio de restituendo* gemeint[359], wie sie ebenfalls von Julian in einer vergleichbaren Situation in Text 11 erwähnt wird. K musste sich in Stipulationsform (= durch förmliches mündliches Leistungsversprechen) verpflichten, bei Wiedererlangung den Sklaven an E zu restituieren.

Vor diesem Hintergrund wird entschieden, unter welchen Voraussetzungen K gegen V Eviktionsregress nehmen[360], d. h. die Erstattung des doppelten Kaufpreises begehren kann. Ist K im Eigentumsprozess verurteilt worden, so kann er nicht sogleich Regress nehmen, sondern erst nach Ergreifung des Sklaven, da zunächst der Verlust des *habere licere* des K nicht auf der Eviktion (der erfolgreichen Klage des E), sondern auf der Flucht beruht[361]. Wird der Sklave ergriffen und kommt er damit zu K zurück, so muss K den Sklaven nicht an E restituieren, weil die Zahlung der *litis aestimatio* an E als kaufähnlicher Vorgang zwischen E und K gesehen wird[362]. Damit beruht bei Wiedererlangung das *habere licere* des K am Sklaven aber nicht mehr auf dem Kauf von V, sondern auf der Zahlung der *litis aestimatio*[363]: Somit kommt es zum Verfall (*committi*) der *stipulatio duplae*, d. h. das *duplum* wird zur Zahlung fällig und klagbar[364].

Ist K hingegen im Eigentumsprozess nach Kautionsleistung freigesprochen worden, so kann er erst dann bei V Eviktionsregress auf das *duplum* nehmen, wenn er nach der Ergreifung des

[357] Unter Eviktion versteht man die erfolgreiche Klageführung eines Dritten gegen den Käufer mit einer dinglichen Klage.

[358] Zum Formular der *stipulatio duplae* siehe FN 85.

[359] So auch M. Wimmer, Besitz und Haftung des Vindikationsbeklagten 57; anders S. Schipani, Responsabilità del convenuto 57 FN 5, der an die *cautio de persequenda re* denkt.

[360] Dazu G. Wesener, Labeo 11 (1965) 356; G. Calonge, Evicción. Historia del concepto y análisis de su contenido en el Derecho romano clássico, Salamanca 1968, 76 f.

[361] Die Kausalität der Eviktion für den Verlust des *habere licere* kommt auch in Julians „eleganter" Definition in § 1 unseres Fragments zum Ausdruck: *duplae stipulationem tunc committi, quotiens res ita amittitur, ut eam emptori habere non liceat propter ipsam evictionem*. Daher sind die Kausalitätserwägungen im § 3 durchaus angebracht: R. Willvonseder, Condicio sine qua non 154 f.; A. Wacke, Festschrift Hubert Niederländer, Heidelberg 1991, 153.

[362] Vgl. Ulp.-Iul. D 6, 2, 7, 1: *Si lis fuerit aestimata, similis est venditioni*; Ulp. D 41, 4, 3: *Litis aestimatio similis est emptioni*; Paul. D 6, 1, 46. A. Ehrhardt, Litis aestimatio im römischen Formularprozeß. Eine Untersuchung der materiellrechtlichen Folgen der Geldverurteilung, München-Berlin 1934; M. Pennitz, Der „Enteignungsfall" im römischen Recht der Republik und des Prinzipats, Wien-Köln-Weimar 1991, 306 ff.

[363] In § 2 unseres Fragments heißt es: *prope enim hunc ex secunda emptione, id est ex litis aestimatione, emptori habere licet, non ex pristina.*

[364] Vgl. auch Pomp. D 21, 2, 16, 1: *Duplae stipulatio committi dicitur tunc, cum... vel damnatus est litis aestimatione,...*

Sklaven diesen gemäß der eingegangenen *cautio* an E restituiert hat. Denn erst in diesem Moment verliert K das *habere licere* aufgrund der Eviktion.

104. **D 21, 2, 32 pr**. *Ulpianus libro quadragesimo sexto ad Sabinum.* Quia dicitur, quotiens plures res in stipulationem deducuntur, plures esse stipulationes, an et in duplae stipulatione hoc idem sit, videamus. cum quis stipulatur „fugitivum non esse, erronem non esse" et cetera quae ex edicto aedilium curulium promittuntur, utrum una stipulatio est an plures? et ratio facit, ut plures sint.

Ulpian im 46. Buch zu Sabinus. Weil gesagt wird, wenn mehrere Gegenstände in eine Stipulation aufgenommen werden, dass dann mehrere Stipulationen vorliegen, so wollen wir prüfen, ob dasselbe auch bei der Stipulation auf das Doppelte gilt. Wenn sich jemand versprechen lässt „dass [der verkaufte Sklave] kein Ausreißer ist, dass er kein Herumstreuner ist" und das Übrige, was gemäß dem Edikt der kurulischen Ädilen versprochen wird, liegt dann eine Stipulation vor oder sind es mehrere? Und die logische Überlegung führt dazu, dass es mehrere sind.

Kommentar: Ulpian bezieht sich auf die auch an anderen Orten überlieferte[365] *regula „tot stipulationes quot res"*, wonach bei Aufnahme mehrerer Leistungsinhalte in ein einziges mündliches Formular (*Spondes-ne ...? – Spondeo*) eine Zerlegung in mehrere Einzelstipulationen erfolgte[366]. Bei der erwähnten *stipulatio duplae* handelt es sich um die auch in der Vertragspraxis (Texte 178, 179, 180) kombinierte Stipulation gegen Sach- und Rechtsmängel[367] (vgl. auch die *duplae stipulatio* in Text 100 und *dupla emi* in Text 101: *stipulatio duplae* „im weiteren Sinn"[368]). Daher wurden auch die in dem Formular gemeinsam erfassten Sachmängel als Gegenstand mehrerer Stipulationen angesehen.

105. **D 21, 2, 32, 1**. *Ulpianus libro quadragesimo sexto ad Sabinum.* Ergo et illud procedit, quod Iulianus libro quinto decimo digestorum scribit. egit, inquit, quanti minoris propter fugam servi, deinde agit propter morbum: id agendum est, inquit, ne lucrum faciat emptor et bis eiusdem vitii aestimationem consequatur. fingamus emptum decem, minoris autem empturum fuisse duobus, si tantum fugitivum esse scisset emptor: haec consecutum propter fugam mox comperisse, quod non esset sanus: similiter duobus minoris empturum fuisse, si de morbo non ignorasset: rursus consequi debebit duo: nam et si de utroque simul egisset, quattuor esset consecuturus, quia eum forte, qui neque sanus et fugitivus esset, sex tantum esset empturus. secundum haec saepius ex stipulatu agi poterit: neque enim ex una stipulatione, sed ex pluribus agitur.

Ulpian im 46. Buch zu Sabinus. Daher findet auch das Anwendung, was Julian im 15. Buch der Digesten schreibt: Jemand hat, so sagt er, mit der Minderungsklage wegen der Flucht des Sklaven geklagt, dann klagt er wegen einer Krankheit. Es ist so zu verfahren, sagt er, dass der Käufer keinen Gewinn macht und nicht zweimal wegen desselben Mangels Preisminderung erlangt. Nehmen wir an, der Sklave ist um 10 gekauft worden, er wäre aber um 2 weniger gekauft worden, wenn der Käufer nur gewusst hätte, dass er ein Ausreißer ist.

[365] Vgl. auch D 45, 1, 29 pr; 45, 1, 83, 4; 45, 1, 86; 45, 1, 134, 3; 45, 1, 140 pr.

[366] B. Schmidlin, Die römischen Rechtsregeln, Köln-Wien 1970, 73; R. Knütel, SZ 92 (1975) 134 f.; M. Dobbertin, Zur Auslegung der Stipulation im klassischen römischen Recht, Zürich 1987, 92; É. Jakab, Praedicere und cavere 235.

[367] G. Sacconi, La pluris petitio nel processo formulare, Milano 1977, 97 FN 1; anders É. Jakab, Praedicere und cavere 297 f., welche darin eine prozessbegründende ädilizische Stipulation sieht.

[368] Im engeren Sinn ist die *stipulatio duplae* nur auf den Fall der Eviktion bezogen.

Nachdem er das wegen der Flucht erlangt hat, habe er bald erfahren, dass er nicht gesund ist. In ähnlicher Weise hätte er ihn um 2 weniger gekauft, wenn er über die Krankheit nicht in Unkenntnis gewesen wäre: Er wird nochmals 2 erlangen müssen. Denn auch wenn er gleichzeitig hinsichtlich beider Mängel geklagt hätte, hätte er 4 erlangt, weil er vielleicht einen Sklaven, der nicht gesund und außerdem ein Ausreißer ist, nur um 6 gekauft hätte. Demgemäß wird die Klage aus Stipulation mehrmals angestellt werden können: Denn es wird nicht aus einer, sondern aus mehreren Stipulationen geklagt.

Kommentar: Ulpian führt erst im Schlussteil von § 1 den im pr entwickelten Gedanken fort: Wegen der Zerlegung in mehrere Stipulationen kann auch mehrfach geklagt werden; eine Konsumption der *actio* ist jedenfalls ausgeschlossen[369]. Davor bringt Ulpian als zusätzliches Argument zur Stützung seiner Ansicht eine auch anderweitig (Text 90) überlieferte Entscheidung Julians, die sich allerdings nicht auf Klagen aus einer Stipulation, sondern auf die *actio quanti minoris* bezieht: Bei Vorliegen mehrerer Sachmängel kann wegen jedes einzelnen Mangels auch sukzessive Preisminderung begehrt werden, insgesamt darf aber der Käufer bei gesonderter Geltendmachung nicht mehr erlangen als bei einheitlicher Durchsetzung[370].

106. **D 22, 3, 4**. *Paulus libro sexto responsorum*. Respondit emptorem probare debere, eum servum de quo quaeritur antequam emeret fugisse.

Paulus im 6. Buch seiner Rechtsgutachten. Er erteilte das Gutachten: Der Käufer muss beweisen, dass der fragliche Sklave geflohen ist, bevor er ihn gekauft hat.

Kommentar: Der Verkäufer hatte nur für die bei Kaufabschluss (vgl. Text 67: *cum veniret*) vorhandenen Mängel, nicht aber für später eingetretene Verschlechterungen einzustehen[371]. Den Käufer als Kläger traf die Beweislast dafür, dass die Fugitivität schon im Verkaufszeitpunkt vorlag (vgl. auch Text 250).

107. **D 22, 3, 7**. *Paulus libro secundo sententiarum*. Cum probatio prioris fugae deficit, servi quaestioni credendum est: in se enim interrogari, non pro domino aut in dominum videtur.

Paulus im 2. Buch der Sentenzen. Wenn der Beweis der früheren Flucht nicht gelungen ist, ist der Befragung des Sklaven zu glauben: Denn es wird so angesehen, dass er zu sich selbst, nicht für oder gegen den Eigentümer befragt wird.

Kommentar: Der Sentenzenverfasser sieht die Befragung über eine allfällige Flucht schon beim Verkäufer nicht als unstatthaftes Verhör gegen den eigenen *dominus*[372], sondern als eine Befragung zu einem Fehlverhalten des Sklaven selbst (*in se*). In Text 101 verlangt Paulus eine Befragung *praesentibus honestis viris*.

Der Text ist auch in den Paulus-Sentenzen 2, 17, 12 (Text 191) überliefert.

108. **D 24, 1, 31, 4 - 5**. *Pomponius libro quarto decimo ad Sabinum*. Si vir uxori vel contra quid vendiderit vero pretio et donationis causa paciscantur, ne quid venditor ob eam rem praestet, videndum est, quid de ea venditione agatur, utrum res venierit et totum negotium valeat, an

[369] G. Impallomeni, L'editto degli edili curuli 46 f.; R. Knütel, SZ 92 (1975) 135.

[370] Vgl. D. Medicus, Id quod interest 111.

[371] St. Weyand, BIDR 51 (1958) 248.

[372] Dazu D. Liebs, BIDR 83 (1980) 147 ff.

vero ut ea sola pactio irrita sit, quemadmodum irrita esset, si post contractam emptionem novo consilio inito id pacti fuisset actum. et verius est pactum dumtaxat irritum esse. § 5. Idem dicemus, si donationis causa pacti sint, ne fugitivum aut erronem praestent, id est integras esse actiones aedilicias et ex empto.

Pomponius im 14. Buch zu Sabinus. Wenn ein Mann seiner Frau oder umgekehrt eine Frau ihrem Mann etwas zu einem wahren Preis verkauft hat und sie schenkungshalber vereinbart haben, dass der Verkäufer diesbezüglich für nichts einstehen soll, so ist zu prüfen, was hinsichtlich dieses Verkaufs vereinbart wird, ob eine Sache verkauft worden ist und das ganze Geschäft gültig ist, oder aber, ob bloß die Abrede ungültig ist, so wie sie ungültig wäre, wenn nach Kaufvertragsabschluss das durch neue Willensentscheidung vereinbart worden wäre. Und es ist richtiger, dass nur die Abrede ungültig ist. § 5. Dasselbe werden wir sagen, wenn [die Eheleute] schenkungshalber vereinbart haben, dass sie nicht dafür einstehen, dass [der verkaufte Sklave] kein Ausreißer oder Herumstreuner ist, d. h. die ädilizischen Klagen und die Klage aus dem Kaufvertrag bleiben aufrecht.

Kommentar: Hintergrund der Stelle ist das Schenkungsverbot unter Ehegatten. Im Fall von § 4 haben Ehegatten etwas untereinander verkauft und *in continenti* d. h. beim Abschluss des Kaufvertrages schenkungsweise einen Haftungsausschluss vereinbart. Pomponius zerlegt das Geschäft in zwei Akte[373], nämlich in den (wegen des *pretium verum* unbedenklichen) Kaufvertrag und in die schenkungsweise getätigte Abrede des Haftungsausschlusses: Nur diese ist wegen des Verstoßes gegen das Schenkungsverbot ungültig (*irritum*)[374]. Daran knüpft der hier interessierende § 5 an und sieht mit *idem dicemus* dieselbe Rechtsfolge vor, wenn zwischen Ehegatten ein Sklave verkauft worden ist und schenkungsweise durch *pactum* die Haftung für Fugitivität und Neigung zum Herumstreunen ausgeschlossen worden ist. Wegen der Unwirksamkeit dieses *pactum* bleiben dem kaufenden Ehegatten die ädilizischen Klagen – nämlich *actio redhibitoria* und *actio quanti minoris* (dazu Einleitung S. 25 ff.) erhalten.

109. **D 24, 3, 25, 3.** *Paulus libro trigesimo sexto ad edictum.* Si qui dotalium servorum in fuga erunt, cavere debebit maritus se eos viri boni arbitratu persecuturum et restituturum.

Paulus im 36. Buch zum Edikt. Wenn einige von den Mitgiftsklaven auf der Flucht sein werden, wird der Mann dafür Sicherheit leisten müssen, dass er sie nach dem Ermessen eines redlichen Mannes verfolgen und zurückstellen wird.

Kommentar: Die Stelle bezieht sich auf die *actio rei uxoriae*, mit der die Frau nach Auflösung der Ehe die Rückstellung der Mitgiftsachen begehren konnte. Aufgrund der in der Formel enthaltenen Klausel *quod eius melius aequius erit* wird diese Klage den *bonae-fidei-iudicia* zugerechnet[375]: Der Richter hat dabei einen weiten Ermessensspielraum und kann somit im Rahmen seines *officium*[376] dem Beklagten auch *cautiones* (Sicherheitsversprechen in

[373] Die gleiche Problematik stellt sich, wenn bei einem Verkauf zwischen Ehegatten nicht der wahre Preis bezahlt werden soll: Ist das ein Kaufvertrag mit einem zu niedrigen Kaufpreis oder ein Kaufvertrag zu einem *pretium verum* und zusätzlichen schenkungsweisen Teilerlass des Preises? Dazu K. Misera, Der Bereicherungsgedanke bei der Schenkung unter Ehegatten, Köln-Wien 1974, 120 ff.

[374] J. M. J. Chorus, Handelen in strijd met de wet, Zwolle 1976, 57.

[375] Gai. Inst 4, 62; A. Söllner, Actio rei uxoriae, Köln-Wien 1969, 141 ff.

[376] A. M. Giomaro, Cautiones iudiciales e officium iudicis 57 FN 35.

Stipulationsform) auferlegen[377]. Ähnlich wie bei anderen Klagen, bei denen wegen der Flucht von Sklaven eine Rückstellung nicht möglich war, wird hier eine *cautio de persequendo et restituendo* verwendet (vgl. Einleitung S. 20 und Texte 8, 87, 287), d. h. der Mann hatte sich zu verpflichten, die objektiv gebotenen[378] Schritte zur Verfolgung der derzeit flüchtigen Sklaven zu setzen und diese bei Wiedererlangung an die Frau zu restituieren.

110. **D 29, 5, 1, 31**. *Ulpianus libro quinquagesimo ad edictum*. Cum dominus in itinere esset occisus, de his, qui una cum eo fuerunt cum occideretur vel, cum una fuissent, profugerunt, supplicium sumendum est. quod si cum domino nemo fuit cum occideretur, cessant ista senatus consulta.

Ulpian im 50. Buch zum Edikt. Wenn der Eigentümer auf der Reise getötet worden ist, ist die Hinrichtung an den Sklaven zu vollziehen, die zum Zeitpunkt der Ermordung bei ihm waren, oder, als sie bei ihm waren, geflohen sind. Wenn aber zum Zeitpunkt der Ermordung niemand mit dem Eigentümer zusammen war, finden diese Senatsbeschlüsse keine Anwendung.

Kommentar: Dieser und die folgenden Texte beziehen sich auf das SC Silanianum (10 n. Chr.)[379]. Es bestimmte, dass Sklaven, die bei der Ermordung ihres Herren mit ihm unter demselben Dach (*sub eodem tecto*) waren, hingerichtet werden sollen[380]. Dazu soll das ganze anwesende Gesinde (*familia servorum*) einem Verhör unter Folter (*quaestio*) unterzogen werden; erst danach durfte es zur Testamentseröffnung kommen[381]. Die Folterung und Hinrichtung der Sklaven eines Ermordeten entsprach einem *vetus mos* und fand sich auch in der *lex Cornelia de sicariis et veneficiis* aus dem Jahr 81 v. Chr. (dazu Texte 113, 114). Die Juristen haben in ihren Einzelfallentscheidungen durch Interpretation vor allem den persönlichen[382] und örtlichen Anwendungsbereich des SC herausgearbeitet. Der vorliegende Text erweitert[383] den örtlichen Anwendungsbereich[384] auf eine Ermordung *in itinere*: Bestraft werden die mitreisenden Sklaven, die Hilfe unterlassen haben oder geflohen sind. Vgl. Text 194.

[377] A. Söllner, Actio rei uxoriae, Köln-Wien 1969, 86, 154 FN 3. Gerade im hier behandelten Fragment geht Paulus mehrfach auf solche *cautiones* ein. In § 1 erwähnt er eine *cautio de dolo malo et culpa* des Mannes, in § 4 gegenseitige *cautiones* für den Fall, dass ein Mitgiftgrundstück vom Mann auf 5 Jahre verpachtet, die Ehe aber schon nach dem ersten Pachtjahr geschieden worden war: Die Frau musste sich gegenüber dem Mann zur Schadloshaltung verpflichten, falls er gegenüber dem Pächter verurteilt wird, der Mann musste sich gegenüber der Frau verpflichten, Zinseinnahmen ab dem 2. Jahr an die Frau abzuführen.

[378] Maßstab ist der *arbitratus boni viri*. Als Kriterium zur Inhaltsbestimmung einer Stipulationsverpflichtung begegnet dieser Maßstab auch in Ulp. D 7, 1, 13 pr (zur *cautio usufructuaria*). Vgl. auch Ulp. D 50, 16, 73 (zum Versprechen *eam rem recte restitui*).

[379] Dazu D. Dalla, Senatus Consultum Silanianum, Milano 1980; O. Robinson, SZ 98 (1981) 233 ff.

[380] Ein berühmter Anwendungsfall ist die Ermordung des Stadtpräfekten Pedanius Secundus im Jahr 61 n. Chr.; Tac. Ann. 14, 42 ff.; dazu J. G. Wolf, Das Senatusconsultum Silanianum und die Senatsrede des C. Cassius Longinus aus dem Jahre 61 n. Chr., Heidelberg 1988 (= SBer der Heidelberger Akademie der Wissenschaften, Phil.-hist. Klasse 1988/2).

[381] Ulpian geht darauf im Rahmen der Kommentierung der Ediktsbestimmung *quorum testamenta ne aperiantur* (O. Lenel, EP § 169) ein.

[382] Hier kommen sie zu zahlreichen Einschränkungen, dazu O. Robinson, SZ 98 (1981) 234 f.

[383] D. Dalla, Senatus Consultum Silanianum 125 f.

[384] Im Schlusssatz wird von *ista senatus consulta* in der Mehrzahl gesprochen. Das hängt damit zusammen, dass der Regelungskomplex, der den Gegenstand des Ulpiankommentars bildet, aus mehreren Senatus Consulta bestand. Siehe dazu auch D. Dalla, Senatus Consultum Silanianum 1 ff.

111. **D 29, 5, 3, 12**. *Ulpianus libro quinquagesimo ad edictum.* Si quis quem eorum servum servamve ex ea familia, qui eius facinoris noxius erit, receperit vel celaverit sciens dolo malo, in ea causa est, ac si lege quae de sicariis lata est facinoris noxius fuerit.

Ulpian im 50. Buch zum Edikt. Wenn jemand einen Sklaven oder eine Sklavin aus dem Gesinde, welches dieses Verbrechens schuldig ist, wissentlich in böser Absicht aufgenommen oder versteckt hat, dann befindet er sich in der Lage, wie wenn er nach der *lex de sicariis* eines Verbrechens schuldig ist.

Kommentar: Die Aufnahme von flüchtigen Sklaven, die zur *familia servilis* eines Ermordeten gehören, gilt als Form der Mittäterschaft nach der Tat[385] und führt zu einer Bestrafung nach der *lex Cornelia de sicariis*. Außerhalb dieses Sondertatbestandes fällt die Aufnahme und das *celare* von *servi fugitivi* unter *furtum*[386], *plagium*[387] oder *corruptio servi*[388].

112. **D 29, 5, 3, 17**. *Ulpianus libro quinquagesimo ad edictum.* De his, qui antequam testamentum occisi occisaeve aperiretur profugissent posteaque aperto testamento liberi scripti invenirentur, perinde ac si de servis quaestio habenda suppliciumque sumendum est: nam est aequissimum ultioni dominorum non obstare indulgentiam ipsorum, quam quisque pleniorem esset expertus, eo graviorem sceleri suo poenam merebitur.

Ulpian im 50. Buch zum Edikt. Über diejenigen [Sklaven], die vor der Eröffnung des Testaments des ermordeten Eigentümers oder der ermordeten Eigentümerin geflohen waren und die sich bei der Testamentseröffnung als mit der Freiheit bedacht herausstellten, muss ebenso wie über Sklaven ein Verhör abgehalten und die Todesstrafe vollzogen werden: Denn es ist höchst angemessen, dass der Rache für die Eigentümer nicht die Vergünstigung durch sie selbst entgegensteht, und umso mehr jeder einzelne [Sklave] diese erfahren hat, desto schärfer wird er die Strafe für sein Verbrechen verdienen.

Kommentar: Im Fall einer Flucht vor Testamentseröffnung werden die testamentarisch Freigelassenen den Sklaven gleichgestellt. Eine ähnliche Regelung fand sich schon zuvor in der *lex Cornelia de sicariis* (Text 114).

113. **D 29, 5, 25 pr**. *Gaius libro septimo decimo ad edictum provinciale.* Lege Cornelia cavetur de praemio accusatoris, qui requisivit et renuntiavit eos servos, qui ex ea familia ante quaestionem fugerint, ut in singulos servos quos convicerit quinque aureos ex bonis occisi aut, si inde redigi ea quantitas non possit, ex publico accipiat. quod praemium non in omnes servos, qui sub eodem tecto locove fuerint, sed in eos solos, qui caedem admisissent, accusatori tribuitur.

Gaius im 17. Buch zum Provinzialedikt. In der *lex Cornelia* gibt es eine Bestimmung über die Belohnung des Anklägers, der diejenigen Sklaven gesucht und angezeigt hat, die aus dem Gesinde vor der peinlichen Befragung geflohen sind. Er soll für jeden einzelnen Sklaven, den er überführt hat, 5 *aurei* aus dem Vermögen des Ermordeten, oder, wenn diese Summe daraus nicht aufgebracht werden kann, aus der Staatskasse erhalten. Diese Belohnung wird dem Ankläger nicht für alle Sklaven gewährt, die [mit dem Ermordeten] unter demselben Dach oder am selben Ort gewesen sind, sondern nur für diejenigen, die den Mord begangen haben.

[385] Th. Mommsen, Römisches Strafrecht 627 FN 5.
[386] Vgl. Texte 30, 165, 261; Einleitung S. 12.
[387] Vgl. Einleitung S. 13.
[388] Vgl. Einleitung S. 15.

Kommentar: Dieser Text[389] gibt noch die Prozedur nach der *lex Cornelia de sicariis et veneficiis* (81 v. Chr.) wieder[390]. Zur Hinrichtung kam es nur, wenn die beschuldigten Sklaven auch in einem prozessförmigen Verfahren überführt (*convicti*) worden sind[391]. Die Prämie gebührte dem Ankläger[392] auch als Ausgleich für das von ihm zu tragende Prozessrisiko. Die hier genannte Summe betrug ursprünglich 500 HS[393] und wurde von Justinian durch 5 *aurei* ersetzt[394].

114. **D 29, 5, 25, 1**. *Gaius libro septimo decimo ad edictum provinciale.* Praeterea cavetur, ut de his, qui ante quaestionem habitam fugerint, si aperto testamento liberi scripti inveniantur, lege de sicariis iudicium fiat ita, ut ex vinculis causam dicant et convicti perinde ac servi puniantur et ei qui convicerit deni aurei praemii nomine darentur ex bonis damnati.

Gaius im 17. Buch zum Provinzialedikt. Außerdem findet sich folgende Bestimmung über diejenigen, die vor Abhaltung des Verhörs geflohen sind: Wenn sich bei der Testamentseröffnung herausstellt, dass sie freigelassen sind, soll ein Prozess nach der *lex de sicariis* in der Weise erfolgen, dass sie ihre Verteidigung in gefesseltem Zustand führen und bei Überführung so wie Sklaven bestraft werden. Demjenigen, der sie überführt hat, sollen als Belohnung zehn *aurei* aus dem Vermögen des Verurteilten gegeben werden.

Kommentar: Bereits die *lex Cornelia de sicariis* stellte – wie auch später das *SC Silanianum* (Text 112) – den Sklaven die testamentarisch Freigelassenen gleich, wenn sie vor dem Verhör (*quaestio*) geflohen waren. Die Anklägerbelohnung war im ursprünglichen Text mit 1000 HS angegeben.

115. **D 30, 39 pr**. *Ulpianus libro vicesimo primo ad Sabinum.* Cum servus legatus in fuga esset vel longinquo absens exigatur, operam praestare heres debet, ut eam rem requirat et praestet, et ita Iulianus scribit. nam et sumptum an in hanc rem facere heres deberet, Africanus libro vicesimo epistularum apud Iulianum quaerit putatque sumptum praestandum. quod et ego arbitror sequendum.

Ulpian im 21. Buch zum Edikt. Wenn ein vermachter Sklave sich auf der Flucht befindet oder als ein sehr weit abwesender gefordert wird, muss sich der Erbe bemühen, dass er ihn auffindet und leistet, und so schreibt auch Julian. Denn auch ob der Erbe in dieser Angelegenheit einen Aufwand zu machen hat, das fragt Afrikan im 20. Buch seiner Briefe bei Julian und meint, dass der Aufwand zu leisten ist; auch ich bin der Meinung, dass man dem folgen muss.

[389] Aus diesem und dem folgenden Text wurde von W. Kunkel, Untersuchungen zur Entwicklung des römischen Kriminalverfahrens in vorsullanischer Zeit, München 1962, 70 und D. Nörr, Causa mortis, München 1986, 89 abgeleitet, dass die *lex Cornelia de sicariis* schon unter Sulla als allgemeines Mordgesetz verstanden worden ist; E. Höbenreich, SZ 107 (1990) 264 FN 49 erwägt dazu, dass sich die Texte bloß auf Sklaven und Freigelassene solcher Mordopfer beziehen, die von einem bewaffnet Umherziehenden (*sicarius*) getötet worden sind.

[390] W. Kunkel, Kleine Schriften 58 f. sieht den Sitz dieser Bestimmungen im 2. - 4. Kapitel des Gesetzes.

[391] D. Dalla, Senatus Consultum Silanianum 21 ff.

[392] Zu den Anklägerprämien G. Luraschi, St. Biscardi IV, Milano 1983, 270 ff.; Michael C. Alexander, Classical Philology 80 (1985) 31.

[393] Vgl. Th. Mommsen, Römisches Strafrecht 509 f. FN 6.

[394] E. Albertario, Studi di diritto romano VI, Milano 1953, 14.

Kommentar: Der Erblasser hat in seinem Testament den H als Erben (*heres*) eingesetzt und dem Legatar L einen Sklaven vermacht. Aus diesem Damnationslegat[395] erlangt der Legatar L gegenüber dem Erben H ein Forderungsrecht auf Leistung des Sklaven. Ist der Sklave flüchtig oder derzeit weit abwesend, so hat sich der Erbe um die Rückholung zu bemühen. Es geht hier hauptsächlich um die Frage, wer die Kosten der Rückführung zu tragen hat, der Erbe H oder der Legatar L. Der von Ulpian zitierte Africanus, der sich hier für eine Kostentragung durch den Erben H ausspricht, sagt hingegen an anderer Stelle (Text 120; vgl. auch Paulus in Text 121), dass bei einer Flucht *vivo testatore* die Kostentragung und das Risiko beim Legatar L – und nicht beim Erben H – liegt. Der Widerspruch lässt sich damit beseitigen, indem man annimmt, dass im vorliegenden Text die Flucht oder die Ortsveränderung erst nach dem Tod des Erblassers erfolgt ist.

116. **D 30, 47, 2**. *Ulpianus libro vicesimo secundo ad Sabinum*. Itaque si Stichus sit legatus et culpa heredis non pareat, debebit aestimationem eius praestare: sed si culpa nulla intervenit, cavere heres debet de restitutione servi, non aestimationem praestare. sed et si alienus servus in fuga sit sine culpa heredis, idem dici potest: nam et in alieno culpa admitti potest: cavebit autem sic, ut, si fuerit adprehensus, aut ipse aut aestimatio praestetur: quod et in servo ab hostibus capto constat.

Ulpian im 22. Buch zu Sabinus. Wenn daher Stichus vermacht ist und durch Verschulden des Erben nicht zum Vorschein kommt, wird er dessen Schätzwert leisten müssen: Aber wenn kein Verschulden vorliegt, muss der Erbe ein Sicherheitsversprechen hinsichtlich der Herausgabe des Sklaven abgeben, aber nicht den Schätzwert leisten. Aber auch wenn ein fremder Sklave ohne Verschulden des Erben auf der Flucht ist, kann dasselbe gesagt werden: Denn auch bei einem fremden [Sklaven] kann ein Verschulden gesetzt werden: Der Erbe wird daher das Sicherheitsversprechen in der Weise abgeben, dass, wenn [der Sklave] ergriffen wird, entweder dieser selbst oder der Schätzwert geleistet wird.

Kommentar: Auch hier handelt es sich wie im vorigen Text um ein Damnationslegat[396] eines Sklaven. Die Stelle[397] spricht zunächst generell von einem Tatbestand, in dem der Sklave *non pareat*, geht dann aber speziell auf die Sklavenflucht und die *captivitas* als Fälle zeitweiliger Unmöglichkeit ein. Verschulden (*culpa*)[398] des Erben am Nichtvorhandensein des Sklaven führt im Rahmen der *actio ex testamento* zu dessen Verurteilung auf den Schätzwert (*aestimatio*). Bei schuldloser Sklavenflucht hat der Erbe nur eine *cautio de restituendo* zu

[395] Ein *legatum per damnationem* hat schuldrechtliche Wirkung, so dass aus ihm ein Forderungsrecht des Legatars L gegen den Erben H auf Übereignung des vermachten Gegenstandes entsteht. Im Gegensatz dazu wirkt ein *legatum per vindicationem* dinglich.

[396] Anders C. Ferrini, Opere IV, Milano 1930, 212, der an ein *legatum sinendi modo* denkt; dagegen überzeugend P. Voci, DER II 395 FN 8.

[397] Zur Textkritik siehe Indltp. Gegen die Verdächtigungen von P. Voci, SDHI 1 (1935) 59 ff. und M. Sargenti, SDHI 20 (1954) 188 vor allem B. Biondi, Successione testamentaria e donazioni, Milano 1955, 360 und G. Grosso, I legati nel diritto romano, parte generale, Torino ^{2}1962, 400 f. Weiters zur Stelle D. Medicus, SZ 86 (1969) 88; J. Burillo, St. Volterra II 160 f.; G. MacCormack, TR 41 (1973) 70 f.; B. Santalucia, L'opera di Gaio 102; A. M. Giomaro, Cautiones iudiciales e officium iudicis 99 f. und A. Murillo Villar, El riesco en el legado, Burgos 1993, XXX.

[398] P. Voci, SDHI 1 (1935) 59 ff. will im gesamten Fragment 47 [*culpa*] durch <*dolo*> ersetzen.

leisten, d. h. sich in Stipulationsform gegenüber dem klagenden Legatar zu verpflichten, bei Wiedererlangung den Sklaven zu restituieren[399].

Ist der vermachte Sklave ein *servus alienus* – d. h. gehörte er gar nicht dem Erblasser, sondern einer anderen Person, dem Eigentümer E – so liegt ein Verschaffungsvermächtnis vor; der Erbe H ist verpflichtet, sich den von ihm als Legat geschuldeten Sklaven bei E zu beschaffen und an den Legatar L zu leisten; aber auch hier liegt eine vorübergehende Unmöglichkeit vor, solange der Sklave auf der Flucht oder in Feindeshand ist. Nun ist es auch bei einem fremden Sklaven denkbar, dass der Erbe H schuldhaft dessen Flucht herbeiführt (*nam et in alieno culpa admitti potest*), daher wird auch hier in der Rechtsfolge wie oben (*idem dici potest*) differenziert: Leistung der *aestimatio* bei *culpa* des H, Leistung einer *cautio de restituendo* bei fehlender *culpa* des H. Dass die *cautio de restituendo* hier alternativ auf den Sklaven oder die *aestimatio* abstellt, lässt sich damit begründen, dass aus einem Verschaffungsvermächtnis der Erbe H entweder den Sklaven *in natura* oder dessen Schätzwert (*aestimatio*) zu leisten verpflichtet ist[400]; Letzteres kommt vor allem dann zum Tragen, wenn der Eigentümer E nicht oder nur zu einem überhöhten Preis zum Verkauf an den Erben H bereit ist. Diese Situation kann auch vorliegen, nachdem der zunächst flüchtige ergriffen oder der zunächst gefangene Sklave heimgekehrt ist[401].

117. **D 30, 47, 3**. *Ulpianus libro vicesimo secundo ad Sabinum.* Sed si Stichus aut Pamphilus legetur et alter ex his vel in fuga sit vel apud hostes, dicendum erit praesentem praestari aut absentis aestimationem: totiens enim electio est heredi committenda, quotiens moram non est facturus legatario. qua ratione placuit et, si alter decesserit, alterum omnimodo praestandum, fortassis vel mortui pretium. sed si ambo sint in fuga, non ita cavendum, ut, „si in potestate ambo redirent", sed „si vel alter", et „vel ipsum vel absentis aestimationem praestandam".

Ulpian im 22. Buch zu Sabinus. Aber wenn der Stichus oder der Pamphilus vermacht wird und einer von diesen sich entweder auf der Flucht oder bei den Feinden befindet, wird man sagen müssen, dass der Anwesende oder der Schätzwert des Abwesenden geleistet wird. Denn die Wahl ist in allen Fällen dem Erben zu überlassen, in denen er nicht in Verzug gegenüber dem Legatar geraten will. Aus diesem Grund ist es anerkannt, dass auch dann, wenn einer gestorben ist, auf jeden Fall der andere geleistet werden muss, vielleicht sogar der Wert des Gestorbenen. Aber wenn sich beide auf der Flucht befinden, ist ein Sicherheitsversprechen nicht in der Weise abzugeben, dass [es lautet:] „Wenn beide in die Gewalt zurückkehren", sondern „Wenn auch nur einer von ihnen [zurückkehrt]" und „dass dieser selbst oder der Schätzwert des Abwesenden geleistet werden muss".

Kommentar: Das hier vorliegende alternativ auf Stichus oder Pamphilus lautende Damnationslegat begründet eine Wahlschuld (*obligatio alternativa*), wobei das Wahlrecht dem Schuldner – das ist der Erbe – zusteht. Nach dem ersten Teil des Textes soll das Wahlrecht auch dann aufrecht bleiben, wenn einer der beiden Sklaven flüchtig oder in Feindes-

[399] Auffällig ist allerdings, dass hier nur eine *cautio de restituendo*, nicht auch eine *cautio de persequendo* erwähnt ist, wie man aus der im vorangehenden Text 115 erwähnten Pflicht des Erben zum *requirere* erwarten würde. G. Grosso, I legati nel diritto romano, Torino ^{2}1962, 403 meint, dass diese Verpflichtung mitenthalten ist, P. Voci, DER II 396 FN 8 denkt daran, dass hier nicht der komplette Inhalt der *cautio* überliefert ist. Vgl. auch A. M. Giomaro, Cautiones iudiciales e officium iudicis 99.

[400] Gai. Inst 2, 202: *Eoque genere legati etiam aliena res legari potest, ita ut heres redimere et praestare aut aestimationem eius dare debeat*; vgl. auch Gai. Inst 2, 262.

[401] Damit erübrigen sich auch die gegen die alternative Fassung der *cautio* formulierten textkritischen Bedenken.

hand ist. Für den Erben ist das von Vorteil, wenn der flüchtige Sklave weniger wert ist als der vorhandene, weil er dann immer noch den Schätzwert (*aestimatio*) des Flüchtigen leisten kann[402].

Der zweite Teil gilt der Frage, wie die *cautio de restituendo* korrekt zu formulieren ist, wenn beide Sklaven flüchtig sind. Abzustellen ist auf die Rückkehr eines einzigen Sklaven und auf die Aufrechterhaltung des Wahlrechts zwischen der Leistung des zurückgekehrten und der *aestimatio* des flüchtigen Sklaven.

118. **D 30, 56**. *Pomponius libro quarto decimo ad Sabinum*. Si legati servi nomine stipuletur legatarius fugitivum eum non esse praestari, nihil veniet in eam stipulationem, quia qualis sit, talis ex testamento praestari debet nec ullum in legato damnum facere intellegeretur.

Pomponius im 14. Buch zu Sabinus. Wenn bezüglich des vermachten Sklaven sich der Legatar [vom Erben] versprechen lässt, es werde dafür eingestanden, dass dieser [Sklave] kein Ausreißer ist, wird nichts zum Gegenstand dieser Stipulation werden, weil der Sklave gemäß dem Testament so geleistet werden muss, wie er ist, und weil man nicht annehmen kann, dass er irgendeine Beeinträchtigung im Legat bewirkt.

Kommentar: Versprechen, dafür einzustehen, dass der Sklave kein *fugitivus* ist, kommen beim Kaufvertrag häufig vor (Einleitung S. 24) und erzeugen dort selbstverständlich eine wirksame Verpflichtung des Verkäufers, der ein solches Versprechen in Stipulationsform (*promissum*) abgibt. Dass eine inhaltlich gleiche Stipulation unwirksam[403] ist, wenn sie der Erbe gegenüber dem Legatar hinsichtlich des vermachten Sklaven abgibt, ergibt sich nach der von Ulpian gelieferten Begründung daraus, dass der Sklave aus dem (Damnations-)Legat nur in dem Zustand geschuldet wird, wie er im Anfallstag (*dies cedens*, das ist regelmäßig der Todeszeitpunkt des Erblassers) ist; davon kann auch nicht durch Parteienvereinbarung zugunsten des (im Gegensatz zum Käufer ja unentgeltlich erwerbenden) Legatars abgegangen werden.

119. **D 30, 84, 10**. *Iulianus libro trigesimo tertio digestorum*. Legatum est ita: „fundum Cornelianum et mancipia, quae in eo fundo cum moriar mea erunt, heres meus Titio dato". ancilla, quae in eo fundo esse consueverat, mortis tempore cum in fuga esset, enixa est: quaero, an vel ipsa vel partus eius legato cedat. respondi: ancilla quamvis in fuga sit, legata videtur et, licet fugitiva erat, perinde habetur ac si in eo fundo fuisset moriente patre familias: huic consequens est, ut partus quoque matrem sequatur et perinde legato cedat, ac si in fundo editus fuisset.

Julian im 33. Buch seiner Digesten. Ein Legat lautet so: „Mein Erbe soll dem Titius das Cornelianische Grundstück und die Sklaven übereignen, die zum Zeitpunkt meines Todes auf diesem Grundstück sein werden." Als eine Sklavin, die sich gewöhnlich auf dem Grundstück

[402] Weil Ulpian in D 13, 4, 2, 3 bei Tod eines der alternativ geschuldeten Sklaven das Wahlrecht erlöschen lässt, so dass der andere zu leisten ist (so auch Pomp. D 31, 11, 1 und Paul. D 18, 1, 34, 6), wird die hier vorgeführte Lösung vielfach als byzantinische Interpolation verdächtigt, siehe G. Impallomeni, SDHI 25 (1959) 90 f. und die dort zitierte Literatur. Doch ist zu bedenken, dass der Tod das Leistungsobjekt endgültig beseitigt und daher zur Konzentration der *obligatio* auf den überlebenden Sklaven führt, was für die *fuga* als vorübergehendes Hindernis nicht zutrifft, vgl. P. Voci, DER II 397. Daher kann das Aufrechtbleiben des Wahlrechts im Fall der *fuga* durchaus klassisch sein. Mit einer Kontroverse rechnen M. Kaser, RPR I 495 FN 10 und A. Wacke, RIDA 27 (1980) 365 f. FN 43.

[403] G. v. Beseler, SZ 47 (1927) 372 ändert durch Interpolationsannahmen die Stelle so, dass die Stipulation zwar nach *ius civile* wirksam ist, ihr aber nach prätorischem Recht durch *exceptio doli* die Durchsetzbarkeit versagt wird.

aufgehalten hatte, sich zum Todeszeitpunkt auf der Flucht befand, hat sie ein Kind geboren: Ich frage, ob sie selbst und ihr Kind zum Vermächtnis gehören. Ich habe das Gutachten erteilt: Obwohl sich die Sklavin auf der Flucht befindet, ist sie als vermacht anzusehen und sie ist, auch wenn sie eine Ausreißerin war, so zu behandeln, wie wenn sie zum Todeszeitpunkt des Hausvaters auf dem Grundstück gewesen wäre: Das hat zur Folge, dass auch das Kind der Mutter folgt und ebenso zum Vermächtnis gehört, wie wenn es auf dem Grundstück geboren worden wäre.

Kommentar: Der Erblasser hatte H zum Erben eingesetzt und dem Legatar L durch Damnationslegat ein Grundstück samt den Sklaven vermacht, die sich zum Todeszeitpunkt dort befinden. Eine Sklavin war zum Todeszeitpunkt des Erblassers flüchtig und hatte zu diesem Zeitpunkt auch bereits ein Kind geboren. Es geht um die Auslegungsfrage, ob die Sklavin und ihr Kind zum Legat gehören und vom Erben H an den Legatar L zu übereignen sind. Tatsächlich haben sich weder die Sklavin noch ihr Kind zum maßgeblichen Zeitpunkt auf dem Grundstück befunden. Julian entscheidet[404] dennoch, dass die Sklavin und ihr Kind Gegenstand des Legats sind, und bedient sich dazu einer Fiktion[405]: Die flüchtige Sklavin wird so angesehen, als ob sie im Todeszeitpunkt auf dem Grundstück wäre. Diese Fiktion passt zu dem – auch von Julian selbst (in Text 146 im Hinblick auf die Ersitzung) – vertretenen Gedanken, dass trotz Flucht der Besitz an einem *servus fugitivus* oder an einer *ancilla fugitiva* aufrecht bleibt[406]. Sieht man aber die Sklavin fiktiv als auf dem Grundstück befindlich an, dann ist es auch konsequent[407], den Geburtsort des Kindes fiktiv auf das Grundstück zu verlegen[408]. Vgl. auch den späteren Modestinus-Text Nr. 122.

120. **D 30, 108 pr**. *Africanus libro quinto quaestionum.* Si servus legatus vivo testatore fugisse dicatur, et impensa et periculo eius cui legatus sit reddi debet, quoniam rem legatam eo loco praestare heres debeat, in quo a testatore sit relicta.

Afrikan im 5. Buch der Rechtsfragen. Wenn vorgebracht wird, dass der vermachte Sklave zu Lebzeiten des Erblassers entlaufen ist, dann muss er auf Kosten und Gefahr des Vermächtnisnehmers zurückverschafft werden, weil der Erbe die vermachte Sache an jenem Ort leisten muss, an dem sie vom Erblasser hinterlassen worden ist.

Kommentar: Der Erblasser hat in seinem Testament den H als Erben (*heres*) eingesetzt und dem Legatar L einen Sklaven vermacht. Leistungsort bei einem Damnationslegat auf eine *species* (bestimmte Sache) ist jener, wo sich der Gegenstand im Anfallszeitpunkt (*dies cedens*) des Legats – das ist regelmäßig der Todestag – befindet[409]. Erfolgte die Flucht daher noch vor dem Tod des Erblassers, so hat nicht der Erbe H (wie in Text 115), sondern der Legatar L Kosten und Risiko der Rückführung zu tragen.

[404] M. Kaser, SZ 75 (1958) 197 sieht darin eine wohlwollende Auslegung.

[405] E. Bund, Untersuchungen zur Methode Julians, Köln-Graz 1965, 163 f.

[406] Siehe Einleitung S. 3 ff.

[407] Allgemein zur Konsequenz als Argument W. Waldstein, SZ 92 (1975) 26 ff.; in 44 FN 74 wird auch die vorliegende Stelle von Waldstein als Beleg herangezogen.

[408] Dazu E. Herrmann-Otto, Ex ancilla natus 277 f.

[409] P. Voci, DER II 394.

121. **D 31, 8 pr**. *Paulus libro nono ad Plautium*. Si quis servum heredis vel alienum legaverit et is fugisset, cautiones interponendae sunt de reducendo eo: sed si quidem vivo testatore fugerit, expensis legatarii reducitur, si post mortem, sumptibus heredis.

Paulus im 9. Buch zu Plautius. Wenn jemand den Sklaven des Erben oder einen fremden Sklaven vermacht hat und dieser entlaufen ist, so müssen Sicherheitsversprechen hinsichtlich seiner Rückführung erfolgen: Wenn er freilich zu Lebzeiten des Erblassers entlaufen ist, erfolgt die Rückführung auf Kosten des Legatars, wenn nach dem Tod, auf Kosten des Erben.

Kommentar: Gegenstand des Legats ist hier nicht ein Sklave des Erblassers, sondern einer des Erben H (*servus heredis*)[410] oder eines Dritten (*servus alienus*, vgl. auch Text 116)[411]. Der Ausdruck *cautiones de reducendo* ist singulär. Im – allerdings nicht von Paulus, sondern von Gaius stammenden – Text 52 werden *requirere* und *reducere* unterschieden: Demgemäß müsste die *cautio de reducendo* in der Mitte zwischen der zu aktivem Tun verpflichtenden *cautio de persequendo et restituendo* (Texte 8, 87, 109, 287) und der *cautio de restituendo* liegen, die zur Herausgabe im Fall der Wiedererlangung, aber nicht zu Verfolgungsmaßnahmen verpflichtet (Texte 7, 11, 45, 46, 54, 103, 116, 117). Dass die Mehrzahl *cautiones interponendae sunt* verwendet wird, kann damit erklärt werden, dass – selbst wenn in einem einheitlichen Formular *reductio* und *restitutio* versprochen werden – nach der Zerlegungsregel *tot stipulationes quot res* (vgl. Text 104) formal mehrere Stipulationen vorliegen. Bezüglich der Kostentragung verwendet Paulus dasselbe Abgrenzungskriterium wie Africanus im vorangehenden Text.

122. **D 32, 82**. *Modestinus libro nono regularum*. Servus, qui in fundo morari solitus erat, si fugerit, licet post mortem testatoris adprehendatur, fundo legato, ut instructus est, etiam ipse legato cedit.

Modestinus im 9. Buch der Rechtsregeln. Wenn ein Sklave entlaufen ist, der sich gewöhnlich auf einem Grundstück aufgehalten hatte, so wird er, auch wenn er erst nach dem Tod des Erblassers aufgegriffen wird, bei Vermächtnis des Grundstückes, wie es vollständig eingerichtet ist, auch selbst zum Legat gehören.

Kommentar: Der Erblasser hatte dem Legatar ein Grundstück samt Zubehör (*fundus instructus*)[412] vermacht. Zu einem *fundus instructus* gehören auch die sich dort dauernd aufhaltenden Sklaven. Der vom Erblasser gebrauchte Wortlaut *ut instructus est* bezieht sich auf den Anfallstag des Legats (*dies cedens*), das ist regelmäßig der Todestag. Im konkreten Fall ging es um die Frage, ob ein am *dies cedens* flüchtiger Sklave, der aber später ergriffen wird, zum Vermächtnis gehört. Die bejahende Entscheidung Modestins entspricht dem Gedanken, dass trotz Flucht der Besitz am Sklaven weiterhin aufrecht bleibt und auch die Zubehöreigenschaft nicht aufgehoben wird. Vgl. auch Julian in Text 119, der dazu die Anwesenheit am Grundstück zum Todeszeitpunkt im Wege einer Fiktion annimmt.

[410] Gemeint ist damit nicht ein Sklave, der sich im Nachlass befindet (*servus hereditarius*) und den der Erbe zunächst mit dem Nachlass *iure hereditario* erworben hat, sondern ein Sklave, der immer schon dem Erben H gehört hat.

[411] Hier handelt es sich um ein Verschaffungsvermächtnis. Der Erbe H ist verpflichtet, sich die Sache beim Eigentümer zu beschaffen und an den Legatar L zu leisten.

[412] Dazu A. Steinwenter, Fundus cum instrumento. Eine agrar- und rechtsgeschichtliche Studie, Wien-Leipzig 1942 (= SBer der Akademie der Wissenschaften Wien, Phil-hist. Klasse 221/1).

123. **D 33, 8, 9, 1 - 2.** *Paulus libro quarto ad Sabinum.* Si conservum suum vulneraverit servus et viliorem fecerit, Marcellus non esse dubitandum deduci ex peculio, quod domino interesset (nam quid interest, conservum vulneret an scindat aliquid vel frangat an subripiat? quo casu sine dubio minuitur peculium), sed non ultra simplum. § 2. Sed si se vulneravit vel etiam occidit, nihil est deducendum hoc nomine: alioquin dicemus et si fugerit, deducendum id, quanto vilior sit factus propter fugam.

Paulus im 4. Buch zu Sabinus. Wenn ein Sklave seinen Mitsklaven verwundet und weniger wert gemacht hat, ist nach Marcellus nicht zu zweifeln, dass vom Pekulium das abgezogen wird, was dem Herren an Schaden entsteht (denn worin liegt der Unterschied, ob er einen Mitsklaven verwundet oder etwas zerbricht, zerreißt oder entwendet? In diesem Fall wird ohne Zweifel das Pekulium gemindert), aber nicht über den einfachen Betrag hinaus. § 2. Aber auch wenn er sich selbst verwundet oder auch getötet hat, ist diesbezüglich nichts abzuziehen: denn sonst würden wir sagen, dass auch dann, wenn er entlaufen ist, das abzuziehen ist, um wie viel er wegen der Flucht weniger wert geworden ist.

Kommentar: Unter einem Pekulium versteht man das einem Sklaven zur selbstständigen Bewirtschaftung überlassene Sondervermögen. Die Stelle bezieht sich auf das Legat eines Pekulium. Ein solches *legatum peculii* konnte entweder einem Dritten (zusammen mit dem Sklaven) oder unter testamentarischer Freilassung dem Sklaven selbst vermacht werden[413]. Minderungen erfuhr das *peculium* freilich durch „Schulden", die der Sklave gegenüber seinem *dominus* hatte. Eine solche im Abzugsweg zu berücksichtigende „Schuld" entsteht nach § 1 dann, wenn der Sklave einen Mitsklaven verwundet hat; der dadurch dem *dominus* entstehende Schaden mindert das *peculium* (und hier somit den Umfang des Legats). In § 2 hingegen hat der Sklave, dessen *peculium* vermacht ist, sich selbst verwundet oder getötet. In diesem Fall kommt es zu keiner Minderung des *peculium* im Abzugsweg[414], d. h. der Legatar – hier denkt Paulus wohl an einen Dritten, dem der Sklave und dessen *peculium* vermacht ist[415] – erhält das *peculium* ungeschmälert, wohl deswegen, weil er ohnedies den durch die Verletzung oder den Tod des Sklaven erlittenen Nachteil zu tragen hat. Der hier interessierende Schlusssatz geht auf die durch Flucht eingetretene Wertminderung ein: Das anknüpfende *alioquin* verwendet die darin enthaltene Aussage als *argumentum ad absurdum*[416], welches die Entscheidung im Selbstverwundungsfall wie folgt begründen soll: Würde man auf Abzug entscheiden, müsste man auch im vergleichbaren Fluchtfall – auch hier hat der Sklave durch eigenes Verhalten eine Wertminderung herbeigeführt, die ohnedies den Legatar belastet – auf Abzug entscheiden, was von Paulus wohl als offensichtlich unsinnig angesehen wird[417].

124. **D 39, 4, 12, 2.** *Ulpianus libro trigensimo octavo ad edictum.* Familiae autem appellatione hic servilem familiam contineri sciendum est. sed et si bona fide publicano alienus servus servit,

[413] W. W. Buckland, Law of Slavery 190 ff.; P. Voci, DER II 333 ff.

[414] Das Gleiche gilt auch für die Berechnung im Rahmen der *actio de peculio*: Ulp. D 15, 1, 9, 7. W. W. Buckland, Law of Slavery 193 FN 7, 223 FN 5.

[415] Das Beispiel der Selbsttötung schließt wohl aus, dass der Legatar der freizulassende Sklave ist.

[416] Zu *alioquin* als Einleitung einer *reductio ad absurdum* vgl. A. Wacke, Mélanges Fritz Sturm I, Liège 1999, 557 ff.

[417] Im Sinn einer Ablehnung des Abzugs versteht den Schlusssatz auch H. Bellen, Sklavenflucht 18. Anders freilich E. Bund, SZ 90 (1973) 394, der Paulus hier so versteht, dass im Fluchtbeispiel der Abzug der Wertminderung vom Vermächtnis befürwortet wird; bei dieser Auffassung leitet *alioquin* nicht ein *argumentum ad absurdum* ein, sondern kündigt einen anders zu entscheidenden Fall an.

aeque continebitur: fortassis et mala fide, plerumque enim vagi servi et fugitivi in huiusmodi operis etiam a scientibus habentur. ergo et si homo liber serviat, hoc edictum locum habet.

Ulpian im 38. Buch zum Edikt. Man muss wissen, dass in der Bezeichnung Familie hier auch das sklavische Personal enthalten ist. Aber auch wenn dem gutgläubigen[418] Steuerpächter ein fremder Sklave dient, wird dieser gleichermaßen darin enthalten sein. Vielleicht auch bei schlechtem Glauben [des Steuerpächters], denn sehr oft werden herumziehende und flüchtige Sklaven zu Beschäftigungen dieser Art auch wissentlich herangezogen. Daher findet dieses Edikt auch dann Anwendung, wenn ein freier Mensch als Sklave dient.

Kommentar: Ulpian kommentiert hier ein Edikt, nach dem Steuerpächter (*publicani*) für Diebstähle und Sachbeschädigungen des von ihnen eingesetzten Erhebungspersonals haften und verklagt werden können[419]. Zur so genannten *familia publicani* gehören freie Mitarbeiter ebenso wie eigene oder fremde Sklaven; entscheidend ist die funktionale Zuordnung[420]. Der *publicanus* hatte dabei nicht die Möglichkeit, durch Auslieferung des Täters (*noxae deditio*) der Buße zu entgehen. Wie der Text zeigt, beschäftigten die *publicani* auch flüchtige Sklaven.

125. **D 39, 4, 13, 2**. *Gaius libro tertio decimo ad edictum provinciale.* Sive autem vendidit servum vel manumisit vel etiam fugit servus, tenebitur servi nomine, qui tam factiosam familiam habuit.

Gaius im 13. Buch zum Provinzialedikt. Sei es, dass er den Sklaven verkauft oder freigelassen hat oder dass der Sklave entlaufen ist, so wird derjenige, der ein so schlechtes Personal gehabt hat, für den Sklaven haften.

Kommentar: Auch dieser Text behandelt die ediktale Haftung des *publicanus* für Diebstähle und Sachbeschädigungen seines sklavischen Personals. Diese Haftung folgt nicht den Regeln der Noxalhaftung, denn dort würde nach der Regel *noxa caput sequitur* bei Veräußerung der neue Gewalthaber, bei Freilassung der ehemalige Sklave selbst haften; ebenso würde die Noxalhaftung bei Flucht wegen der fehlenden *facultas et potestas exhibendi* (vgl. Texte 19, 146, 193) nicht aktiviert werden können. Im Gegensatz dazu bleibt in allen hier genannten Fällen beim *publicanus* die Haftung aus dem Gedanken seines eigenen Auswahlverschuldens aufrecht.

126. **D 39, 4, 16, 4**. *Marcianus libro singulari de delatoribus.* Servi, qui in fuga sunt, in commissum non cadunt, cum sine voluntate domini fines egressi sunt: et ita principalibus constitutionibus cavetur, sicut divus quoque Pius saepissime rescripsit, ne, inquit, in potestate servorum sit invitis vel ignorantibus dominis fugae se tradendo potestati dominorum se subtrahere.

Marcian in der Einzelschrift über die Anzeiger. Sklaven, die sich auf der Flucht befinden, geraten nicht in zollrechtlichen Verfall, weil sie die Grenze ohne Einwilligung des Eigentümers überschritten haben: Und so wird es in kaiserlichen Konstitutionen bestimmt, wie auch der vergöttlichte Antoninus Pius oft ein Reskript erteilt hat, damit nicht, wie er sagt, es in der

[418] A. Söllner, CRRS IX Nr. 85 übersetzt *bona fide* entsprechend seiner Auffassung konsequenterweise mit „nach Treu und Glauben". So wie hier bezieht er im Kommentar die *bona fides* auf den *publicanus*.

[419] Ulp. D 39, 4, 12, 1.

[420] Ulp. D 39, 4, 1, 5.

Macht der Sklaven liege, sich gegen den Willen und ohne das Wissen der Eigentümer dadurch deren Gewalt zu entziehen, dass sie sich der Flucht hingeben.

Kommentar: Sklaven mussten – wie andere Sachen auch – bei Überschreitung einer Zollgrenze deklariert und verzollt werden. Eine Verletzung der Deklarationspflicht führte zum Verfall (*commissum*) des zollpflichtigen Objekts an den Zollpächter (*publicanus*), d. h. es ging in dessen Eigentum über[421]. Im Fall der Sklavenflucht fehlte jedoch das Verschulden des *dominus* am undeklarierten Überschreiten der Zollgrenze. Neben dieser – sich aus dem pönalen Charakter der Sanktion ergebenden – Begründung hat Antoninus Pius in seiner Reskriptspraxis (vgl. auch Text 43) noch ein zweites Motiv der Entscheidung betont: Ein Sklave soll nicht in der Lage sein, sich durch Flucht der *potestas* seines *dominus* zu entziehen[422].

127. **D 40, 7, 4**. *Paulus libro quinto ad Sabinum*. ... § 5. „Stichus si heredi meo anno servierit, liber esto": quaerendum est, annus quomodo accipi debeat, an qui ex continuis diebus trecentis sexaginta quinque constet an quibuslibet. sed superius magis intellegendum Pomponius scribit. sed et si quibusdam diebus aut valetudo aut alia iusta causa impedimento fuerit, quo minus serviat, et hi anno imputandi sunt: servire enim nobis intelleguntur etiam hi, quos curamus aegros, qui cupientes servire propter adversam valetudinem impediuntur. ... § 8. Item Cassius ait ei, qui servire iussus est anno, illud tempus, quo in fuga sit vel in controversia pro libertate, non procedere.

Paulus im 5. Buch zu Sabinus. ... § 5. „Wenn Stichus meinem Erben durch ein Jahr gedient hat, soll er frei sein". Es ist zu fragen, wie man das Jahr verstehen soll, ob es aus 365 zusammenhängenden Tagen oder aus beliebigen [365] Tagen besteht. Aber Pomponius schreibt, dass eher das Erstere anzunehmen ist. Aber auch wenn an bestimmten Tagen entweder eine Krankheit oder ein sonstiger anerkannter Grund ein Hindernis bildete, um die Dienste zu erbringen, sind auch diese Tage in die Jahresfrist einzurechnen: Denn man nimmt an, dass auch diejenigen uns Dienste leisten, die wir als Kranke pflegen, und die als Arbeitswillige durch eine unglückliche Krankheit daran gehindert werden. ... § 8. Ebenso sagt Cassius, dass demjenigen, dem aufgetragen worden ist, ein Jahr Dienste zu leisten, jene Zeit nicht zugute kommt, in der er sich auf der Flucht oder in einem auf Freiheit abzielenden Rechtsstreit befindet.

Kommentar: Eine Freilassung eines Sklaven kann auch unter einer aufschiebenden Bedingung erfolgen; ein bedingt Freigelassener ist während der Pendenz der Bedingung ein so genannter *statuliber*[423]. In § 5 liegt eine testamentarische Freilassung unter der Bedingung vor, dass der Sklave dem Erben ein Jahr gedient hat. Üblicherweise wurden solche Dienstleistungen nach *operae* = Tagwerken[424] bemessen. Hier hatte der Erblasser die vom *statuliber* zu erbringende Leistung nicht mit einer Zahl von *operae*, sondern mit *si anno servierit* angegeben, weshalb durch Auslegung zu ermitteln ist, ob *annus* als durchgehender Zeitraum oder als Ausmaß der abzuleistenden Tage zu verstehen ist. Nach Pomponius sollen die einjährigen Dienste kontinuierlich und nicht in zeitlich getrennten Teileinheiten erbracht

[421] G. Klingenberg, Commissum. Der Verfall nichtdeklarierter Sachen im römischen Zollrecht, Graz 1977, 62 ff., 83 ff. Vgl. neben den dort genannten Quellen nunmehr auch §§ 8, 18, 21, 22 der *Lex portus Asiae* (H. Engelmann/D. Knibbe, Epigraphica Anatolica 14 [1989]).

[422] H. Bellen, Sklavenflucht 42; G. Klingenberg, Commissum.

[423] Dazu W. W. Buckland, Law of Slavery 286 ff.; G. Donatuti, Lo statulibero, Milano 1940.

[424] Vgl. Paul. D 38, 1, 1: *Operae sunt diurnum officium*, dazu W. Waldstein, Operae libertorum 209 ff.

werden. Nach Paulus werden in die Jahresfrist auch Krankheitstage und Tage sonstiger Dienstverhinderungen eingerechnet[425], nach § 8 aber nicht Tage einer Flucht oder eines Status-Prozesses gegen den Erben; beide Umstände sind dem *statuliber* wohl als Verschulden für das Ausbleiben der Dienste anzurechnen[426], so dass er mit Ablauf der 365 Tage nicht frei wird. Dass der dazu von Paulus zitierte frühklassische Jurist Cassius ein Nachdienen zugelassen hat (wie es die republikanischen Juristen Servius und Alfenus getan haben: Text 128), ist dem Zitat nicht zu entnehmen, aber auch nicht auszuschließen.

128. **D 40, 7, 14, 1**. *Alfenus Varus libro quarto digestorum*. Servus cum heredi annorum septem operas dedisset, liber esse iussus erat: is servus fugerat et annum in fuga fecerat. cum septem anni praeterissent, respondit non esse liberum: non enim fugitivum operas domino dedisse: quare nisi totidem dies, quot afuisset, servisset, non fore liberum. sed et si ita scriptum esset, ut tum liber esset, cum septem annis servisset, potuisse liberum esse, si tempus fugae reversus servisset.

Alfenus Varus im 4. Buch seiner Digesten. Ein Sklave war freigelassen worden, sobald er dem Erben Dienstleistungen als Tagwerke von 7 Jahren erbracht hätte. Dieser Sklave war entlaufen und hatte ein Jahr auf der Flucht verbracht. Es erging das Gutachten, dass er nicht frei ist, wenn die 7 Jahre vergangen sind: Denn ein Ausreißer hat seinem Eigentümer keine Dienste erbracht: Daher wird er nicht frei sein, wenn er nicht ebenso viele Tage, wie er abwesend gewesen ist, gedient hat. Aber auch wenn es so geschrieben war, dass er dann frei sein soll, wenn er durch 7 Jahre gedient hat, hat er frei sein können, wenn er die Zeit der Flucht als Zurückgekehrter nachgedient hat.

Kommentar: Alfenus gibt regelmäßig Gutachten seines Lehrers Servius wieder, daher geht der Fall und die Entscheidung – wie auch die durchgehende indirekte Rede zeigt – schon auf Servius zurück[427]. Der Sachverhalt ist dem von § 8 des vorigen Textes ähnlich: Der Erblasser hatte in seinem Testament einen Sklaven freigelassen, wenn er dem Erben 7 Jahre Dienstleistungen (*operae*) erbracht hat. Innerhalb der 7-Jahresfrist war der *statuliber* ein Jahr auf der Flucht gewesen. Im Aufbau des Textes wird einem Ausgangsfall eine Variante gegenübergestellt. Der Unterschied liegt dabei im Wortlaut, den der Erblasser bei der Formulierung der Bedingung verwendet hat, nämlich einerseits *cum heredem septem annorum operas dedisset*, andererseits *cum septem annis servisset*. Freilich wird in beiden Fälle gleich entschieden: Nach 7 Jahren ist der *statuliber* nicht frei, er hat aber die Möglichkeit des Nachdienens.
Nach dem Tonfall (*sed et si*) liegt die Pointe des gesamten Textes darin, dass die Entscheidung auch für die Variante gilt, für den Ausgangsfall ist sie daher unproblematisch gewesen[428]. Die Formulierung *septem annorum operas* meint ein Ausmaß, das nicht zwingend in einem kontinuierlichen Zeitraum erbracht werden muss. Die Formulierung „*cum septem annis servisset*" ist – wie auch der vorige Text 127 zeigt – nicht a priori eindeutig. Dass Servius sich auch hier für die Möglichkeit des Nachdienens ausspricht, wird in der Literatur einer-

[425] W. Waldstein, Operae libertorum 114 f. und A. Wacke, SZ 108 (1991) 142 f. verweisen auf die dahinter stehende *humanitas*.

[426] Ähnlich auch Iav.-Lab. D 40, 7, 39, 3 (vollständiger Text FN 431): Abwesenheit des *statuliber* wegen eines *iudicium publicum*.

[427] So auch W. Waldstein, Operae libertorum 115.

[428] F. Horak, Rationes decidendi 89: „Frage einfacher Subsumption"; H.-J. Roth, Alfeni Digesta 111: „Testamentswortlaut ist eindeutig".

seits als Analogie zum Ausgangsfall[429], andererseits als Ergebnis einer Auslegung nach dem Erblasserwillen[430] gesehen. Die Stelle ist in der Literatur auch aus einem weiteren Grund umstritten: Servius lehnt in einem vergleichbaren Fall, nämlich der Nichterbringung der *operae* wegen Verwicklung in einen Strafprozess, ein Nachdienen ab; erst Labeo lässt dies zu[431]. Das hat für unseren Text zu Interpolationsannahmen in dem Sinn geführt, dass Servius im Ausgangsfall das Nachdienen abgelehnt, in der Variante hingegen im Hinblick auf die andersartige Formulierung zugelassen habe[432].

129. **D 40, 12, 10.** *Ulpianus libro quinquagensimo quinto ad edictum.* Quod autem diximus „in libertate fuisse“ sic est accipiendum non ut se liberum doceat is, qui liberale iudicium patitur, sed in possessione libertatis sine dolo malo fuisse. quid sit autem „sine dolo malo fuisse“, videamus. nam Iulianus ait omnes, qui se liberos putant, sine dolo malo in libertate fuisse, si modo se pro liberis gerant, quamvis servi sint. Varus autem scribit eum, qui se liberum sciat, dum in fuga sit, non videri sine dolo malo in libertate esse: sed simul atque desierit quasi fugitivus se celare et pro libero agere, tunc incipere sine dolo malo in libertate esse: etenim ait eum, qui scit se liberum, deinde pro fugitivo agit, hoc ipso, quod in fuga sit, pro servo agere,

Ulpian im 55. Buch zum Edikt. Wenn wir aber gesagt haben „sich in Freiheit befunden zu haben“, so ist das so zu verstehen, dass derjenige, der im Freiheitsprozess beklagt wird, nicht seine Freiheit nachweisen muss, sondern nur, dass er ohne böse Absicht im Besitz der Freiheit gewesen ist. Wir wollen prüfen, was das aber bedeutet: „ohne böse Absicht [im Besitz der Freiheit] gewesen zu sein“. Julian sagt nämlich, dass alle, die sich als Freie halten, ohne böse Absicht sich in Freiheit befunden haben, soferne sie sich nur als Freie verhalten, obwohl sie Sklaven sind. Varus aber schreibt, derjenige, der von seiner Freiheit weiß, könne, solange er auf der Flucht ist, nicht als einer angesehen werden, der sich ohne böse Absicht in Freiheit befindet: Sobald er aber aufgehört habe, sich wie ein Ausreißer zu verstecken und als Freier zu handeln, dann fange er an sich ohne böse Absicht in Freiheit zu befinden: Denn er sagt nämlich auch, dass derjenige, welcher von seiner Freiheit weiß, sich dann aber wie ein Ausreißer verhält, allein dadurch, dass er auf der Flucht ist, sich als Sklave verhält,

Kommentar: Soll der strittige Status einer Person (Freiheit oder Unfreiheit) prozessförmig geklärt werden, so gibt es für eine solche *causa liberalis* zwei Verfahrensspielarten, nämlich einerseits die *vindicatio in servitutem*, bei der der Kläger die Unfreiheit der Gegenpartei und seine Herrengewalt über sie behauptet und dafür auch die Beweislast trägt, andererseits die

[429] So F. Horak, Rationes decidendi 90 FN 25.

[430] So H.-J. Roth, Alfeni Digesta 111.

[431] D 40, 7, 39, 3 (*Iavolenus libro quarto ex posterioribus Labeonis*) *„Dama servus cum heredi meo annorum septem operas solverit, liber esto“ et is servus intra septem annos in iudicio publico esset et septimus annus praeterisset, Servius ait eum non liberari debere, Labeo, et si postea solvisset annorum septem operas, liberum futurum: quod verum est.*

[432] So G. Donatuti, SDHI 3 (1937) 89 FN 86; ders., Lo statulibero, Milano 1940, 277 f.; A. Watson, The Law of Persons in the Later Roman Republic, Oxford 1967, 216 f.; W. Formigoni, Πιϑανων a Paulo epitomatorum libri VIII, Milano 1996, 85. Watson entfernt den Textteil [*quare nisi totidem dies, quot afuisset, servisse, non fore liberum*] und das [*et*] aus der folgenden Anknüpfung der Variante: *sed* [*et*] *si* .... Noch weiter gehen F. P. Bremer, Iurisprudentiae Antehadrianae quae supersunt I, Leipzig 1896, 185 und L. De Sarlo, Alfeno Varo e i suoi Digesta, Milano 1940, 28, die [*quare – servisset*] streichen und damit nicht nur das Nachdienen im Ausgangsfall, sondern auch die Variante eliminieren. Dagegen H.-J. Roth, Alfeni Digesta 110 FN 37.

vindicatio in libertatem, bei der auf der Klägerseite ein *adsertor libertatis* auftritt und die Freiheit zu beweisen hat. Von der Beweislastverteilung ist für die Person, um deren Status es geht, die *vindicatio in servitutem* günstiger, weil nicht sie ihre Freiheit, sondern der Gegner (als Kläger) die Unfreiheit beweisen muss[433]; gelingt ihm dies nicht, wird sein Begehren abgewiesen. Wie die Parteirollen verteilt werden (bzw. ob der Prozess als *vindicatio in servitutem* oder als *vindicatio in libertatem* zu führen ist), ist Gegenstand eines Vorverfahrens, das im Edikt des Prätors geregelt ist[434]. Nach dessen Wortlaut hatte die Person, um deren Status es ging, die günstige Beklagtenrolle, wenn sie sich ohne *dolus malus* in faktischer Freiheit befunden hat[435] (*in libertate sine dolo malo fuisse*). Diese von Ulpian auch als *possessio libertatis sine dolo malo*[436] bezeichnete Position kann sowohl ein Freier wie ein Unfreier haben[437].

Im vorliegenden Text[438] kommentiert Ulpian die einschlägigen Ediktsworte und zitiert dazu Äußerungen früherer Juristen. Für den Hochklassiker Julian liegt das entscheidende Kriterium darin, dass die Überzeugung (nämlich frei zu sein) und das äußerliche Verhalten (nämlich *gerere pro libero*) übereinstimmen. Auch der republikanische Jurist Alfenus Varus nimmt in seinen Beispielen das äußere Verhalten als Maßstab: Wer weiß, dass er frei ist, aber sich wie ein *servus fugitivus* verhält, bei dem besteht eine Diskrepanz zwischen Überzeugung und äußerem Verhalten: Er verhält sich als Sklave. Diese Diskrepanz fällt weg, sobald er sein fluchttypisches Verhalten ändert.

130. **D 40, 12, 11**. *Gaius ad edictum praetoris urbani titulo de liberali causa.* licet fugae tempore pro libero se gesserit: dicemus enim eum in eadem causa esse.

Gaius zum Edikt des Stadtprätors im Titel über den Freiheitsprozess. Auch wenn er sich in der Zeit der Flucht wie ein Freier verhalten hat: Wir werden nämlich sagen, dass er in derselben Lage ist.

Kommentar: Der Hochklassiker Gaius bringt zum zuvor behandelten Fall desjenigen, der sich für frei hält, aber geflohen ist, eine weitere Klarstellung[439]: Wenn er sich auf der Flucht als Freier geriert (aber weiterhin auf der Flucht ist), so liegt bei ihm das ediktale *in libertate esse sine dolo malo* nicht vor. Für die *liberalis causa* kommt ihm daher nicht die günstige Beklagtenstellung zu.

[433] Ulp. D 40, 12, 7, 5.

[434] O. Lenel, EP 384 f.; L. ter Beek, Dolus. Een semantisch-juridische studie, Deel I, Nijmegen 1999, 516 f. FN 5.

[435] Maßgeblicher Zeitpunkt ist jener der ersten gerichtlichen Schritte: Ulp. D 40, 12, 12, 4: *quo primum in ius aditum est*; Ulp. D 40, 12, 7, 5: *eo tempore, quo lis praeparabatur*; Iul. D 22, 3, 20: *eo tempore quo primum lis ordinaretur.*

[436] Der Ausdruck *possessio libertatis* findet sich auch in Paul. D 15, 1, 52 pr; D 40, 12, 41 pr, Pomp. D 40, 12, 28. Kritik an der Klassizität dieses Begriffes bei M. E. Peterlongo, Studi in memoria di A. Albertoni II, Padova 1937, 191 ff.; differenzierend hingegen E. Albertario, Studi di diritto romano II 444 ff., der für die Klassik nur die Technizität in Abrede stellt und diese erst der Nachklassik (im Zusammenhang mit der *longi temporis praescriptio*) zuweist.

[437] Ulp. D 40, 12, 12 pr: *Igitur sciendum est et liberum posse dolo malo in libertate esse et servum posse sine dolo malo in libertate esse.*

[438] Dazu M. Nicolau, Causa liberalis. Étude historique et comparative du procès de liberté dans les législations anciennes, Paris 1933, 224 f.; L. De Sarlo, Alfeno Varo e i suoi Digesta, Milano 1940, 164; W. W. Buckland, Law of Slavery 660; G. Franciosi, Processo di libertà 87 f.; A. Watson, The Law of Persons in the Later Roman Republic, Oxford 1967, 221 f.; G. Giliberti, Servus quasi colonus, Napoli 1981, 58; G. MacCormack, BIDR 88 (1985) 29; ders., BIDR 96/97 (1993/94) 142 f.

[439] Dazu G. Franciosi, Processo di libertà 88; B. Santalucia, L'opera di Gaio 177 f.

131. **D 40, 12, 25, 2.** *Gaius ad edictum praetoris urbani titulo de liberali causa.* Licet vulgo dicatur post ordinatum liberale iudicium hominem, cuius de statu controversia est, liberi loco esse, tamen, si servus sit, certum est nihilo minus eum, quod ei tradatur vel stipuletur, perinde domino adquirere atque si non de libertate eius quaerebatur. tantum de possessione videbimus, cum ipsum post litem ordinatam desinat dominus possidere: sed magis est, ut adquirat, licet ab eo non possideatur. et cum placuit per fugitivum quoque nos possessionem adquirere posse, quid mirum etiam per hunc, de quo quaeramus adquiri?

Gaius zum Edikt des Stadtprätors im Titel über den Freiheitsprozess. Obwohl gemeinhin gesagt wird, dass nach Einleitung des Freiheitsprozesses der Mensch, über dessen Status der Streit geführt wird, die Stellung eines Freien hat, so ist es, wenn er ein Sklave ist, dennoch sicher, dass er nichtsdestoweniger das, was ihm übergeben oder versprochen wird, ebenso für seinen Eigentümer erwirbt wie wenn über seine Freiheit keine gerichtliche Untersuchung erfolgte. Nur bezüglich des Besitzes werden wir das überprüfen, da der Eigentümer nach eingeleitetem Streit aufhört ihn selbst zu besitzen: Aber es ist eher so, dass er erwirbt, obwohl er nicht von ihm besessen wird. Und weil es anerkannt ist, dass wir auch durch einen flüchtigen Sklaven Besitz erwerben können, was ist daran sonderbar, dass wir auch durch denjenigen erwerben, über den wir eine gerichtliche Untersuchung betreiben?

Kommentar: Dass die Person, um deren Status es geht, während des Verfahrens als frei gilt[440], entspricht dem *favor libertatis*. Nun kann es während des Prozesses zu Rechtsgeschäften und Handlungen kommen, mit denen ein Erwerb verbunden ist. Keine Probleme ergeben sich, wenn das Urteil im Prozess auf Freiheit lautet, dann hat der Betreffende für sich erworben. Wird aber auf Sklavenstatus erkannt, so stellt sich die Frage, für wen er erworben hat[441]. Zunächst wird der Rechtserwerb (Eigentumserwerb[442], Forderungserwerb), dann der Besitzerwerb behandelt, der deswegen problematisch ist, weil während des *liberale iudicium* jedenfalls kein Besitz am Prozessgegner besteht. Gaius stützt die von ihm bevorzugte Ansicht durch Verweis auf den Fall des *servus fugitivus*, der auch auf der Flucht für seinen *dominus* erwirbt[443].

440 Vgl. auch Paul. D 40, 12, 24 pr; CI 7, 16, 14 (a. 293); G. Franciosi, Processo di libertà 209 ff.

441 Dazu G. Nicosia, L'acquisto del possesso 79 ff.; G. Franciosi, Processo di libertà 250 ff.; F. Klinck, Erwerb durch Übergabe 131 f.

442 Vielfach wird für die klassische Fassung ein Eigentumserwerb durch *mancipatio* angenommen und das als justinianisch verdächtigte [*tradatur*] durch <*mancipio datur*> ersetzt: G. Nicosia, L'acquisto del possesso 79, G. Franciosi, Processo di libertà 252; F. Pringsheim, Ges. Abhandlungen I 344; H.-P. Benöhr, Besitzerwerb 141 und P. Zamorani, Possessio e animus I 98; F. Klinck, Erwerb durch Übergabe 132. Keine zwingende Notwendigkeit für eine Interpolationsannahme sehen W. Gordon, RIDA 12 (1965) 286, W. Krüger, Erwerbszurechnung kraft Status 35 FN 11 und A. Wacke, SZ 108 (1991) 140.

443 Diese Parallele wird von H.-P. Benöhr, Besitzerwerb 37, 80 deswegen als einleuchtend gesehen, weil in beiden Fällen der Herr nicht die tatsächliche Zugriffsmöglichkeit hat. Demgegenüber halten M. Nicolau, Causa liberalis 250 und F. Klinck, Erwerb durch Übergabe 132 die Argumentation des Gaius für verfehlt, weil im Fall der Flucht die *possessio* am Sklaven besteht, im Fall des Status-Prozesses aber gerade nicht. E. Albertario, Studi di diritto romano II 289 ff., F. Pringsheim, Ges. Abhandlungen I 352 und G. Longo, Ricerche romanistiche 452 f., halten den Besitzerwerb durch den *fugitivus* für justinianisch; dagegen A. Carcaterra, AG 120 (1938) 181 f. und G. Nicosia, L'acquisto del possesso 80 f., 428 f., Letzterer nimmt an, dass die Entscheidung im Prozessfall verfälscht wiedergegeben ist und Gaius den Besitzerwerb zugunsten des *dominus* abgelehnt habe. B. Santalucia, L'opera di Gaio 185 ff. nimmt zur Erklärung der aufgezeigten Widersprüchlichkeiten an, die Kompilatoren hätten einen schon vorher veränderten Text vorgefunden.

Zur zunächst kontroversen Frage, ob der *servus fugitivus* für seinen *dominus* Besitz erwirbt vgl. auch die Texte 134 (Darstellung der Positionen), 15, 133 (ablehnend) und 140, 156 (bejahend).

132. **D 40, 12, 38, 3**. *Paulus libro quinto decimo responsorum*. Gaius Seius Stichum servum Lucio Titio vendidit ita, ut Titius Stichum post triennium manumitteret, si continuo triennio servisset: sed nondum exacto tempore trienni Stichus fugit et post aliquantum temporis defuncto Titio revertit: quaero, an obstet Sticho ad consequendam ex venditione libertatem, quod ante triennium discesserit. Paulus respondit secundum ea quae proponuntur expleto tempore, post quod Stichus manumitti debuit, libertatem ei competisse.

Paulus im 15. Buch seiner Rechtsgutachten. Gaius Seius hat den Sklaven Stichus an Lucius Titius so verkauft, dass Titius den Stichus nach drei Jahren freilassen soll, wenn dieser ununterbrochen durch drei Jahre als Sklave gedient hat: Aber Stichus ist vor Ablauf der Dreijahresfrist entlaufen und einige Zeit später nach dem Tod des Titius zurückgekehrt: Ich frage, ob dem Stichus zur Erlangung der Freiheit aus dem Kaufvertrag der Umstand entgegensteht, dass er vor den drei Jahren weggegangen ist. Paulus erteilte das Gutachten, dass gemäß dem Vorgebrachten mit Ablauf der Frist, nach welcher Stichus freigelassen werden musste, ihm die Freiheit zugestanden ist.

Kommentar: Auch diese Entscheidung des Paulus betrifft eine *liberalis causa*, der das 15. Buch seiner Responsen gewidmet ist[444]. Im Fragment 38 finden sich Fälle zu einer *constitutio divi Marci*[445]: Diese sah vor, dass Sklaven, die unter der Auflage der Freilassung innerhalb einer bestimmten Frist verkauft wurden, mit Fristablauf die Freiheit erlangten, falls der Käufer bis dahin die Freilassung nicht vorgenommen hatte. Im Fall des § 3 war in der Abrede zwischen Verkäufer und Käufer aber nicht bloß eine Frist für die Freilassung vorgesehen, sondern zusätzlich die Bedingung aufgenommen worden, *si continuo triennio servisset*, die Dienstleistungen mussten also innerhalb der Dreijahresfrist erbracht werden[446]. Der verkaufte und freizulassende Sklave Stichus war aber innerhalb der Dreijahresfrist entlaufen und erst nach dem Tod des Käufers zurückgekehrt. Paulus' Entscheidung bezieht sich auf den zwischen dem Erben des Käufers und Stichus entstehenden Streit darüber, ob Stichus nun frei ist. Die großzügige Entscheidung Paulus' lautet: Ab dem Fristablauf steht die Freiheit zu[447]. Im Fall eines *statuliber* finden wir eine entgegengesetzte Entscheidung (Text 127).

[444] O. Lenel, Paling. Nr. 1571 ff.

[445] Dazu A. Pernice, Labeo III/1, ND Aalen 1963, 131 ff.; W. W. Buckland, Law of Slavery 629; F. Haymann, Freilassungspflicht und Reurecht, Berlin 1905; Ph. Lotmar, SZ 33 (1912) 304 ff.; W. Erbe, Die Fiduzia im römischen Recht, Weimar 1940, 147 f.; G. Noordraven, Die Fiducia in het Romeinse recht, Arnhem 1988, 95 ff.

[446] Dies ergibt sich hier aus dem gewählten Wortlaut der Abrede, während im Fall des Textes 127 dieses Ergebnis von Pomponius erst durch Auslegung der Worte des Erblassers ermittelt werden musste.

[447] Ph. Lotmar, SZ 33 (1912) 337 erklärt dies damit, dass solche Abreden nur *sub die*, aber nicht *sub condicione* getätigt werden konnten; W. W. Buckland, Law of Slavery 631 f. und 632 FN 1 leitet dies daraus ab, dass die Abrede nur auf *servire* („to be a slave") lautet. Das ist nicht überzeugend, weil Stichus innerhalb des *triennium* auf jeden Fall Sklave ist; bei diesem Verständnis wäre die Bedingung sinnlos. Die Entscheidung wird sich aus dem *favor libertatis* herleiten; zu bedenken ist, dass der dadurch benachteiligte Käufer sich ja mit der *actio empti* an den Verkäufer halten kann und wegen der Fugitivität Preisminderung verlangen kann.

133. **D 41, 1, 54, 4.** *Pomponius*[448] *libro trigensimo primo ad Quintum Mucium.* Quidquid tamen liber homo vel alienus quive bona fide nobis servit non adquirit nobis, id vel sibi liber vel alienus servus domino suo adquiret: excepto eo quod vix est, ut liber homo possidendo usucapere possit, quia nec possidere intellegitur, qui ipse possideretur. sed nec per servum alienum, quem nos bona fide possidemus, dominus peculiari nomine ignorans usucapere poterit, sicuti ne per fugitivum quidem, quem non possidet.

Pomponius im 31. Buch zu Quintus Mucius. Was aber ein freier Mensch oder ein fremder Sklave, welcher uns nach Treu und Glauben als Sklave dient, nicht für uns erwirbt, das wird entweder der Freie für sich oder der fremde Sklave für seinen Eigentümer erwerben: Hiervon ausgenommen ist der Fall, dass der freie Mensch etwas, was er in Besitz hat, ersitzen kann, was aber kaum vorkommt, weil derjenige nicht als Besitzer angesehen wird, der selbst von einem anderen besessen wird. Aber auch nicht durch einen fremden Sklaven, an dem wir redlichen Besitz haben, wird der Eigentümer des Sklaven in Bezug auf das Sondervermögen unwissend ersitzen können, sowie er das auch nicht durch einen flüchtigen Sklaven könnte, an dem er keinen Besitz hat.

Kommentar: Vgl. A. Söllner, CRRS IX Nr. 109. In dem hier interessierenden Schlusssatz wird der *servus fugitivus* als Vergleichsfall herangezogen: Es wird verneint, dass der *dominus* über einen *servus fugitivus*, den er nicht besitzt, eine Sache ersitzen kann. Vielfach wird *quem non possidet* kausal und damit die Stelle so verstanden, dass Pomponius hier generell den Fortbestand des Besitzes am *servus fugitivus* ablehnt[449]. Eine andere Auffassung sieht *quem non possidet* als einschränkenden Relativsatz[450] und bezieht die Aussage des Pomponius nur auf jene Fälle, in denen – etwa wegen Besitzerwerb durch einen anderen – die *possessio* des *dominus* nicht mehr besteht. Bei anderen Juristen wird die Fortdauer des Besitzes am *servus fugitivus* (Texte 16 = 197, 134, 137, 138, 146, 193, 195) bejaht. Einen durch den *servus fugitivus* vermittelten Besitzerwerb lehnt Pomponius auch in Text 15 ab. Zu dieser kontroversen Frage vgl. weiters die Texte 134 (Darstellung der Positionen) und 131, 140, 156 (bejahend).

134. **D 41, 2, 1, 14.** *Paulus libro quinquagensimo quarto ad edictum.* Per servum, qui in fuga sit, nihil posse nos possidere Nerva filius ait, licet respondeatur, quamdiu ab alio non possideatur, a nobis eum possideri ideoque interim etiam usucapi. sed utilitatis causa receptum est, ut impleatur usucapio, quamdiu nemo nactus sit eius possessionem. possessionem autem per eum adquiri, sicut per eos, quos in provincia habemus, Cassii et Iuliani sententia est.

Paulus im 54. Buch zum Edikt. Dass wir durch einen Sklaven, der sich auf der Flucht befindet, nichts besitzen können, sagt der jüngere Nerva, obwohl das Gutachten erteilt wird, dass er, solange er von niemand anderem besessen wird, in unserem Besitz verbleibt und daher auch inzwischen ersessen wird. Aber es ist aus Zweckmäßigkeitsgründen anerkannt, dass

[448] Das „IDEM“ in der *inscriptio* von Fragment 54 und dem davor liegenden Fragment 53 zielt auf den in der *inscriptio* von Fragment 52 genannten Modestinus, doch hat dieser keine *libri ad Quintum Mucium* verfasst. Fragment 54 stammt nach herrschender Auffassung ebenso wie Fragment 53 von Pomponius: O. Lenel, Paling. Nr. 308; A. Söllner, CRRS IX Nr. 109.

[449] So G. Rotondi, Scritti giuridici III 152, 156; E. Albertario, Studi di diritto romano II 276 f.; G. Nicosia, L'acquisto del possesso 412; G. Longo, Ricerche romanistiche 462; H.-P. Benöhr, Besitzerwerb 31; P. Zamorani, Possessio e animus I 96.

[450] So F. C. Savigny, Das Recht des Besitzes, Wien ^{7}1865, 309; E. Rabel, St. Riccobono IV 221; G. Dulckeit, Erblasserwille und Erwerbswille, Weimar 1934, 32; F. Klinck, Erwerb durch Übergabe 127.

die Ersitzung vollendet werden kann, solange niemand Besitz an ihm erlangt hat. Dass durch ihn aber Besitz erworben wird wie durch jene Sklaven, die wir in der Provinz haben, ist die Ansicht von Cassius und Julian.

Kommentar: Paulus schildert eine Schulkontroverse zwischen Prokulianern und Sabinianern: Im ersten Teil geht es um die Aufrechterhaltung des Besitzes an den vom flüchtigen Sklaven mitgeführten Sachen, was vom Prokulianer Nerva verneint wird. Wenn Nerva schon die Aufrechterhaltung des Besitzes (das *possidere*) für den *dominus* verneint, so muss er umso eher auch den Besitzerwerb (das *adquirere possessionem*) zugunsten des *dominus* abgelehnt haben[451], was hingegen im Schlusssatz Cassius und Julian als Vertreter der Sabinianischen Schule bejahen (so auch der ebenfalls den Sabinianern zuzurechnende Gaius in Text 131). Die mittlere Passage bezieht sich hingegen auf den Besitz am *servus fugitivus* selbst. Umstritten ist, ob das dazu zitierte *responsum*, welches den Besitz an ihm fortbestehen lässt (*licet respondeatur, quamdiu ab alio non possideatur, a nobis eum possideri ideoque interim etiam usucapi*) von Nerva selbst[452] oder anderen zeitgenössischen Juristen[453] stammt; die Zurückführung des Weiterlaufens der Ersitzung am flüchtigen Sklaven auf Zweckmäßigkeitserwägungen (*utilitatis causa*) stammt von Paulus[454]. Zur Fortdauer des Besitzes am *servus fugitivus* vgl. auch die Texte 16 = 197, 137, 138, 146, 193, 195. Zur kontroversen Frage, ob der *servus fugitivus* für seinen *dominus* Besitz erwirbt, vgl. weiters die Texte 15, 133 (ablehnend) und 131, 140, 156 (bejahend).

135. **D 41, 2, 3, 10**. *Paulus libro quinquagensimo quarto ad edictum.* Si servus, quem possidebam, pro libero se gerat, ut fecit Spartacus, et iudicium liberale pati paratus sit, non videbitur a domino possideri, cui se adversarium praeparat. sed hoc ita verum est, si diu in libertate moratur: alioquin si ex possessione servitutis in libertatem reclamaverit et liberale iudicium imploraverit, nihilo minus in possessione mea est et animo eum possideo, donec liber fuerit pronuntiatus.

Paulus im 54. Buch zum Edikt. Wenn ein Sklave, den ich besaß, sich als Freier ausgibt, so wie es Spartakus gemacht hat, und bereit ist, einen Freiheitsprozess auf sich zu nehmen, dann wird es nicht so angesehen, dass er von seinem Eigentümer besessen wird, gegen den er sich als Prozessgegner vorbereitet. Aber das ist so richtig, wenn er sich lange in Freiheit aufhält. Ansonsten, wenn er aus dem Zustand der Sklaverei die Freiheit gefordert und einen Freiheitsprozess erbeten hat, bleibt er nichtsdestoweniger in meinem Besitz und ich besitze ihn durch bloßen Willen solange, bis er gerichtlich als frei erkannt worden ist.

[451] So auch G. Rotondi, BIDR 30 (1921) 58 FN 2 = Scritti giuridici III 155 FN 3; G. Nicosia, L'acquisto del possesso 407; F. Klinck, Erwerb durch Übergabe 118.

[452] So A. Carcaterra, AG 120 (1938) 170; F. Wieacker, Iura 12 (1961) 372 FN 5; P. Bonfante, Corso di diritto romano III: Diritti reali, ND Milano 1972, 416; H.-P. Benöhr, Besitzerwerb 41 f. FN 22. Für die Zuordnung zu Nerva spricht auch der Umstand, dass Nerva an anderer Stelle (Zitat durch Paulus in Text 136) für den Besitz an beweglichen Sachen die *custodia* verlangt, von diesem Erfordernis aber gerade bei Sklaven absieht (*excepto homine*).

[453] So W. W. Buckland, Law of Slavery 272; G. Nicosia, L'acquisto del possesso 45, 407; U. Leptien, Utilitatis causa. Zweckmäßigkeitsentscheidungen im römischen Recht, Diss. Freiburg/Br. 1967, 84 ff.; M. Navarra, Ricerche sulla utilitas 94.

[454] U. Leptien, Utilitas causa. Zweckmäßigkeitsentscheidungen im römischen Recht, Diss. Freiburg/Br. 1967, 85 ff.; SDHI 35 (1969) 58; H. Ankum, RIDA 15 (1968) 129; ders., Symbolae Martino David I, Leiden 1968, 13; B. Albanese, Le situazioni possesorie nel diritto privato romano, Palermo 1985, 28; M. Navarra, Ricerche sulla utilitas 95 f.; F. Klinck, Erwerb durch Übergabe 119 nimmt hingegen an, es gehe um das Weiterlaufen der Ersitzung an den mitgeführten Sachen.

Kommentar: Für die Dauer eines Status-Prozesses, in dem es um die Freiheit oder Unfreiheit einer Person geht, gilt diese Person als frei (vgl. Text 131). Hier geht es um die Frage, ob diese Person im Besitz des Prozessgegners steht, was im ersten Teil der Stelle verneint wird. Im zweiten Teil wird je nach der Prozessrollenverteilung differenziert: Befand sich ein Sklave zuvor lange im faktischen Zustand der Freiheit, so hat der Kläger während der von ihm angestrengten *vindicatio in servitutem* keinen Besitz am Prozessgegner. Hingegen bleibt der Besitz *solo animo* aufrecht, wenn aus einer Situation faktischer Unfreiheit eine *vindicatio in libertatem* angestrengt wird. Dieser zweite Teil der Stelle wird in der Literatur vielfach als Justinianische Interpolation verdächtigt[455]. In dem von Gaius stammenden Text 131 wird jedenfalls ohne Differenzierung festgehalten, dass während des *liberale iudicium* kein Besitz besteht; und auch Paulus selbst verwendet an anderer Stelle (Text 141) als Kriterium nicht primär die Prozessrollenverteilung, sondern die fehlende (dann besteht Besitz) oder vorhandene Bereitschaft (dann hat der Prozessgegner keinen Besitz) zum *iudicium liberale.* Unklar ist weiters, ob sich die Stelle überhaupt auf einen *servus fugitivus* bezieht, doch lässt sich der plakative Hinweis auf Spartakus in diesem Sinn verstehen. Freilich wird auch dieser Einschub als nachklassische oder Justinianische Interpolation verdächtigt[456] und daher zum Teil angenommen, dass die Stelle nur im justinianischen, nicht aber im klassischen Verständnis auf einen *servus fugitivus* zu beziehen ist[457].

136 **D 41, 2, 3, 13.** *Paulus libro quinquagensimo quarto ad edictum.* Nerva filius res mobiles excepto homine, quatenus sub custodia nostra sint, hactenus possideri, id est quatenus, si velimus, naturalem possessionem nancisci possimus. nam pecus simul atque aberraverit aut vas ita exciderit, ut non inveniatur, protinus desinere a nobis possideri, licet a nullo possideatur: dissimiliter atque si sub custodia mea sit nec inveniatur, quia praesentia eius sit et tantum cessat interim diligens inquisitio.

Paulus im 54. Buch zum Edikt. Der jüngere Nerva meint: Bewegliche Sachen – mit Ausnahme des Sklaven – werden insoweit besessen, als sie sich unter unserem Gewahrsam befinden, das heißt insoweit als wir dann, wenn wir das wollen, den natürlichen Besitz erlangen können. Denn sobald Vieh entlaufen ist oder ein Gefäß so herausgefallen ist, dass es nicht gefunden werden kann, hört es sofort auf, in unserem Besitz zu stehen, auch wenn es von niemand anderem besessen wird. Anders ist es, wenn sich eine Sache in meinem Gewahrsam befindet und bloß nicht gefunden wird, da ihre Gegenwart besteht und inzwischen nur eine sorgfältige Suche unterbleibt.

Kommentar: Zum Erwerb des Besitzes (*possessio*) sind grundsätzlich zwei Elemente erforderlich, nämlich die Betätigung des Besitzwillens (*animus*) und die Herstellung einer

[455] Siehe Indltp; ferner M. Nicolau, Causa liberalis 249 FN 411; 250 ff.; A. Carcaterra, AG 120 (1938) 181; G. Longo, Ricerche romanistiche 469; E. Albertario, Studi di diritto romano II 281 f.; G. Nicosia, L'acquisto del possesso 448 FN 203; G. Franciosi, Processo di libertà 254 f.; B. Santalucia, L'opera di Gaio 188 ff.; P. Zamorani, Possessio e animus I 108 f.

[456] Siehe Indltp; ferner M. Nicolau, Causa liberalis 251; C. A. Cannata, SDHI 27 (1961) 74; G. Franciosi, Processo di libertà 254 FN 218; B. Santalucia, L'opera di Gaio 188; P. Zamorani, Possessio e animus I 108; für Echtheit hingegen C. St. Tomulescu, BIDR 82 (1979) 104; W. Kunkel/Th. Mayer-Maly, RPR 141 FN 37; Th. Mayer-Maly, SZ 121 (2004) 336 ff.

[457] E. Albertario, Studi di diritto romano II 282; A. Guarino, Labeo 26 (1980) 325 f.; G. Nicosia, L'acquisto del possesso 463 FN 265; P. Zamorani, Possessio e animus I 108 FN 32.

tatsächlichen Herrschaftsbeziehung zur Sache, die häufig als *corpus* bezeichnet wird[458]. In dieser Stelle geht es nicht um Erwerb, sondern um die Frage der Aufrechterhaltung bestehenden Besitzes im Hinblick auf die tatsächliche Herrschaftsbeziehung. Der frühklassische Jurist Nerva verwendet dafür bei beweglichen Sachen den Begriff *custodia* im Sinn der Möglichkeit, jederzeit nach Belieben die *naturalis possessio* herzustellen, also die Sache an sich zu nehmen und damit zu kontrollieren[459]. Er unterscheidet zwischen Situationen, in denen der Gewahrsam verloren gegangen ist (Entlaufen von Vieh, Verlust eines Gefäßes durch Herausfallen), und Situationen, in denen der Gewahrsam noch aufrecht ist, die Sache also nicht verloren, sondern bloß verlegt ist und momentan nicht gefunden wird. In dieser Situation bleibt der Besitz bestehen, während bei Verlust der *custodia* die *possessio* endet. Hier von Interesse ist die von Nerva aufgezeigte Ausnahme *excepto homine*[460]: Demnach bleibt bei Sklaven der Besitz auch ohne *custodia* aufrecht. Die Interpretation dieser Passage ist umstritten: Zum einen wird sie so verstanden, dass man Sklaven gewöhnlich nicht zu bewachen pflegt[461], zum anderen wird daraus abgeleitet, dass für Nerva der Besitz am *servus fugitivus* aufrecht bleibt[462] oder zumindest aufrecht bleiben kann[463].

137. **D 41, 2, 13 pr.** *Ulpianus libro septuagensimo secundo ad edictum.* Pomponius refert, cum lapides in Tiberim demersi essent naufragio et post tempus extracti, an dominium in integro fuit per id tempus, quo erant mersi. ego dominium me retinere puto, possessionem non puto, nec est simile fugitivo: namque fugitivus idcirco a nobis possideri videtur, ne ipse nos privet possessione: at in lapidibus diversum est.

Ulpian im 72. Buch zum Edikt. Pomponius geht auf folgende Frage ein: Wenn Steine bei einem Schiffbruch im Tiber versunken und nach einiger Zeit herausgezogen worden sind, bleibt dann das Eigentum während der Zeit aufrecht, in der sie versunken waren. Ich meine, dass ich das Eigentum behalte, nicht aber den Besitz, und das ist nicht ähnlich einem flüchtigen Sklaven: Denn der flüchtige Sklave wird deswegen als in unserem Besitz verbleibend angesehen, damit er uns nicht selbst des Besitzes berauben kann: Bei den Steinen ist das unterschiedlich.

Kommentar: Behandelt werden zwei Fälle, in denen jemand die faktische Kontrolle vorübergehend verliert (Versinken der Steine im Tiber, Entlaufen von Sklaven). Dass das Eigentum aufrecht bleibt, ist unproblematisch. Hinsichtlich des Besitzes arbeitet Ulpian jedoch die Sonderstellung des *servus fugitivus* heraus. Während bei sonstigen Sachen wegen des Wegfalls des *corpus* der Besitz verloren geht, bleibt er am flüchtigen Sklaven aufrecht, wobei die Begründung im Schutz der Interessen des Herrn liegt: Der *servus* soll nicht in der

[458] So nach der Definition von Paulus in D 41, 2, 3, 1: *et apiscimur possessionem corpore et animo, ...*

[459] Zu dieser Definition der *custodia* siehe A. Metro, L'obbligazione di custodire 34; G. MacCormack, SZ 84 (1967) 53 f.; G. C. J. J. Van den Bergh, TR 43 (1975) 64; skeptisch hingegen P. Cornioley, Labeo 15 (1969) 202 f.

[460] Als Justinianischer Einschub wird diese Passage verdächtigt von E. Albertario, Studi di diritto romano II 273 f. FN *; dagegen G. Longo, Ricerche romanistiche 461; G. Nicosia, L'acquisto del possesso 410; A. Metro, L'obbligazione di custodire 33.

[461] E. Rabel, St. Riccobono IV 221; G. Longo, Ricerche romanistiche 461; G. Nicosia, L'acquisto del possesso 409.

[462] In diesem Sinn A. Carcaterra, AG 120 (1938) 170 ff.; E. Albertario, Studi di diritto romano II 273 f. FN * und A. Watson, Roman Slave Law 108.

[463] So P. Zamorani, Possessio e animus I 28 FN 6; F. Klinck, Erwerb durch Übergabe 76 FN 148.

Lage sein, den an ihm bestehenden Besitz durch Flucht zu beenden[464]. Ein ähnlicher Gedanke findet sich schon bei Gaius (Text 138). Zur fortbestehenden *possessio* am *servus fugitivus* siehe auch die Texte 16 = 197, 134, 146, 193, 195.

138. **D 41, 2, 15**. *Gaius libro vicensimo sexto ad edictum provinciale*. Rem, quae nobis subrepta est, perinde intellegimur desinere possidere atque eam, quae vi nobis erepta est. sed si is, qui in potestate nostra est, subripuerit, quamdiu apud ipsum sit res, tamdiu non amittimus possessionem, quia per huiusmodi personas adquiritur nobis possessio. et haec ratio est, quare videamur fugitivum possidere, quod is, quemadmodum aliarum rerum possessionem intervertere non potest, ita ne suam quidem potest.

Gaius im 26. Buch zum Provinzialedikt. Von einer Sache, die uns gestohlen worden ist, wird angenommen, dass wir sie ebenso zu besitzen aufhören wie eine, die uns mit Gewalt geraubt worden ist. Aber auch wenn derjenige, der sich in unserer Herrschaftsgewalt befindet, etwas gestohlen hat, so verlieren wir so lange nicht den Besitz, wie die Sache bei diesem ist, weil durch derartige Personen der Besitz für uns erworben wird. Und das ist der Grund, weshalb wir als Besitzer eines entlaufenen Sklaven angesehen werden, weil dieser, so wie er uns den Besitz an anderen Sachen nicht entziehen kann, nicht einmal den Besitz an ihm selbst entziehen kann.

Kommentar: Gaius behandelt zunächst den Besitzverlust an Sachen infolge Diebstahls oder Raubes. Erfolgt dieser durch eine außenstehende (nicht gewaltunterworfene) Person, so erwirbt diese Besitz und der bisherige Besitz erlischt wegen Wegfalls des *corpus*. Erfolgt der Diebstahl hingegen durch eine gewaltunterworfene Person (Hauskind, Sklave) des Besitzers, so bleibt der bisherige Besitz aufrecht. Gaius begründet dies zunächst formallogisch damit, dass die gewaltunterworfene Person den Besitz ohnedies nur für den Gewalthaber erwerben kann. Die eigentliche *ratio* sieht Gaius im Schlusssatz im Schutz der Interessen des Herrn: Ein Sklave kann seinem *dominus* nicht den Besitz entziehen, weder an Sachen noch an sich selbst durch Flucht. Daher bleibt die *possessio* am *servus fugitivus* aufrecht[465]. Vgl. auch die Texte 16 = 197, 134, 137, 146, 193, 195.

139. **D 41, 2, 47**. *Papinianus libro vicensimo sexto quaestionum*. Si rem mobilem apud te depositam aut ex commodato tibi possidere neque reddere constitueris, confestim amisisse me possessionem vel ignorantem responsum est. cuius rei forsitan illa ratio est, quod rerum mobilium neglecta atque omissa custodia, quamvis eas nemo alius invaserit, veteris possessionis damnum adferre consuevit: idque Nerva filius libris de usucapionibus rettulit. idem scribit aliam causam esse hominis commodati omissa custodia: nam possessionem tamdiu veterem fieri, quamdiu nemo alius eum possidere coeperit, videlicet ideo, quia potest homo proposito redeundi domino possessionem sui conservare, cuius corpore ceteras quoque res possumus possidere. igitur earum quidem rerum, quae ratione vel anima carent, confestim amittitur possessio, homines autem retinentur, si revertendi animum haberent.

[464] Verdächtigungen des *servus-fugitivus*-Falls und der Begründung finden sich bei E. Albertario, Studi di diritto romano II 276; E. Rabel, St. Riccobono IV 228; F. Pringsheim, Ges. Abhandlungen I 345 und G. Longo, Ricerche romanistiche 479 f. Dagegen G. Nicosia, L'acquisto del possesso 468 ff. und P. Zamorani, Possessio e animus I 103 f.

[465] Ähnliche Verdächtigungen (siehe vorige FN) finden sich auch hier bei E. Albertario, Studi di diritto romano II 276; E. Rabel, St. Riccobono IV 228; F. Pringsheim, Ges. Abhandlungen I 345 und G. Longo, Ricerche romanistiche 476 f. Für Echtheit hingegen G. Nicosia, L'acquisto del possesso 424 ff. und P. Zamorani, Possessio e animus I 98. Für nicht überzeugend wird die gaianische Überlegung gehalten von F. Klinck, Erwerb durch Übergabe 132.

Papinian im 26. Buch der Rechtsfragen. Wenn du beschlossen hast, eine bei dir hinterlegte oder dir geliehene Sache zu besitzen und nicht mehr zurückzugeben, so ist das Gutachten erteilt worden, dass ich sofort den Besitz daran verloren habe, sogar wenn ich nichts davon weiß. Der Grund dafür ist vielleicht der, dass üblicherweise die vernachlässigte oder unterbrochene Kontrolle über bewegliche Sachen, auch wenn niemand anderer sich ihrer bemächtigt hat, den bisher bestehenden Besitz beeinträchtigt: Und das hat der jüngere Nerva in seinen Büchern über die Ersitzung überliefert. Derselbe schreibt, dass die Lage eines verliehenen Sklaven bei unterbrochener Kontrolle anders ist: Denn der bisher bestehende Besitz bleibt so lange aufrecht, solange kein anderer diesen [Sklaven] zu besitzen begonnen hat, nämlich deswegen, weil ein Sklave durch die Absicht der Rückkehr seinem Eigentümer den Besitz an sich aufrechterhalten kann, wodurch wir über ihn auch die übrigen [mitgeführten] Sachen besitzen können. Daher wird an den Sachen, die keinen Verstand und keine Seele haben, der Besitz sofort verloren, Sklaven aber verbleiben im Besitz, wenn sie die Absicht der Rückkehr haben.

Kommentar: Wenn Ego dem Tu eine Sache zur Verwahrung (*depositum*) oder zur Leihe (*commodatum*) gibt, erlangt Tu nur die Stellung eines Detentors, der Ego bleibt mittelbarer Besitzer; dies deswegen, weil die Herrschaftsbeziehung des Ego zur Sache durch die willensmäßige Unterordnung des Tu gesichert ist. Nach dem zitierten *responsum* erlischt aber der mittelbare Besitz des Ego, wenn bei der Mittelsperson Tu die Willensunterordnung nicht mehr gegeben ist (*si tibi possidere neque reddere constitueris*). Das basiert auf dem Gedanken, dass mit der Willensänderung des Tu die Herrschaftsbeziehung des Ego zur Sache sofort (*confestim*)[466] unterbrochen ist. Es wird dazu auf einen vom Prokulianer Nerva allgemein für bewegliche Sachen formulierten Gedanken verwiesen, wonach der Besitz nur so lange aufrecht bleibt, als die *custodia* über sie besteht. Für Sklaven gilt dies allerdings nicht, da diese selbst immer noch das *propositum revertendi* haben können, so dass im Fall des verliehenen Sklaven trotz fehlender *custodia* der Besitz des Verleihers aufrecht bleibt[467]. Die Haltung Nervas wird auch in Text 136 zitiert: Dabei zeigt sich sowohl im Grundprinzip (Besitzverlust bei Verlust der *custodia*) als auch in der Sonderstellung der Sklaven (*excepto homine*) Übereinstimmung mit dem vorliegenden Text[468]. Der mit *igitur* eingeleitete Schlusssatz[469] mit seiner Gegenüberstellung von *res quae ratione vel anima carent* einerseits und Sklaven andererseits macht den Eindruck einer Verallgemeinerung (über den Fall des entliehenen Sklaven hinaus)[470], wonach bei Sklaven die Aufrechterhaltung des Besitzes vom *animus revertendi* abhängig ist. Diese (nach der Besitzdefinition durchaus konsequente) Auffas-

[466] Die gegenteilige Ansicht wird in Paul. D 41, 2, 3, 18 den Sabinianern zugeschrieben: Nach Sabinus und Cassius tritt der Besitzverlust des Ego erst ein, wenn es zu einer *contrectatio* durch Tu gekommen ist; die bloße Willensänderung des Tu, etwa die Bildung eines *animus infitiandi*, beendet noch nicht den Besitz des Ego. Dazu W. M. Gordon, RIDA 9 (1962) 325 ff.; J. A. C. Thomas, St. Volterra II 762 ff.

[467] Ein Sklave, der dem Entlehner mit der Absicht entläuft, zu seinem *dominus* zurückzukehren, gilt nicht als *servus fugitivus*: Text 72.

[468] A. Metro, L'obbligazione di custodire 39; P. Zamorani, Possessio e animus I 25 f.; H. Hausmaninger, Iura 36 (1985) 159.

[469] Er wird stark als späterer Einschub bzw. als kompilatorische Summe verdächtigt: vgl. IndItp; B. Albanese, APal 25 (1956) 179 ff.

[470] G. Nicosia, L'acquisto del possesso 410 f. FN 58 weist zu Recht auf den Zusammenhang mit dem Kommodatsfall hin, auf den die im *igitur*-Satz ausgedrückte Regel durchaus passt.

sung[471], ist jedoch in der Minderheit geblieben; durchgesetzt hat sich die nicht an der Dogmatik, sondern am Ergebnis orientierte Meinung, dass auch am *servus fugitivus* – der per definitionem gerade nicht den *animus revertendi* hat – der Besitz aufrecht bleibt (vgl. Texte 16 = 197, 134, 137, 138, 146, 193, 195).

140. **D 41, 2, 50, 1.** *Hermogenianus libro quinto iuris epitomarum.* Per servum in fuga agentem, si neque ab alio possideatur neque se liberum esse credat, possessio nobis adquiritur.

Hermogenian im 5. Buch der Auszüge aus dem Recht. Durch einen auf der Flucht befindlichen Sklaven wird der Besitz für uns erworben, wenn er weder von anderen besessen wird noch glaubt frei zu sein.

Kommentar: Zur zunächst kontroversen Frage, ob der *servus fugitivus* für seinen *dominus* Besitz erwirbt, vgl. auch den Text 134 (Darstellung der Positionen), weiters die ablehnenden (Texte 15, 133) sowie bejahenden Äußerungen (Texte 131, 156), denen auch diese Stelle zuzuordnen ist. Die beiden in dieser Stelle[472] genannten Einschränkungen entsprechen der Auffassung, dass ein Besitzerwerb durch den *servus fugitivus* für seinen *dominus* nur erfolgen kann, wenn dieser noch Besitz an ihm hat. Kein Besitz des *dominus* besteht an einem flüchtigen Sklaven, den schon ein anderer besitzt (vgl. auch Text 134) oder der sich für frei hält und daher wohl auch als Freier verhält (siehe dazu auch den folgenden Text 141).

141. **D 41, 3, 15, 1.** *Paulus libro quinto decimo ad Plautium.* Si servus, quem possidebam, fugerit, (et)si pro libero se gerat, videbitur a domino possideri: sed hoc tunc intellegendum est, cum, si adprehensus fuerit, non sit paratus pro sua libertate litigare: nam si paratus sit litigare, non videbitur a domino possideri, cui se adversarium praeparavit.

Paulus im 15. Buch zu Plautius. Wenn ein Sklave, den ich besaß, entlaufen ist und (auch) wenn er sich als Freier ausgibt, so wird es so angesehen werden, dass er von seinem Eigentümer besessen wird. Aber das ist nur dann anzunehmen, wenn er im Fall seiner Ergreifung nicht bereit ist, für seine Freiheit einen Rechtsstreit zu führen: Denn wenn er bereit ist, einen Rechtsstreit zu führen, so kann nicht angenommen werden, dass er von seinem Eigentümer besessen wird, gegen den er sich als Prozessgegner vorbereitet.

Kommentar: Nach dem ersten Teil der Stelle, der noch auf Plautius zurückgeht, bleibt der Besitz am *servus fugitivus* auch dann bestehen, wenn dieser sich als Freier verhält. Paulus stellt hingegen auf die fehlende oder vorhandene Bereitschaft zur Führung eines *iudicium liberale* ab. Zur Frage des Einflusses des *iudicium liberale* auf den Besitz am *servus* siehe Texte 135 und 131.
Vgl. auch A. Söllner, CRRS IX Nr. 116, der im ersten Teil eine Situation sieht, in welcher der Sklave nicht vom Eigentümer, sondern von einem Ersitzungsbesitzer (*quem ego possidebam*) geflohen ist.

142. **D 44, 3, 8.** *Ulpianus libro primo regularum.* In accessione temporis et id tempus, quo in fuga sit servus, domino eius procedere verum est.

[471] Wenn man sie Nerva zuschreibt (so z. B. E. Rabel, St. Riccobono IV 221), kann freilich das von ihm in Text 134 zitierte *responsum*, welches den Fortbestand der *possessio* am *servus fugitivus* ausspricht, nicht von ihm selbst stammen. Siehe dazu FN 452 und 453.

[472] D. Liebs, Hermogenians iuris epitome. Zum Stand der römischen Jurisprudenz im Zeitalter Diokletians, Göttingen 1964, 53. F. Klinck, Erwerb durch Übergabe 131.

Ulpian im 1. Buch der Rechtsregeln. Es ist richtig, dass bei der Anrechnung der Zeit auch die Zeit, in der sich der Sklave auf der Flucht befindet, seinem Eigentümer zugute kommt.

Kommentar: Der Text bezog sich ursprünglich auf das *interdictum utrubi*[473]. Es dient dem Besitzschutz an beweglichen Sachen, wobei es darauf ankam, wer im Jahr vor der Interdiktserlassung den längeren fehlerfreien Besitz (*nec vi nec clam nec precario*) im Verhältnis zum Gegner gehabt hatte[474]. Dabei wurde auch die Zeit einer Sklavenflucht miterfasst.

143. **D 44, 4, 4, 5**. *Ulpianus libro septuagensimo sexto ad edictum.* Item Labeo scribit, si quis fugitivum esse sciens emerit servum et si stipulatus fuerit fugitivum non esse, deinde agat ex stipulatu, non esse eum exceptione repellendum, quoniam hoc convenit (quamvis ex empto actionem non haberet): sed, si non convenisset, exceptione repelletur.

Ulpian im 76. Buch zum Edikt. Ebenso schreibt Labeo, wenn jemand einen Sklaven gekauft hat, von dem er weiß, dass er ein Ausreißer ist, und wenn er sich versprechen hat lassen, dass dieser kein Ausreißer ist, und dann aus der Stipulation klagt, dann ist er nicht aufgrund einer Einrede abzuweisen, weil das vereinbart wurde (obwohl er die Klage aus dem Kaufvertrag nicht hätte): Wenn das jedoch nicht vereinbart wurde, wird er aufgrund der Einrede abgewiesen werden.

Kommentar: Die Entscheidung zugunsten des Käufers im Fall seiner Berufung auf die ausdrückliche Garantie *fugitivum non esse*[475] wird damit begründet, dass hinter der förmlichen Stipulation eine Willenseinigung (*conventio*)[476] der Parteien über die diesbezügliche Mangelfreiheit des verkauften Sklaven steht: Das Wissen des Käufers über die Fugitivität (d. h. darüber, dass der Sklave schon zuvor geflohen ist) soll nach der vorliegenden Entscheidung dem Erfolg einer *actio ex stipulatu* nicht entgegenstehen, wohl aber einer *actio empti*. Das ist schwer erklärlich, weil bei einer *exceptio doli* der Richter das Wissen des Käufers genauso bewerten kann wie im Rahmen der *bona fides*, welche der *actio empti* zugrunde liegt. Daher wurde eine Interpolation [*non*] *esse eum exceptione repellendum* angenommen: Demgemäß ist nach der klassischen Fassung auch der *actio ex stipulatu* der Erfolg versagt worden[477]. Die gegenteilige Auffassung hält die Entscheidung für echt und begründet sie damit, dass in der *conventio* die Zusage des Verkäufers über die Besserung des bisher fugitiven Sklaven liegt[478]. Zum Wissen des Käufers vgl. Einleitung S. 24 und die Texte 58 und 96.

144. **D 46, 3, 19**. *Pomponius libro vicensimo primo ad Sabinum.* Fugitivus meus, cum pro libero se gereret, nummos mihi subreptos credidit tibi: obligari te mihi Labeo ait et, si eum liberum existimans solveris ei, liberari te a me, sed si alii solvisses iussu eius vel is ratum habuisset, non liberari, quia priore casu mei nummi facti essent et quasi mihi solutum intellegeretur. et

[473] So P. P. Zanzucchi, AG 72 (1904) 373 f.; G. Rotondi, BIDR 30 (1921) 50 f. = Scritti giuridici III 146 f.; E. Rabel, St. Riccobono IV 224; G. Longo, Ricerche romanistiche 481 f.; G. Nicosia, L'acquisto del possesso 471 ff.; P. Zamorani, Possessio e animus I 104.

[474] M. Kaser, RPR I 398.

[475] Siehe dazu Einleitung S. 24.

[476] Vgl. allgemein Pedius in Ulp. D 2, 14, 1, 3.

[477] F. Haymann, Haftung des Verkäufers 79 ff.; R. Monier, Garantie contre vices cachés 156 f.

[478] A. Bechmann, Der Kauf nach gemeinem Rechte III 2, Erlangen 1884 (ND Aalen 1965), 166 ff.; G. Impallomeni, L'editto degli edili curuli 24 f.; G. MacCormack, SDHI 52 (1986) 251.

ideo servus meus quod peculiari nomine crediderit, exigendo liberabit debitorem, delegando autem vel novando non idem consequeretur.

Pomponius im 21. Buch zu Sabinus. Als mein entlaufener Sklave sich wie ein Freier verhielt, gab er dir Münzen als Darlehen, die er mir gestohlen hatte: Labeo sagt, dass du mir gegenüber verpflichtet wirst, und wenn du in der Meinung, er sei frei, an ihn gezahlt hast, wirst du mir gegenüber befreit. Aber wenn du auf seine Ermächtigung hin an einen anderen gezahlt hast oder er das genehmigt hat, dann wirst du nicht [von deiner Schuld] frei, weil im ersten Fall die Münzen in mein Eigentum übergegangen sind und die Zahlung gleichsam als an mich erfolgt angesehen wird. Und wenn daher mein Sklave das, was er namens des Sondergutes als Darlehen gewährt hat, einfordert, wird er den Schuldner befreien, wenn er es zum Gegenstand einer Anweisung oder einer Schulderneuerung macht, wird er nicht dasselbe erreichen.

Kommentar: Ein Sklave des Ego ist entlaufen und hat dabei Münzen des Ego entwendet. Aus diesen Münzen gewährt er dem Tu ein Darlehen, wobei er sich gegenüber Tu als Freier ausgibt. Der Jurist geht offensichtlich davon aus, dass eine Verpflichtung des Tu zur Rückzahlung entstanden ist[479], da es in dieser Stelle um die Befreiung des Tu von dieser Verbindlichkeit geht. Es werden zwei Fälle unterschieden, nämlich (1) Rückzahlung an den Sklaven selbst und (2) Zahlung an einen Dritten (*alius*) auf Ermächtigung oder unter nachträglicher Genehmigung des Sklaven (der in beiden Fällen von Tu immer noch für frei gehalten wird). In Fall (1) wird Tu von seiner Schuld befreit, wobei dies damit begründet wird, dass über die Rückzahlung an den *servus* der Ego das Eigentum an den Münzen erlangt, so dass man den Vorgang als Zahlung an den Ego (*quasi mihi solutum*) ansehen kann. Schwierigkeiten bereitet dies deswegen, weil ein Eigentumserwerb an Münzen grundsätzlich voraussetzt, dass der *dominus* auch Besitz an den Münzen erlangt hat, Pomponius in anderen Stellen aber einen Besitzerwerb des *dominus* durch den *servus fugitivus* ablehnt (Texte 15, 133)[480]. In Fall (2) wird Tu nicht frei, eine Begründung wird allerdings nicht gegeben[481]. Der abschließende Vergleichsfall mit einer Kreditgewährung *peculiari nomine*[482] bringt eine

[479] P. Van Warmelo, St. Sanfilippo I, Milano 1982, 61. Zur Frage, ob der Rückzahlungsanspruch vertraglich (und daher mit der Darlehens-*condictio*) oder bereicherungsrechtlich zu sehen ist, siehe Kommentar zu Text 44.

[480] W. Krüger, Erwerbszurechnung kraft Status 55 ff. versucht dem mit der These zu entgehen, der Konjunktiv in der Passage *quia priore casu mei nummi facti essent et quasi mihi solutum intellegeretur* sei als Irrealis zu sehen; gemeint sei, dass die gleiche Rechtsfolge (nämlich Eigentumserwerb des Ego und Befreiung des Tu) eintreten soll, wie wenn an einen (gedachterweise) nichtfugitiven Sklaven gezahlt worden wäre. Krüger sieht das als Analogie, während M. Kaser, Labeo 26 (1980) 59 FN 157 und K. Hackl, SZ 97 (1980) 432, die im übrigen der Deutung von Krüger folgen, darin eine Fiktion erblicken. Gegen die Krüger'sche Deutung F. Klinck, Erwerb durch Übergabe 130, der den *quia*-Satz nicht auf Pomponius, sondern auf den von ihm zitierten Labeo bezieht, welcher Besitz- und damit Eigentumserwerb durch einen *fugitivus* zuließ. Für eine Zuordnung zu Labeo auch F. Bonifacio, La novazione nel diritto romano, Napoli 1959, 156. Für Unechtheit der Entscheidung zugunsten des Tu F. Haymann, BIDR 51/52 (1948) 405 FN 27 unter Hinweis auf die gegenteilige Entscheidung Julians in Text 145.

[481] W. Krüger, Erwerbszurechnung kraft Status 60 f. sieht sie in der geringeren Schutzwürdigkeit des Schuldners Tu im Vergleich zum Fall der unmittelbaren Zahlung.

[482] Durch das anknüpfende *et ideo* wird eine Parallele zur zuvor behandelten Kreditgewährung durch einen *fugitivus* hergestellt. Nach G. Micolier, Pécule et capacité patrimoniale, Lyon 1932, 523 ff. und F. Bonifacio, La novazione nel diritto romano, Napoli 1959, 156 bedeutet *peculiari nomine* nicht, dass das Darlehen tatsächlich aus Pekuliarmitteln gewährt worden ist, sondern dass der Sklave den Empfänger bloß glauben ließ, es handle sich um einen Pekuliarkredit; C. Salkowski, Zur Lehre von der Novation nach Römischem Recht, Leipzig 1866, 143 und F. Haymann, JheringsJb 77 (1927) 217 gehen von einem Fall aus, in dem ein Pekuliarkredit gewährt wurde, der Sklave aber die *libera administratio*

ähnliche Differenzierung: Unmittelbare Rückzahlung an den Sklaven befreit, Delegation (der Sklave weist den Darlehensschuldner an, an einen anderen zu zahlen) und Novation (die Darlehensforderung wird durch eine andere ersetzt) befreien nicht.

145. **D 46, 3, 34, 5**. *Iulianus libro quinquagensimo quarto digestorum*. Et cum fugitivus, qui pro libero se gerebat, rem vendidisset, responsum est emptores fugitivo solventes a domino liberatos non esse.

Julian im 54. Buch seiner Digesten. Und als ein entlaufener Sklave, der sich als Freier verhielt, eine Sache verkauft hatte, wurde das Gutachten erteilt, dass diejenigen, die an den entlaufenen Sklaven zahlen, dem Eigentümer gegenüber nicht [von ihrer Schuld] befreit worden sind.

Kommentar: Das Problem ist ähnlich wie im vorangegangenen Text: Dort geht es um eine Forderung aus einer Darlehensgewährung, hier um eine Kaufpreisforderung, die der *dominus* aus dem vom *fugitivus* getätigten Verkauf gegen den Käufer hat. Zahlt dieser an den *fugitivus*, so wird er aber nach Julian nicht frei, der damit gegenteilig als Labeo und Pomponius im vorangegangenen Text entscheidet[483].

146. **D 47, 2, 17, 3**. *Ulpianus libro trigensimo nono ad Sabinum*. Illud quaesitum est, si, cum in fuga esset servus, furtum domino fecisset, an aeque posset habere actionem adversus eum, qui in potestatem domini non regressum bona fide possidere coeperit. movet quaestionem, quod, quamvis possidere servum eo tempore, quo in fuga est, videor, attamen furti actione non teneor, quasi non sit in mea potestate: quod enim videor possidere, ad usucapionem tantum mihi proficere Iulianus scribit. dicit igitur Pomponius libro septimo decimo ex Sabino competere furti actionem huic domino, cuius servus in fuga fuit.

Ulpian im 39. Buch zu Sabinus. Folgendes ist gefragt worden: Als ein Sklave, während er sich auf der Flucht befand, seinen Eigentümer bestohlen hatte, kann er dann in gleicher Weise die Diebstahlsklage gegen denjenigen haben, der begonnen hatte, den nicht in die Gewalt des Eigentümers zurückgekehrten Sklaven gutgläubig zu besitzen? Zu dieser Frage führt der Umstand, dass ich, obwohl ich in der Zeit der Flucht als Besitzer des Sklaven angesehen werde, dennoch nicht mit der Diebstahlsklage hafte, weil er nicht in meiner Gewalt ist: Dass ich als sein Besitzer angesehen werde, kommt mir – so schreibt Julian – nur bei der Ersitzung zugute. Also sagt Pomponius im 17. Buch seiner Auszüge aus Sabinus, dass die Diebstahlsklage dem Eigentümer zusteht, dessen Sklave sich auf der Flucht befunden hat.

Kommentar: Wird der Eigentümer E selbst vom flüchtigen Sklaven bestohlen und kommt letzterer in die faktische *potestas* eines gutgläubigen Besitzers B, so kann E gegen B die Diebstahlsklage (als Noxalklage: *actio furti noxalis*) anstellen. Bei der Noxalklage hat der Beklagte die Möglichkeit, entweder den Täter auszuliefern (*noxae deditio*) oder die Buße zu

peculii nicht hatte. Vgl. dazu Text 53, wonach mit der Flucht die *libera administratio peculii* erlischt; P. Apathy, SZ 89 (1972) 240 f. hat darauf hingewiesen, dass das Gemeinsame beider Fälle im *servus fugitivus* oder in der Entwendung des Geldes durch den *servus* liegen kann.

[483] W. Krüger, Erwerbszurechnung kraft Status 63 meint dagegen, dass Julian nur die Befreiungswirkung nach *ius civile* verneint habe, damit aber nicht den Schutz des gutgläubig zahlenden Käufers ausgeschlossen habe: Eine spätere *actio venditi* des *dominus* auf nochmalige Zahlung habe der Richter im Hinblick auf den *bona-fides*-Charakter dieser Klage abweisen können; Zustimmung hat diese – dem Text nicht unmittelbar zu entnehmende – Deutung bei K. Hackl, SZ 97 (1980) 432 gefunden.

zahlen. Die Stelle[484] ist auf dem Hintergrund der *regula* von der Inkompatibilität von Aktiv- und Passivlegitimation zur *actio furti noxalis* zu sehen (dazu Text 263). Weil der Eigentümer, solange der Sklave auf der Flucht ist, wegen fehlender faktischer *potestas exhibendi* selbst nicht zur Haftung herangezogen werden kann, falls der Sklave Dritte bestiehlt (vgl. auch Texte 19, 193), liegt keine Situation vor, die zu einer Inkompatibilität führen könnte: Daher ist E nicht von der Aktivlegitimation zur *actio furti* ausgeschlossen. Gleichzeitig wird durch das Julian-Zitat klargestellt, dass das Fortbestehen des Besitzes während der *fuga* nur ein Weiterlaufen der Ersitzung ermöglichen soll, aber nichts daran ändert, dass die faktische *potestas* fehlt, die Voraussetzung für die Passivlegitimation zur *actio furti noxalis* ist.

147. **D 47, 2, 36 pr.** *Ulpianus libro quadragensimo primo ad Sabinum.* Qui servo persuasit, ut fugeret, fur non est: nec enim qui alicui malum consilium dedit, furtum facit, non magis quam si ei persuasit, ut se praecipitet aut manus sibi inferret: haec enim furti non admittunt actionem. sed si alius ei fugam persuaserit, ut ab alio subripiatur, furti tenebitur is qui persuasit, quasi ope consilio eius furtum factum sit. plus Pomponius scripsit eum, qui persuasit, quamvis interim furti non teneretur, tunc tamen incipere teneri, cum quis fugitivi fur esse coeperit, quasi videatur ope consilio eius furtum factum.

Ulpian im 41. Buch zu Sabinus. Wer einen Sklaven überredet hat zu fliehen, ist kein Dieb: Denn auch derjenige, der jemandem einen schlechten Rat erteilt hat, begeht keinen Diebstahl, ebenso wenig wie wenn er ihn überredet hat, sich hinabzustürzen oder Hand an sich anzulegen: Denn alles das bringt nicht die Diebstahlsklage zur Anwendung. Aber wenn der eine ihm die Flucht eingeredet hat, so dass er von einem anderen gestohlen wird, wird [auch] der aus Diebstahl haften, der ihn überredet hat, unter der Begründung, dass der Diebstahl durch seine Beihilfe oder Anstiftung erfolgt ist. Ausführlicher schreibt Pomponius: Obwohl derjenige, der ihn überredet hat, mittlerweile nicht für Diebstahl haftet, beginne er dennoch dann zu haften, wenn jemand begonnen hat, Dieb des entlaufenen Sklaven zu sein, weil der Diebstahl als durch seine Beihilfe und Anstiftung erfolgt anzusehen ist.

Kommentar: Die Anstiftung zur Flucht wurde nicht als *furtum*, sondern als *servi corruptio* qualifiziert (vgl. auch Texte 26, 158, 189, 192, 261), wofür die im Edikt (Text 23) verheißene prätorische Klage vorgesehen war. Ermöglichte aber die Anstiftung den Diebstahl durch einen Dritten, so konnte gegen den Anstifter die *actio furti* erhoben werden, weil deren Formel nicht nur den unmittelbaren Täter, sondern auch denjenigen erfasste, der *ope consiliove* zum Diebstahl beigetragen hatte.

148. **D 47, 2, 36, 2.** *Ulpianus libro quadragensimo primo ad Sabinum.* Idem Pomponius ait, si cum rebus aufugerit fugitivus, posse furti actione sollicitatorem conveniri rerum nomine, quia opem consilium contrectatori tulit. quod et Sabinus significat.

Ulpian im 41. Buch zu Sabinus. Derselbe Pomponius sagt, wenn ein Ausreißer unter Mitnahme von Sachen entflohen ist, könne der Fluchtverführer wegen der Sachen mit der Diebstahlsklage belangt werden, weil er einem Dieb Beihilfe oder Anstiftung geleistet hat. Das meint auch Sabinus.

[484] Dazu F. De Visscher, Le régime romain de la noxalité 266 ff.; G. Nicosia, L'acquisto del possesso 436 ff.; G. Longo, Ricerche romanistiche 463 f.; G. L. Falchi, Ricerche sulla leggitimazione passiva 148 ff.; M. Sargenti, Labeo 23 (1977) 335 ff.; T. Giménez-Candela, El régimen pretorio 252 ff.

Kommentar: Obwohl die Anstiftung zur Flucht für sich allein kein *furtum* darstellt (siehe den vorigen Text), wird gegen den *sollicitator* die *actio furti* wegen Beitragstäterschaft (*ope consiliove*) gewährt, wenn der Sklave Sachen des *dominus* auf die Flucht mitgenommen hatte. Die Diebstahlsbuße betrug in diesem Fall das Doppelte des Wertes der entwendeten Sachen (vgl. Text 28).

149. **D 47, 2, 36, 3**. *Ulpianus libro quadragensimo primo ad Sabinum.* Si duo servi invicem sibi persuaserunt et ambo simul aufugerunt, alter alterius fur non est. quid ergo, si invicem se celaverunt? fieri enim potest, ut invicem fures sint. et potest dici alterum alterius furem esse, quemadmodum, si alii singulos subripuissent, tenerentur, quasi alter alterius nomine opem tulisset: quemadmodum rerum quoque nomine teneri eos furti Sabinus scripsit.

Ulpian im 41. Buch zu Sabinus. Wenn zwei Sklaven sich gegenseitig [zur Flucht] überredet haben und beide gleichzeitig entlaufen sind, ist der eine nicht der Dieb des anderen. Was gilt also, wenn sie sich gegenseitig versteckt haben? Es kann nämlich geschehen, dass sie gegenseitig Diebe sind. Und man kann sagen, dass der eine der Dieb des anderen ist, so wie sie haften würden, wenn andere sie einzeln gestohlen hätten, weil der eine Beihilfe zum Diebstahl des anderen geleistet hätte: Dass sie in dieser Weise hinsichtlich der [mitgenommenen] Sachen aus Diebstahl haften, hat Sabinus geschrieben.

Kommentar: Auch bei gegenseitiger Anstiftung von Sklaven zur Flucht gilt dasselbe wie bei Anstiftung durch dritte Personen: Die bloße Anstiftung stellt kein *furtum* dar (vgl. Texte 147, 192); ein solches liegt nur vor, wenn sie ein *celare* vorgenommen (vgl. Texte 30, 261) oder durch die gegenseitige Anstiftung zum Diebstahl der Sklaven durch einen Dritten beigetragen haben (vgl. Text 147). Zur der auf Sabinus zurückgehenden Haftung des Anstifters bezüglich der vom entflohenen Sklaven mitgenommenen Sachen siehe Text 148.
Die *furtum*-Qualifikation in den erwähnten Fällen spielt eine geringe Rolle, wenn die beiden Sklaven im Eigentum desselben *dominus* stehen, da dann ohnedies nur ein Vorgehen im Rahmen der Hausgewalt, aber keine *actio furti* in Betracht kommt. Stehen sie hingegen im Eigentum verschiedener *domini*, so hat der eine *dominus* gegen den jeweils anderen die *actio furti* als Noxalklage, d. h. der beklagte *dominus*, der für die Delikte seines *servus* haftet, hat die Möglichkeit, entweder den Sklaven an den Kläger auszuliefern (*noxae deditio*) oder die Deliktsbuße zu bezahlen.

150. **D 47, 2, 48, 2**. *Ulpianus libro quadragensimo secundo ad Sabinum.* Qui ex voluntate domini servum recepit, quin neque fur neque plagiarius sit, plus quam manifestum est: quis enim voluntatem domini habens fur dici potest?

Ulpian im 42. Buch zu Sabinus. Dass jemand, der mit dem Willen des Eigentümers einen Sklaven aufgenommen hat, weder ein Dieb noch ein Plagiarier ist, ist mehr als offenkundig. Wer kann nämlich, wenn er die Einwilligung des Herrn hat, als Dieb bezeichnet werden?

Kommentar: Wer mit Einwilligung des Eigentümers dessen Sklaven aufnimmt, handelt nicht rechtswidrig und begeht daher weder ein *furtum* noch ein *plagium*. Das lässt sich zunächst schon aus dem allgemeinen Prinzip *volenti non fit iniuria*[485] ableiten, ergibt sich aber für das *plagium* auch aus dem Wortlaut der *lex Fabia*, die auf ein Vorgehen *invito domino* (Text 200) bzw. *invito vel insciente domino dominave* (Text 168) abstellt. Auch für das *furtum* sprechen sowohl der klassische Jurist Gaius als auch die Justinianischen Institutionen da-

[485] Vgl. auch Ulp. D 47, 10, 1, 5.

von, dass es begangen wird, *cum quis rem alienam invito domino contrectat* (Gai. Inst 3, 195 = Inst 1, 4, 6).

151. **D 47, 2, 48, 3**. *Ulpianus libro quadragensimo secundo ad Sabinum*. Quod si dominus vetuit et ille suscepit, si quidem non celandi animo, non est fur, si celavit, tunc fur esse incipit. qui igitur suscepit nec celavit etsi invito domino, fur non est. vetare autem dominum accipimus etiam eum qui ignorat, hoc est eum qui non consensit.

Ulpian im 42. Buch zu Sabinus. Wenn der Eigentümer es aber verboten und jener ihn aufgenommen hat, wenn er es nicht in Verheimlichungsabsicht gemacht hat, dann ist er kein Dieb; wenn er ihn aber verheimlicht hat, dann beginnt er ein Dieb zu sein. Wer also einen Sklaven aufgenommen und nicht verheimlicht hat, wenn auch gegen den Willen des Eigentümers, ist kein Dieb. Ein Verbot durch den Eigentümer nehmen wir auch bei dem an, der in Unkenntnis ist, das heißt bei dem, der nicht zugestimmt hat.

Kommentar: In Fortsetzung zu § 2 wird betont, dass der Tatbestand *furtum* jedoch verwirklicht ist, wenn gegen das Verbot des Eigentümers ein Sklave aufgenommen und versteckt wird, das bloße *suscipere* verwirklicht noch nicht den Tatbestand. Das Abstellen auf das *celare* findet sich auch in Text 30. Der Schlusssatz passt vor allem auf die Situation des flüchtigen Sklaven.

Umstritten in der Forschung ist die Urheberschaft der einzelnen Gedanken des Fragments: Als byzantinische Interpolation verdächtigt wird vor allem der *animus celandi* [486]; unterschiedliche Auffassungen bestehen auch darüber, was im Text noch von Sabinus und was von Ulpian stammt: Eine Meinung schreibt die Differenzierung zwischen *suscipere* und *celare* schon Sabinus[487], eine andere erst Ulpian zu, der sich damit in Gegensatz zu Sabinus setzte[488]. Die radikale Interpolationenkritik hingegen hat den Gegensatz späteren Bearbeitern zugeschrieben[489], in der jüngsten Forschung geht man allerdings von der Klassizität der Abgrenzung aus[490].

Zum Abstellen auf das *celare* vgl. Text 30 sowie die Sachverhaltschilderungen in den Texten 165 (*suscepisse et celasse*) und 261 (*si sollicitatione occultavit*).

152. **D 47, 2, 52, 12**. *Ulpianus libro trigensimo septimo ad edictum*. Si fugitivum meum quis quasi suum a duumviro vel ab aliis qui potestatem habent de carcere vel custodia dimitteret, an is furti teneatur? et placet, si fideiussores dedit, in eos domino actionem dandam, ut hi actiones suas mihi mandent: quod si non acceperint fideiussorem, sed tamquam suum accipienti ei tradiderint, dominum furti actionem adversus plagiarium habiturum.

Ulpian im 37. Buch zum Edikt. Wenn jemand meinen entlaufenen Sklaven so, als ob er seiner wäre, vom Gemeindevorstand oder von anderen, welche die Befugnis dazu haben, aus dem Kerker oder der Verwahrungshaft befreite, soll er dann für Diebstahl haften? Und es ist anerkannt, wenn er Bürgen gestellt hat, dann ist dem Eigentümer gegen sie die Klage zu

[486] F. Pringsheim, SZ 42 (1921) 283 = Ges. Abhandlungen I 260; E. Albertario, St. Bonfante I, Milano 1930, 657; E. Schepses, SDHI 4 (1938) 126; H. Bellen, Sklavenflucht 48 FN 339.

[487] F. Schulz, Sabinus-Fragmente in Ulpians Sabinus-Commentar, Halle 1906, 83 f.; H. Bellen, Sklavenflucht 49.

[488] P. Huvelin, Furtum 707 f.; E. Schepses, SDHI 4 (1938) 125 f.

[489] H. Niederländer, SZ 67 (1950) 207 ff.; B. Albanese, APal 25 (1956) 261 f., allerdings ist Letzterer später davon abgegangen: APal 27 (1959) 66 FN 91.

[490] R. Lambertini, Plagium 77 FN 49, 118 f. Keine Echtheitszweifel auch bei B. Bonfiglio, Corruptio servi 17.

gewähren, dass diese mir ihre Klagen abtreten; wenn sie aber keinen Bürgen erhalten haben, sondern ihm den Sklaven so übergeben haben, als würde er einen eigenen Sklaven erhalten, dann wird der Eigentümer gegen den Sklavenentführer die Diebstahlsklage haben.

Kommentar: Munizipalmagistrate hatten aufgegriffene *servi fugitivi* in Verwahrungshaft[491] zu nehmen und für die Abholung durch die Eigentümer bereitzuhalten[492]. Ähnliche Aufgaben hatten auch die *stationarii* und *limenarchae* (Text 42 = 185). Die Beanspruchung durch den Herrn wird technisch als *agnitio* bezeichnet[493].

Hier wird ein Fall vorgeführt, in dem eine solche *agnitio* durch einen Nichtberechtigten erfolgt ist. Da Ulpian den Fall in seine Erörterungen zum *furtum* (Diebstahl) eingebaut hat, stellt er zunächst die Frage, ob das Verhalten des unberechtigt Agnoszierenden als *furtum* qualifiziert werden kann und die *actio furti* auslöst.

Die differenzierende Antwort nimmt wahrscheinlich auf eine von den zuständigen Organen geübte Praxis Bezug: Waren diese vom Eigentum des Agnoszierenden überzeugt, so gaben sie ihm den Sklaven ohne weiteres heraus („vorbehaltslose Rückgabe"). Hingegen haben sie auf einem Rückgabeversprechen des Agnoszierenden bestanden, wenn dieser sein Eigentum nicht völlig zweifelsfrei nachweisen konnte. Dieses in Stipulationsform abgegebene Rückgabeversprechen wurde durch Bürgen (*fideiussores*) gesichert („Rückgabe unter Vorbehalt").

Zunächst geht unser Text auf eine Rückgabe unter Vorbehalt ein: Stellt sich heraus, dass der Agnoszierende nicht der Eigentümer war, so hat der Eigentümer gegen die erwähnten Organe[494] eine Klage[495] darauf, dass diese ihre Klagen (nämlich einerseits gegen den Agnoszierenden aus dem Rückgabeversprechen, andererseits gegen die Bürgen) an ihn abtreten. Natürlich könnte er gegen den Agnoszierenden und unberechtigten Besitzer auch mit der Eigentumsklage (*rei vindicatio*) vorgehen, müsste dazu allerdings im Prozess auch sein Eigentum nachweisen. Den damit möglicherweise auch für ihn bestehenden Beweisschwierigkeiten entging er, wenn er sich der abgetretenen *actiones* bediente. Dass die Organe nur auf Klageabtretung, nicht aber auf Wertersatz für den herausgegebenen Sklaven hafteten, erklärt sich daraus, dass ihnen kein Verschuldensvorwurf[496] zu machen ist, wenn sie eine Rückgabe unter Vorbehalt vorgenommen hatten. Eine *actio furti* gegen den Agnoszierenden scheidet wahrscheinlich deswegen aus, weil sein Rückgabeversprechen den Diebstahlsvorsatz (*animus furandi*) ausschloss[497]. Erfolgte hingegen die Rückgabe ohne Vorbehalt, so hatte der Agnoszierende den *furtum*-Tatbestand verwirklicht[498] und haftete mit

[491] Zu dieser Bedeutung von *custodia* siehe G. C. J. J. Van den Bergh, TR 43 (1975) 64; R. Robaye, L'obligation de garde 16; ders., TR 58 (1990) 348; A. Lovato, Il carcere nel diritto penale romano, Bari 1994, 1 ff.

[492] Siehe dazu die Texte 34, 37, 38, 40.

[493] Vgl. Text 187: ...*fugitivi, qui a domino non agnoscuntur*, ...

[494] Eine Bezugnahme der Passage *in eos domino actionem dandam* auf die Bürgen ergibt keinen vernünftigen Sinn; *in eos* ist daher auf die Organe zu beziehen, die die Entlassung verfügt haben. In diesem Sinn fügt Mommsen nach *in eos* ein: *qui dimiserunt*; ebenso A. Jolowicz, D XLVII 2 De furtis, Cambridge 1940, 73.

[495] Der Text sagt nicht, um welche *actio* es sich handelt. Zu denken ist an die Klage, welche der Prätor im Edikt *De fugitivis* gegen die Munizipalmagistrate verheißt: Siehe dazu die Vorbemerkungen zu den Texten 30 - 39.

[496] Hingegen ist den Bewachungssoldaten, die einen zur Rückgabe an den *dominus* bestimmten Sklaven entlaufen lassen, ein Verschuldensvorwurf zu machen. Er haftet daher auf Wertersatz (Text 159).

[497] So R. Lambertini, Plagium 113.

[498] Vgl. auch B. Albanese, APal 25 (1956) 91, 267.

der *actio furti* auf Buße[499]. Zusätzlich konnte der Eigentümer mit der *rei vindicatio* oder der *condictio furtiva* die Herausgabe des Sklaven durchsetzen.

153. **D 47, 2, 61**. *Africanus libro septimo quaestionum.* Ancilla fugitiva quemadmodum sui furtum facere intellegitur, ita partum quoque contrectando furtivum facit.
Afrikan im 7. Buch der Rechtsfragen. So wie man von einer entlaufenen Sklavin annimmt, dass sie einen Diebstahl an sich selbst begeht, so macht sie dadurch, dass sie das von ihr geborene Kind an sich nimmt, auch dieses zu einem gestohlenen.

Kommentar: Der Text findet sich bei Afrikan im Zusammenhang mit der Ersitzung (*usucapio*)[500]. Die Diebstahlsqualifikation führt dazu, dass sowohl die Sklavin selbst als auch das von ihr auf der Flucht geborene Kind zu *res furtivae* werden[501], an denen eine Ersitzung auch durch spätere gutgläubige Erwerber ausgeschlossen ist. Zur Qualifikation der Sklavenflucht als *furtum sui*[502] vgl. auch Text 253.

154. **D 47, 2, 63**. *Marcianus libro quarto regularum.* Furtum non committit, qui fugitivo iter monstravit.
Marcian im 4. Buch der Rechtsregeln. Wer einem entlaufenen Sklaven den Weg gezeigt hat, begeht keinen Diebstahl.

Kommentar: Zur Verwirklichung des *furtum*-Tatbestandes fehlt die *contrectatio.*

155. **D 47, 8, 2, 18**. *Ulpianus libro quinquagensimo sexto ad edictum.* Hac actione is demum tenetur, qui dolum malum adhibuit. si quis igitur suam rem rapuit, vi quidem bonorum raptorum non tenebitur, sed aliter multabitur. sed et si quis fugitivum suum, quem bona fide aliquis possidebat, rapuit, aeque hac actione non tenebitur, quia rem suam aufert. quid ergo, si sibi obligatam? debebit teneri.
Ulpian im 56. Buch zum Edikt. Aus dieser Klage haftet nur derjenige, der bösen Vorsatz angewandt hat. Wenn jemand daher seine eigene Sache geraubt hat, wird er zwar nicht wegen Raubes haften, aber in anderer Weise bestraft werden. Aber auch wenn jemand seinen entlaufenen Sklaven geraubt hat, den irgendjemand gutgläubig in Besitz hatte, wird er in gleicher Weise nicht aus dieser Klage haften, weil er eine eigene Sache entwendet hat. Was gilt also, wenn er eine ihm verpfändete Sache [geraubt hat]? In diesem Fall wird er haften müssen.

Kommentar: In diesem Text behandelt Ulpian die *actio vi bonorum raptorum*, eine Bußklage gegen den Räuber, die auf den 4-fachen Sachwert geht. Sie kommt wegen mangelnden *dolus malus* nicht zur Anwendung, wenn jemand seine eigene Sache gewaltsam zurück-

[499] Der Umstand, dass im Schlusssatz von einer *actio furti* (Diebstahlsklage) *adversus plagiarium* gesprochen wird, wirft die Frage auf, ob damit auch der Tatbestand des *crimen plagii* verwirklicht ist: H. Niedermeyer, St. Bonfante II 385 spricht allerdings in dieser Stelle dem Ausdruck *plagiarius* jeden technischen Wert ab; anders hingegen R. Lambertini, Plagium 113. Zum Verhältnis von *furtum* und *plagium* siehe Einleitung S. 15.

[500] O. Lenel, Paling. Nr. 74; Th. Mayer-Maly, RE IX A (1961) 1105.

[501] E. Herrmann-Otto, Ex ancilla natus 277.

[502] Die Klassizität des *furtum sui* wird allerdings von F. Pringsheim, Ges. Abhandlungen II 161 f. bestritten.

holt[503]. In der Klassik handelt es sich somit um einen Fall von erlaubter Selbsthilfe; die im Text erwähnte Bestrafung in anderer Weise ist ein nachklassischer Zusatz, der dem späteren Selbsthilfeverbot entspricht[504]. Daher löst auch die gewaltsame Rückholung eines entlaufenen Sklaven keine Bußklage wegen Raubes aus, selbst wenn der beraubte Besitzer gutgläubig ist. Der in unserem Zusammenhang nicht weiter interessierende Schluss gilt einem Sonderfall: Raubt jemand seine Sache demjenigen, dem er sie als Pfand gegeben hat, so löst das wegen des Sicherungsinteresses des Gläubigers die Bußklage aus[505].

156. **D 47, 8, 2, 25**. *Ulpianus libro quinquagensimo sexto ad edictum*. Si fugitivus meus quasdam res instruendi sui causa emerit eaeque raptae sint, quia in bonis meis hae sunt res, possum de his vi bonorum raptorum actione agere.

Ulpian im 56. Buch zum Edikt. Wenn mein entlaufener Sklave bestimmte Sachen zu seiner Ausrüstung gekauft hat und diese geraubt worden sind, kann ich bezüglich dieser Sachen die Raubklage erheben, weil sie zu meinem Vermögen gehören.

Kommentar: Ein dem Ego gehöriger *servus fugitivus* hat Ausrüstungsgegenstände gekauft; diese werden in der Folge geraubt. Nach Ulpian steht dem Ego gegen den Räuber die *actio vi bonorum raptorum* auf Buße zu[506]. Begründet wird die Aktivlegitimation des Ego zu dieser Klage damit, dass die Objekte *in bonis meis* sind. Der Ausdruck wird überwiegend als Eigentumsterminus[507] im weiteren Sinn[508] verstanden: Ulpian bejaht jedenfalls, dass die vom *fugitivus* gekauften Gegenstände unter die im verheißenden Edikt[509] gebrauchte Formulierung *sive cuius bona rapta esse dicentur* fallen[510]. Bei den Ausrüstungsgegenständen handelt es sich um *res nec mancipi*, so dass eine Bezugnahme der Stelle auf eine *mancipatio*[511] wohl ausscheidet; vielmehr muss eine *traditio* stattgefunden haben. Bei ihr vollzieht sich der Eigentumserwerb bzw. der Erwerb der *in-bonis-meis*-Position über Besitzerwerb. Ulpian gehört daher zu jenen Juristen, die einen Besitzerwerb durch den *servus fugitivus* anerkennen[512].

[503] A. Metro, Iura 18 (1967) 117; M. Balzarini, Ricerche in tema di danno violento e rapina nel diritto romano, Padova 1969, 392 ff.; L. Vacca, Ricerche in tema di actio vi bonorum raptorum, Milano 1972, 70 ff.

[504] CI 8, 4, 7 (a. 389); G. Wesener, Festschrift für Artur Steinwenter, Graz 1958, 113.

[505] Gleiches gilt für *furtum* (Diebstahl) der verpfändeten Sache durch den Eigentümer: Gai. Inst 3, 200.

[506] Für interpoliert gehalten wird der Text von F. Schulz, Classical Roman Law, Oxford 1951 (ND Aalen 1961) 444 in dem Sinn, dass die klassische Entscheidung negativ gewesen sei: *qui in bonis meis hae <non> sunt res, <non> possum de his vi bonorum raptorum agere*.

[507] E. Albertario, Studi di diritto romano II 288; E. Rabel, St. Riccobono IV 226; A. Carcaterra, AG 120 (1938) 177 ff.; F. Pringsheim, Ges. Abhandlungen I 342; G. Longo, Ricerche romanistiche 453; M. Balzarini, Ricerche in tema di danno violento e rapina nel diritto romano, Padova 1969, 433; H.-P. Benöhr, Besitzerwerb 133; F. Klinck, Erwerb durch Übergabe 122.

[508] Nach H. Ankum/M. van Gessel de Roo/E. Pool, SZ 105 (1988) 345 f. kann damit sowohl die Position eines *pleno iure dominus* als auch die eines bonitarischen Eigentümers gemeint sein.

[509] Ulp. D 47, 8, 2 pr; O. Lenel, EP 391.

[510] G. Rotondi, BIDR 30 (1921) 58 = Scritti giuridici III 155; G. Nicosia, L'acquisto del possesso 475 f. H. Krüger, Erwerbszurechnung kraft Status 37 ff. kann sich die Zugehörigkeit zu den *bona* im Sinn dieses Edikts auch ohne Besitz- und Eigentumserwerb vorstellen.

[511] Das wird von G. Longo, Ricerche romanistiche 485 und W. Krüger, Erwerbszurechnung kraft Status 39 immerhin erwogen.

[512] So die wohl herrschende Auffassung zu dieser Stelle. Bestritten wird dies freilich von jenen Autoren, die hier einen Eigentumserwerb ohne Besitzerwerb (F. Pringsheim, Ges. Abhandlungen I 342; G. Longo, Ricerche romanistiche 484)

Zu dieser kontroversen Frage vgl. auch die Texte 134 (Darstellung der Positionen), 15, 133 (ablehnend) und 131, 140 (bejahend).

157. **D 47, 10, 22**. *Ulpianus libro primo ad edictum praetoris*. Si liber pro fugitivo adprehensus erit, iniuriarum cum eo agit.
Ulpian im 1. Buch zum Edikt des Prätors. Wenn ein Freier wie ein entlaufener Sklave ergriffen worden ist, wird er gegen ihn wegen Unrechtszufügung klagen.

Kommentar: Palingenetisch gehört der Text zum Kommentar des Edikts *De fugitivis* (siehe Texte 30 - 39)[513], er behandelt aber die Verwirklichung des *iniuria*-Tatbestandes[514], was nahe liegend ist, weil mit dem Ergreifen eines Freien (und der regelmäßig folgenden Ablieferung bei einer öffentlichen Stelle) eine Herabsetzung und Rufschädigung verbunden ist[515]; die Justinianischen Kompilatoren haben das Fragment in den Titel *De iniuriis* aufgenommen. Beim *iniuria*-Tatbestand sind die ursprünglichen XII-Tafelbestimmungen durch eine ediktale Regelung abgelöst worden, die neben einem *edictum generale* mehrere Spezialedikte enthielt, darunter auch eines *ne quid infamandi causa fiat*[516], wozu wohl auch der vorliegende Fall gut passt. Die vom Prätor verheißene *actio iniuriarum* geht auf eine vom Richter nach billigem Ermessen (*quantam pecuniam ... bonum aequum videbitur*) ermittelte Buße.

158. **D 47, 11, 5**. *Ulpianus libro quinto de officio proconsulis*. In eum, cuius instinctu ad infamandum dominum servus ad statuam confugisse compertus erit, praeter corrupti servi actionem, quae ex edicto perpetuo competit, severe animadvertitur.
Ulpian im 5. Buch über das Amt des Prokonsuls. Gegen denjenigen, auf dessen Anstiftung zwecks Herabsetzung des Eigentümers – wie sich herausgestellt hat – ein Sklave zur Kaiserstatue geflohen ist, wird außer der Klage wegen Korrumpierung eines Sklaven, die nach dem ewigen Edikt zusteht, eine strenge Strafe verhängt werden.

Kommentar: Anstiftung von Sklaven zur Flucht wurde nicht als *furtum*, sondern als *servi corruptio* qualifiziert (vgl. auch die Texte 26, 147, 189, 192) und führte zu einer Klage nach dem prätorischen Edikt in der von Julian redigierten Endfassung, die als *edictum perpetuum* bezeichnet wird (zum Wortlaut siehe Text 23). Mit dem Anstiften zur Flucht speziell zur Kaiserstatue sollte der *dominus* in der Öffentlichkeit dem Vorwurf der Sklavenmisshandlung ausgesetzt werden: Diese Herabsetzung des Rufes erfüllte – wiewohl in der Stelle nicht darauf eingegangen wird – wohl auch den Tatbestand des Edikts *ne qui infamandi causa fiat*[517]

bzw. überhaupt keinen Eigentumserwerb (H. Krüger, Erwerbszurechnung kraft Status 37 ff.; K. Hackl, SZ 97 [1980] 431 f.) sehen. Dagegen G. Nicosia, L'acquisto del possesso 476; F. Klinck, Erwerb durch Übergabe 122 FN 157.

[513] O. Lenel, Paling. Nr. 187; R. Domingo, Estudios III 52, 108.

[514] Der klassische *iniuria*-Tatbestand erfasst neben Realinjurien (Körperverletzungen) auch Verbalinjurien und überhaupt jede vorsätzliche Missachtung einer fremden Persönlichkeit; Kernbegriff ist die *contumelia*. Dazu M. Hagemann, Iniuria: von den XII-Tafeln bis zur Justinianischen Kodifikation, Köln-Weimar-Wien 1998, 64 ff.

[515] Eine bewusste Behandlung eines Freien als Sklaven wird auch durch einen fälschlicherweise geführten Status-Prozess (Ulp. D 47, 10, 11, 9, Gai. D 47, 10, 12; Diocl. CI 9, 35, 10 [a. 294]) oder eine fälschliche Behauptung des Sklavenstandes (Diocl. CI 9, 35, 9 [a 294]) verwirklicht und löst die *actio iniuriarum* aus.

[516] Ulp. D 47, 10, 15, 25; D. Daube, ACIV III 413 ff.; F. Raber, Grundlagen klassischer Injurienansprüche, Wien-Köln-Graz 1969, 56 ff.; R. Wittman, SZ 91 (1974) 321 ff.; E. Pólay, Iniuria Types in Roman Law, Budapest 1986, 106 ff.; ders., SZ 106 (1989) 515 ff.

[517] Ulp. D 47, 10, 15, 25.

und löste damit auch die *actio iniuriarum* aus[518]. Hinsichtlich der Bedeutung der Passage *severe animadvertitur* kann – vor allem wegen des *praeter corrupti servi actionem* – kein Zweifel bestehen, dass dieses Vorgehen kumulativ zur *actio servi corrupti* erfolgt: Einerseits wird darin ein Koerzitionsmittel[519], andererseits eine öffentliche Strafe[520] – etwa wegen rechtsmissbräuchlicher Inanspruchnahme der Kaiserstatue[521] – gesehen.

159. **D 48, 3, 14, 7**. *Herennius Modestinus libro quarto de poenis*. Quod si fugitivum domino reddendum prodiderit, si facultates habeat, domino pretium reddere iuberi Saturninus probat.

Herennius Modestinus im 4. Buch über Strafen. Wenn [der Bewachungssoldat] aber einen flüchtigen Sklaven hat laufen lassen, der an den Eigentümer zurückzugeben war, dann billigt es Saturninus, dass ihm, falls er Vermögen hat, aufgetragen wird, dem Eigentümer den Wert zu erstatten.

Kommentar: Der Text gehört zu einem umfangreichen Fragment, in dem Modestinus die Bestrafung von Soldaten behandelt, denen Untersuchungshäftlinge entkommen sind[522]. Erst der hier wiedergegebene § 7, der sich am Ende des Fragments befindet, bringt – nun nicht aus strafrechtlicher, sondern aus privatrechtlicher Perspektive – den Fall eines aufgegriffenen *servus fugitivus*, der einem Soldaten zur Rückstellung an den *dominus* überantwortet worden ist. Bei Entlaufen haftet der Soldat persönlich dem Eigentümer auf Wertersatz, allerdings sollte – wie die Einschränkung *si facultates habet* zeigt – dadurch nicht die wirtschaftliche Existenz des Soldaten gefährdet werden.

160. **D 48, 15, 2 pr**. *Ulpianus libro nono de officio proconsulis*. Sciendum est legem Fabiam ad eos non pertinere, qui, cum absentes servos haberent, eos vendiderunt: aliud est enim abesse, aliud in fuga esse.

Ulpian im 9. Buch über das Amt des Prokonsuls. Man muss wissen, dass sich das Fabische Gesetz nicht auf diejenigen bezieht, welche, als sie abwesende Sklaven hatten, diese verkauft haben: Denn eine Sache ist es, abwesend zu sein, eine andere auf der Flucht zu sein.

Kommentar: Der Text spricht zwar von der *lex Fabia*, behandelt wird von Ulpian hier aber – wie auch in den folgenden Paragraphen – das ergänzende SC, welches die Verkäufe von auf der Flucht befindlichen Sklaven unter die Strafe der *lex Fabia* stellte[523]. Die Strafe erfasste beide Parteien, Verkäufer wie Käufer (Texte 183, 201); hier geht es um die Frage der Strafbarkeit des verkaufenden *dominus*. Das SC verlangt ausdrücklich beide Tatbestandselemente, nämlich *fuga* und *absentia* (Text 201). Auch die *ratio legis* – Bekämpfung der spekulativen Käufe durch professionelle *fugitivarii* – kommt beim Verkauf eines bloßen *servus absens* nicht zum Tragen.

[518] E. Pólay, Iniuria Types in Roman Law, Budpaest 1968, 148; R. Gamauf, Ad statuam licet confugere 77.

[519] So R. Gamauf, Ad statuam licet confugere 77.

[520] So O. F. Robinson, Criminal Law 35.

[521] B. Bonfiglio, Corruptio servi 188, die eine Parallele zu Scaev. D 47, 10, 38 und Call. D 48, 19, 28, 7 (Tragen eines Kaiserbildnisses *in invidiam alterius* führt zur Strafe der *vincula*) sieht.

[522] Dazu J. H. Jung, ANRW II/14, 997 ff.

[523] Th. Mommsen/P. Krüger in der Digestenausgabe Seite 859 FN 11 und 12; O. Lenel, Paling. Nr. 2232 FN 6 und 7; G. Longo, Annali Genova 13 (1974) 421; R. Lambertini, Plagium 135 FN 228. D. Daube, Juridical Review 64 (1952) 27 f. hat gezeigt, dass kein Grund besteht, diese Formulierung als Justinianische Interpolation zu sehen; ähnlich wird in Text 21 von einer *poena legis Fabiae* gesprochen.

161. **D 48, 15, 2, 1**. *Ulpianus libro nono de officio proconsulis*. Item non pertinere ad eum, qui mandavit servum fugitivum persequendum et distrahendum: nec enim fugam vendidit.
Ulpian im 9. Buch über das Amt des Prokonsuls. Ebenso erstreckt es sich nicht auf denjenigen, der den Auftrag zur Verfolgung und Veräußerung eines flüchtigen Sklaven gegeben hat: Denn er hat keinen Fluchtverkauf vorgenommen.

Kommentar: Hier hat der *dominus* keinen Kaufvertrag (*emptio venditio*), sondern ein *mandatum* abgeschlossen. Auch wenn der Mandatar auftragsgemäß nach der Ergreifung des Sklaven diesen verkauft, liegt kein Verstoß gegen das SC vor, weil der Sklave als Kaufobjekt zu diesem Zeitpunkt nicht mehr ein *servus fugitivus absens* ist (vgl. Text 59).

162. **D 48, 15, 2, 2**. *Ulpianus libro nono de officio proconsulis*. Amplius dicendum est et si quis Titio mandaverit servum fugitivum adprehendendum, ut, si adprehendisset, eum emptum haberet, cessare senatus consultum.
Ulpian im 9. Buch über das Amt des Prokonsuls. Weiters ist zu sagen: Auch wenn jemand dem Titius den Auftrag zur Ergreifung eines flüchtigen Sklaven gegeben hat, dass er im Fall der Ergreifung diesen als gekauft behalten soll, dann findet der Senatsbeschluss keine Anwendung.

Kommentar: Der hier mit dem Mandatar selbst geschlossene Kaufvertrag steht unter der aufschiebenden Bedingung der Ergreifung (*apprehensio*) und wird daher erst zu einem Zeitpunkt perfekt, zu dem der *servus* nicht mehr *in fuga* ist (vgl. auch den Schlusssatz des diokletianischen Reskripts Text 270). Eine Rückwirkung des Bedingungseintritts auf den Abschlusszeitpunkt, wie sie sonst diskutiert wird[524], ist für die Frage der Anwendung des SC eindeutig zu verneinen.

163. **D 48, 15, 2, 3**. *Ulpianus libro nono de officio proconsulis*. Hoc autem senatus consulto domini quoque continentur, qui fugam servorum suorum vendiderunt.
Ulpian im 9. Buch über das Amt des Prokonsuls. Aber von diesem Senatsbeschluss werden auch die Eigentümer erfasst, welche ihre entlaufenen Sklaven verkauft haben.

Kommentar: Das aus der Prinzipatszeit stammende SC (vgl. auch Texte 183, 201) stellte den Verkauf eines auf der Flucht befindlichen Sklaven unter die Strafsanktion der *lex Fabia*, nämlich eine Geldbuße von 50.000 HS. War der Sklave auf der Flucht, waren auch die *domini* oft geneigt, diesen zu einem geringen Preis zu verkaufen, was von professionellen *fugitivarii* zu spekulativen Ankäufen ausgenützt wurde[525]. Um das wirksam zu bekämpfen, mussten auch die *domini* selbst von solchen Verkäufen abgeschreckt werden.

[524] Dieser Gedanke findet sich im Zusammenhang mit der *emptio spei* (z. B. Kauf einer erwarteten Ernte oder eines erwarteten Sklavenkindes) bei Pomp. D 18, 1, 8 pr ... *ut cum editus esset partus, iam tunc, cum contractum esset negotium, venditio facta esse intellegitur*. Zur Rückwirkungsproblematik beim bedingten Kauf und zu Paul. D 18, 6, 8 pr insbesondere A. Masi, Studi sulla condizione nel diritto romano, Milano 1966, 109 ff.; G. Schiemann, Pendenz und Rückwirkung der Bedingung, Köln-Wien 1973, 15 ff.; M. Talamanca, Sem. Comp. 7 (1995) 242 ff.; M. Pennitz, Periculum rei venditae 207 ff.

[525] D. Daube, Juridical Review 64 (1952) 12 ff.; H. Bellen, Sklavenflucht 53; G. Longo, Annali Genova 13 (1974) 419 ff.

164. **D 48, 15, 3 pr**. *Marcianus libro primo iudiciorum publicorum*. Legis Fabiae crimine suppressi mancipii bona fide possessor non tenetur, id est qui ignorabat servum alienum, et qui voluntate domini putabat id eum agere. et ita de bona fide possessore ipsa lex scripta est: nam adicitur „si sciens dolo malo hoc fecerit“: et saepissime a principibus Severo et Antonino constitutum est, ne bonae fidei possessores hac lege teneantur.

Marcian im 1. Buch über öffentliche Strafverfahren. Für ein Verbrechen nach dem Fabischen Gesetz wegen Verhehlens eines Sklaven haftet ein gutgläubiger Besitzer nicht, das heißt wer nicht wusste, dass es sich um einen fremden Sklaven handelt, oder auch wer der Meinung war, dass er dies mit dem Einverständnis des Eigentümers tut. Und so steht es auch hinsichtlich des gutgläubigen Besitzers im Gesetz geschrieben: „wenn er das wissentlich in bösem Vorsatz getan hat“: Und oft sind von den Kaisern Severus und Antoninus Konstitutionen ergangen, dass gutgläubige Besitzer nicht nach diesem Gesetz haften.

Kommentar: Dass es *saepissime* kaiserlicher Konstitutionen bedurfte, um gutgläubige Besitzer vor der *plagium*-Verfolgung zu schützen, zeigt von einem Übereifer der verfolgenden Organe. Dass sich das Erfordernis *sciens dolo malo* im Gesetzeswortlaut fand, zeigen auch die Texte 168 und 200. Guter Glaube kann begründet sein in der Unkenntnis des Fremdeigentums oder in der irrtümlichen Annahme des Einverständnisses des *dominus*. Ähnlich wie die erwähnten Konstitutionen aus der Severerzeit schon ein Reskript von Hadrian (Text 167).

165. **D 48, 15, 5**. *Modestinus libro septimo decimo responsorum*. Respondit eum, qui fugitivum alienum suscepisse et celasse doceatur, ex eo, quod proprietatis quaestionem referret, crimen, si probetur, evitare minime posse.

Modestinus im 17. Buch seiner Rechtsgutachten. Er erteilte das Gutachten, dass derjenige, von dem bewiesen wird, dass er einen fremden flüchtigen Sklaven aufgenommen und verborgen hat, aus dem Umstand, dass er die Eigentumsfrage aufwirft, keineswegs die strafrechtliche Verfolgung des Verbrechens vermeiden kann, wenn es bewiesen wird.

Kommentar: *Suscipere et celare* eines flüchtigen Sklaven verwirklicht den Tatbestand des *plagium*; entscheidend ist dabei das *celare*; allerdings spricht der Wortlaut der *lex Fabia* von einem *servus alienus* (vgl. Texte 168, 196 = 199, 200), so dass an einem eigenen Sklaven der Tatbestand des *plagium* nicht verwirklicht werden konnte. Da sich der Sklave beim Angeklagten befand, ist unter *proprietatis quaestionem referre* nicht die selbstständige Erhebung der Eigentumsklage (*rei vindicatio*), sondern das Geltendmachen[526] des Eigentums als Vorfrage im Strafprozess zu sehen. Stellte sich diese Behauptung als falsch heraus, so kam es zur Verurteilung (vgl. Text 272). Konstantin ordnet dazu die Befragung des Sklaven unter Folter an (Text 258).

166. **D 48, 15, 6 pr**. *Callistratrus libro sexto de cognitionibus*. Non statim plagiarium esse, qui furti crimine ob servos alienos interceptos tenetur, divus Hadrianus in haec verba rescripsit: „Servos alienos qui sollicitaverit aut interceperit, crimine plagii, quod illi intenditur, teneatur nec ne, facit quaestionem: et ideo non me consuli de ea re oportet, sed quod verissimum in re praesenti cognoscitur, sequi iudicem oportet. plane autem scire debet posse aliquem furti cri-

[526] Vgl. *quaestionem rettulit* in Paul. D 21, 2, 11 pr: Auch das meint nicht eine Klageerhebung, sondern ein Vorbringen des beklagten Käufers gegen die *actio venditi* des Verkäufers. Dazu M. Pennitz, Der „Enteignungsfall“ im römischen Recht der Republik und des Prinzipats, Wien-Köln-Weimar 1991, 234.

mine ob servos alienos interceptos teneri nec idcirco tamen statim plagiarium esse existimari“.

Callistratus im 6. Buch über außerordentliche Gerichtsverfahren. Dass derjenige nicht sofort ein Plagiarier, der wegen Unterschlagung fremder Sklaven für das Verbrechen des Diebstahls haftet, hat der vergöttlichte Hadrian mit folgenden Worten in einem Reskript ausgeführt: „Es steht zur Frage, ob derjenige, der fremde Sklaven zur Flucht aufgewiegelt oder unterschlagen hat, wegen des Verbrechens der Anmaßung des Herrenrechts (Plagium), das ihm vorgeworfen wird, haftet oder nicht. Und daher ist es nicht notwendig, mich über diese Angelegenheit zu befragen, sondern man muss dem Richter darin folgen, was in der gegenwärtigen Angelegenheit als der Wahrheit am meisten entsprechend erkannt werden wird. Freilich aber soll er wissen, dass jemand wegen der Unterschlagung fremder Sklaven aus dem Verbrechen des Diebstahls haften kann und deswegen dennoch nicht sofort als Plagiarier gilt“.

Kommentar: Hadrian war in einer Anfrage mit einem Fall befasst worden, in dem es zum *intercipere* oder *sollicitare* von fremden Sklaven gekommen ist. Das Reskript hält grundsätzlich fest, dass dies eine vom Richter zu klärende *quaestio facti*[527] und nicht eine an den Kaiser heranzutragende Rechtsfrage ist. Hadrian und ihm folgend Callistratus gehen davon aus, dass das *intercipere* von fremden Sklaven zwar den Tatbestand des *furtum*, aber nur unter weiteren – hier allerdings nicht näher genannten Voraussetzungen – auch den des *plagium* verwirklicht. Welches Problem mit dem *sollicitare* verbunden war, ist umstritten: Nach einer Meinung habe der Kaiser die Entscheidung deswegen offen gelassen, weil für ihn nicht klar war, worauf die „Verführung“ gerichtet war[528]. Dagegen ist aber einzuwenden, dass *sollicitare*, auch wenn es ohne Zusatz gebraucht wird, sehr häufig die Verführung zur Flucht meint (vgl. aus klassischer Zeit die Texte 148, 261, 268, aus nachklassischer Zeit die Texte 224, 226, 267) und die Frage nach dem *plagium* gerade die *fuga* als Ziel der *sollicitatio* nahe legt. Unbefriedigend ist es auch, das *sollicitare* und das von der *lex Fabia* gebrauchte *persuadere, ut dominum fugiat* völlig gleichzusetzen[529], denn dann ergäbe sich überhaupt kein Problem, das man an den Kaiser hätte herantragen müssen. Sieht man hingegen im *sollicitare* nur den Vorgang der Einwirkung auf den *servus* – unabhängig ob er dann tatsächlich flieht oder nicht –, im *persuadere* der *lex Fabia* hingegen nur die erfolgreiche Anstiftung[530], dann erklären sich sowohl der Umstand der Anfrage als auch die Antwort des Kaisers: Es war eben vom *iudex* zu prüfen, ob das *sollicitare* erfolgreich war (und damit den Tatbestand des *persuadere* der *lex Fabia* erfüllte) oder nicht.

167. **D 48, 15, 6, 1**. *Callistratrus libro sexto de cognitionibus.* Idem princeps de eadem re in haec verba rescripsit: „Apud quem unus aut alter fuerit fugitivus inventus, qui operas suas locaverint ut pascerentur, et utique si idem antea apud alios opus fecerint, hunc suppressorem non iure quis dixerit“.

[527] In diesem Sinn wird in Anlehnung an Schol. 1 zu Bas. 60, 48, 5 (ἡ τοῦ φάκτου ζήτησις δείκνυται) für die Passage *facit quaestionem* die Lesung *facti quaestio est* vorgeschlagen: E. Albertario, Studi di diritto romano III, Milano 1936, 184 FN 1; F. Serrao, Il frammento Leidense di Paolo, Milano 1956, 28; H. Bellen, Sklavenflucht 51 FN 354.

[528] H. Bellen, Sklavenflucht 51.

[529] So aber G. Longo, Annali Genova 13 (1974) 411 ff.

[530] Vgl. A. Berger, BIDR 45 (1938) 277; M. Molé, AG 120 (1966) 162; in diesem Sinn bezeichnen R. Lambertini, Plagium 70 und B. Bonfiglio, Corruptio servi 23 die *sollicitatio* treffend als „*persuasio* solo a livello potenziale“.

Callistratus im 6. Buch über außerordentliche Gerichtsverfahren. Derselbe Kaiser [Hadrian] führt in derselben Angelegenheit im Reskript wörtlich Folgendes aus: „Bei wem der eine oder der andere von zwei flüchtigen Sklaven gefunden wurde, die ihre Dienste verdungen hatten, damit sie verpflegt werden, den könnte man nicht mit Recht als Verhehler bezeichnen, jedenfalls dann nicht, wenn dieselben vorher bei anderen eine Dienstleistung erbracht haben."

Kommentar: Die Qualifikation als *plagium* und damit die Bestrafung nach der *lex Fabia* wird abgelehnt, weil der Aufnehmende nicht *sciens dolo malo* gehandelt hat. Dieses Erfordernis war im Gesetz ausdrücklich erwähnt (Texte 164, 168, 200). Wer jemanden als Dienstnehmer aufnimmt, der vorher schon bei jemand anderem gearbeitet hat, erkennt nicht den Sklavenstatus und ist daher gutgläubig. Die Ablehnung der Qualifikation als *suppressor* (= *plagiator*) stützt das Reskript wohl auf diesen Gedanken[531] – ähnlich auch § 3 des viel strengeren konstantinischen Gesetzes (Text 256) –, wiewohl sich auch damit argumentieren ließe, dass in einer *locatio conductio* keine Anmaßung des Herrenrechts liegen kann[532].

168. **D 48, 15, 6, 2.** *Callistratrus libro sexto de cognitionibus.* Lege Fabia cavetur, ut liber, qui hominem ingenuum vel libertinum invitum celaverit invinctum habuerit emerit sciens dolo malo quive in earum qua re socius erit, quique servo alieno servaeve persuaserit, ut a domino dominave fugiat, vel eum eamve invito vel insciente domino dominave celaverit, invinctum habuerit emerit sciens dolo malo quive in ea re socius erit, eius poena teneatur.

Callistratus im 6. Buch über außerordentliche Gerichtsverfahren. Im Fabischen Gesetz wird bestimmt, dass ein Freier, der einen Freigeborenen oder Freigelassenen gegen seinen Willen versteckt, in Fesseln gehalten oder wissentlich in böser Absicht gekauft hat, oder wer in einer dieser Angelegenheiten ein Komplize war, und wer einen fremden Sklaven oder eine fremde Sklavin überredet hat, dem Eigentümer oder der Eigentümerin zu entfliehen, oder wer diesen oder diese gegen den Willen oder ohne das Wissen des Eigentümers oder der Eigentümerin verborgen, in Fesseln gehalten hat oder wissentlich in böser Absicht gekauft hat, oder wer in dieser Angelegenheit ein Komplize ist, dafür auf Strafe haften soll.

Kommentar: Die Tathandlungen an Freien und Freigelassenen sind im ersten Kapitel, die an Sklaven im zweiten Kapitel der *lex Fabia* geregelt. Die Buße betrug 50.000 HS. Vgl. auch die Texte 196 = 199, 200.

169. **D 48, 18, 1, 27.** *Ulpianus libro octavo de officio proconsulis.* Si quis ultro de maleficio fateatur, non semper ei fides habenda est: nonnumquam enim aut metu aut qua alia de causa in se confitentur. et extat epistula divorum fratrum ad Voconium Saxam, qua continetur liberandum eum, qui in se fuerat confessus, cuius post damnationem de innocentia constitisset. cuius verba haec sunt: „Prudenter et egregia ratione humanitatis, Saxa carissime, Primitivum servum, qui homicidium in se confingere metu ad dominum revertendi suspectus esset, perseverantem falsa demonstratione damnasti quaesiturus de consciis, quos aeque habere se commentitus fuerat, ut ad certiorem ipsius de se confessionem pervenires. nec frustra fuit tam prudens consilium tuum, cum in tormentis constiterit neque illos ei conscios fuisse et ipsum de se temere commentum. potes itaque decreti gratiam facere et eum per officium distrahi iu-

[531] So P. Huvelin, Furtum 106; H. Bellen, Sklavenflucht 51; G. Longo, Annali Genova 13 (1974) 398; R. Lambertini, Plagium 89 f.

[532] So M. Molé, St. Volterra III 80 FN 31.

bere, condicione addita, ne umquam in potestatem domini revertatur, quem pretio recepto certum habemus libenter tali servo cariturum". hac epistula significatur, quasi servus damnatus, si fuisset restitutus, ad eum pertinebit, cuius fuisset, antequam damnetur. sed praeses provinciae eum quem damnavit restituere non potest, cum nec pecuniariam sententiam suam revocare possit. quid igitur? principi eum scribere oportet, si quando ei, qui nocens videbatur, postea ratio innocentiae constitit.

Ulpian im 8. Buch über das Amt des Prokonsuls. Wenn weiters jemand ein Geständnis über ein Verbrechen ablegt, ist ihm nicht immer Glauben zu schenken. Denn manchmal belasten sich Leute entweder aus Furcht oder aus irgendeinem anderen Grund durch ein Geständnis. Und es gibt ein Schreiben der vergöttlichten Brüder an den Voconius Saxa, dass derjenige freizulassen ist, der sich durch ein Geständnis selbst belastet hatte, wenn sich nach der Verurteilung seine Unschuld herausgestellt hat. Das Schreiben hat folgenden Wortlaut: „In kluger Weise und unter hervorragender Berücksichtigung der Menschlichkeit hast du, geschätzter Saxa, den Sklaven Primitivus, der verdächtigt worden ist, aus Furcht vor der Rückkehr zu seinem Herrn einen Mord gestanden zu haben, diesen, als er auf seiner falschen Angabe beharrte, verurteilt, in der Absicht, nach seinen Komplizen zu suchen, die zu haben er in gleicher Weise fälschlich angegeben hat, damit du zu einer Gewissheit über sein Geständnis gelangen kannst. Und dein kluger Entschluss war nicht vergebens, da sich durch die Befragung unter Folter ergeben hat, dass jene keine Komplizen für ihn gewesen sind und er blindlings über sich selbst gelogen hat. Du kannst daher eine Verbesserung des Urteils machen[533] und anordnen, dass er durch dein Amt verkauft wird, unter Hinzufügung einer Bedingung, dass er niemals in die Gewalt seines Herrn zurückkehren darf, von dem wir sicher sind, dass er nach Erhalt des Preises gerne einen solchen Sklaven entbehren wird." Durch dieses Schreiben wird bedeutet, dass der verurteilte Sklave, wenn er in den vorigen Stand eingesetzt worden wäre, demjenigen gehören wird, dem er gehört hat, bevor er verurteilt worden ist. Aber ein Provinzstatthalter kann einen Verurteilten nicht in den vorigen Stand wiedereinsetzen, da er nicht einmal in Vermögensangelegenheiten sein Urteil widerrufen kann. Was gilt also? Er muss an den Kaiser schreiben, wenn sich irgendwann für den, der schuldig erschienen ist, ein Grund für die Unschuld ergeben hat.

Kommentar: Der *metus ad dominum revertendi* veranlasste flüchtige Sklaven sogar zur fälschlichen Selbstbezichtigung. Das zitierte Reskript[534] von Mark Aurel und Lucius Verus

[533] K. E. Otto/B. Schilling/K. F. F. Sintenis übersetzen *decreti gratiam facere* mit „begnadigen"; so auch B. Galsterer (in der Übersetzung des Buches von M. Bretone, Storia del diritto romano, Roma-Bari 1989, 240 f. = Geschichte des römischen Rechts [übersetzt von B. Galsterer], München 1992) 166: „... denselben von der Strafe, zu der er in einem vorhergehenden Urteil verurteilt worden war, begnadigen ...". Ähnlich spricht R. Freudenberger, Das Verhalten der römischen Behörden gegen die Christen im 2. Jahrhundert, München 1967, 22, von Amnestie bzw. Erlass der Strafe. Dagegen hat W. Waldstein, SDHI 36 (1970) 466 betont, dass es nicht um Amnestie, sondern um die nachträgliche Abänderung eines Urteils geht, was nur unter Einschaltung des Kaisers möglich ist, vgl. W. Litewski, RIDA 12 (1965) 389 f.; L. Raggi, La restitutio in integrum nella cognitio extra ordinem, Milano 1965, 166. In diesem Sinn auch W. Kunkel, Kleine Schriften 22 und R. Gamauf, Ad statuam licet confugere 63.

[534] Dazu H. Bellen, Sklavenflucht 17 f.; W. Kunkel, Kleine Schriften 21 f.; R. A. Baumann, Crime and Punishment in Ancient Rome, London-New York 1996, 154; M. Bretone, Storia del diritto romano, Roma-Bari 1989, 240 f. = Geschichte des römischen Rechts (übersetzt von B. Galsterer), München 1992, 165 f.; K. Bradley, Slavery 168 f.; R. Gamauf, Ad statuam licet confugere 63 f.

ordnete unter Berufung auf die *humanitas*[535] eine Aufhebung des Urteils und einen amtlich durchzuführenden Verkauf mit Rückkehrverbot[536] an; dem *dominus* wurde der Kaufpreis ausgehändigt.

170. **D 48, 19, 8, 6**. *Ulpianus libro nono de officio proconsulis.* Inter eos autem, qui in metallum et eos, qui in opus metalli damnantur, differentia in vinculis tantum est, quod qui in metallum damnantur, gravioribus vinculis premuntur, qui in opus metalli, levioribus, quodque refugae ex opere metalli in metallum dantur, ex metallo gravius coercentur.

Ulpian im 9. Buch über das Amt des Prokonsuls. Zwischen denjenigen, die „ins Bergwerk", und denjenigen, die „zur Bergwerksarbeit" verurteilt worden sind, besteht ein Unterschied nur in der Fesselung. Diejenigen, die „ins Bergwerk" verurteilt werden, werden mit schwereren Fesseln belastet, diejenigen, die „zur Bergwerksarbeit" verurteilt werden, mit leichteren. Flüchtige „aus der Bergwerksarbeit" werden „ins Bergwerk" gegeben, Flüchtige „aus dem Bergwerk" werden schwerer bestraft.

Kommentar: Wer wegen eines Verbrechens zur Arbeit im Bergwerk verurteilt wird, verliert die Freiheit[537] und wird dadurch ein so genannter *servus poenae.* Es gibt dabei zwei Abstufungen[538], nämlich die leichtere *damnatio in opus metalli* und die schwerere *damnatio in metallum.* Diese Abstufung spielt auch bei der Bestrafung der Flucht des *servus poenae* eine Rolle. Vgl. Text 175.

171. **D 48, 19, 16, 5**. *Claudius Saturninus libro singulari de poenis paganorum.* Tempus discernit emansorem a fugitivo et effractorem vel furem diurnum a nocturno.

Claudius Saturninus in der Einzelschrift über die Strafen der Zivilisten. Die Zeit unterscheidet einen Ausbleiber von einem Ausreißer und einen am Tag agierenden Einbrecher oder Dieb von einem nächtlichen.

Kommentar: Der Text bereitet mehrfach Schwierigkeiten, die auf die mangelnde juristische Qualität des exzerpierten *liber singularis* zurückgeführt werden[539]: Zunächst ist *emansor* ein Begriff aus dem Militärstrafrecht, wozu aber der Titel des Werkes nicht passt. Als Gegenbegriff zu *fugitivus* würde man sich daher *erro* erwarten (vgl. Texte 83 und 173). Weiters meint das Abgrenzungskriterium *tempus* im ersten Teil eine Zeitspanne, im zweiten Teil den Tatzeitpunkt[540].

172. **D 49, 15, 19, 5**. *Paulus libro sexto decimo ad Sabinum.* Si vero servus transfugerit ad hostes, quoniam, et cum casu captus est, dominus in eo postliminium habet, rectissime dicitur etiam

[535] M. Bretone, Storia del diritto romano, Roma-Bari 1989, 240 = Geschichte des römischen Rechts (übersetzt von B. Galsterer), München 1992, 165 weist freilich auf die innere Widersprüchlichkeit hin, dass trotz der Betonung der *humanitas* an der Folter als Mittel der Wahrheitsfindung kein Anstoß genommen wird; ähnlich K. Bradley, Slavery 169.

[536] Vgl. Texte 2, 198, 285.

[537] Gai. D 28, 1, 8, 4. = H. Wieling, CRRS I Nr. 59.

[538] Dazu Th. Mommsen, Römisches Strafrecht 951; U. Zilletti, SDHI 34 (1968) 52; H. Wieling, CRRS I S. 19; F. Salerno, Ad metalla. Aspetti giuridici del lavoro in miniera, Napoli 2003, 46.

[539] R. Bonini, RISG 93 (1959-62) 152 F.; D. Liebs, ANRW II/15, 348, 152 f.; J. H. Jung, ANRW II/14, 981 f.; F. Wieacker, Textstufen klassischer Juristen 395 FN 2 spricht von einem „unbeschreiblichen Satz". Anders freilich N. Donadio, Scritti in ricordo di Barbara Bonfiglio 174 ff., die in dem von Saturninus gebrauchten *tempus*-Kriterium "un principio generale ad elastico di distinzione tra i due reati" sieht.

[540] So J. H. Jung, ANRW II/14, 981 f.

ei postliminium esse, scilicet ut dominus in eo pristinum ius recipiat, ne contrarium ius non tam ipsi iniuriosum sit, qui servus semper permanet, quam domino damnosum constituatur.

Paulus im 16. Buch zu Sabinus. Wenn aber ein Sklave zu den Feinden übergelaufen ist, so wird – weil auch dann, wenn er zufällig gefangen worden ist, der Eigentümer das Heimkehrrecht ihm gegenüber hat – völlig zu Recht gesagt, dass er auch das Heimkehrrecht hat, nämlich dass der Eigentümer über ihn seine ehemalige Rechtsstellung wiedererlangt, damit nicht die gegenteilige Rechtslage nicht sowohl für ihn, der er immer Sklave bleibt, nachteilig ist, als vielmehr für den Eigentümer schädlich wird.

Kommentar: Wenn jemand aus feindlicher Kriegsgefangenschaft zurückkehrte, so erlangte er gemäß dem *ius postliminii* wieder seine frühere Rechtsstellung. Kriegsgefangene Sklaven fielen – in ihrer rechtlichen Qualifikation als Sachen[541] – bei Rückkehr wieder ins Eigentum dessen, der vor der Gefangennahme ihr *dominus* war. Wie Paulus im unmittelbar vorangehenden Paragraph ausführt, waren freie *transfugae* vom *postliminium* ausgeschlossen[542]. Hätte man diese Regelung (das meint Paulus hier mit dem *contrarium ius*) auch auf Sklaven angewandt, würde das nicht nur diesen selbst, sondern auch und vor allem den *dominus* treffen, daher kommt es bei der Rückkehr eines *servus transfuga* zum *postliminium* zugunsten des *dominus*[543].

173. **D 49, 16, 4, 14.** *Arrius Menander libro primo de re militari.* Levius itaque delictum emansionis habetur, ut erronis in servis, desertionis gravius, ut in fugitivis.

Arrius Menander im 1. Buch über das Militärwesen. Daher wird das Vergehen des Ausbleibens für leichter gehalten, so wie das der Herumstreuner bei den Sklaven, das Vergehen der Desertion für schwerer, wie bei den entlaufenen Sklaven.

Kommentar: Wie man im Militärstrafrecht zwischen den Militärdelikten *emansio* und *desertio* unterscheidet[544], so lassen sich bei Sklaven *errones* (Herumstreuner) und *fugitivi* (Ausreißer) unterscheiden und werden für ihr Verhalten auch verschieden bestraft. Auch das Edikt der kurulischen Ädilen, das Sklavenverkäufer zur Kundmachung von Mängeln verpflichtet, erwähnt *errones* und *fugitivi* (Text 67); Labeo (in Text 83) sieht zwischen ihnen nur einen quantitativen Unterschied.

174. **D 49, 16, 4, 15.** *Arrius Menander libro primo de re militari.* Examinantur autem causae semper emansionis et cur et ubi fuerit et quid egerit: et datur venia valetudini, affectioni parentium et adfinium, et si servum fugientem persecutus est vel si qua huiusmodi causa sit. sed et ignoranti adhuc disciplinam tironi ignoscitur.

Arrius Menander im 1. Buch über das Militärwesen. Es werden daher immer die Gründe des Ausbleibens geprüft, warum und wo er gewesen ist und was er getan hat. Und Nachsicht wird gewährt für Krankheit, für Zuneigung zu Eltern und Verwandten, oder auch wenn er ei-

541 U. Manthe, TR 44 (1976) 145 FN 70.

542 Paul. D 49, 15, 19, 4: *Transfugae nullum postliminium est: nam qui malo consilio et proditoris animo patriam reliquit, hostium numero habendus est. sed hoc in libero transfuga iuris est, sive femina sive masculus sit.* Dazu L. D'Amati, Civis ab hostibus captus, Milano 2004, 101 FN 303.

543 Dazu M. F. Cursi, La struttura del 'postliminium' nella repubblica e nel principato, Napoli 1996, 232 f., 275 f.

544 Dazu J. H. Jung, ANRW II/14, 977 f.; V. Giuffrè, La letteratura de re militari. Appunti per una storia degli ordinamenti militari, Napoli 1974, 91 f. Zu den Vergleichen *desertor/fugitivus* und *emansor/erro* siehe N. Donadio, Scritti in ricordo di Barbara Bonfiglio 137 ff.

nen fliehenden Sklaven verfolgt hat oder wenn sonst irgendein derartiger Grund vorliegt. Aber auch dem Rekruten, der die Ordnung noch nicht kennt, wird verziehen.

Kommentar: Der Jurist bringt einen Katalog von Rechtfertigungs-, Entschuldigungs- und Strafausschließungsgründen[545] bei der *emansio*: Dazu gehört auch die Verfolgung eines flüchtigen Sklaven durch den Soldaten.

175. **D 50, 13, 5, 3**. *Callistratus libro primo de cognitionibus.* Consumitur vero, quotiens magna capitis minutio intervenit, id est cum libertas adimitur: veluti cum aqua et igni interdicitur, quae in persona deportatorum evenit, vel cum plebeius in opus metalli vel in metallum datur: nihil enim refert, nec diversa poena est operis et metalli, nisi quod refugae operis non morte, sed poena metalli subiciuntur.

Callistratus im 1. Buch über außerordentliche Gerichtsverfahren. Gänzlich verloren geht sie [die Ehrenstellung[546]], wenn es zur größten Statusminderung kommt, das heißt wenn die Freiheit entzogen wird, so z. B. wenn ein Verbot der Rückkehr zu Wasser und Herd ausgesprochen wird, was bei deportierten Personen passiert, oder wenn ein Plebejer zur Bergwerksarbeit oder ins Bergwerk gegeben wird. Denn darin liegt kein Unterschied, und es ist auch die Strafe der Bergwerksarbeit nicht verschieden von der des Bergwerks, außer dass Entlaufene aus der Bergwerksarbeit nicht der Todesstrafe, sondern der Strafe des Bergwerks unterliegen.

Kommentar: Unter einer *capitis deminutio maxima* versteht man den Verlust der Freiheit; damit ist auch der Verlust der bürgerlichen Ehrenstellung (*existimatio*) verbunden. Callistratus bringt dazu als Beispiele die strafweise *interdictio aqua et igni* und die – bei Angehörigen eines niederen Standes (*plebeius*) praktizierte[547] – Verurteilung *in opus metalli* bzw. *in metallum.* Die Unterscheidung im Fall der Flucht eines solchen *servus poenae* findet sich auch in Text 170.

176. **D 50, 16, 225**. *Tryphoninus libro primo disputationum.* „Fugitivus" est non is, qui solum consilium fugiendi a domino suscepit, licet id se facturum iactaverit, sed qui ipso facto fugae initium mente deduxerit. nam et furem adulterum aleatorem quamquam aliqua significatione ex animi propositione cuiusque sola quis dicere posset, ut etiam is, qui numquam alienam rem invito domino subtraxerit, numquam alienam matrem familias corruperit, si modo eius mentis sit, ut occasione data id commissurus sit, tamen oportere eadem haec crimina adsumpto actu intellegi. et ideo fugitivum quoque et erronem non secundum propositionem solam, sed cum aliquo actu intellegi constat.

Tryphoninus im 1. Buch der Erörterungen. Ein „Ausreißer" ist nicht derjenige, der nur den Entschluss gefasst hat, von seinem Eigentümer zu fliehen, auch wenn er verkündet hat, dass er das tun wird, sondern derjenige, der durch die Tat selbst den Fluchtbeginn vom Vorhaben in die Wirklichkeit umgesetzt hat. Denn obwohl man in einer gewissen Bedeutung aus dem bloßen Willensvorsatz jedes Einzelnen auch den als Dieb, Ehebrecher oder Spieler bezeichnen könnte, der niemals eine fremde Sache gegen den Willen des Eigentümers entwendet,

[545] Zur historischen Erklärung dieser großzügigen Haltung siehe J. H. Jung, ANRW II/14, 983 f.

[546] Aus dem vorangegangenen § 2 (*minuitur existimatio, quotiens ...*) ergibt sich als Subjekt auch in § 3 die *existimatio.*

[547] Vgl. R. Rilinger, Humiliores – Honestiores. Zu einer sozialen Dichotomie im Strafrecht der römischen Kaiserzeit, München 1988, 34 ff., 38 FN 21.

niemals eine fremde Familienmutter verführt hat, wenn er nur die Absicht hat, dies bei gebotener Gelegenheit zu tun, so müssen dennoch eben dieselben Verhaltensweisen aus der begangenen Tat heraus als Verbrechen verstanden werden. Und es steht daher fest, dass auch als Ausreißer und Herumstreuner jemand nicht bloß gemäß seinem Vorsatz, sondern im Zusammenhang mit irgendeiner Handlung verstanden wird.

Kommentar: Tryphoninus wendet sich hier mit Beispielen aus dem Strafrecht gegen die von früheren Juristen vertretene Auffassung, bereits das Vorliegen der Fluchtabsicht bewirke die Fugitivität (Vivianus in Text 72: Proculus in Text 73, Caelius in Text 77), und folgt damit der Ansicht des Paulus (Text 91), der die Bedeutung des objektiven Elements der erfolgten *fuga* betont[548].

177. **D 50, 17, 23.** *Ulpianus libro vicensimo nono ad Sabinum.* Contractus quidam dolum malum dumtaxat recipiunt, quidam et dolum et culpam. dolum tantum: depositum et precarium. dolum et culpam mandatum, commodatum, venditum, pignori acceptum, locatum, item dotis datio, tutelae, negotia gesta: in his quidem et diligentiam. societas et rerum communio et dolum et culpam recipit. sed haec ita, nisi si quid nominatim convenit (vel plus vel minus) in singulis contractibus: nam hoc servabitur, quod initio convenit (legem enim contractus dedit), excepto eo, quod Celsus putat non valere, si convenerit, ne dolus praestetur: hoc enim bonae fidei iudicio contrarium est: et ita utimur. animalium vero casus mortesque, quae sine culpa accidunt, fugae servorum qui custodiri non solent, rapinae, tumultus, incendia, aquarum magnitudines, impetus praedonum a nullo praestantur.

Ulpian im 29. Buch zu Sabinus. Manche Verträge schließen nur den bösen Vorsatz ein, manche sowohl Vorsatz als auch Fahrlässigkeit. Nur den Vorsatz: Verwahrung und Bittleihe. Vorsatz und Fahrlässigkeit: Auftrag, Leihe, Verkauf, Pfand, Vermietung, ebenso Mitgiftbestellung, Vormundschaften, Geschäftsführungen: Bei diesen wird freilich auch die Sorgfaltspflicht eingeschlossen. Gesellschaft und Gemeinschaft an Sachen erfassen sowohl Vorsatz als auch Fahrlässigkeit. Aber das gilt nur dann, wenn nicht ausdrücklich in den einzelnen Verträgen etwas anderes (entweder mehr oder weniger) vereinbart ist: Denn das wird eingehalten werden, was zu Beginn vereinbart worden ist (denn der Vertrag hat ein Gesetz gegeben), mit Ausnahme dessen, was nach der Meinung des Celsus unwirksam ist, wenn vereinbart worden ist, dass für Vorsatz nicht gehaftet wird: Das steht im Widerspruch zu einer Klage nach Treu und Glauben. Und das ist bei uns geltendes Recht. Für Unfälle von Tieren und Todesfälle, die ohne Verschulden eintreten, für Fluchtfälle von Sklaven, die nicht bewacht zu werden pflegen, für Raubüberfälle, für Fälle von Aufruhr, Brand oder Hochwasser, Angriffe von Räubern wird von niemandem gehaftet.

Kommentar: Die hier vorgeführte Haftungssystematik entspricht dem vor allem in der Nachklassik herausgearbeiteten Verschuldensprinzip[549]. Nach der Einteilung der Verträge (nämlich solche mit bloßer *dolus*-Haftung und solche mit Haftung für *dolus* und *culpa*) aner-

[548] R. Martini, Definizioni 263 f.; L. Manna, Actio redhibitoria 61 f.; N. Donadio, Scritti in ricordo di Barbara Bonfiglio 169.

[549] Zu diesem im Einzelnen umstrittenen Text V. Arangio-Ruiz, Responsabilità contrattuale in diritto romano, Napoli ^{2}1958, 94 ff.; F. De Robertis, La responsabilità contrattuale I 33 ff.; S. Tafaro, Regula e ius antiquum in D 50, 17, 23, Bari 1984, 23 ff.; A. Doll, Vis maior 99 ff.; P. Voci, SDHI 56 (1990) 137 f.; C. A. Cannata, Iura 43 (1992) 35 ff.; G. MacCormack, Index 22 (1994) 198 f. Zum Haftungssystem in der byzantinischen Wissenschaft des 6. Jh. D. Nörr, Die Fahrlässigkeit im byzantinischen Vertragsrecht, München 1960, 81 ff., 87 ff.

kennt der Text die Möglichkeit einer privatautonomen Haftungsregelung, wobei aber eine Freizeichnungsklausel von *dolus* unwirksam ist. In unserem Zusammenhang ist der Schlusssatz von Interesse: In dem Katalog der Fälle höherer Gewalt, für die nicht zu haften ist, findet sich auch die Flucht von nicht bewachungsbedürftigen Sklaven (*servi qui custodiri non solent*: vgl. auch die Texte 11 und 51).

3. GESCHÄFTSURKUNDEN

178. **FIRA III 87** (emptio puellae 139 n. Chr.)
Maximus Batonis puellam nomine | Passiam, sive ea quo alio nomine est, an|norum circiter p(lus) m(inus) sex, empta sportellaria, emit mancipioque accepit | de Dasio Verzonis Pirusta ex Kavieretio?, | (denariis) ducentis quinque. ||

Eam puellam sanam esse, <<a>> furtis noxisque | solutam, fugitivam erronem non esse | praestari: quot si quis eam puella<<a>>m | partemve quam ex eo quis evicerit, | quo minus Maximum Batonis, quo||ve ea res pertinebit, habere possi|dereque recte liceat, tum quanti | ea puella empta est, <*tan*>tam pecuniam | et alterum tantum dari fide rogavit | Maximus Batonis, fide promisit Dasius || Verzonis Pirusta ex Kaviereti<*o*>. |

Proque ea puella, quae s(upra) s(cripta) est, (denarios) ducen|tos quinque accepisse et habere | se dixit Dasius Verzonis a Maximo Batonis. ||

Actum Karto XVI K(alendas) Apriles || Tito Aelio Caesare Antonino Pio II et Bruttio | Praesente II cos. |

Maximus, der Sohn des Bato, hat von Dasius, dem Sohn des Verzo, einem Piruster aus Kavieretium, ein Mädchen namens Passia, oder wie sie sonst heißt, ungefähr im Alter von sechs Jahren, gekauft als Korbträgerin, um 205 Denare gekauft und manzipiert erhalten.

Maximus, der Sohn des Bato, hat auf Treue gefragt und Dasius, der Sohn des Verzo, ein Piruster aus Kavieretium, hat auf Treue versprochen: Es wird gewährleistet, dass dieses Mädchen gesund ist, frei von Diebstahls- und Noxalhaftung ist, keine Ausreißerin und Herumstreunerin ist. Wenn jemand dieses Mädchen oder einen Teil von ihr evinziert, so dass dem Maximus, dem Sohn des Bato, oder demjenigen, auf den sich die Sache beziehen wird, es nicht rechtmäßig freisteht, sie zu haben und zu besitzen, dann wird ebenso viel Geld, um wie viel dieses Mädchen gekauft worden ist, und noch einmal dieselbe Summe geleistet.

Dasius, der Sohn des Verzo, hat erklärt, dass er für das oben erwähnte Mädchen 205 Denare von Maximus, dem Sohn des Bato, erhalten hat und sie auch hat.
Abgehandelt in Kartum am 17. März 139.

Kommentar: Diese Urkunde gehört wie die folgende zu den siebenbürgischen Wachstäfelchen, die in einem aufgelassenen römischen Bergwerk in Dakien, und zwar in Alburnus Maior (heute Verespatak bzw. Rosia Montana) gefunden worden sind. Es handelt sich um den Kaufvertrag über ein Sklavenmädchen. In den Z. 1 - 6 ist der Abschluss des Kaufvertrages (*emit*) und die Vornahme der *mancipatio* beurkundet, wodurch das Eigentum an der Sklavin auf den Käufer übertragen wurde (*mancipio accepit*)[550]. In Z. 7 - 18 werden

[550] Zur *mancipatio* passt auch der Umstand, dass als *signatores* der Urkunde neben dem Verkäufer Dasius Verzo noch 6 weitere Personen genannt sind: Diese Zahl entspricht den für die *mancipatio* erforderlichen Formpersonen, nämlich 5 Zeugen und dem Waagehalter (*libripens*). Der Akt lief nach Gai. Inst 1, 119 so ab, dass der Erwerber (*mancipio acci-*

Garantiestipulationen (förmliche mündliche Leistungsversprechen) des Verkäufers festgehalten[551]: Zunächst sagt er die Freiheit von Sachmängeln zu; darunter findet sich auch die Zusage, dass das Mädchen keine Ausreißerin und keine Herumstreunerin ist (*fugitivam erronem non esse*). Weiters wird für den Fall der Eviktion die Erstattung des doppelten Kaufpreises versprochen. Die abschließenden Z. 19 - 21 enthalten die Quittungserklärung des Verkäufers über den Kaufpreis.
Die hier (und auch in anderen Urkunden) aufgezählten Mängel stimmen im Wesentlichen mit denen im Edikt der kurulischen Ädilen (Text 67) überein. Nach dem Bericht des Gaius wurde zwar in den *provinciae populi Romani* von Quaestoren ein vergleichbares Edikt erlassen, nicht aber in den Kaiserprovinzen[552], zu denen auch Dakien gehört. Es kann sich daher allenfalls nur um einen mittelbaren Einfluss bzw. eine außerediktale Rezeption durch die provinziale Praxis handeln[553].

179. **FIRA III 88** (emptio pueri 142 n. Chr.)
Dasius Breucus emit mancipioque accepit | puerum Apalaustum, sive is quo alio nomine | est, n(atione) Gr<*a*>ecum, apocatum pro uncis duabus, | (denariis) DC de Bellico Alexandri, f(ide) r(ogato) M. Vibio Longo. |

Eum puerum sanum traditum esse, furtis noxaque || solutum, erronem fugiti<*v*>um caducum non esse | pr<*a*>estari: et si quis eum puerum q(uo) d(e) a(gitur) | partenve quam quis ex eo evicerit, q(uo) m(inus) | emptorem s(upra) s(criptum) eunve ad q(uem) ea res pertinebit | uti frui habere possidereq(ue) recte liceat, || tunc quantum id erit, quod ita ex eo evic|tum fuerit, | t(antam) p(ecuniam) duplam p(robam) r(ecte) d(ari) f(ide) r(ogavit) Dasius Breucus, d(ari) f(ide) p(romisit) | Bellicus Alexandri, id[*em*] fide sua esse | iussit Vibius Longus. ||

Proque eo puero, q(ui) s(upra) s(criptus) est, pretium | eius (denarios) DC accepisse et habere se dixit | Bellicus Alexandri ab Dasio Breuco. |

Actum kanab(is) leg(ionis) XIII g(eminae) XVII Kal. Iunias | Rufino et Quadrato cos.

piens, in unserem Fall der Maximus Batonis) die Manzipationsformel sprach: *HUNC EGO HOMINEM EX IURE QUIRITIUM MEUM ESSE AIO ISQUE MIHI EMPTUS ESTO HOC AERE AENEAQUE LIBRA* (Ich behaupte, dass dieser Sklave nach quiritischem Recht mein Eigentum ist und er soll für mich gekauft sein mit diesem Kupferstück und durch diese eherne Waage.). Er schlug dabei mit einer Kupfermünze an der Waage an und übergab sie dem Veräußerer (*mancipio dans*) als symbolischen Kaufpreis. Nach römischem *ius civile* ist die *mancipatio* zur Eigentumsübertragung an Sklaven erforderlich. Da die *mancipatio* aber nur römischen Bürgern bzw. Trägern des *ius commercii* zugänglich ist, ist in der Forschung strittig, wie die hier bezeugte *mancipatio* erklärt werden kann, zumal die Parteien peregrine Namen tragen. Zum Teil wird angenommen, dass es sich um römische Bürger oder Personen handelt, denen das *ius commercii* verliehen worden ist (so z. B. E. Weiß, SZ 37 [1916] 136 ff.; K. Visky, RIDA 11 [1964] 268 ff.; M. Kaser, St. Arangio-Ruiz II 141), vielfach wird hier eine provinziale Praxis angenommen, die sich an das römische Vorbild anlehnte (so vor allem E. Pólay, SZ 79 [1962] 80 ff.; ders., Labeo 19 [1973] 335; ANRW II/14, 518; Ph. Meylan, Festgabe für Ulrich v. Lübtow, Berlin 1970, 419 ff.; C. St. Tomulescu, RIDA 18 [1971] 696 ff.; ders., BIDR 81 [1978] 320 ff.; G. Ciulei, RIDA 24 (1977) 159 ff.; V. Sotropa, Le droit romain en Dacie, Amsterdam 1990, 206, 211; É. Jakab, Praedicere und cavere 168).

[551] Diese Vertragsgestaltung entspricht daher einem Kauf *bonis condicionibus* (Text 97) bzw. in der Terminologie des Syrisch-Römischen Rechtsbuches dem Kauf eines „guten Sklaven“ (Text 294) oder καλὴ αἵρεσις = „schöner Vertrag“ (Text 296). Dazu M. Memmer, SZ 107 (1990) 10 ff., 22 ff.

[552] Gai. Inst 1, 6.

[553] E. Weiß, SZ 37 (1916) 167 ff.; V. Sotropa, Le droit romain en Dacie, Amsterdam 1990, 207. Gegen einen unmittelbaren Einfluss des Edikts auch É. Jakab, Praedicere und cavere 146 ff.

Dasius Breucus hat von Bellicus, dem Sohn des Alexander, den Knaben Apalaustus, oder wie er sonst heißt, von griechischer Abstammung, quittiert mit 2 Unzen, um 600 Denare gekauft und manzipiert erhalten, wobei M. Vibius Longus als Bürge beigezogen wurde.

Dasius Breucus hat auf Treue gefragt und Bellicus, der Sohn des Alexander, hat auf Treue Folgendes versprochen: Es wird gewährleistet, dass dieser Knabe gesund übergeben worden ist, frei von Diebstahls- und Noxalhaftung, kein Herumstreuner, kein Ausreißer und nicht epileptisch ist; und wenn jemand den gegenständlichen Knaben oder einen Teil von ihm evinziert, so dass es dem oben erwähnten Käufer oder demjenigen, auf den sich die Sache beziehen wird, nicht rechtmäßig freisteht, die Sache zu nutzen, davon Früchte zu ziehen, sie zu haben und zu besitzen, dann wird die doppelte Summe in geprüftem Geld von dem Betrag geleistet, der dem Wert dessen entspricht, was von ihm evinziert worden ist; Vibius Longus ordnete an, dass dasselbe auf seine Treue genommen sein soll.

Bellicus, der Sohn des Alexander, hat erklärt, dass er für den oben erwähnten Knaben als Kaufpreis 600 Denare von Dasius Breucus erhalten hat und sie auch hat.
Abgehandelt im Krämerbezirk beim Lager der 13. Legion (gemina) am 16. Mai 142.

Kommentar: Die Urkunde ist im Aufbau (Kauf und *mancipatio*, Garantiestipulationen, Quittungserklärung, Datierung) ähnlich wie die vorige, allerdings tritt neben den Kaufvertragsparteien noch ein Bürge auf, der die vom Verkäufer durch Stipulation eingegangenen Garantieverpflichtungen zusätzlich sichern soll: Dies erfolgt durch *fideiussio*[554]. Auch hier wird unter den Mängeln, für deren Fehlen garantiert wird, die Neigung zum Ausreißen und Herumstreunen (*erronem fugitivum ... non esse*) genannt.

180. **FIRA III 133** (emptio puellae Pamphilica 151 n. Chr.)

[Σέξστῳ Κουιντιλίῳ Μαξ]ίμῳ καὶ Σέξστῳ [Κ]ουιντιλίῳ Κονδ[ι]ανῷ ὑπάτο[ις π]ρὸ η' εἰδῶν Ἰουλίων ἐν Σίδῃ, ἐπὶ δημιουργοῦ ἱερέως |[- - - -] κου Δημονείκου Μύρου μηνὸς Ιανήμου ϛι. Ἀρτεμίδωρος Καισίου Ἀλεξανδρεὺς ἐπρίατο ἐν ἀγορᾷ | [παρὰ Λουκίου Ἰουλίου] Πρωτοκτήτου κοράσιον Σαμβατίδα τὴν μετονομασθεῖσαν Ἀθηναΐδα ἢ εἴ τινι ἑτέρῳ ὀνόματι καλεῖται, γένει Φρυγίαν, ὡς ἐ||[τῶν δεκαδύο, τιμῆς ἀργ]υρίου (δηναρίων) τν, βεβαιοῦντος καὶ τῇ ἰδίᾳ πίστει κελεύον[το]ς Ἑρμείου Ἡφαιστᾶ, ὑγιῆ ἐκ διατάγματος | [καὶ οὐδεμίαν ἔχον ζημ]ίαν πρὸς πάντων καὶ μήτε ῥέ[μβ]ον μήτε δραπετικὸν ἱερᾶς τε νόσου ἐκτός· ἐὰν δ' ἐκ τούτων η||[- - - - ἐπαφ]ὴ αὐτοῦ ἢ ἐκ μέρους γένηται καὶ ἐκνεικηθῇ, τότε διπλῆν τὴν τειμὴν χωρὶς παρανγελί||[ας καλῶς διδόσθαι] πίστει ἐπηρώτησεν Ἀρτεμίδωρος [Κα]ισ[ίο]υ, πίστει δοῦνα[ι] ὡμολόγησεν Λούκιος Ἰούλιος Πρωτόκτη||[τος . . . . . . τὴν τειμὴν] κεκομε[ῖσθ]αι·καὶ [τ]αῦτ[α] ὑπὲρ αὐτοῦ τῇ [ἰ]δίᾳ π[ίσ]τει καὶ βεβαιώσει εἶναι ἐκέλευσεν Ἑρμεῖας Ἡφαιστᾶ. |

II. a manus. [Λούκιος Ἰούλιος] Πρωτόκτ[η]τος πέπρ[ακα τὸ] κ[ο]ρ[ά]σ[ι]ον δηναρίων τριακοσίων πεντή||[κοντα καὶ ὡμολόγησα καὶ] τὴ[ν τειμὴν κεκόμ]ισμαι ὡς προγέ[γ]ρ[α]πται. ||

III. a manus. [Ἑρμείας Ἡφαιστᾶ] βεβαιῶ τ[ὸ] κοράσιον καὶ τῇ ἰ[δ]ί[ᾳ πί]στει κελεύω ὡς προγέγραπται.

[554] Die *fideiussio* bedient sich ebenso der Stipulationsform: Im Anschluss an die Garantiestipulation des Verkäufers (Bellicus Alexandri) fragt der Käufer (Dasius Breucus) den Bürgen (M. Vibius Longus): *Id fide tua esse iubesne?* (Ordnest du an, dass dies auf deine Treue sein soll?). Darauf antwortet dieser: *Fideiubeo* (Ich ordne es auf meine Treue an.).

Unter dem Konsulat des Sextus Quintilius Maximus und des Sextus Quintilius Condianus am 8. Tag vor den Iden des Juli in Side, unter der Gemeindepriesterschaft des [- - - -] Demonicus Myrus am 16. Tag des Monats Panemos.

Artemidorus, Sohn des Caesius, ein Alexandriner, hat auf dem Marktplatz von L. Iulius Protoktetos das Mädchen Sambatis, die auch Athenais oder mit irgendeinem anderen Namen genannt wird, von Phrygischer Nation, etwa zwölf Jahre alt, um den Preis von 350 Silberdenaren gekauft, wobei als Gewährsmann und Bürge der Hermias, der Sohn des Hephaestas auftrat. Das Mädchen ist gesund gemäß dem Edikt, frei von Schadenshaftung gegenüber allen, keine Ausreißerin, keine Herumstreunerin und ohne Epilepsie: Wenn später eine Klage über sie oder über einen Anteil an ihr erhoben wird und es zur Eviktion kommt, dass dann der doppelte Preis ohne Anzeige ordnungsgemäß geleistet wird, das hat Artemidoros, der Sohn des Caesius, auf Treue gefragt, dass er das leisten wird, hat L. Iulius Protoktetos auf Treue geantwortet [und erklärt, den Preis erhalten zu haben]. Und dass er für ihn die Gewährschaft und Bürgschaft übernimmt, das hat Hermias, der Sohn des Hephaestus angeordnet.

(2. Hand). Ich, Lucius Iulius Protoktetos, habe das Mädchen um 350 Denare verkauft und bin eine Stipulationsverpflichtung eingegangen und habe den Preis erhalten, wie es geschrieben ist.

(3. Hand). Ich, Hermias, Sohn des Hephaistos, übernehme die Gewährschaft und Bürgschaft in Bezug auf das Mädchen, wie es geschrieben ist.

Kommentar: Bei dieser Papyrus-Urkunde aus Side in Pamphylien wird zunächst der Geschäftsinhalt in objektiver Stilisierung (1. Hand) wiedergegeben, dann folgen subjektiv stilisierte Erklärungen des Verkäufers (2. Hand) und des Bürgen (3. Hand). Beurkundet ist der Kauf eines Sklavenmädchens mit genauer Beschreibung des Kaufobjekts und Angabe des Kaufpreises; dann folgen die üblichen Garantieversprechen des Verkäufers gegen Sachmängel und Eviktion, zur Sicherung dieser Versprechen tritt ein Bürge auf. Die Garantie bezüglich der Gesundheit nimmt hier ausdrücklich auf das Edikt (Text 67) Bezug; die gesonderte Anführung der Epilepsie (ἱερὰ νόσος) entspricht der hellenistischen Vertragspraxis[555]. Unter den Mängeln wird auch die Neigung zum Ausreißen und Herumstreunen (μήτε ῥέ[μβ]ον μήτε δραπετικὸν) ausdrücklich genannt.

181. **FIRA III 135** (emptio pueri Ascalonita 359 n. Chr.)

Ὑπατείᾳ Φλ(αουίου) Εὐσεβίου καὶ Φλ(αουίου) Ὑπατείου τῶν λαμπροτάτων [τῇ πρὸ τεσσά]|ρων εἰδῶν [Ὀ]κτωβρίων, ἀγαϑῇ τύχῃ, ἐν κολωνίᾳ Ἀσκ[άλωνι] | τῇ πιστῇ καὶ ἐλευϑέρᾳ ἔτους δευτέρου ἑξηκοστοῦ τετρακοσιοστο[ῦ τοῦ(?)]|μηνὸς Γορπιαίου δι.|

Ἐπρίατο καλῇ αἱρέσει Φλ(άουιος) Βιταλιανὸς βίαρχος οὐεξελλ[ατίωνος] || ἱππέων καταφρακταρίων, εἱδρυμένων τὰ νῦν ἐν [τῇ Ἀρσι]|νοειτῶν πόλει τῆς Αἰγύπτου ὑπὸ Δωρόϑεον τριβοῦ[νον], | παρὰ Φλ(αουίου) Ἀγεμούνδο[υ] σινάτορος νουμέρου αὐσιλ[ιαρίων] | Κωνσταντιακῶν ὑπὸ Βάριον τριβοῦνον, νῦν εξ [....] | τῇ ἐνταῦϑα διατριβούσῃ φαμιλίᾳ τῶν γεννετ[άτων] || Κωνσταντιακῶν στρατιωτῶν, δοῦλον αὐτοῦ ὀ[νόματι | Ἄργουτιν εἴ καὶ εἴ τινι ἑτέρῳ ὀνόματι καλῖτε ἢ κληϑ[ήσεται, | γένι Γάλλον, ὄντα ὡς ἐτῶν δέκα τεσσάρων μικ[ρό]|πλεον, λευκόχρουν, ὑπόσιμον, εὐόφϑαλμον, εὐϑύ[ρινα], | τειμῆς τῆς συνφωνηϑείσης μεταξὺ αὐτῶν χρυσ[ινῶν] || δεσποτικῶν τετραγραμμιαίων διζῳδ<ί>ων δέκ[α ὀκτώ], | οὕσπερ

[555] É. Jakab, Praedicere und cavere 179 f.; zur Bedeutung dieser Klausel siehe auch J. A. Straus, L'achat et la vente des esclaves dans l'Égypte romaine 155 f.

τῆς τειμῆς χρυσινοὺς δέκα ὀκτὼ ἀπέσχεν κ[αὶ ἐπλη]|ρώθη ὁ πεπρακὼς παρὰ τοῦ πριαμένου κατὰ τὴ[ν προκειμ(ένην)] | ὠνὴν καὶ διὰ χιρός, καὶ παρέδωκεν αὐτῷ τὸν [προγεγρ(αμμένον)] | δοῦλον <ὥστε> κυρίως ἔχειν καὶ δεσποτικῶς κτᾶσθαι καὶ] || πωλεῖν διοικεῖν ὃν ἂν αἱρῆτε τρόπον ἀπὸ τῆς σ[ήμερον] | ἡμέρας καὶ εἰς ἀεί. Κἄν τις τοῦ πεπραμένου δ[ούλου] | ἀντιποιηθῇ ἢ ἐπενεχθῇ τι κατ᾽αὐτοῦ τρόπῳ | οἱῳδήτινι, ὁ πεπρακὼς καὶ διάδοχ[οι αὐτο]ῦ τοῖς ἰδίοις ἀναλώμασιν | βεβαιώσει τῷ πριαμένῳ ἢ ἐκτείσι αὐτῷ παραχρῆμα<<α>> || τὴν τειμὴν καὶ τὸ βλάβος καὶ ὅσον ἂν αὐτῷ δια|δόχοις τε αὐτοῦ διαφέρῃ. Ἱερὰν δὲ νόσον καὶ σίνος | παλεὸν καὶ κρυπτὸν πάθος μέχρις μηνῶν ἓξ καὶ | δρασμὸν μέχρις μηνῶν δεκαδύο ὁμοίως ὁ | πεπρακὼς καὶ διάδοχοι αὐτοῦ βεβαιώσουσιν τῷ || πριαμένῳ καὶ διαδόχοις αὐτοῦ, ἢ ἐκτίσουσιν αὐτῷ | τὴν τειμὴν καὶ τὸ βλάβος καὶ ὅσον ἂν αὐτῷ | διαδόχοις τε αὐτοῦ διαφέρῃ, τῆς πράξεως πάν|των γεινομένης τῷ πριαμένῳ ἔκ τε τοῦ | πεπρακότως καὶ ὑπαρχόντων αὐτοῦ ὧν τε || νῦν ἔχει καὶ ὧν ἂν μετὰ ταῦτα ἐπικτήση[τ]ε ἐν | παντὶ εἴδι καὶ γένι οὕτως ὡσεὶ ἕκασ[το]ν αὐτῶν | κατ᾽εἶδος καὶ κατὰ γένος καὶ ὀνομαστὶ ὑ[πο]θήκη[ς] | ἐνεχύρου τε δικαίῳ [ὑπόκειται, ἐπὶ τῷ ἐ]ξουσίαν | ἔχειν τὸν πριάμενον [...] του || [.]. ασθαι κ[ατ]ὰ τῶν [νόμων ......|......]. πρ[...] κα[......] |.- - -

Unter dem Konsulat des Flavius Eusebius und des Flavius Hypatius, der hochangesehenen Männer, am 4. Tag vor den Iden des Oktober, zu gutem Glück, in der treuen und freien Kolonie Askalon, im 462. Jahr am 14. Tag des Monats Gorpiaeus.

Flavius Vitalinus, der Biarch der Schwadron der gepanzerten Reiter, die in der Stadt der Arsinoiter in Ägypten nun unter dem Tribun Dorotheus lagern, hat durch schönen Vertrag von Flavius Agemundus, Senator der Einheit der Konstantiakischen Hilfstruppen unter dem Tribun Varius, jetzt [Vorgesetzter] der dort befindlichen Einheit der tapferen Konstantiakischen Soldaten, einen Sklaven namens Argutes gekauft, oder wie er sonst genannt wird oder genannt werden wird, von Gallischer Abstammung, im Alter etwa um ein wenig mehr als 14 Jahre, weißhäutig, mit guten Augen, mit flacher und gerader Nase, zu dem zwischen ihnen vereinbarten Preis von 18 kaiserlichen *aurei*, bestehend aus je 4 Gramm und mit zwei Bildern versehen, welche 18 *aurei* der Verkäufer vom Käufer entsprechend dem vorliegenden Kauf erhalten und damit vollzählig bar in der Hand hat, und er übergab ihm den oben erwähnten Sklaven, so dass er ihn rechtmäßig haben und zu Eigentum erwerben kann, ihn verkaufen und nutzen kann, wie es ihm beliebt, vom heutigen Tag an und auf immer. Und wenn jemand etwas von dem gekauften Sklaven streitig macht oder über ihn auf irgendeine Weise eine Klage vorbringt, dann werden der Verkäufer und seine Rechtsnachfolger auf eigene Kosten dem Käufer Gewähr leisten oder ihm sofort den Kaufpreis und den Schaden und so viel ersetzen, wie es seinem Interesse und dem seiner Rechtsnachfolger entspricht. Für Epilepsie, ein altes Geschwür oder ein verborgenes Leiden werden in gleicher Weise der Verkäufer und seine Rechtsnachfolger durch 6 Monate, für Flucht durch 12 Monate dem Käufer und seinen Rechtsnachfolgern Gewähr leisten, oder sie werden ihm den Kaufpreis und den Schaden und so viel ersetzen, wie es seinem Interesse und dem seiner Rechtsnachfolger entspricht, wobei dem Käufer bezüglich aller dieser Sachen ein Zugriff auf den Verkäufer und alle Güter zusteht, welche er jetzt hat und welche er später als Einzelsachen oder gattungsmäßig erwerben wird, so als ob jedes Einzelne von ihnen als Einzelsache oder gattungsmäßig und namentlich einer hypothekarischen oder Pfandbindung unterliegt, so dass der Käufer die Befugnis hat [...] gemäß den Gesetzen [...].

Kommentar: Die aus der nachklassischen Zeit[556] stammende Papyrus-Urkunde folgt im Aufbau dem römischen Formular[557]: Nach der Einleitung Ἐπρίατο (= *emit*)[558] wird der Sklavenknabe mit mehreren Merkmalen beschrieben und der Preis genannt, über den auch eine Quittierung erfolgt. Dass aus der Sicht des Käufers ein „schöner Vertrag" (Ἐπρίατο καλῇ αἱρέσει)[559] vorliegt, ergibt sich aus den folgenden Garantieversprechen des Verkäufers, mit denen er für die Freiheit von Rechts- und Sachmängeln einsteht. Auffällig ist bei den Sachmängeln die Fristdifferenzierung nach der Art des Mangels: 6 Monate für Krankheiten, 12 Monate für Flucht (δρασμὸν). Die 6 und 12 Monate begegnen auch im Edikt der kurulischen Ädilen, betreffen dort aber nicht die Art des Mangels, sondern die Klagemöglichkeiten, indem die *actio redhibitoria* auf 6 Monate, die *actio quanti minoris* auf 1 Jahr befristet ist[560]. Auch der Inhalt des Versprechens geht dadurch, dass hier voller Interesse-Ersatz zugesagt wird, über die ediktale Wandlung und Preisminderung hinaus. Im klassischen römischen Recht ist ein voller Interesse-Ersatz jedoch mit der (an sich unbefristeten) *actio empti* durchsetzbar; eine einvernehmliche zeitliche Beschränkung ist mit der *bona fides*, welche der *actio empti* zugrunde liegt, aber durchaus vereinbar und daher im Prozessfall auch zu berücksichtigen. Die Urkunde kombiniert somit Elemente der ädilizischen Haftung mit Rechtsvorstellungen, die sich an der *actio empti* orientieren. Die Schlussklausel dient der haftungsmäßigen Absicherung der Verpflichtungen des Verkäufers durch eine Generalhypothek.

4. NACHKLASSISCHE PRIVATE RECHTSSAMMLUNGEN

182. **Pauli Sententiae 1, 6a, 1.** Servus a fugitivario comparatus intra decem annos manumitti contra prioris domini voluntatem non potest.

Ein von einem *fugitivarius* gekaufter Sklave kann innerhalb von 10 Jahren gegen den Willen des früheren Eigentümers nicht freigelassen werden.

Kommentar: Anders als im folgenden Text ist die Rechtsgrundlage des Freilassungsverbots nicht genannt, es dürfte aber ebenso ein SC sein[561]. Die 10-Jahresfrist lehnt sich an die Bestimmung der *lex Fabia* an, wonach ein Sklave, der ein *plagium* begangen hatte – für ihn hatte der *dominus* die Geldbuße zu zahlen – durch 10 Jahre nicht freigelassen werden durfte[562].

183. **Pauli Sententiae 1, 6a, 2.** Contra decretum amplissimi ordinis fugitivum in fuga constitutum nec emere nec vendere permissum est, inrogata poena in utrumque sestertiorum D milium.

[556] Das in Datierung angegebene Jahr 462 bezieht sich auf die Erlangung der Unabhängigkeit (*libertas*) durch die (in Palästina liegende) Stadt Askalon im Jahr 104 v. Chr. (Benzinger, RE II [1896] 1609); daraus ergibt sich nach unserer Zeitrechnung das Jahr 359 n. Chr.

[557] L. Mitteis/U. Wilcken, Grundzüge und Chrestomathie der Papyrus-Urkunden II/1, Leipzig 1912 (ND Hildesheim 1963) 193; J. A. Straus, L'achat et la vente des esclaves dans l'Égypte romaine 114 f., 119.

[558] L. Mitteis/U. Wilcken, Grundzüge und Chrestomathie der Papyrus-Urkunden II/2, Leipzig 1912 (ND Hildesheim 1963) 304. Die (auch hier nicht mehr erwähnte) *mancipatio* war in der Nachklassik bereits aus dem Rechtsleben verschwunden.

[559] Vgl. auch die καλὴ αἵρεσις in § 101 SRRB (Text 296) und die *emptio bonis condicionibus* bei Pap. D 21, 1, 54 (Text 97).

[560] Vgl. Einleitung S. 25 f.; Texte 98; 249.

[561] E. Levy, Pauli Sententiae 111; D. Daube, Juridical Review 64 (1952) 24; R. Lambertini, Plagium 139.

[562] Paul. D 40, 1, 12.

Es ist nicht erlaubt, entgegen dem Beschluss des Senats einen auf der Flucht befindlichen Sklaven zu kaufen oder zu verkaufen, wobei gegen beide Vertragsparteien eine Strafe von 500.000 HS verhängt wird.

Kommentar: Durch das genannte SC aus der Prinzipatszeit (vgl. auch Text 201) wurde der Verkauf eines auf der Flucht befindlichen Sklaven unter die Strafsanktion der *lex Fabia* gestellt[563]. Das SC richtete sich vor allem gegen die Praktiken und Spekulationsgeschäfte der *fugitivarii*, die von den *domini* entlaufene Sklaven zu geringen Preisen zu erwerben versuchten.

184. **Pauli Sententiae 1, 6a, 3**. Limenarchae et stationarii fugitivos deprehensos recte in custodiam retinent.
Die Hafenmeister und die Soldaten der Polizeistationen halten flüchtige Sklaven, wenn sie aufgegriffen worden sind, zu Recht in ihrem Gewahrsam.

Kommentar: Siehe Text 42!

185. **Pauli Sententiae 1, 6a, 4**. Magistratus municipales ad officium praesidis provinciae vel proconsulis comprehensos fugitivos recte transmittunt.
Die Magistrate der Stadtgemeinden überstellen die aufgegriffenen Sklaven zu Recht der Behörde des Provinzstatthalters oder des Prokonsuls.

Kommentar: Siehe Text 42!

186. **Pauli Sententiae 1, 6a, 5**. Fugitivi in fundis fiscalibus quaeri et comprehendi possunt.
Flüchtige Sklaven können auf Fiskalgrundstücken gesucht und festgenommen werden.

Kommentar: Das Recht zum Betreten fremder Grundstücke zwecks Suche nach flüchtigen Sklaven geht in Italien auf die *lex Fabia* und ein ergänzendes *SC Modesto consule* (Text 32) und wurde von Antoninus Pius auf die Provinzen ausgedehnt. Mark Aurel erwähnte neben den *praedia senatorum* et *paganorum* ausdrücklich die *fundi Caesaris* (Text 41). Der Sentenzenverfasser gibt damit den spätklassischen Rechtszustand wieder[564].

187. **Pauli Sententiae 1, 6a, 6**. Fugitivi, qui a domino non agnoscuntur, per officium praefecti vigilum distrahuntur.
Flüchtige Sklaven, die von ihrem Eigentümer nicht beansprucht werden, werden durch das Amt des Wachepräfekten verkauft.

Kommentar: Der *praefectus vigilum* war in Rom die zuständige Stelle, an die aufgegriffene *fugitivi* zu überstellen waren (Text 38); zu seinen Aufgaben zählte es auch, flüchtige Sklaven zu suchen und an die Eigentümer zurückzustellen (Text 5). Wie lange er die Sklaven zur *agnitio* durch die *domini* bereitzuhalten hatte, ist nicht überliefert, doch musste der Staat

[563] Ph. E. Huschke, Iurisprudentia Anteiustiniana II, hrsg. von E. Seckel und B. Kübler, Leipzig [6]1908, 21 FN 3, emendiert daher im Text *sestertiorum D milium* zu *sestertiorum L milium*. E. Levy, Pauli Sententiae 113 denkt an ein Abschreibeversehen.

[564] E. Levy, Pauli Sententiae 116.

schon aus Kostengründen daran interessiert gewesen sein, die Sklaven nicht allzu lange zu behalten.

188. **Pauli Sententiae 1, 6a, 7.** Intra triennium venditionis agniti fugitivi emptor pretium a fisco recipere potest.

Innerhalb von 3 Jahren nach dem Verkauf kann der Käufer eines [dann vom Eigentümer] beanspruchten flüchtigen Sklaven den Preis vom Fiskus zurückerhalten.

Kommentar: Aufgrund der im vorangegangenen Text erwähnten Veräußerung erlangt der Käufer kein Eigentum am Sklaven. Dies entspricht dem allgemeinen Prinzip des römischen Sachenrechts *nemo plus iuris ad alium transferre potest quam ipse habet*[565]. Zu bedenken ist, dass auch eine reguläre Ersitzung (*usucapio*) des Sklaven durch den Käufer – die nach klassischem Recht nur 1 Jahr dauern würde – hier nicht in Betracht kommt[566]. Der Käufer musste daher damit rechnen, dass der *dominus* auftrat und von ihm den Sklaven mit der Eigentumsklage (*rei vindicatio*) herausverlangte. Im Fall einer solchen Eviktion konnte sich der Käufer an den *fiscus* als Verkäufer halten und die Erstattung des Preises verlangen. Die vorstehende Bestimmung beschränkt in ihrem Wortlaut die Eviktionshaftung des *fiscus* auf drei Jahre, es lässt sich aus ihr aber auch erschließen, dass nach drei Jahren der Käufer eine gesicherte Position am Sklaven erlangte und die Klage des bisherigen *dominus* abwehren konnte. Es gab allerdings ein Edikt von Mark Aurel, das generell bei Fiskalverkäufen von *res alienae* (also nicht dem *fiscus* gehörigen Sachen) nach fünf Jahren dem Käufer eine Einrede gegen die Klage des Eigentümers gewährte[567]. Auf diesem Hintergrund ist die Verkürzung auf drei Jahre als eine Sonderregelung[568] für den Verkauf von *servi fugitivi* zu sehen.

189. **Pauli Sententiae 1, 13a, 5.** Deteriorem servum facit, qui fugam suaserit et qui furtum, et qui mores eius corpusve corruperit.

Einen Sklaven macht derjenige schlechter, der ihm zur Flucht oder zu einem Diebstahl angeraten hat, oder wer seinen Charakter oder seinen Körper verschlechtert hat.

Kommentar: Aus den genannten Handlungen erlangte der *dominus* die *actio servi corrupti* nach dem Edikt des Prätors (Wortlaut in Text 23). Die Anstiftung zur Flucht als Auslöser für diese Klage findet sich auch in den Texten 26, 158, 192, 261.

190. **Pauli Sententiae 2, 17, 11.** Servus bona fide comparatus si ex veteri vitio fugerit, non tantum pretium dominus[569], sed et ea quae per fugam abstulit reddere cogitur.

[565] Vgl. Ulp. D 50, 17, 54.

[566] Die Ersitzung scheitert zunächst einmal daran, dass der Sklave durch seine Flucht ein *furtum sui* begangen hat und dadurch zu einer unersitzbaren *res furtiva* geworden ist (dazu Einleitung S. 2; S. 12). Darüber hinaus fehlt dem Käufer die zur Ersitzung erforderliche Gutgläubigkeit (*bona fides*).

[567] Inst 2, 6, 14: *Edicto divi Marci cavetur eum, qui a fisco rem alienam emit, si post venditionem quinquennium praeterierit, posse dominum per exceptionem repellere.* Dazu G. Klingenberg, RIDA 34 (1987) 181 ff.

[568] So E. Levy, Pauli Sententiae 117 f.; G. Klingenberg, RIDA 34 (1987) 196 ff.; anders F. Pringsheim, Ges. Abhandlungen II 163 ff., der zwischen den beiden Regelungen nicht Spezialität, sondern verschiedene Anwendungsbereiche und damit Komplementarität annimmt.

[569] Statt *dominus* (so FIRA II 344; M. Bianchi Fossati Vanzetti, Pauli Sententiae. Testo e interpretatio, Padova 1995, 39) liest A. Söllner, CRRS IX Nr. 150 hier *doli conscius*.

Wenn ein nach Treu und Glauben gekaufter Sklave aus seinem alten Fehler heraus entlaufen ist, dann wird der Eigentümer gezwungen, nicht nur den Preis zu erstatten, sondern auch das, was dieser bei der Flucht entwendet hat.

Kommentar: Der Hinweis auf die *bona fides* meint nicht die Redlichkeit des Käufers, sondern wie in Text 204 = 251 den *bona-fides*-Charakter des Kaufvertrages[570]. Daher bezieht sich der Text nicht auf die *actio redhibitoria*[571], sondern auf die *actio empti* (siehe dazu Einleitung S. 29). Die Fluchtneigung eines Sklaven zählte zu den Sachmängeln, für die der Verkäufer einzustehen hatte, natürlich nur dann, wenn sie schon im Zeitpunkt des Vertragsabschlusses gegeben war; daher betont der Text, dass die Flucht vom Käufer *ex veteri vitio* erfolgte. Es bedurfte des Nachweises, dass der Sklave schon beim früheren *dominus* geflohen ist (vgl. Texte 106, 107 = 191, 250). Wenn der von der früheren Flucht betroffene *dominus* auch der aktuelle Verkäufer ist, weiß er von der Fugitivität. Als *venditor sciens* haftet er schon nach klassischem Recht für den Mangelfolgeschaden, insbesondere für den Wert der vom geflohenen Sklaven entwendeten Sachen (Text 63).

Eine Ersatzpflicht für die entwendeten Sachen findet sich auch im Edictum Theodorici (Text 230) und im Syrisch-Römischen Rechtsbuch (Text 296).

191. **Pauli Sententiae 2, 17, 12.** Cum probatio prioris fugae defecerit, servi responsioni credendum est: in se enim interrogari, non pro domino aut in dominum videtur.

Wenn der Beweis einer früheren Flucht nicht gelungen ist, dann ist der Antwort des Sklaven zu glauben: Denn es ist so anzusehen, dass er zu sich selbst, nicht für oder gegen den Eigentümer befragt wird.

Kommentar: Siehe Text 107.

192. **Pauli Sententiae 2, 31, 33.** Qui servo fugae consilium dedit, furti quidem actione non tenetur, sed servi corrupti.

Wer einem Sklaven einen Ratschlag zur Flucht erteilt hat, haftet nicht mit der Diebstahlsklage, sondern mit der Klage wegen Verschlechterung eines Sklaven.

Kommentar: Dass die Anstiftung zur Flucht nicht als *furtum* qualifiziert wurde (vgl. auch Text 147), ergibt sich aus der fehlenden *contrectatio*. Zur Qualifikation als *servi corruptio* vgl. auch Texte 26, 158, 189, 261: Gegen den Anstifter wurde die im Edikt des Prätors (Text 23) verheißene Klage gewährt.

193. **Pauli Sententiae 2, 31, 37.** Servus, qui in fuga est, a domino quidem possidetur, sed dominus furti actione eius nomine non tenetur, quia in potestate eum non habet.

Ein Sklave, der sich auf der Flucht befindet, befindet sich zwar im Besitz des Eigentümers, aber der Eigentümer haftet seinetwegen nicht mit der Diebstahlsklage, weil er ihn nicht in seiner Gewalt hat.

[570] U. Manthe, TR 44 (1976) 142 f.; A. Söllner, CRRS IX Nr. 150.

[571] Im Rahmen der *actio redhibitoria* wäre nach einem *responsum* des Paulus (Text 99) ein Ersatz für die entwendeten Sachen nur über ein Retentionsrecht des Käufers am Sklaven durchzusetzen.

Kommentar: Grundsätzlich haftet der Gewalthaber im Rahmen der Noxalhaftung für Delikte seiner Gewaltunterworfenen, d. h. er muss entweder den Täter an den Geschädigten ausliefern (*noxae deditio*) oder die Deliktsbuße bezahlen, die beim Diebstahl regelmäßig das *duplum* des Wertes der gestohlenen Sache beträgt. Die Noxalhaftung setzt voraus, dass der beklagte *dominus* auch die faktische *potestas* über den Sklaven hat, weil nur dann eine *noxae deditio* möglich ist. Ist der Sklave, der einen Diebstahl begangen hat, auf der Flucht, so besteht zwar der Besitz weiter (vgl. dazu auch die Texte 16 = 197, 134, 137, 138, 146, 195), aber es fehlt eben die faktische *potestas* (vgl. Texte 19, 146).

194. **Pauli Sententiae 3, 5, 8.** Servos, qui in itinere circumdatum a latronibus dominum per fugam deseruerunt, apprehensos et torqueri et summo supplicio adfici placuit.

Es ist anerkannt, dass Sklaven, die ihren auf der Reise von Räubern umringten Herrn durch Flucht verlassen haben, nach Ergreifung unter Folter befragt und hingerichtet werden sollen.

Kommentar: Der Text bezieht sich auf das *SC Silanianum*, welches nach Ermordung eines Herrn die *quaestio* und Hinrichtung der gesamten *familia servorum* vorsah, welche mit dem Herrn zur Tatzeit *sub eodem tecto* war. In der Anwendung wurde dieses SC in der Spätklassik auf eine Ermordung *in itinere* ausgedehnt (Text 110)[572].

195. **Pauli Sententiae 4, 14, 3.** Quotiens numerus servorum propter legem Fufiam Caniniam ineundus est, fugitivi quoque, quorum semper possessio animo retinetur, computandi sunt.

Wenn die Anzahl der Sklaven wegen des Fufisch-Caninischen Gesetzes zu ermitteln ist, müssen auch die flüchtigen mitgezählt werden, an denen der Besitz stets durch den Willen aufrechterhalten wird.

Kommentar: Die *lex Fufia Caninia* (2 v. Chr.) beschränkt die Zahl der Freilassungen, die in einem Testament angeordnet werden durften, dies in Abhängigkeit von der Gesamtzahl der Sklaven des Erblassers. Dabei werden auch die flüchtigen Sklaven in die Berechnung einbezogen, da an ihnen der Besitz trotz des Verlusts des *corpus*, der tatsächlichen Kontrolle, *solo animo* aufrechterhalten wird. Zur Fortdauer des Besitzes am *servus fugitivus* siehe auch die Texte 16 = 197, 134, 137, 138, 146, 193. Auch die Aufrechterhaltung des Besitzes für die Dauer eines vom Sklaven gegen seinen Herrn angestrengten Freiheitsprozesses (*vindicatio in libertatem*) erfolgt *solo animo* (Text 135).

196. **Pauli Sententiae 5, 30b.** (1) Lege Fabia tenetur, qui civem Romanum ingenuum, libertinum servumve alienum celaverit vendiderit vinxerit comparaverit. Et olim quidem huius legis poena nummaria fuit, sed translata est cognitio in praefectum urbis, itemque praesidis provinciae extra ordinem meruit animadversionem. Ideoque humiliores aut in metallum dantur aut in crucem tolluntur, honestiores adempta dimidia parte bonorum in perpetuum relegantur. (2) Si servus sciente domino alienum servum subtraxerit vendiderit celaverit, in ipsum dominum animadvertitur. Quod si id domino ignorante commiserit, in metallum datur.

(1) Nach dem Fabischen Gesetz haftet derjenige, welcher einen freigeborenen römischen Bürger, einen Freigelassenen oder einen fremden Sklaven verheimlicht, verkauft, gefesselt oder gekauft hat. Einst war die Strafe dieses Gesetzes eine Geldbuße, aber die Strafbefugnis

[572] D. Dalla, Senatus Consultum Silanianum 134 hat dazu sehr scharf beobachtet, dass es im vorliegenden Text um die Attacke eines Außenstehenden geht, was in Text 110 nicht ausdrücklich gesagt ist.

wurde auf den Stadtpräfekten übertragen, ebenso erlangte der Provinzstatthalter die Strafbefugnis im außerordentlichen Verfahren. Daher werden die Angehörigen niederer Stände zur Bergwerksarbeit verurteilt oder gekreuzigt, die Angehörigen der höheren Stände werden unter Einziehung der Hälfte ihres Vermögens in die Verbannung geschickt. (2) Wenn ein Sklave mit Wissen des Eigentümers einen fremden Sklaven entführt, verkauft oder verheimlicht hat, wird gegen den Eigentümer selbst [auf Strafe] erkannt werden. Wenn er das aber ohne Wissen des Eigentümers begangen hat, wird er zur Bergwerksarbeit gegeben.

Kommentar: Zum Inhalt der *lex Fabia* vgl. auch die Texte 168, 200. Die nach der *lex Fabia* vorgesehene Geldbuße betrug 50.000 HS und wurde in einem *iudicium publicum* durchgesetzt. Die hier geschilderten Veränderungen hängen mit dessen Verdrängung durch die *extraordinaria cognitio* zusammen und sind nach herrschender Ansicht schon in der Spätklassik erfolgt[573].

Dieser Text ist über die Collatio Mosaicarum et Romanarum legum überliefert (Text 199).

197. **Fragmenta Vaticana 89.** *Ulpianus ad Sabinum libro XVI.* De illo Pomponius dubitat, si fugitivus, in quo usus fructus meus est, stipuletur aliquid vel mancipio accipiat, an per hoc ipsum quasi utar retineam usum fructum; magisque admittit retineri. Nam saepe etiamsi praesentibus servis non utamur, tamen usum fructum retineamus, ut puta aegrotante servo vel infante, cuius operae nullae sunt, vel defectae senectutis homine; nam et si agrum aremus, licet tam sterilis sit, ut nullus fructus nascatur, retinemus eum. Iulianus tamen libro XXXV digestorum scribit, etiam si non stipuletur quid servus fugitivus intra annum mancipiove accipiat, tamen retineri usum fructum; nam qua ratione, inquit, retinetur a proprietatis domino possessio, etiamsi in fuga servus sit, pari ratione etiam usus fructus non amittitur.

Ulpian zu Sabinus im 16. Buch. Zweifel hat Pomponius in dem Fall, dass ein flüchtiger Sklave, an dem ich einen Nießbrauch habe, sich durch Stipulation etwas mit Mitteln meines Vermögens versprechen oder manzipationsweise übereignen lässt; ob ich allein dadurch, dass ich gewissermaßen nutze, den Nießbrauch erhalte? Er neigt dazu, dies zuzulassen. Denn oft geschieht es, dass wir auch Sklaven, die nicht flüchtig sind, nicht nutzen, und uns dennoch den Nießbrauch erhalten; so zum Beispiel, wenn ein Sklave krank ist oder noch ein Kind, das keine Dienste leisten kann, oder ein gebrechlicher alter Mann. Denn auch wenn wir einen Acker pflügen, erhalten wir uns den Nießbrauch, mag auch der Boden so unfruchtbar sein, dass er keine Frucht trägt. Aber Julian schreibt im 35. Buch seiner Digesten, auch wenn der flüchtige Sklave sich innerhalb eines Jahres nichts durch Stipulation versprechen oder manzipationsweise übereignen lasse, bleibe der Nießbrauch erhalten; denn aus dem gleichen Grund, sagt er, aus dem auch der Besitz dem Eigentümer erhalten bleibt, auch wenn der Sklave auf der Flucht ist, wird auch der Nießbrauch nicht verloren.

Kommentar: Siehe Text 16, der dasselbe Fragment wiedergibt. Die Fassung der Fragmenta Vaticana steht dem Original näher als die der Digesten (Text 16), in dem durch Justinianische Interpolation die *mancipatio* durch die *traditio* ersetzt und im Schlussteil die Jahresfrist (*intra annum*) weggelassen ist.

[573] H. Bellen, Sklavenflucht 54 ff.; R. Lambertini, Plagium 145 ff.; abweichend (Übergang erst unter Diokletian) H. Niedermeyer, St. Bonfante II 387 f.

198. **Mosaicarum et Romanarum legum Collatio 3, 3.** *Ulpianus libro octavo de officio proconsulis sub titulo de dominorum saevitia.* (1) Si dominus in servum saevierit vel ad impudicitiam turpemque violationem conpellat, quae sint partes praesidis, ex rescripto divi Pii ad Aurelium Marcianum proconsulem Baeticae manifestatur. (2) Cuius rescripti verba haec sunt: „Dominorum quidem potestatem in suos servos inlibatam esse oportet nec cuiquam hominum ius suum detrahi: sed dominorum interest, ne auxilium contra saevitiam vel famem vel intolerabilem iniuriam denegetur his, qui iuste deprecantur. (3) Ideoque cognosce de querellis eorum, qui ex familia Iuli Sabini ad statuam confugerunt, et si vel durius habitos, quam aequum est, vel infami iniuria adfectos cognoveris, venire iube, ita ut in potestatem Sabini non revertantur. Quod si meae constitutioni fraudem fecerit, sciet me admissum severius executurum". (4) Divus etiam Hadrianus Umbram quandam matronam in quinquennium relegavit, quod ex levissimis causis ancillas atrocissime tractaret.

Ulpian im 8. Buch über das Amt des Prokonsuls unter dem Titel über das Wüten der Herren. Für den Fall, dass ein Eigentümer an seinem Sklaven seinen Zorn auslässt oder sie zur Unzucht oder schändlicher Preisgabe zwingt, geht aus dem Reskript des vergöttlichten Kaisers Antoninus Pius an den Aurelius Marcianus, den Prokonsul der Provinz Baetica, hervor, was die Aufgabe des Provinzstatthalters ist. Der Wortlaut des Reskripts ist folgender: „Zwar muss die Gewalt der Eigentümer über ihre Sklaven ungeschmälert bleiben und darf keinem Menschen sein Recht genommen werden, doch liegt es im Interesse der Eigentümer, dass Hilfe gegen Grausamkeit, Hunger oder unerträgliches Unrecht denen nicht versagt wird, die sie mit Recht erflehen. Deshalb untersuche die Beschwerden derer, die aus der Sklavenschar des Iulius Sabinus sich zur Kaiserstatue geflüchtet haben, und wenn Du findest, dass sie härter behandelt wurden, als billig ist, oder dass ihnen schändliches Unrecht zugefügt wurde, so befiehl, sie mit der Maßgabe zu verkaufen, dass sie nicht in die Gewalt des Sabinus zurückkommen dürfen. Und wenn er [Sabinus] meine Konstitution umgeht, soll er wissen, dass ich sein Vergehen strenger ahnden werde". Der vergöttlichte Kaiser Hadrian hat sogar eine gewisse Umbra, eine Frau von Stand, für fünf Jahre in die Verbannung geschickt, weil sie aus nichtigsten Anlässen auf das Grausamste mit ihren Sklavinnen verfuhr.

Kommentar: Siehe Text 2!

199. **Mosaicarum et Romanarum legum Collatio 14, 2.** *Paulus libro sententiarum V sub titulo ad legem Fabiam:* (1) Lege Fabia tenetur, qui civem Romanum ingenuum libertinumve servumve alienum celaverit vendiderit vinxerit comparaverit. (2) Et olim quidem huius legis poena nummaria fuit, sed translata est cognitio in praefectum urbis, itemque praesidis provinciae extra ordinem meruit animadversionem. Ideoque humiliores aut in metallum dantur aut in crucem tolluntur, honestiores adempta dimidia parte bonorum in perpetuum relegantur. (3) Si servus sciente domino alienum servum subtraxerit vendiderit celaverit, in ipsum dominum animadvertitur. quod si id domino ignorante commiserit, in metallum datur.

Paulus im 5. Buch der Sentenzen unter dem Titel zum Fabischen Gesetz. (1) Nach dem Fabischen Gesetz haftet derjenige, welcher einen freigeborenen römischen Bürger, einen Freigelassenen oder einen fremden Sklaven verheimlicht, verkauft, gefesselt oder gekauft hat. (2) Einst war die Strafe dieses Gesetzes eine Geldbuße, aber die Strafbefugnis wurde auf den Stadtpräfekten übertragen, ebenso erlangte der Provinzstatthalter die Strafbefugnis im außerordentlichen Verfahren. Daher werden die Angehörigen niederer Stände zur Bergwerksarbeit verurteilt oder gekreuzigt, die Angehörigen der höheren Stände werden unter Einziehung der Hälfte ihres Vermögens in die Verbannung geschickt. (3) Wenn ein Sklave mit Wissen des Eigentümers einen fremden Sklaven entführt, verkauft oder verheimlicht hat, wird gegen den Eigentümer selbst [auf Strafe] erkannt werden. Wenn er das aber ohne Wissen des Eigentümers begangen hat, wird er zur Bergwerksarbeit gegeben.

Kommentar: Siehe Text 196.

200. **Mosaicarum et Romanarum legum Collatio 14, 3, 5.** *Ulpianus libro nono de officio proconsulis sub titulo ad legem Fabiam.* Eiusdem legis capite secundo tenetur, qui alieno servo persuaserit, ut dominum fugiat quive alienum servum invito domino celaverit vendiderit emerit dolo malo, quive in ea re socius fuerit: iubeturque populo sestertia quinquaginta milia dare. Et reliqua.

Ulpian im 9. Buch über das Amt des Prokonsuls unter dem Titel zum Fabischen Gesetz. Nach dem 2. Kapitel desselben Gesetzes haftet derjenige, der einen fremden Sklaven überredet hat, seinem Eigentümer zu entlaufen, oder der einen fremden Sklaven gegen den Willen des Eigentümers verborgen, in böser Absicht ver- oder gekauft hat, oder wer in dieser Angelegenheit ein Komplize war: Ihm wird aufgetragen 50.000 Sesterzen an die Staatskasse zu zahlen. Und das Übrige.

Kommentar: Hier werden die Handlungen aufgezählt, durch welche der Tatbestand des *plagium* an fremden Sklaven verwirklicht wird (vgl. auch Text 168). Im ersten Kapitel wird das *plagium* an Freigeborenen oder Freigelassenen behandelt.

201. **Fragmentum de iure fisci 9.** Absentes fugitivos venum dari aut comparare amplissimus ordo prohibuit denuntiata in emptorem venditoremque poena sestertiorum quinquaginta, quae hodie fisco vindicatur.

Der Senat hat verboten, abwesende flüchtige Sklaven zu verkaufen oder zu kaufen, wobei gegen den Käufer und gegen den Verkäufer eine Strafe von 50 Sesterzen angedroht ist, die heute dem Fiskus zufällt.

Kommentar: Durch das genannte SC aus der Prinzipatszeit (vgl. auch Text 183) wurde der Verkauf eines auf der Flucht befindlichen Sklaven unter die Strafsanktion der *lex Fabia* gestellt. Das SC richtete sich vor allem gegen die Spekulationsgeschäfte der *fugitivarii*, die von den *domini* entlaufene Sklaven zu geringen Preisen zu erwerben versuchten. Die hier genannten 50 großen Sesterzen entsprechen den 50.000 HS[574] der *lex Fabia* (Text 200).

5. CODEX THEODOSIANUS

202. **CTh 1, 29, 2.** *Impp. Valentinianus et Valens AA. Senecae.* Si quis de tenuioribus ac minuscularis interpellandum te esse crediderit, in minoribus causis acta conficias: scilicet ut, si quando quis vel debitum iustum vel servum qui per fugam fuerit elapsus vel quod ultra delegationem dederit postulaverit vel quodlibet horum tua disceptatione restituas; ceteras vero, quae dignae forensi magnitudine videbuntur, ordinario insinuato rectori. Et cetera. *Dat. V k. Iul. Tyr[ ] Val(entini)ano et Valente AA. conss.* (a. 365)

Die Kaiser Valentinian und Valens an Seneca. Wenn jemand meint, dich in Bagatellsachen anrufen zu müssen, dann sollst du in geringfügigen Angelegenheiten die richterlichen Akte durchführen, freilich in der Weise, dass dann, wenn jemand eine rechtlich bestehende

[574] P. Huvelin, Furtum 112; R. Lambertini, Plagium 133.

Schuld oder einen Sklaven fordert, der durch Flucht entlaufen ist, oder das, was er an übermäßiger Steuer gegeben hat, oder sonst etwas dieser Art, du es aufgrund deiner eigenen Untersuchung und Entscheidung zurückerstatten lässt. Die übrigen Angelegenheiten aber, welche ersichtlich der Behandlung durch das hohe Gericht bedürfen, sollst du dem Statthalter unterbreiten. Und das Weitere. *Gegeben in Tyr[ ] am 27. Juni 365.*

Kommentar: Beim Adressaten dieser Konstitution, die auch in CI 1, 55, 1 (Text 244) überliefert ist, handelt es sich um einen *defensor civitatis*[575], dessen Hauptaufgabe darin besteht, die kleinen Leute gegen die Übergriffe der Mächtigen zu schützen[576]. Ihm wurde auch die Bagatellgerichtsbarkeit (*in minoribus causis*) übertragen[577]: Dazu zählt unter anderem die Entscheidung über Begehren auf Rückgabe entlaufener Sklaven.

203. **CTh 2, 1, 8.** *Impp. Arcad(ius) et Honor(ius) AA. Pasifilo suo salutem.* Causas plurimi instituentes de fugaci servo aut manifesto furto aut non manifesto, direpti etiam animalis servive vel rei mobilis ac moventis vel vi bonorum raptorum, parvulae etiam terrae finium et parvulae casae, sub specie criminis tuum pulsant iudicium. § 1. ... § 2. Cum igitur de his rebus parvis ac minimis tuae sit iniuria potestatis iudicare, decretum est, eas tantum causas criminales a sinceritate tua audiri, quas dignus et meritus horror inscriptionis inpleverit, quae magnitudinem videlicet criminis tempusque designant, ut alterutram partem digna legum tenere possit auctoritas. § 3. Quod statutum si fuerit forte contemptum, hi qui ex officio ingrediuntur secretarium quinque librarum auri condemnatione ferientur. *Dat. VIII kal. Ian. Mediol(ano) Olybrio et Probino conss.* (a. 395)
INTERPRETATIO: Quotiens de parvis criminibus, id est, unius servi fuga aut sublati iumenti aut modicae terrae seu domus invasae vel certi furti, id est detenti aut perventi, sub criminis nomine actio fortasse processerit, ad mediocres iudices, qui publicam disciplinam observant, id est aut defensores aut adsertores pacis, vindictam eius rei decernimus pertinere. Ad rectorem vero provinciae illud negotium criminale perveniat, ubi de personarum inscriptione agitur vel maior causa est, quae non nisi ab ordinario iudice recitata legis sententia debeat terminari. Quod praeceptum si fuerit praetermissum, officiales qui negotia intromittunt quinque libras auri se noverint esse damnandos.

Die Kaiser Arcadius und Honorius grüßen ihren Pasifilus. Sehr viele Leute strengen Prozesse über einen flüchtigen Sklaven mit der Klage über einen offenkundigen oder nicht offenkundigen Diebstahl an, über die Entwendung eines Tieres, eines Sklaven oder einer beweglichen oder sich selbst bewegenden Sache mit der Klage aus Raub, auch wenn es um die Grenzen eines winzigen Stück Landes oder um eine winzige Hütte geht, und belästigen unter dem Anschein der Verbrechensverfolgung dein Gericht. § 1. ... § 2. Weil es eine Herabsetzung deiner Amtsstellung ist, über diese kleinen und geringfügigen Angelegenheiten zu urteilen, ist entschieden worden, dass nur diejenigen Strafsachen von deiner Rechtschaffenheit anzuhören sind, welche der angemessene und berechtigte Schrecken der Anklageschrift erfüllt hat: Diese soll nämlich die Schwere und den Zeitpunkt des Verbrechens bezeichnen, so dass die angemessene Strenge der Gesetze beide Parteien erfassen kann. § 3. Wenn diese Anordnung missachtet worden ist, werden die Gerichtsbeamten, die

[575] In CI 1, 55, 1 (Text 244) wird der Adressat Seneca als *defensor* bezeichnet. Kritisch dazu freilich F. Pergami, SDHI 61 (1995) 427 f.

[576] Dazu V. Mannino, Ricerche sul „defensor civitatis", Milano 1984; R. M. Frakes, Contra potentium iniurias: The defensor civitatis and Late Roman Justice, München 2001.

[577] Dazu A. Steinwenter, SZ 76 (1959) 320 f.; P. Pieler, RAC X (1978) Sp. 428 f.; M. Kaser/K. Hackl, ZPR 546.

dein Audienzzimmer betreten, durch Verurteilung zu 5 Goldpfund bestraft werden. *Gegeben in Mailand am 25. Dezember 395.*
INTERPRETATIO: Wenn es bei kleinen Vergehen, das heißt bei der Flucht eines einzigen Sklaven, bei der Entwendung eines Zugtieres, beim Eindringen in ein kleines Stück Land oder auch Haus, oder wenn es wegen eines bestimmten Diebstahls, das heißt eines erfassten oder eines vermiedenen, zu einer strafrechtlichen Anklage gekommen ist, dann bestimmen wir, dass die Verfolgung dieser Sache den niederen Richtern, die über die öffentliche Ordnung wachen, das heißt den [Stadt-]Defensoren oder Friedenswahrern zukommt. An den Provinzstatthalter aber soll jene Strafsache gelangen, wenn es um die Anklageschrift gegen [bedeutende?] Personen geht, oder wenn es eine bedeutendere Angelegenheit ist, die nur durch ein vom ordentlichen Richter gesetzmäßiges verkündetes Urteil beendet werden kann: Wenn diese Anordnung missachtet werden wird, sollen die Gerichtsbeamten, die solche Prozesse zulassen, wissen, dass sie auf 5 Goldpfund Strafe zu verurteilen sind.

Kommentar: Bagatellsachen – dazu gehören auch Begehren über die Rückgabe entlaufener Sklaven – gehörten im 4. Jh. n. Chr. vor den *defensor civitatis* (Text 202 = 244). Durch Erhebung schwerwiegenderer Klagen versuchten die Kläger ihre Begehren vor den Statthalter zu bringen. Die vorliegende Konstitution begegnet dieser unerwünschten Praxis[578].

204. **CTh 3, 4, 1.** *Impp. Valent(inianus), Theod(osius) et Arcad(ius) AAA. Nebridio p(raefecto) u(rbi).* Habito semel bonae fidei contractu mancipioque suscepto et pretio dissoluto ita demum repetendi pretii potestas est ei qui mancipium conparaverit largienda, si illud quod dixerit fugitivum potuerit exhibere. Hoc enim non solum in barbaris, sed etiam in provincialibus servis iure praescriptum est. *Dat. III kal. Iul. Constant(ino)p(oli) Honorio n. p. et Euodio v.c. conss.* (a. 386)
INTERPRETATIO. Cum inter emptorem ac venditorem de mancipii pretio convenerit et fuerit conscripta venditio, nullatenus poterit revocari, nisi forte ille qui emit mancipium probaverit fugitivum, et tunc habebit licentiam pretium recipere, si mancipium reddiderit venditori.

Die Kaiser Valentinian, Theodosius und Arcadius an den Stadtpräfekten Nebridius. Wenn ein auf Treu und Glauben[579] beruhender Vertrag einmal abgeschlossen, der Sklave übernommen und der Preis bezahlt ist, so wird demjenigen, der den Sklaven gekauft hat, die Befugnis zur Rückforderung des Preises nur dann gewährt, wenn er jenen Sklaven, von dem er behauptet, dass er ein Ausreißer ist, auch herausgeben kann. Das ist nämlich nicht nur bei ausländischen Sklaven, sondern auch bei Sklaven aus den Provinzen durch das Recht vorgeschrieben. *Gegeben in Konstantinopel am 29. Juni 386.*
INTERPRETATIO: Wenn zwischen Käufer und Verkäufer Willensübereinstimmung über den Preis des Sklaven besteht und wenn der Kaufvertrag schriftlich abgefasst worden ist, kann er keineswegs widerrufen werden, außer wenn der Käufer des Sklaven beweist, dass dieser ein Ausreißer ist. Dann wird er die Befugnis haben den Preis wiederzuerlangen, wenn er dem Verkäufer den Sklaven zurückgegeben hat.

[578] V. Mannino, Ricerche sul „defensor civitatis", Milano 1984, 91 f.; R. M. Frakes, Contra potentiam iniurias: The defensor civitatis and Late Roman Justice, München 2001, 140 ff.

[579] Der Hinweis auf die *bona fides* meint nicht die Redlichkeit des Verkäufers – wie in der älteren Literatur lange im Kontrast zu der in D 21, 1, 21, 3 (Text 87) erwähnten *scientia* angenommen – sondern den *bona-fides*-Charakter des Kaufvertrages: U. Manthe, TR 44 (1976) 142 f.; R. Lederle, Mortuus redhibetur 70 f. In gleicher Weise ist in Text 190 von einem *servus bona fide comparatus* die Rede.

Kommentar: Es geht um die Wandlung des Kaufvertrages wegen Fugitivität des Sklaven: Eine Rückforderung des Kaufpreises ist nunmehr nur dann zulässig, wenn der Sklave in natura an den Verkäufer zurückgestellt wird. Das ist eine Änderung[580] gegenüber dem klassischen Recht, welches bei Unmöglichkeit der Rückstellung wegen erneuter *fuga* die Wandlung zuließ, aber den Käufer zur Leistung einer *cautio de persequendo et reddendo* anhielt (Text 87)[581]. Nunmehr war eine Wandlung ausgeschlossen, wenn der Käufer wegen der Flucht nicht zur Rückstellung imstande war: Damit wurde das Risiko, dass sich der Mangel der Fugitivität verwirklichte, vom Verkäufer auf den Käufer überwälzt: Dass dies schon zuvor bei *servi barbarici* der Fall war, wurde damit erklärt, dass sie bei Flucht in ihr Herkunftsland kraft des *ius postliminii* die Freiheit erlangten[582]. Das trifft zwar für *servi provinciales* bei Flucht in ihre Herkunftsprovinz nicht zu, aber die massiv auftretende Sklavenflucht im 4. Jh.[583] nötigte Theodosius dazu, auch bei diesen die Wandlung von der Rückstellung in natura abhängig zu machen[584]. Diese Voraussetzung finden wir auch in § 35 des Syrisch-Römischen Rechtsbuchs (Text 294).

Die Konstitution ist auch in CI 4, 58, 5 (Text 251) überliefert.

205. **CTh 3, 30, 3.** *Imp. Constantinus A. ad populum.* Lex, quae tutores curatoresque necessitate adstrinxit, ut aurum argentum gemmas vestes ceteraque mobilia pretiosa, urbana etiam mancipia, domos balnea horrea atque omnia intra civitates venderent omniaque ad nummos redigerent praeter praedia et mancipia rustica, multum minorum utilitati adversa est. § 1. Praecipimus itaque, ut haec omnia nulli tutorum curatorumve liceat vendere, nisi hac forte necessitate et lege, qua rusticum praedium atque mancipium vendere vel pignorare vel in dotem dare in praeteritum licebat, scilicet per inquisitionem iudicis, probationem causae, interpositionem decreti, ut fraudi locus non sit. § 2. Ante omnia igitur urbana mancipia, quia totius supellectilis notitiam gerunt, semper in hereditate et in domo retineant; nam boni servi fraudem fieri prohibebunt, mali, si res exegerit, sub quaestione positi poterunt prodere veritatem. ... § 2 b. Et tolerabilius est, si ita contigerit, servos mori suis dominis quam servire extraneis: quorum fuga potius tutori adscribitur, sive neglegentia dissolutam patiatur esse disciplinam, sive duritia vel inedia atque verberibus eos adficiat. ... *Dat. id. Mart. Sir(mio) Constantino (A. VII e)t Constantio C. conss.* (a. 326)

Kaiser Konstantin an das Volk. Und das Gesetz, welches Vormündern und Kuratoren die Verpflichtung auferlegt hat, Gold, Silber, Edelsteine, Kleider und die übrigen wertvollen beweglichen Sachen, aber auch städtische Grundstücke nebst zugehörigen Sklaven, Häuser, Bäder, Speicher und alles innerhalb der Stadt Befindliche zu verkaufen und alles außer ländlichen Grundstücken und Sklaven zu Geld zu machen, ist dem Interesse der Minderjährigen vielfach zuwiderlaufend. § 1. Wir ordnen daher an, dass kein Vormund oder Kurator das alles verkaufen darf, außer bei einer solchen Notwendigkeit und unter einer solchen gesetzlichen Bedingung, unter der es schon in der Vergangenheit erlaubt war, ein ländliches Grundstück oder einen ländlichen Sklaven zu verkaufen, zu verpfänden oder als Mitgift zu übereignen, nämlich aufgrund einer richterlichen Untersuchung, einer Prüfung des Grundes und der

[580] H. Bellen, Sklavenflucht 36; R. Lederle, Mortuus redhibetur 71; L. Manna, Actio redhibitoria 154 sieht dahinter eine nachklassische Vereinfachung und Vereinheitlichung des Redhibitionsprozesses.

[581] Die verschiedenen Harmonisierungsversuche mit D 21, 1, 21, 3 (Text 87) sind bei U. Manthe, TR 44 (1976) 138 ff. dargestellt.

[582] W. W. Buckland, Law of Slavery 61 FN 7; U. Manthe, TR 44 (1976) 144 f.

[583] Dazu H. Bellen, Sklavenflucht 122 ff.

[584] U. Manthe, TR 44 (1976) 145; R. Lederle, Mortuus redhibetur 72.

Erlassung eines Dekrets, so dass für eine Hintergehung kein Platz bleibt. § 2. Daher sollen sie vor allem städtische Sklaven, welche vom gesamten Hausrat Kenntnis haben, immer im Nachlass und im Haus behalten: Denn gute Sklaven werden verhindern, dass es zu einer Hintergehung kommt, schlechte werden, erforderlichenfalls unter Folter gestellt, die Wahrheit an den Tag bringen können. ... § 2 b. Und es ist eher hinzunehmen, dass Sklaven, wenn es so gekommen ist, bei ihren Eigentümern sterben, als dass sie Außenstehenden dienen. Ihre Flucht wird eher dem Vormund zugeschrieben, sei es dass er aus Nachlässigkeit eine Auflösung der Disziplin zulässt, sei es dass er mit Härte, Hunger oder Schlägen gegen sie vorgeht. ... *Gegeben in Sirmium am 15. März 326.*

Kommentar: Der Text ist großteils rekonstruiert aus CI 5, 37, 22 (Text 252); in CTh 3, 30, 3 sind die §§ 1 – 6 verdorben.
Das Gesetz schränkt die Befugnisse des Vormunds (*tutor*) bei der Verwaltung des Mündelvermögens ein. Hinsichtlich der Veräußerung von Sklaven, die zum Mündelvermögen gehören, wird zwischen ländlichen und städtischen Sklaven unterschieden. Fliehen Sklaven, die zum Mündelvermögen gehören, so wird der dadurch entstehende Schaden dem Vormund angelastet, d. h. er wird im Rahmen der *actio tutelae* ersatzpflichtig, die bei Beendigung der Vormundschaft zwecks Abrechnung gegen ihn angestrengt werden kann.

206. **CTh 5, 17, 3**. ... *ad Florentium comitem sacrarum largitionum.* Quod si dominus servum aut colonum alienum regionis dumtaxat nostrae sciens in domo vel in agro suo consistentem iudicibus non praesentat aut admonitus a fugitivi domino eum adsignare dissimulat, multam retentatoris incurrat.

... *an den Finanzminister Florentius.* Wenn aber ein Grundeigentümer einen fremden Sklaven oder Kolonen – nur aus unserem Gebiet – trotz des Wissens, dass dieser sich in seinem Haus oder auf seinem Landgut befindet, nicht den Richtern vorführt, oder eine Aufforderung des Eigentümers des Flüchtigen ihn zu übergeben unbeachtet lässt, wird er der Strafe eines Zurückhalters unterliegen.

Kommentar: Ein Florentius als *comes sacrarum largitionum* begegnet auch für die Jahre 364 - 366 bzw. 385 als Adressat von Konstitutionen[585]. In der klassischen Zeit sah ein SC für die Nichtvorführung bzw. Nichtherausgabe flüchtiger Sklaven noch eine Geldbuße (*multa*) vor (Text 31). Aus dem hier genannten Terminus *multa retentatoris* lässt sich nicht eindeutig klären, ob damit noch diese *multa* oder die von Konstantin eingeführte Stellung eines zusätzlichen gleichwertigen Sklaven (Text 256)[586] gemeint ist.

Auf dieses Gesetz nimmt LRB 6, 2 (Text 233) Bezug.

207. **CTh 7, 18, 9, 3**. *Impp. Arcadius et Honorius AA. ad populum.* Si qui etiam ex servorum numero militiae se sociarunt, quos dominis suis legitima iudicum reformavit auctoritas, sine metu legis ab his, quibus recte docentur redditi, tenebuntur. *Dat. VI kal. Mai. Med(iolano) Arcadio IIII et Honorio III AA. conss.* (a. 396)

Die Kaiser Arcadius und Honorius an das Volk. Wenn in den Militärdienst auch Sklaven eingetreten sind, die dann die gesetzliche Autorität der Richter wieder ihren Eigentümern zugeführt hat, so sollen sie von diesen ohne Furcht vor einer gesetzlichen Strafe besessen

[585] Nachweise bei O. Seeck, RE VI (1909) 2757.
[586] So H. Bellen, Sklavenflucht 62 FN 433.

werden, wenn nachgewiesen ist, dass die Rückgabe an sie zu Recht erfolgt ist. *Gegeben in Mailand am 26. April 396.*

Kommentar: Bekannt ist, dass Kaiser Trajan in seinem Brief an Plinius eine Bestrafung für Sklaven ablehnte, die sich zum Militär haben rekrutieren lassen [587]. Zur Zeit des Spätklassikers Marcian wurde aber wieder dafür die Todesstrafe verhängt[588]. Die vorstehende Konstitution hob das – auch in Anerkennung der Interessen der *domini* – wieder auf.

208. **CTh 9, 20, 1.** *Imppp. Valens, Gr(ati)anus et Val(entini)anus AAA. ad Antonium p(raefectum) p(raetori)o.* A plerisque prudentium generaliter definitum est, quotiens de re familiari et civilis et criminalis conpetit actio, utraque licere experiri, nec, si civiliter fuerit actum, criminalem posse consumi. Sic denique et per vim possessione deiectus, si de ea recuperanda interdicto unde vi erit usus, non prohibetur tamen etiam lege Iulia de vi publico iudicio instituere accusationem; et suppresso testamento cum ex interdicto de tabulis exhibendis fuerit actum, nihilo minus ex lege Cornelia testamentaria poterit crimen inferri; et cum libertus se dicit ingenuum, tam de operis civiliter quam etiam lege Visellia criminaliter poterit perurgueri. Quo in genere habetur furti actio et legis Fabiae constitutum. Et cum una excepta sit causa de moribus, sescenta alia sunt, quae enumerari non possunt, ut, cum altera prius actio intentata sit, per alteram quae supererit iudicatum liceat retractari. Qua iuris definitione non ambigitur etiam falsi crimen, de quo civiliter iam actum est, criminaliter esse repetendum. *Dat. prid. id. Ian. Trev(iris) Valente VI et Valentiniano II AA. conss.* (a. 378)
INTERPRETATIO. Sunt causae permixtae civiles pariter et criminales et possunt hae causae ita dividi, ut prius civilis, deinde criminales agantur, si voluerit accusator: ita ut, si quis de re sua fuerit violenter expulsus, et rem ablatam civili primitus maluerit actione repetere, momentum sibi restitui petat, et si de eius proprietate is qui expulsus est civiliter fuerit superatus, criminali postmodum actione servata recepto primitus momento potest postmodum inpetere violentum. De testamento etiam, si quis commendatum a testatore testamentum in fraudem heredis fortasse subpresserit, et id heres scriptus iudicio restitui petit, testamento per iudicium momenti beneficio restituto potest postmodum de subpresso testamento criminalem proponere actionem. Et reliquis similibus causis similis actio tribuetur.

Die Kaiser Valens, Gratianus und Valentinianus an den Prätorianerpräfekten Antonius. Von den meisten der Rechtsgelehrten ist die allgemeine Regel aufgestellt worden: Wenn in einer Vermögensangelegenheit sowohl eine zivile als auch eine Strafklage zusteht, dann kann mit beiden vorgegangen werden und es kann, wenn zivilrechtlich geklagt worden ist, dadurch nicht die Strafklage erlöschen. So ist schließlich auch derjenige, der mit Gewalt aus dem Besitz vertrieben worden ist, wenn er zu dessen Wiedererlangung das interdictum unde vi angestellt hat, nicht gehindert, dennoch auch in einem öffentlichen Strafverfahren die Anklage nach dem Julischen Gesetz über Gewalt vorzunehmen: Auch wenn bei Unterdrückung eines Testaments mit dem Interdikt Vorweisung der Testamentsurkunde angestellt worden ist, kann nichtsdestoweniger die Anklage nach dem cornelischen Testamentsgesetz eingebracht werden: Auch wenn ein Freigelassener behauptet, ein Freigeborener zu sein, so wird er sowohl hinsichtlich seiner Dienstleistungen zivilrechtlich als auch nach dem Visellischen Gesetz strafrechtlich verfolgt werden können. Zu dieser Fallgruppe gehört auch die Diebstahlsklage und die Anordnung des Fabischen Gesetzes. Auch wenn als einziger der Prozess über sittliche Verfehlungen ausgenommen ist, gibt es 600 andere Fälle, die nicht aufgezählt wer-

[587] Plin. epist.10, 29 f.

[588] D 49, 16, 11: *Ab omni militia servi prohibentur: alioquin capite puniuntur.*

den können, so dass, wenn die eine Klage zuerst angestellt worden ist, es möglich ist, durch die andere, die noch übrig sein wird, das, worüber schon ein Urteil ergangen ist, erneut zum Gegenstand einer Verhandlung zu machen. Aufgrund dieser Rechtsregel besteht kein Zweifel, dass auch ein Fälschungsdelikt, über das schon zivilrechtlich geklagt worden ist, in einem Strafverfahren erneut verhandelt werden soll. *Gegeben in Trier am 12. Januar 378.*
INTERPRETATIO: Es gibt gemischte – zugleich zivil- und strafrechtliche – Rechtssachen. Und diese Rechtssachen können so geteilt werden, dass zuerst der Zivilprozess, dann der Strafprozess abgehandelt wird, wenn es der Kläger will. So zum Beispiel wenn jemand, der gewaltsam aus dem Besitz seiner Sache vertrieben worden ist, die entzogene Sache zuerst lieber mit einer zivilrechtlichen Klage zurückfordern will, soll er den gegenwärtigen Besitz für sich begehren. Wenn im Streit über das Eigentum der Vertriebene im zivilrechtlichen Verfahren unterlegen ist, so ist die Strafklage danach erhalten geblieben, und nachdem er zuerst den gegenwärtigen Besitz wiedererlangt hat, kann er danach den Gewalttäter gerichtlich verfolgen. Auch hinsichtlich eines Testaments, wenn jemand ein vom Erblasser anvertrautes Testament zum Schaden des Erben unterdrückt hat und wenn der Testamentserbe gerichtlich die Herausgabe des Testaments fordert, kann er, wenn ihm das Testament durch das Gericht über die Rechtswohltat des gegenwärtigen Besitzes herausgegeben worden ist, danach eine strafrechtliche Anklage wegen Testamentsunterdrückung einbringen. Und in weiteren ähnlichen Fällen wird eine ähnliche Klage gewährt werden.

Kommentar: Grundsätzlich werden zivilrechtliche Klage und öffentliche Strafverfolgung gehäuft. Unter den vielen Beispielen wird auch die Kumulation von *actio furti* und *constitutum legis Fabiae* erwähnt, die dann in Betracht kommt, wenn z. B. durch wissentliches *celare* eines fremden Sklaven sowohl der Tatbestand des *furtum* als auch der des *plagium* verwirklicht ist[589]. Das *furtum* führt zu einer an den Bestohlenen zu zahlenden Buße (regelmäßig das *duplum* des Wertes), das *plagium* zu einer Bestrafung: Zu den in der Nachklassik dafür vorgesehenen Strafen vgl. die Texte 196 = 199, 271.

Die Konstitution ist auch in CI 9, 31, 1 überliefert (Text 276).

209. **CTh 9, 45, 3**. *Impp. Arcad(ius) et Honor(ius) AA. Eutychiano p(raefecto) p(raetori)o.* Si quis in posterum servus ancilla, curialis, debitor publicus, procurator, murilegulus, quilibet postremo publicis privatisve rationibus involutus ad ecclesiam confugiens vel clericus ordinatus vel quocumque modo a clericis fuerit defensatus nec statim conventione praemissa pristinae condicioni reddatur, decuriones quidem et omnes, quos solita ad debitum munus functio vocat, vigore et sollertia iudicantum ad pristinam sortem velut manu mox iniecta revocentur: quibus ulterius legem prodesse non patimur, quae cessione patrimonii subsecuta decuriones esse clericos non vetabat. Sed etiam hi, quos oeconomos vocant, hoc est qui ecclesiasticas consuerunt tractare rationes, ad eam debiti vel publici vel privati redhibitionem amota dilatione cogantur, in qua eos obnoxios esse constiterit, quos clerici defensandos receperint nec mox crediderint exhibendos. Et cetera. *Dat. VI kal. Aug. Mnizo Honorio A. IIII et Eutychiano conss.* (a. 398)

Die Kaiser Arcadius und Honorius an den Prätorianerpräfekten Eutychianus. Wenn künftig ein Sklave, eine Sklavin, ein Gemeinderat, ein öffentlicher Schuldner, ein Vermögensverwalter, ein Purpurschneckenfischer, schließlich jeder der öffentlicher oder

[589] E. Levy, Weströmisches Vulgarrecht. Das Obligationenrecht, Weimar 1956, 322; R. Lambertini, Plagium 183; B. Bonfiglio, Corruptio servi 206; kritisch zur Kumulation hingegen H. Bellen, Sklavenflucht 60 FN 416.

privater Rechnungslegung unterliegt, zu einer Kirche flieht oder zum Kleriker geweiht oder auf beliebige Weise von den Klerikern verteidigt worden ist und nicht sofort auf eine vorausgeschickte Anforderung hin in die frühere Rechtslage zurückgegeben wird, so sollen freilich die Gemeinderäte und alle, welche der gewohnte Zwangsberuf zum geschuldeten Dienst ruft, durch die Macht und Emsigkeit der Richter wie durch eine sofortige Zwangsvollstreckung in die frühere Lage zurückberufen werden: Weiters lassen wir nicht zu, dass ihnen jenes Gesetz zugute kommt, welches den Gemeinderäten nicht verbot unter nachfolgender Abtretung des gesamten Vermögens Kleriker zu sein. Aber auch diejenigen, die man Ökonomen nennt, das heißt welche gewöhnlich das kirchliche Rechnungswesen besorgen, sollen zur Rückzahlung der öffentlichen oder privaten Schuld ohne Aufschub gezwungen werden, für die erwiesenermaßen die Personen haftbar sind, welche die Kleriker zur Verteidigung aufgenommen und nicht alsbald vorführen zu müssen geglaubt haben. *Gegeben in Mnizos am 27. Juli 398.*

Kommentar: Die Kirchen waren Zufluchtsziel nicht nur von Sklaven, sondern auch von anderen Personen, die sich auf diese Weise einer drückenden finanziellen Verpflichtung oder einer korporativen Zugehörigkeit zu entziehen versuchten[590]. Die vorliegende Konstitution[591] ordnet in allen Fällen die *revocatio in pristinam sortem* an: Für flüchtige Sklaven bedeutet dies die Rückstellung an den *dominus*, was im Vergleich zum Zwangsverkauf aufgrund einer *fuga ad statuam* (Text 1 = 2 = 198 = 285) wohl eine Verschlechterung darstellt[592].

210. **CTh 9, 45, 4 pr.** *Impp. Theod(osius) et Val(entini)anus AA. Antiocho p(raefecto) p(raetori)o.* Pateant summi dei templa timentibus; nec sola altaria et oratorium templi circumiectum, qui ecclesias quadripertito intrinsecus parietum saeptu concludit, ad tuitionem confugientium sancimus esse proposita, sed usque ad extremas fores ecclesiae, quas oratum gestiens populus primas ingreditur, confugientibus aram salutis esse praecipimus, ut inter templi quem parietum describsimus cinctum, et post loca publica ianuas primas ecclesiae quidquid fuerit interiacens sive in cellulis sive in domibus hortulis balneis areis atque porticibus, confugas interioris templi vice tueatur. Nec in extrahendos eos conetur quisquam sacrilegas manus inmittere, ne qui hoc ausus sit, cum discrimen suum videat, ad expetendam opem ipse quoque confugiat. Hanc autem spatii latitudinem ideo indulgemus, ne in ipso dei templo et sacrosanctis altaribus confugientium quemquam manere vel vescere, cubare vel pernoctare liceat: ipsis hoc clericis religionis causa vetantibus, ipsis, qui confugiunt, pietatis ratione servantibus. *Dat. X kal. April. Constant(ino)p(oli) Antiocho V. C. cons. et qui fuerit nuntiatus.* (a. 431)

Die Kaiser Theodosius und Valentinian an den Prätorianerpräfekten Antiochus. Die Gotteshäuser sollen allen, die sich fürchten, offen stehen. Wir ordnen nicht nur an, dass die Altäre und der umgebende Gebetsraum, der die Kirchen innen mit einer vierseitigen Wand aus Mauern umschließt, zum Schutz der Zuflucht Suchenden bereitgestellt wird, sondern wir bestimmen auch, dass bis zu den äußersten Kirchentoren, durch welche das zum Gebet bereite Volk zuerst eintritt, es für diejenigen, die Zuflucht suchen, einen Altar des Heils gibt;

[590] Das erwähnte Gesetz, welches Gemeinderäten ermöglicht, unter Abtretung ihres Vermögens an die Gemeinde Kleriker zu werden, findet sich in CTh 16, 2, 34.

[591] Dazu H. Langenfeld, Christianisierungspolitik und Sklavengesetzgebung 131; J. Herrmann, Cod. Theod. 353 ff.; ders., Kaiserliche Erlasse 365 f.; G. Barone Adesi, AARC 8 (1990) 721 ff; ders., Monachesimo ortodosso 246 ff.; Ch. Traulsen, Das sakrale Asyl 280 f.

[592] H. Bellen, Sklavenflucht 75.

was auch immer zwischen dem Teil des Gotteshauses, den wir als durch Mauern umgrenzt beschrieben haben, und den ersten Toren der Kirche dazwischenliegt, sei es dass es sich um kleine Zimmer, Häuser, Gärten, Bäder, Höfe, Säulenhallen handelt, soll die Zuflucht Suchenden ebenso wie der Innenraum der Kirche schützen. Und keiner soll es versuchen, seine gottesverachtenden Hände auf die Zuflucht Suchenden zu legen, um sie herauszuführen, und wer das gewagt hat, soll, wenn er sein Verbrechen erkennt, selbst Zuflucht suchen, um Hilfe zu erbitten. Wir haben diese Ausdehnung des geschützten Raumes dazu gewährt, dass keiner der Zuflucht Suchenden im Gotteshaus selbst und bei den allerheiligsten Altären bleiben oder essen, liegen oder übernachten darf. Die Kleriker selbst sollen das aus Gründen der Religion verbieten, diejenigen, die Zuflucht suchen, sollen das aus Gründen der Frömmigkeit beachten. *Gegeben in Konstantinopel am 23. März 431.*

Kommentar: Mit dieser umfangreichen Konstitution[593] wird das kirchliche Asyl für Personen, die sich vor irgendetwas fürchten (*timentes*), anerkannt. Das hier wiedergegebene Principium regelt die örtliche Reichweite. Bereits ein Jahr später wird allerdings für Sklaven eine einschränkende Sonderregelung geschaffen (siehe dazu den folgenden Text).

211. **CTh 9, 45, 5.** *Impp. Theod(osius) et Val(entini)anus AA. Hierio p(raefecto) p(raetori)o.* Super confugientibus ad sanctae religionis altaria sanctionem in perpetuum valituram credidimus promulgandam, ut, si quidem servus cuiusquam ecclesiam altariave loci tantum veneratione confisus sine ullo telo petierit, is non plus uno die ibidem dimittatur, quin domino eius vel cuius metu poenam imminentem visus est declinasse, a clericis quorum interest nuntietur. Isque eum inpertita indulgentia peccatorum, ut nullis residentibus iracundiae menti reliquiis, in honorem loci et eius respectu, ad cuius auxilium convolavit, abducat. Quod si armatus nullis hoc suspicantibus inopinus inruerit, exinde protinus abstrahatur vel certe continuo domino vel ei, unde eum tam furiosa formido proripuit, indicetur eique mox abstrahendi copia non negetur. Sed si armorum fiducia resistendi animos insania impellente conceperit, abripiendi extrahendique eum domino, quibus potest id efficere viribus, concedatur. Quod si illum etiam confici in concertatione pugnaque contigerit, nulla erit eius noxa nec conflandae criminationis relinquetur occasio, si is, qui ex statu servili in hostilis et homicidae condicionem transivit, occisus sit. Quod si quae tam sunt utiliter constituta eorum, qui huic rei pro suo praeficiuntur officio, aut neglegentia aut coniventia vel aliqua ratione fuerint depravata, animadversio iusta non deerit, ut sub episcopalis diiudicationis arbitrio loco eo, quem tueri nequivere, submoti et reiecti in ordinem plebeiorum motum iudiciarii vigoris excipiant. *Dat. V kal. April. Constantinop(oli) Valerio cons. et qui fuerit nuntiatus.* (a. 432)

Die Kaiser Theodosius und Valentinian an den Prätorianerpräfekten Hierius. Bezüglich derer, die zu den Altären der heiligen Religion flüchten, haben wir gemeint, dass folgende Anordnung kundgemacht werden muss: Wenn irgendjemandes Sklave nur im Vertrauen auf die Verehrung des Ortes die Kirche oder die Altäre ohne irgendeine Waffe aufgesucht hat, soll er dortselbst nach nicht mehr als einem Tage weggeschickt werden, weiters soll seinem Eigentümer oder demjenigen, vor dem er aus Furcht vor drohender Strafe geflohen ist, von den betreffenden Klerikern Nachricht gegeben werden. Der Eigentümer soll den Sklaven unter gewährter Vergebung für seine Fehler und ohne dass in seinem Gemüt Zorngefühle

[593] Dazu L. Wenger, RAC I (1950) Sp. 841; H. Langenfeld, Christianisierungspolitik und Sklavengesetzgebung 132 ff.; J. Herrmann, Cod. Theod. 354 ff.; Ch. Traulsen, Das sakrale Asyl 289 f.; Die Konstitution wird in griechischer Fassung und ausführlicher in den Konzilsakten von Ephesos überliefert: ACO I 1, 4, 61 - 65; E. Schwartz, in: F. v. Woess, Das Asylwesen Ägyptens in der Ptolemäerzeit und die spätere Entwicklung, München 1923, 253 ff.

zurückbleiben, zur Ehre des Ortes und in Respekt vor dem abführen, zu dessen Hilfe der Sklave hingeeilt ist. Aber wenn ein Sklave bewaffnet, ohne dass dies jemand vermutet hätte, plötzlich eingedrungen ist, dann soll er sofort fortgeschafft werden und es soll sogleich dem Eigentümer oder demjenigen, von dem ihn eine so rasende Angst fortgetrieben hat, Anzeige gemacht und die Befugnis zur baldigen Wegführung nicht verweigert werden. Aber wenn der Sklave im Vertrauen auf die Waffen zu dem unsinnigen Gedanken des Widerstandes verleitet worden ist, soll dem Eigentümer die Befugnis gewährt werden, ihn mit allen dafür zu Gebote stehenden Mitteln zu entfernen und herauszuschaffen. Wenn es dazu gekommen ist, dass jener in dem Streit und Kampf den Tod gefunden hat, so wird es keinen Nachteil für den Eigentümer geben und keine Gelegenheit zu einer Anklageerhebung bleiben, wenn einer getötet worden ist, der aus dem Sklavenstand in die Rechtsstellung eines Feindes und Mörders übergegangen ist. Wenn diese so nützlichen Bestimmungen durch Nachlässigkeit oder Nachsicht derjenigen, die dafür entsprechend ihrer Amtspflicht eingesetzt sind, oder in sonstiger Weise missachtet worden sind, dann wird eine gerechte Strafe nicht fehlen, so dass sie unter bischöflichem Urteilsspruch von dem Ort entfernt werden, den sie nicht haben schützen können, in den Plebejerstand zurückgesetzt werden und die Strenge des Rechtsganges erfahren. *Gegeben in Konstantinopel am 28. März 432.*

Kommentar: Die Konstitution[594] beschränkt einerseits die Aufenthaltsdauer von Sklaven, die in einer Kirche Zuflucht gesucht haben, unterscheidet andererseits in der Rechtsfolge zwischen unbewaffneten und bewaffneten Sklaven: Während letztere keinen Asylschutz genießen, so dass sie der *dominus* sofort mit weitreichender Gewalt zurückholen kann, sollen erstere nach spätestens einem Tag dem *dominus* gemeldet und diesem gegen Nachsicht für allfällige Verfehlungen zurückgestellt werden. Am Ende findet sich eine Strafandrohung gegen kirchliche Amtsträger für den Fall der Nichteinhaltung.

Der erste Teil dieser Konstitution findet sich in modifizierter Form in ETh LXX (Text 223), der zweite Teil (betreffend die bewaffneten Sklaven) in CI 1, 12, 4 (Text 242), allerdings ohne die Strafbestimmung gegen die kirchlichen Amtsträger.

212. **CTh 10, 12, 1.** *Impp. Val(entini)anus et Valens AA. ad Probum p(raefectum) p(raetori)o.* Qui vaga mancipia iuris alieni petunt, si iustitia eadem probant, impetrati beneficii auctoritate potiantur vendendique concessam aliis quam delatoribus habeant facultatem. Si vero aut his qui detulerint distracta fuerint aut ab his qui ante possederint detinentur, non effugiatur ultio, quae est legibus constituta. § 1. Sed et dominis propriorum vindicatio competat et eadem poena, quae de occultatoribus et fugitivariis data est, unusquisque teneatur. *Dat. XII kal. April. Trev(iris) Val(entini)ano et Valente AA. conss.* (a. 368? 370? 373?)

Die Kaiser Valentinian und Valens an den Prätorianerpräfekten Probus. Wenn diejenigen, die umherstreifende Sklaven eines anderen erbitten, die Rechtmäßigkeit ihres Begehrens nachweisen, sollen sie die Autorität der erlangten Begünstigung in Anspruch nehmen und die gewährte Befugnis zum Verkauf an andere als die Anzeiger haben. Wenn die Sklaven aber entweder den Anzeigern verkauft worden sind oder von denen, die sie vorher besessen haben, zurückbehalten werden, so unterbleibt nicht die Strafe, die in den Gesetzen vorgesehen ist. § 1. Aber auch den Eigentümern steht die Vindikation auf ihre eigenen Sklaven zu und

[594] Dazu H. Langenfeld, Christianisierungspolitik und Sklavengesetzgebung 140 ff.; J. Herrmann, Cod. Theod. 356 f.; G. Barone Adesi, AARC 8 (1990) 725 ff.; Ch. Traulsen, Das sakrale Asyl 290 f.

jede Person soll mit derselben Strafe haften, die für Verberger und Hehler flüchtiger Sklaven gegeben worden ist. *Gegeben in Trier am 21. März 368*(?) *370*(?) *373*(?).

Kommentar: Umherstreifende herrenlose Sklaven (*mancipia vaga*) wurden durch kaiserliches *beneficium* einem *petitor* zugewiesen, nach erfolgreich abgeschlossenem Verfahren (dazu im folgenden Text) konnte der *petitor* den Sklaven an sich nehmen. Im pr finden sich zwei Straftatbestände, nämlich der Verkauf durch den *petitor* an seinen Informanten (*delator*), andererseits die Zurückhaltung des Sklaven durch den vorherigen Besitzer. § 1 betrifft Sklaven, die nicht herrenlos sind. Ihre Eigentümer können sie mit der *rei vindicatio* vom aktuellen Besitzer herausverlangen. Der abschließende Verweis bezieht sich wohl auf die *poena* der *lex Fabia* (Texte 168, 200) bzw. deren spätere Modifikationen (Text 196 = 199). Auch die nur wenige Jahre später ergangene Konstitution CTh 9, 20, 1 (Text 208) = CI 9, 31, 1 (Text 276) erwähnt die Kumulation von zivilrechtlicher Klage auf Rückgabe und Bestrafung nach der *lex Fabia.*

213. **CTh 10, 12, 2**. *Impp. Val(entini)anus et Valens AA. ad Probum p(raefectum) p(raetori)o.* Quicumque habuerit super vagi mancipii postulatione rescribtum, non prius quicquam inquietudinis moliatur, quam facta eius allegatione sollemniter delatorem, a quo fuerit instructus, expresserit; careat etiam, si eum prodere supersederit, fructu et commoditate beneficii. Nec ante aliquis quem poposcerit per manus iniectionem aestimet vindicandum, quam definitiva inter partes fuerit dicta sententia. § 1. Has vero cognitiones ad ordinarios volumus pertinere rectores, ut delatoribus primitus in medio conlocatis, his etiam, qui quasi vagi sacro nominabuntur indulto, ad iudicia productis, totius causae interna discutiant solliciteque ac diligenter interrogent, de quorum dominio fuga vel quo alio genere discesserint qui petuntur, ut is, in quo vitium deprehenderint, ad dominum sub prosecutione revocetur. § 2. Si quis etiam vel tributarius repperitur vel inquilinus ostenditur, ad eum protinus redeat, cuius se esse profitetur. § 3. Nihilo minus etiam eo pergat indago, ut cuncta rimando cognoscat, utrum is fuerit petitionis hortator, qui iniquae retentionis invidiam aliquo necesse habuerit colorare velamine; ut, si colonos eadem occulere arte quaesiverit, indemnitatem sarciat tributorum; si servos, ad eam poenam, quae dudum est legibus constituta, teneatur. § 4. Quisquis autem plebeium se adserit esse vel liberum, fide rei ostensa ab omni molestia vindicetur et ad ea loca, ex quibus eum esse claruerit, remittatur. § 5. Contra in his, qui aut dominis sine herede defunctis invenientur dominos non habere aut servi poenae aliquando facti ac postmodum liberati iudicialibus dominos amisere sententiis, postremo in universis, de quibus iniectio manus fisco rite praebetur, munificentiae principali congruus patebit effectus. § 6. Sane, quia in petitione deceptis convenit provideri, quotienscumque fuerit circumscribta simplicitas, ex delatorum isdem re atque substantia ad eum modum, quem habitae concertationis impendia supputata collegerint postulatique hominis aestimatio comprehenderit, consulatur. *Dat. XV kal. Iul. Trev(iris) Val(entini)ano et Valente AA. conss.* (a. 368? 370? 373?)

Die Kaiser Valentinian und Valens an den Prätorianerpräfekten Probus. Wer über seine Bitte auf einen umherstreifenden Sklaven ein Reskript erhalten hat, soll nicht eher irgendeine Behelligung vornehmen, als er seine Behauptung untermauert hat und förmlich den Anzeiger genannt hat, von dem er informiert worden ist. Wenn er es unterlässt, diesen bekannt zu geben, soll er auch den Genuss und Vorteil der Vergünstigung nicht haben. Und niemand soll glauben, dass er durch manus iniectio vorher den Sklaven, den er erbeten hat, für sich beanspruchen kann, bevor nicht ein endgültiges Urteil zwischen den Parteien gesprochen ist. § 1. Wir wollen, dass diese Verfahren den Statthaltern als ordentlichen Richtern zukommen, dass die Anzeiger zuerst in der Mitte aufgestellt werden, dann die Sklaven, die in der kaiserlichen Vergünstigung als umherstreifend bezeichnet werden, vor Gericht geführt werden. Die Statthalter sollen das Wesentliche des ganzen Falles erörtern und bemüht und sorgfältig danach fragen, aus wessen Eigentum die erbetenen Sklaven sich durch Flucht oder in irgendeiner anderen Weise entfernt haben, so dass der Sklave, bei dem die Statthalter einen [rechtlichen] Mangel entdeckt haben, an den Eigentümer unter Begleitung zurückgestellt wird. § 2. Wenn einer als kopfsteuerpflichtiger Pächter erkannt oder als grundhöriger Pächter dargetan wird, soll er sofort zu dem zurückkehren, in dessen Abhängigkeit er zu sein erklärt. § 3. Nichtsdestoweniger soll die Untersuchung so weit gehen, dass der Statthalter durch Untersuchung aller Umstände erkennt, ob der Anstifter für die Erbittung jemand gewesen ist, der es notwendig hatte, die Schande einer ungerechtfertigten Zurückhaltung durch irgendeinen Vorwand zu bemänteln. Wenn also jemand mit derselben List versucht hat, Grundhörige zu verbergen, soll er Ersatz für den Steuerausfall leisten; wenn er das mit Sklaven getan hat, soll er mit der Strafe haften, die schon lange in den Gesetzen bestimmt ist. § 4. Wer aber behauptet ein Angehöriger des niederen Volkes oder ein Freier zu sein, soll bei Glaubwürdigkeit der Sache jeder Behelligung entzogen und an jenen Ort zurückgeschickt werden, von dem er klarerweise stammt. § 5. Hingegen soll bei den Sklaven, bei denen herausgefunden wird, dass sie keinen Eigentümer haben, weil entweder ihre Eigentümer ohne Erben verstorben sind oder weil sie irgendwann einmal Strafsklaven geworden sind und danach bei ihrer Entlassung ihre Eigentümer durch richterliche Urteile verloren haben, schließlich bei allen, bei denen dem Fiscus die manus iniectio ordnungsgemäß gewährt wird, die gebührende Wirkung der kaiserlichen Großzügigkeit eintreten. § 6. Weil freilich auch für die bei der Erbittung getäuschten Personen Vorsorge getragen werden muss, soll immer dann, wenn eine einfältige Person übervorteilt worden ist, diese aus dem Vermögen der Anzeiger bis zu der Höhe entschädigt werden, die die zusammengerechneten Aufwendungen des abgehaltenen Prozesses erreicht haben und die den Schätzwert des erbetenen Sklaven mitumfasst. *Gegeben in Trier am 17. Juni 368* (?) *370* (?) *373* (?).

Kommentar: *Delatores* waren ursprünglich Personen, die in einem Fiskalprozess als Kläger auftraten und Vermögensanfälle für den *fiscus* geltend machten und dafür mit einem Anteil belohnt wurden. Nachdem Kaiser Konstantin die private Delation verboten und unter strenge Strafen gestellt hatte[595], traten nunmehr *petitores*[596] auf, die sich aus angefallenen Vermögen vom Kaiser Zuwendungen erbaten. Nach erlangtem Reskript musste der *petitor* im Verfahren den erfolgten Anfallstatbestand nachweisen und dabei auch seinen Informanten angeben und beiziehen (*inductio delatoris*). Zu den Gegenständen solcher *petitiones* gehörten – siehe auch den vorangegangenen Text – auch umherstreifende herrenlose Sklaven (*mancipia vaga*). In der vorliegenden Konstitution wird das diesbezügliche Verfahren genau geordnet. Zuständig war der Statthalter, der den Status der beanspruchten Person genau zu prüfen hatte. Ein *servus fugitivus* war an den Eigentümer zurückzustellen (§ 1). Hingewiesen wird in § 3 für den Fall des Verheimlichens auf die schon seit langem (*iam dudum*) bestehende gesetzliche Strafe: Damit kann die konstantinische Regelung (Text 256) gemeint sein[597].

[595] CTh 10, 10, 1 (a. 313); 10, 10, 2 (a. 312, 319?); dazu T. Spagnuolo Vigorita, Exsecranda pernicies. Delatori e fisco nell'età di Costantino, Napoli 1984 (ND Napoli 1993).

[596] Zu den *petitores* G. Provera, Vindicatio caducorum. Contributo allo studio del processo fiscale romano, Torino 1964, 182 ff.; R. Delmaire, Largesses sacrées et res privata, Rome 1989, 626 ff.; H. Wieling, AARC 9 (1993) 276 ff.; F. Mercogliano, SZ 111 (1994) 449 ff.

[597] So H. Bellen, Sklavenflucht 62 FN 433.

214. **CTh 10, 20, 2.** *Imp. Constantius A. ad Taurum p(raefectum) p(raetori)o.* Quinque auri librarum multam exigatur, qui mancipium gynaecei, quod celat, non intra kal. Septemb. prodiderit. *Dat. XIIII kal. April. Med(iolano) Datiano et Cereale conss.* (a. 358 [357])

Kaiser Constantius an den Prätorianerpräfekten Taurus. Eine Strafe von 5 Goldpfund wird verlangt, wenn jemand einen Sklaven der kaiserlichen Weberei, den er verhehlt, nicht bis zum 1. September ausliefert. *Gegeben in Mailand am 19. März 358* [*357*].

Kommentar: Die Fristsetzung zeigt, dass sich offensichtlich zuvor Fälle des Entlaufens und Verhehlens von *mancipia gynaecei* gehäuft haben. Vgl. auch den folgenden Text 215 = 277.

215. **CTh 10, 20, 7.** *Imppp. Val(entini)anus, Valens et Gr(ati)anus AAA. ad Filematium com(item) s(acrarum) l(argitionum).* Qui aliquem ex familiis gynaecei in latebris habere conperti sunt, quinque librarum auri damno subicientur. *Dat. XII kal. Sept. Ciliciae Modesto et Arintheo conss.* (a. 372)

Die Kaiser Valentinian, Valens und Gratian an den Finanzminister Filematius. Diejenigen, von denen in Erfahrung gebracht wird, dass sie irgendjemanden aus dem Personal der kaiserlichen Weberei versteckt halten, werden einer Strafe von 5 Goldpfund unterliegen. *Gegeben in Kilikien am 21. August 372.*

Kommentar: Die Anordnung entspricht jener von Constantius (siehe vorherigen Text) und zeigt die verbreitete Aktualität des Problems.
Die Konstitution ist auch in CI 11, 8, 5 (Text 277) überliefert.

216. **CTh 10, 20, 9.** *Imppp. Gr(ati)anus, Val(entini)anus et Theod(osius) AAA. ad Eucherium.* Qui textrini nostri mancipia occultatione celaverit, ternis libris auri pro singulorum hominum suppressione plectatur. *P(ro)p(osita) Karthag(ine) III kal. Mart. post cons. Auxoni et Olybri.* (a. 380)

Die Kaiser Gratian, Valentinian und Theodosius an Eucherius. Wer Sklaven unserer Weberei durch Verbergen verhehlt, wird für die Verhehlung jedes Einzelnen mit je 3 Goldpfund bestraft werden. *Ausgehängt in Karthago am 28. Februar 380.*

Kommentar: Im Vergleich zu den vorangegangenen Regelungen wird die Geldbuße herabgesetzt.
Die Konstitution ist auch in CI 11, 8, 6 (Text 278) überliefert.

217. **CTh 11, 1, 12.** *Impp. Val(entini)anus et Valens AA. ad Faventium vic(arium) Ital(iae).* Quisquis ex desertis agris veluti vagos servos liberalitate nostra fuerit consecutus, pro fiscalibus pensitationibus ad integram glebae professionem, ex qua videlicet servi videantur manere, habeatur obnoxius. Id etiam circa eos observari volumus, qui ex huiusmodi fundis servos ad possessiones suas transire permiserint. Etiam si militares viri aliquos ex his penes se retentant, conveniendi primitus sunt, ut aut restituant quos perperam petiverunt, aut sciant pro tributis obnoxios se futuros. *Dat. prid. kal. Aug. Med(iolano) Val(entini)ano et Valente AA. conss.* (a. 365).

Die Kaiser Valentinian und Valens an Faventius, den Vikar Italiens. Wer von verlassenen Ländereien durch unsere Freigiebigkeit Sklaven erhalten hat, so als ob sie herumstreifende sind, wird im Hinblick auf die Steuerleistungen zur gesamten Erklärung des Landbesitzes für verpflichtet gehalten, dem die Sklaven weiterhin als zugehörig angesehen werden. Wir wollen, dass dies auch hinsichtlich derer beachtet wird, die zugelassen haben, dass Sklaven von derartigen Grundstücken auf ihre Besitzungen übergehen. Auch wenn Militärpersonen einige von diesen bei sich zurückhalten, sind sie zuerst zu belangen, dass sie entweder die Sklaven zurückgeben, die sie unrechtmäßig erbeten haben, oder sie sollen wissen, dass sie für die Steuern haftbar sein werden. *Gegeben in Mailand am 31. Juli 365.*

Kommentar: Die Bestimmung dient der Sicherung des Steueraufkommens. Die auf *agri deserti* befindlichen Sklaven – wie auch herrenlose *mancipia vaga* (vgl. Texte 212, 213) – wurden durch kaiserliche *liberalitas* einem *petitor* zugewiesen, der die Steuerlast des verlassenen Grundstücks zu tragen hat. Sind solche Sklaven anderen Grundeigentümern zugelaufen, so kommt hier nicht die sonst übliche Sanktion für das *suscipere* flüchtiger Sklaven (Rückgabe des zugelaufenen und bußweise Stellung eines zweiten Sklaven bzw. Bußzahlung von 20 *solidi*: Text 256) zum Tragen, sondern ebenfalls die Übernahme der Grundsteuerlast. Soldaten sind insofern privilegiert, als sie zwischen Rückgabe (wohl an den *fiscus*) oder Übernahme der Steuerlast wählen können.
Die Konstitution ist auch in CI 11, 48, 3 (Text 280) überliefert, allerdings ohne die Sonderbestimmung für die Soldaten.

218. **CTh 14, 18, 1**. *Imppp. Gr(ati)anus, Val(entini)anus et Theod(osius) AAA. ad Severum p(raefectum) u(rbi).* Cunctis adfatim, quos in publicum quaestum incepta mendicitas vocabit, inspectis exploretur in singulis et integritas corporum et robur annorum, adque ea inertibus et absque ulla debilitate miserandis necessitas inferatur, ut eorum quidem, quos tenet condicio servilis, proditor studiosus et diligens dominium consequatur, eorum vero, quos natalium sola libertas prosequatur, colonatu perpetuo fulciatur quisquis huiusmodi lenitudinem prodiderit ac probaverit, salva dominis actione in eos, qui vel latebram forte fugitivis vel mendicitatis subeundae consilium praestiterunt. *Dat. XII kal. Iul. Patavi Antonio et Syagrio conss.* (a. 382)

Die Kaiser Gratian, Valentinian und Theodosius an den Stadtpräfekten Severus. Nach hinlänglicher Überprüfung aller, die eine begonnene Bettelei zu einem öffentlichen Lebensunterhalt rufen wird, soll bei jedem Einzelnen sowohl die körperliche Verfassung als auch die Kraft des Lebensalters erforscht werden. Für die Faulen und ohne jede Schwäche Mitleid Heischenden soll gelten, dass an denjenigen, die sich im Sklavenstand befinden, der eifrige und umsichtige Aufdecker das Eigentum erlangen soll, die Freigeborenen aber demjenigen in ewiger Hörigkeit zuteil werden sollen, der eine derartige Liederlichkeit aufgedeckt und nachgewiesen hat: Unbeschadet bleibt die Klage der Eigentümer gegen diejenigen, die entweder flüchtigen Sklaven ein Versteck oder einen Rat zum Einlassen auf die Bettelei gewährt haben. *Gegeben in Padua am 20. Juni 382.*

Kommentar: Dieses Maßnahmengesetz gegen die überhand nehmende Bettelei durchbricht das Prinzip, wonach ein flüchtiger Sklave an den *dominus* zurückzustellen ist. Stattdessen erlangt der Aufdecker (*proditor*) das Eigentum; dem bisherigen *dominus* bleiben nur Bußklagen gegen allenfalls beteiligte Personen: Zu denken ist dabei vor allem an die *actio servi corrupti*, die sowohl bei *recipere* als auch bei *persuadere* anwendbar ist (vgl. Text 23).
Das Gesetz ist auch in CI 11, 26, 1 (Text 279) überliefert.

219. **CTh 16, 5, 40, 6.** *Imppp. Arcad(ius) et Honor(ius) et Theod(osius) AAA. Senatori p(raefecto) u(rbi).* Servos etiam extra noxam esse volumus, si dominum sacrilegum revertentes[598] ad ecclesiam catholicam servitio fideliore transierint. *Dat. VIII kal. Mart. Rom(ae) Honorio VII et Theodosio II AA. conss.* (a. 407)

Die Kaiser Arcadius, Honorius und Theodosius an den Stadtpräfekten Senator. Wir wollen, dass auch Sklaven frei von Schuld sind, wenn sie ihren ketzerischen Herrn verlassen und in Rückkehr zur katholischen Kirche übergegangen sind, der sie im Glauben mehr dienen können. *Gegeben in Rom am 22. Februar 407.*

Kommentar: Die Konstitution CTh 16, 5, 40, die in den Titel *De haereticis* eingereiht ist, richtet sich speziell gegen Donatisten und Manichäer. Unter den harten Strafmaßnahmen (darunter Konfiskation des gesamten Vermögens und Ausschluss vom rechtsgeschäftlichen Vermögensverkehr unter Einbeziehung der Nachkommen) findet sich im hier wiedergegebenen § 6 die Bestimmung, dass sich Sklaven ihrem häretischen Herrn entziehen können[599]. Die Konstitution ist auch in CI 1, 5, 4, 8 überliefert (Text 240).

220. **CTh 16, 6, 4, 2.** *Imppp. Arcad(ius), Honor(ius) et Theod(osius) AAA. Hadriano p(raefecto) p(raetori)o.* Ac ne forsitan sit liberum conscientiam piacularis flagitii perpetrati intra domesticos parietes silentio celare, servis, si qui forsitan ad rebaptizandum cogentur, refugiendi ad ecclesiam catholicam sit facultas, ut eius praesidio adversus huius criminis et societatis auctores adtributae libertatis praesidio defendantur liceatque his sub hac condicione fidem tueri, quam extorquere ab invitis domini temptaverint, nec adsertores dogmatis catholici ea, qua ceteros, qui in potestate sunt positi, oportet ad facinus lege constringi, et maxime convenit omnes homines sine ullo discrimine condicionis aut status infusae caelitus sanctitatis esse custodes. *Dat. prid. id. Feb. Rav(ennae) Stilichone II et Anthemio conss.* (a. 405)

Die Kaiser Arcadius, Honorius und Theodosius an den Prätorianerpräfekten Hadrianus. Und damit es nicht etwa frei ist, die Mitwisserschaft an einer sündhaften Schandtat, die innerhalb der häuslichen Mauern begangen worden ist, durch Stillschweigen zu verheimlichen, soll den Sklaven, wenn sie etwa zur Wiedertaufe gezwungen werden, die Möglichkeit offen stehen, zur katholischen Kirche zu fliehen, so dass sie durch deren Hilfe gegen die Urheber dieses Verbrechens und dieser Verschwörung dadurch geschützt werden, dass ihnen die Freiheit gewährt wird, und es soll ihnen freistehen unter dieser Bedingung den Glauben zu schützen, den ihnen gegen ihren Willen die Herren zu nehmen versucht haben. Und es dürfen die Verteidiger des katholischen Glaubens nicht nach dem Gesetz, dem alle anderen unterliegen, die einer Gewalt unterworfen sind, zu einer Sünde gezwungen werden, und es gehört sich, dass alle Menschen ohne Unterschied ihrer rechtlichen Lage und ihres Standes Hüter der vom Himmel eingegossenen Heiligkeit sind. *Gegeben in Ravenna am 12. Februar 405.*

[598] *Revertentes* wird als Textkorruptel statt ursprünglich *relinquentes* gesehen: So P. Krüger im Apparat der Edition von Mommsen S. 868; ebenso H. Bellen, Sklavenflucht 85 FN 599. In CI 1, 5, 4, 8 (Text 240) steht *evitantes*.

[599] H. Langenfeld, Christianisierungspolitik und Sklavengesetzgebung 121 versteht *servitio fideliore* in dem Sinn, dass die Sklaven ins Eigentum der Kirche fielen. Eine nur zwei Jahre zuvor ergangene Konstitution derselben Kaiser – gegen donatistische Wiedertäufer gerichtet – sieht allerdings die Freiheit vor (siehe Text 220).

Kommentar: Die Bestimmung gehört zu einer umfangreichen Konstitution gegen die donatistischen Wiedertäufer[600]. Während ansonsten die Flucht von Sklaven in die Kirche nichts an ihrem Sklavenstand änderte und sie an den *dominus* herauszugeben waren (vgl. Texte 209, 211 = 242), wird hier im Interesse des Kampfs gegen Häresien die Sklavenflucht von staatlicher Seite sogar gefördert und mit der Freiheit belohnt[601].

221. **CTh 16, 8, 19**. *Impp. Honor(ius) et Theod(osius) AA. Iovio p(raefecto) p(raetori)o.* ... Et idcirco iubemus, ne ecclesiis quisquam nocens vel[602] cuiusquam abducere fideli ac devota deo praeceptione sancimus, sub hac videlicet definitione, ut, si quisquam contra hanc legem venire temptaverit, sciat, se ad maiestatis crimen esse retinendum. *Dat. kal. April. Rav(ennae) Honor(io) VIII et Theod(osio) III AA. conss.* (a. 409)

Die Kaiser Honorius und Theodosius an den Prätorianerpräfekten Iovius. ... Und daher befehlen wir, dass aus den Kirchen kein Schuldiger [oder Unschuldiger, der bei ihnen Zuflucht sucht, herausgeführt wird, vor allem soll es keinem Juden erlaubt sein, von dort einen Sklaven] irgendjemandes wegzuführen. Das ordnen wir durch eine dem Glauben entsprechende Vorschrift an, freilich unter folgender Bestimmung: Wenn jemand es versucht hat, dieses Gesetz zu übertreten, soll er wissen, dass er wegen Majestätsverbrechens zur Verantwortung zu ziehen ist. *Gegeben in Ravenna am 1. April 409.*

Kommentar: Der vorliegende Text gehört zu einer gegen die Sekte der Caelicolae gerichteten Konstitution und untermauert in diesem Zusammenhang – nämlich im Kampf gegen Häresien – die Schutzfunktion der Kirchen dadurch, dass er deren Verletzung als *crimen maiestatis* bestraft. Das kam auch Sklaven zugute, die vor ihren häretischen Herren bei der Kirche Zuflucht suchten[603].

Der Text ist auch in CI 1, 12, 2 überliefert (Text 241).

6. POSTTHEODOSIANISCHE NOVELLEN

222. **Nov. Val. 35**. *Imp. Valen(tinianus) A. Firmino p(raefecto) p(raetori)o et Patricio.* ... § 3. Nullus originarius inquilinus servus vel colonus ad clericale munus accedat neque monachis aut monasteriis adgregetur, ut vinculum debitae condicionis evadat, non corporatus urbis Romae vel cuiuslibet urbis alterius, non curialis, non exprimario, non aurarius, civis collegiatus sevir aut publicus servus. ... § 12. Tricennali temporum definitione concludi ea praecipimus, quae perpetuis aut infinitis saeculis servabantur, ... *Dat. XVII kal. Mai. Romae Herculano vc cons.* (a. 452)

INTERPRETATIO: ... (Z. 129 - 131) Nullum etiam originarium inquilinum servum sive colonum ad clericatus officium iubet accedere neque in monasteriis recipi, ne per hanc occasionem debitam condicionem possit evadere. ... (Z. 203 - 207). Quae vero actiones

[600] Dazu P. G. Caron, AARC 6 (1986) 167 ff., 175.

[601] H. Langenfeld, Christianisierungspolitik und Sklavengesetzgebung 119 f.; H. Bellen, Sklavenflucht 84; W. Waldstein, AARC 8 (1990) 139; G. Barone Adesi, AARC 8 (1990) 123 f.; Ch. Traulsen, Das sakrale Asyl 284 f.

[602] Hier dürfte ein Textteil ausgefallen sein. P. Krüger im Apparat der Edition von Mommsen S. 892 ergänzt wie folgt: *ne ecclesiis quisquam nocens vel [innocens ad eas confugiens extrahatur, Iudaeo potissimum ne liceat inde servum] cuiusquam abducere.*

[603] H. Langenfeld, Christianisierungspolitik und Sklavengesetzgebung 122.

perpetuae fuerunt et ad tricennium revocatae sunt placuit adnecti, id est hereditatis petitio, si tamen ab auctore, cui competebat, fuerit inchoata finalis actio, homicidii, furti, tutelae gestae, de fugitivis, de curialibus vel de collegiatis revocandis, empti venditi, locati et conducti, negotiorum gestorum, mandati, pro socio.

Kaiser Valentinian an den Prätorianerpräfekten Firminus und an Patricius. ... § 3. Kein Bewohner von niederem Stand, kein Sklave oder Grundhöriger soll Zugang zum Klerikeramt haben noch soll er sich Mönchen oder Klöstern anschließen, um der Bindung seiner gebührenden Rechtsstellung zu entgehen, auch nicht ein Korporationsmitglied der Stadt Rom oder irgendeiner anderen Stadt, ebenso nicht ein Gemeinderat, nicht ein ehemaliger Vorsteher, nicht ein Geldsteuererheber, nicht ein einer Zunft angehöriger Bürger oder Sevir und nicht ein öffentlicher Sklave... § 12. Wir haben vorgeschrieben, dass von der 30-jährigen Begrenzung die [Klagen] erfasst werden, die zuvor auf ewige und unbegrenzte Zeiten aufrecht blieben,... *Gegeben in Rom am 15. April 452.*

INTERPRETATIO: ... (Z. 129 - 131) Er ordnet an, dass auch kein Bewohner von niedrigem Stand, kein Sklave oder Grundhöriger Zugang zum Klerikeramt hat und in ein Kloster aufgenommen werden darf, damit er durch diese Gelegenheit nicht seiner gebührenden Rechtsstellung entgehen kann. ... (Z. 203 - 207) Welche Klagen aber ewige gewesen und auf dreißig Jahre beschränkt worden sind, hat man beschlossen hier anzufügen, nämlich die Erbschaftsklage, jedoch vorausgesetzt, dass die abschließende Klage vom Berechtigten, dem sie zustand, eingebracht worden ist; die Klage wegen Mordes, Diebstahls, aus der Führung einer Vormundschaft, über entflohene Sklaven, über die Rückberufung von Gemeinderäten oder Verbandsmitgliedern, aus Kaufvertrag, aus Miet-, Pacht-, Dienst- und Werkvertrag, aus Geschäftsführung ohne Auftrag, aus Auftrag, die Gesellschafterklage.

Kommentar: Die valentinianische Novelle 35 trägt die Überschrift *De episcopali iudicio et de diversis negotiis* und enthält Bestimmungen ganz verschiedenen Inhalts[604]. § 3 ist gegen die vielfach erfolgten Versuche gerichtet, sich durch Weihe zum Kleriker oder Eintritt in ein Kloster der Sklaverei, der Grundhörigkeit, einer korporativen Bindung oder einem *munus publicum* zu entziehen. Der erwähnte Personenkreis ist ähnlich dem von CTh 9, 45, 3 (Text 209), worin bei Flucht in die Kirche die unmittelbare *revocatio* angeordnet wird. Das Verbot des Klostereintritts von Sklaven ohne Zustimmung des *dominus* wurde kirchlicherseits ein Jahr zuvor auf dem Konzil von Chalcedon formuliert[605]. § 12 nimmt auf die von Theodosius II eingeführte[606] allgemeine Klagenverjährung (*longi temporis praescriptio*) Bezug und unterwirft die vormals unbefristeten Klagen nunmehr einer 30-jährigen Verjährung. In der von der *interpretatio* dazu gebrachten Aufzählung findet sich auch die Klage über die *revocatio* der *fugitivi, curiales* und *collegiati* genannt. Diese Klage ist ebenso wie die Klage aus *homicidium* nachklassischen Ursprungs[607], die anderen Klagen sind klassisch.

7. GERMANENGESETZE

223. **ETh LXX**. Si servus cuiuslibet nationis ad quamlibet ecclesiam confugerit, statim domino veniam promittente reddatur: nec enim ultra unum diem ibidem residere praecipimus. Qui si

[604] Treffend M. Amelotti, La prescrizione 227: „un miscuglio di disposizioni del tutto eterogenee".

[605] Cn. 4 (ACO II 1, 2, 159), dazu G. Barone Adesi, Monachesimo ortodosso 323 ff.

[606] CTh 4, 14, 1 = CI 7, 39, 3 (424 n. Chr.), dazu M. Amelotti, La prescrizione 217 ff.; M. Kaser, RPR II 72.

[607] M. Amelotti, La prescrizione 228 FN 41.

exire noluerit, vir religiosus archidiaconus eiusdem ecclesiae, vel presbyter atque clerici, eundem ad dominum suum exire compellant, et domino indulgentiam praestanti sine dilatione contradant. Quod si hoc suprascriptae religiosae personae facere forte noluerint, aliud mancipium eiusdem meriti domino dari cogantur: ita ut etiam illud mancipium quod in ecclesiae latebris commoratur, si extra ecclesiam potuerit comprehendi, a domino protinus vindicetur.

Wenn ein Sklave welcher Herkunft auch immer zu irgendeiner Kirche geflohen ist, so soll er dem Eigentümer gegen das Versprechen der Verzeihung sofort zurückgegeben werden: Denn nach unserer Anordnung soll der Sklave dortselbst nicht länger als einen Tag verbleiben. Wenn er aber nicht hinausgehen will, soll eine religiöse Person, nämlich der Archidiakon dieser Kirche oder der Presbyter samt den Klerikern, denselben zwingen, zu seinem Eigentümer hinauszugehen, und sie sollen ihn dem Eigentümer, wenn er Verzeihung gewährt, ohne Aufschub übergeben. Wenn aber die oben erwähnten religiösen Personen das vielleicht nicht tun wollen, dann sollen sie gezwungen werden, dem Eigentümer einen anderen Sklaven desselben Wertes zu geben; dies mit der Maßgabe, dass auch jener Sklave, der sich im Versteck der Kirche aufhält, sofort vom Eigentümer vindiziert werden kann, wenn er außerhalb der Kirche ergriffen werden kann.

Kommentar: Die Vorschrift lehnt sich im ersten Teil an eine Konstitution von Theodosius II (Text 211) an. Mit der hinzugefügten Regelung – bei Weigerung der Herausgabe Stellung eines Ersatzsklaven unbeschadet der weiter bestehenden Vindikation des *dominus* auf den flüchtigen Sklaven – werden die bestehenden Sanktionen für das *suscipere* von *fugitivi* (Texte 225, 256) auch gegenüber den Kirchen angewandt[608].

224. **ETh LXXX**. Qui mancipium alienum sollicitaverit, tres alios eiusdem meriti, et ipsum domino cum peculio suo reddat. Quod si quis a quolibet bona fide suscipitur quo se dicat ingenuum, suscipientis haec debet esse cautela, ut eum ducat ad gesta, et se profiteatur ingenuum: quo facto dum a domino servus aut originarius postulatus fuerit et probatus, solus sine retinentis incommoditate reddatur.

Wer einen fremden Sklaven zur Flucht aufgewiegelt hat, der soll drei andere von demselben Stand und ihn selbst mit seinem Sondergut dem Eigentümer zurückgeben. Wenn aber einer von irgendjemand gutgläubig aufgenommen wird, indem er behauptet, er sei frei, dann muss der Aufnehmende die Vorsichtsmaßnahme ergreifen, dass er ihn zu den öffentlichen Akten führt, und dort soll er sich als Freigeborener bekennen. Sobald er danach vom Eigentümer als Sklave oder Kolone zurückgefordert und überführt wird, dann soll er allein ohne weiteren Nachteil für den Aufnehmenden zurückgegeben werden.

Kommentar: *Sollicitare* wird im System des Edictum Theodorici strenger bestraft als bloßes *suscipere* (siehe auch den folgenden Text 225). Der bei der Aufnahme von *fugitivi* schon dem klassischen Recht bekannte Entlastungsgrund der Gutgläubigkeit (Texte 164, 167) ist hier an das Verlangen nach einer förmlichen Erklärung gebunden, wonach die aufgenommene Person frei sei. Stellt sich deren Angabe im Nachhinein als falsch heraus, ist zwar der Sklave herauszugeben, aber es droht keine Strafe.

225. **ETh LXXXIIII**. Quisquis servum sive colonum alienum sciens fugitivum susceperit aut occultaverit, ipsum domino cum mercedibus et peculio eius et eiusdem meriti alterum reddat. Quod si secundo aut tertio eundem fugitivum idem apud quem fuerat, suscipiendum esse

[608] Anders H. Bellen, Sklavenflucht 75 f., der die Vindikation auf den Ersatzsklaven bezieht.

crediderit, praeter ipsum, cum mercedibus, tres alios domino eius tradat. Mancipium tamen ipsum, ne forte propter capiendum lucrum callide et dolose a domino ad domum eius, qui susceperat, immissum fuerit, oportet in examinatione torqueri: ut si per interrogationem in quaestionem positi constiterit a domino suo ad domum alterius fraudulenter immissum, fisci protinus compendiis adplicetur.

Wer auch immer wissentlich einen fremden flüchtigen Sklaven oder Kolonen aufgenommen oder verborgen hat, soll diesen selbst samt den Arbeitseinkünften und seinem Sondergut und einen zweiten von demselben Stand zurückgeben. Wenn derselbe, bei dem er gewesen war, meinte, zum zweiten oder dritten Mal denselben Flüchtigen aufnehmen zu müssen, dann soll er außer dem Flüchtigen selbst samt seinen Arbeitseinkünften noch drei andere dem Eigentümer übergeben. Dennoch soll der Sklave selbst unter Folter befragt werden, ob er nicht zur Erzielung eines Gewinnes in schlauer und hinterlistiger Weise vom Eigentümer zum Haus dessen hingeführt worden ist, der ihn aufgenommen hatte: Sobald durch die Befragung des in Verhör genommenen Sklaven feststeht, dass er von seinem Eigentümer in betrügerischer Weise in das Haus eines anderen eingeführt worden ist, wird er sofort dem Fiskus zufallen.

Kommentar: Die Regelung bezieht sich auf *suscipere* (zum strenger bestraften *sollicitare* siehe den vorangegangenen Text 224) und lehnt sich an das konstantinische Vorbild CI 6, 1, 4 aus dem Jahr 317 (Text 256) an, erstreckt diese aber zusätzlich auf den *colonus fugitivus*.

226. **ETh LXXXV**. Servos sollicitatos ab altero vel furto ablatos, si scientes alii susceperunt, non tantum de his susceptis conveniri et eos reddere debent, sed etiam ad poenalem actionem furti detinendi sunt.

Wenn Sklaven von einem anderen zur Flucht aufgewiegelt oder durch Diebstahl entführt worden sind, wenn andere sie dann wissentlich aufgenommen haben, müssen sie nicht nur wegen der aufgenommenen Sklaven belangt werden und diese zurückgeben, sondern sie sind zur Strafklage aus Diebstahl heranzuziehen.

Kommentar: Infolge der Kenntnis der vorangegangenen Umstände (*sollicitatio*, Entführung) begeht der Aufnehmende selbst ein *furtum*. Die daraus entspringende sachverfolgende Klage auf Rückgabe kann wegen des verschiedenen Klageziels mit der pönalen *actio furti* (auf das *duplum* in Geld oder in natura) gehäuft werden. Das zeigt, dass das hier erfasste Verhalten stärker verpönt ist als das *suscipere* im vorangegangenen Text 225.

227. **ETh LXXXVI**. Qui servum alienum invito domino apud se tenuerit, furti est actione pulsandus.

Wer einen fremden Sklaven gegen den Willen des Eigentümers bei sich behalten hat, ist mit der Diebstahlsklage zu belangen.

Kommentar: Die Regelung passt in ihrer generellen Diktion auch auf die wissentliche Aufnahme flüchtiger Sklaven und deckt sich insofern mit dem vorangegangenen Text.

228. **ETh LXXXVII**. In fuga positus servus nec vendi, nec donari potest.

Ein auf der Flucht befindlicher Sklave kann weder verkauft noch geschenkt werden.

Kommentar: Das Verbot geht auf ein SC aus der Prinzipatszeit zurück, welches das *vendere* und *emere* von flüchtigen Sklaven der Geldbuße der *lex Fabia* unterwarf (Texte 183, 201).

Dieses Verbot erfasste auch die *domini* selbst (Text 163). Die Einbeziehung der Schenkung ist wohl eine spätere Erweiterung und findet sich auch in einem diokletianischen Reskript (Text 270).

229. **ETh CIX**. Si servus aut colonus domino nesciente violenter aliqua rapiat, dominus eius intra annum in quadruplum, post annum in simplum convenietur: aut pro noxia certe, si hoc magis elegerit, ipsum servum vel colonum noverit ad poenam iudici contradendum: ita ut, quod ad eum ex ipsa servi violentia pervenisse constiterit, reddat. At si conventus eum fugisse dixerit, executionem eius conquerenti dedisse sufficiat.

Wenn ein Sklave oder Kolone ohne Wissen des Eigentümers etwas geraubt hat, dann wird sein Eigentümer innerhalb eines Jahres auf das Vierfache, nach einem Jahr auf das Einfache belangt werden: oder er wird sicher wissen, dass er für den Schaden, wenn er das vorzieht, den Sklaven oder Kolonen selbst dem Richter zur Strafe übergeben muss, und zwar in der Weise, dass er auch das zurückgibt, was an ihn erwiesenermaßen aus der Gewalttätigkeit des Sklaven gelangt ist. Aber wenn er als Beklagter vorbringt, dass dieser geflohen ist, soll es genügen, dass er dessen Verfolgung dem Kläger überlassen hat.

Kommentar: Schon nach klassischem Recht gebührt aus dem Deliktstatbestand Raub (*rapina*) dem Beraubten binnen Jahresfrist das *quadruplum*, nach Ablauf eines Jahres der einfache Betrag als Buße; diese kann vom Beraubten mit der *actio vi bonorum raptorum* geltend gemacht werden. Die vorliegende Regelung geht auf die Haftung des *dominus* aus einem Raub ein, den sein Sklave oder Kolone verübt hat. Die Regelung lehnt sich zwar an die römische Noxalhaftung an: Aus Delikten von Sklaven haftete der Gewalthaber in der Weise, dass er entweder die Deliktsbuße zu zahlen hat oder den Sklaven ausliefern kann (*noxae deditio*), womit er der Buße entging. Unabhängig davon ist herauszugeben, was dem *dominus* infolge des Raubes zugekommen ist. Es zeigen sich aber auch Abweichungen vom römischen Vorbild: Zum einen erfolgt hier die Auslieferung (*noxae deditio*) an den Richter (und nicht an den Geschädigten), zum anderen verlangt man bei Flucht des Sklaven vom beklagten *dominus* die Überlassung der Verfolgungsmöglichkeit an den Beraubten.

230. **ETh CXLI**. Quicunque fugere solitum vendiderit ignoranti, si emptorem quoque fugerit, et precium venditor reddat et damna sarciat, quae per eundem contigerint fugitivum.

Wer als Verkäufer einen Sklaven, der gewöhnlich flieht, an einen Unwissenden verkauft hat, der soll, wenn der Sklave auch dem Käufer entlaufen ist, den Preis erstatten und die Schäden ersetzen, die durch eben diesen Ausreißer eingetreten sind.

Kommentar: Die hier angeordnete Rechtsfolge – Rückgewähr des Preises und zusätzlich Ersatz des Mangelfolgeschadens – entspricht der klassischen Behandlung des *venditor sciens* (Texte 62, 248). Einbezogen ist auch der Ersatz der vom Sklaven aus Anlass der Flucht entwendeten Sachen (Texte 63, 190).

231. **Lex Romana Burgundionum IV 1**. Si quis in plagii scelere fuerit deprehensus atque convictus, ut aut ingenuum aut servum sollicitare praesumat aut vendere, capite puniatur, secundum legem Theudosiani libro IX, datam sub titulo: Ad legem Fabiam, ad Domicium Celsum vicarium Africae.

Wenn jemand beim Verbrechen des Menschenraubes ergriffen und überführt worden ist, dass er sich anmaßt, einen Freigeborenen oder Sklaven zur Flucht aufzuwiegeln oder zu verkaufen, soll er mit dem Tod bestraft werden, gemäß dem Theodosianischen Gesetz im 9.

Buch, gegeben unter dem Titel: zum Fabischen Gesetz, an Domicius Celsus, Vikar von Afrika.

Kommentar: Die hier durch Verweis angesprochene konstantinische Konstitution aus dem Jahr 315 (CTh 9, 18, 1 = CI 9, 20, 16) erfasst in ihrem Wortlaut die Entführung freier Kinder und sieht dafür bei einem Sklaven als Täter Tod im Tierkampf, bei einem freien Täter Tod im Gladiatorenkampf ohne Verteidigungsmöglichkeit vor[609]. Hier ist die Todesstrafe auch für das *sollicitare* eines Sklaven vorgesehen. *Sollicitare* wird somit im System der *Lex Romana Burgundionum* wesentlich strenger bestraft als Nichtvorführen bzw. Zurückhalten (Text 233) oder bloßes *suscipere* (Text 235).

232. **Lex Romana Burgundionum VI 1**. Ubicumque persona huiusmodi inventa fuerit, seu ingenuum dicat se esse seu servum, locorum iudicibus aut a domino si ad eius notitiam pervenerit, aut ab actore, qui possessioni ipsius praeest, discutiendus intra annum debeat praesentari, ita ut iudices personam ipsam propter ingenuitatis nomen sine dubietate discutiant.

Wo auch immer eine derartige Person aufgefunden wird, sei es dass sie behauptet freigeboren zu sein, sei es ein Sklave, so muss sie innerhalb eines Jahres den örtlichen Richtern entweder vom [Grund-]Eigentümer, wenn es ihm zur Kenntnis gelangt ist, oder vom Verwalter, der dessen Besitzung vorsteht, zur Entscheidung vorgeführt werden, so dass die Richter über diese Person wegen der Behauptung der freien Geburt ohne Zweifel entscheiden können.

Kommentar: Die Vorführung flüchtiger Sklaven wurde bereits in einem SC aus der Prinzipatszeit (Text 31) unter Androhung einer Geldstrafe angeordnet.

233. **Lex Romana Burgundionum VI 2**. Quod si dominus servum aut colonum alienum, regionis dumtaxat nostrae, sciens in domo vel in agro suo consistentem iudicibus non praesentat, aut admonitus a fugitivi domino eum adsignare dissimulat, multam retemptatoris incurrat, sicut ultima Theudosiani lege: De fugitivis et colonis, inquilinis et servis, legitur constitutum, ad Florencium comitem sacrarum largitionum data.

Wenn aber ein Grundeigentümer einen fremden Sklaven oder Kolonen – nur aus unserem Gebiet – trotz des Wissens, dass dieser sich in seinem Haus oder auf seinem Landgut befindet, nicht den Richtern vorführt, oder eine Aufforderung des Eigentümers des Flüchtigen, ihn zu übergeben, unbeachtet lässt, wird der Strafe eines Zurückhalters unterliegen, wie es im letzten Gesetz des Theodosianischen [Kodex] „Über flüchtige Kolonen, Mieter und Sklaven“ als Anordnung zu lesen ist, welche an den Finanzminister Florencius ergangen ist.

Kommentar: Hier ist die Verletzung der Vorführungspflicht durch den Grundeigentümer selbst geregelt, während in VI 4 (Text 235) eine Übertretung dieser Pflicht durch den *Verwalter* erfasst wird. Der Rechtsfolgenverweis bezieht sich auf CTh 5, 17, 3 und die dort erwähnte *multa retentatoris* (Text 206).

234. **Lex Romana Burgundionum VI 3**. Quod si mulierem eius, cuius ager est, aut habit aut sibi forte, domino vel actore nesciente, coniunxerit, vicariam eiusdem meriti fugitivi dominus dare debebit.

[609] Zur Verschärfung der Strafen für *plagium* vgl. auch Paul. Sent. 5, 30 b (Text 196) = Coll. 14, 2 (Text 199); ETh LXXVIII; LXXXIII.

Wenn er [= der flüchtige Sklave oder Kolone] aber eine Sklavin oder Kolonin des Grundeigentümers entweder behalten hat oder sich mit ihr ohne Wissen des Eigentümers oder Verwalters (ehelich) verbunden hat, wird der Eigentümer des Flüchtigen eine weibliche Ersatzperson desselben Standes geben müssen.

Kommentar: Es könnte bei dieser Bestimmung an folgende Fallkonstellation gedacht sein: Ein *fugitivus* des A, der auf das Grundstück eines anderen *dominus* B geflohen ist, hat sich mit einer dem B (als Sklavin oder Kolonin) gehörenden Frau verbunden. A begehrt den *fugitivus* samt der mit ihm verbundenen Frau zurück, erlangt also zwei Personen. Als Ausgleich muss A dem B eine weibliche Ersatzperson stellen[610].

235. **Lex Romana Burgundionum VI 4**. Quod si actor nesciente domino fugitivum suscipere aut tenere praesumpserit, aut iudici praesentare distulerit, factum eius fustuario supplicio a iudicibus vindicetur, et fugitivi dominus servum suum cum peculio, quod habet, et exacta operarum solutione recipiat,

Wenn aber der Verwalter ohne Wissen des Eigentümers sich angemaßt hat, einen Flüchtigen aufzunehmen oder zu behalten, oder wenn er es verabsäumt hat, ihn dem Richter vorzuführen, dann soll seine Tat von den Richtern mit der Prügelstrafe geahndet werden, und der Eigentümer des Flüchtigen soll seinen Sklaven samt dem Sondergut, das er hat, und der hervorgebrachten Arbeitsleistung zurückerhalten.

Kommentar: Aus dem systematischen Zusammenhang heraus bezieht sich die Passage *nesciente domino* nicht auf den Eigentümer des flüchtigen Sklaven – er wird am Ende mit *dominis fugitivi* wiedergegeben –, sondern auf den Eigentümer des Grundstücks, auf dem sich der *fugitivus* aufhält. Da der Tatbestand des *suscipere aut tenere* von seinem Verwalter gesetzt wird, trifft auch den Verwalter die Prügelstrafe, den *dominus* trifft – anders als in VI 2, wo er selbst der *retemptator* ist (Text 233) – keine Strafe.

236. **Lex Romana Burgundionum VI 5**. Si vero in fisci prediis inventi fuerint, advocatus fisci vel procuratores conditione simili teneantur, si ea, quae supra scripta sunt, implere neglexerint.

Wenn Flüchtige aber auf fiskalischen Gründen aufgefunden werden, dann haften die fiskalischen Advokaten oder Prokuratoren in ähnlicher Weise, wenn sie das, was oben geschrieben ist, zu erfüllen vernachlässigen.

Kommentar: Die Bestimmung zeigt an, welchen niedrigen sozialen Rang in dieser Periode die genannten Personen hatten, sie mussten aufgrund des Verweises auf die vorigen Bestimmungen (*conditione simili teneantur*) mit der Prügelstrafe rechnen.

237. **Lex Romana Burgundionum XV**. Servus etiam et in fuga positus, si furtum fecerit damnumve dederit et reversus ad dominum fuerit, nisi pro sui qualitate dominus solvere paratus sit, aut servum pro culpa dare praesentem, aut absentem cedere cogendus est, secundum regulam Pauli sententiarum.

Auch wenn ein auf der Flucht befindlicher Sklave einen Diebstahl oder eine Sachbeschädigung begangen hat und zum Eigentümer zurückgekehrt ist, und wenn der Eigentümer nicht bereit ist, entsprechend der Art seines [Vergehens] zu bezahlen, so ist dieser nach einer Regel

610 Vgl. Nov. Val. 31, 3.

aus den Paulus-Sentenzen zu zwingen, entweder den Sklaven, wenn dieser anwesend ist, für sein Verschulden auszuliefern, oder ihn abzutreten, falls er abwesend ist.

Kommentar: Die Regelung lehnt sich an die Noxalhaftung an: Aus Delikten von Sklaven haftete der Gewalthaber in der Weise, dass er entweder den Sklaven ausliefern kann (*noxae deditio*) oder die Deliktsbuße zu zahlen hat. Die Noxalhaftung setzt voraus, dass der beklagte *dominus* auch die faktische *potestas* über den Sklaven hat, weil nur dann eine *noxae deditio* möglich ist (vgl. Texte 19, 146, 193). Aus diesem Grund wird hier die Rückkehr zum *dominus* als Voraussetzung erwähnt, wenn ein *servus fugitivus* einen Diebstahl oder eine Sachbeschädigung begangen hat. Der Verweis zielt auf Paul. Sent. 2, 31, 7[611]: Dieser Text spricht allerdings nicht von einem Sklaven auf der Flucht.

238. **Lex Romana Burgundionum XXXI 1**. De praescriptione temporum constat legibus constitutum: ut tricennalem constitutionem in hereditariis causis, in repetitione legatorum, in pecuniariis, id est cerografis, hoc est viventum cautionibus, de repertis fugitivis, adversus fiscum vel pro fisco, vel infirmando per iuminutionem vel nota testium testamenti, custodiant iudicantes.

Über die Verjährungsfrist besteht eine gesetzliche Anordnung: Die Richter sollen die Konstitution über die Dreißig-Jahres-Frist beachten in Erbschaftsangelegenheiten, bei der Rückforderung von Legaten, in Geldangelegenheiten, bei Verpflichtungen auf Geld, das heißt bei urkundlich unter Lebenden errichteten Schuldscheinen, hinsichtlich aufgefundener flüchtiger Sklaven, gegen den Fiskus oder zugunsten des Fiskus, oder bei der Entkräftung durch Verringerung oder aufgrund einer sittlichen Rüge von Testamentszeugen.

Kommentar: Die angesprochene gesetzliche Regelung meint die Einführung einer allgemeinen Klagenverjährung (*longi temporis praescriptio*) von 30 Jahren durch Theodosius II[612]. Dieser Verjährung unterlag nach der vorliegenden Regelung auch die Klage auf Rückgabe von *servi fugitivi*. Vgl. auch Text 222.

8. CODEX IUSTINIANUS

239. **CI 1, 3, 22, 1**. *Impp. Theodosius et Valentinianus AA. Florentio pp.* Quin etiam omnia privilegia, quae sacrosanctis ecclesiis confugarum aut clericorum, decanorum vel aliorum ecclesiasticorum causa legibus sunt praestita, intacta atque illibata servari. *D. III id. Febr. Constantinopoli Valentiniano A. VI et Nomo conss.* (a. 445)

Die Kaiser Theodosius und Valentinianus an den Prätorianerpräfekten Florentius. Ja sogar alle Vorrechte, welche den hochheiligen Kirchen wegen der Flüchtlinge oder der Kleriker, der Kirchendiener oder anderer kirchlicher Amtsträger gewährt worden sind, bleiben unberührt und ungeschmälert aufrecht. *Gegeben am 11. Februar 445.*

Kommentar: Unter den bestätigten kirchlichen Privilegien wird auch eines betreffend die *confugae* erwähnt. Dieser Begriff ist nicht speziell auf Sklaven bezogen und erfasst Personen, die aus verschiedenen Motiven Zuflucht bei der Kirche suchen (vgl. auch Texte 209, 243).

[611] Paul. Sent. 2, 31, 7: *Servus qui furtum fecerit damnumve dederit, nisi id pro sui quantitate dominus sarcire sit paratus, noxae dedi potest.* Ähnlich auch ETh CXVII.

[612] CTh 4, 14, 1 = CI 7, 39, 3 vom 14. 11. 424; M. Amelotti, La prescrizione 217 ff.; M. Kaser, RPR II 72.

Allgemein wurde das kirchliche Asyl für *confugientes* von denselben Kaisern im Jahr 431 anerkannt (Text 210), für Sklaven gab es allerdings bereits 432 eine einschränkende Sonderregelung (Text 211).

240. **CI 1, 5, 4, 8**. *Impp. Arcadius et Honorius AA. et Theodosius A. Senatori pp.* Servos insuper extra noxam esse volumus, si dominum sacrilegum evitantes[613] ad ecclesiam catholicam servitio fideliore transierint. *D. VIII k. Mart. Romae Honorio VII et Theodosio II AA. conss.* (a. 407)

Die Kaiser Arcadius, Honorius und Theodosius an den Stadtpräfekten Senator. Wir wollen, dass auch Sklaven frei von Schuld sind, wenn sie ihren ketzerischen Herrn verlassen und zur katholischen Kirche übergegangen sind, der sie im Glauben mehr dienen können. *Gegeben in Rom am 22. Februar 407.*

Kommentar: Siehe CTh 16, 5, 40, 4 (Text 219).

241. **CI 1, 12, 2**. *Impp. Honorius et Theodosius AA. Iovio pp.* Fideli ac devota praeceptione sancimus nemini licere ad sacrosanctas ecclesias confugientes abducere: sub hac videlicet definitione, ut, si quisquam contra hanc legem venire temptaverit, sciat se ad maiestatis crimen esse retinendum. *D. k. April. Ravennae Honorio VIII et Theodosio III AA. conss.* (a. 409)

Die *Kaiser Honorius und Theodosius an den Prätorianerpräfekten Jovius.* Durch eine dem Glauben entsprechende Vorschrift ordnen wir an, dass es niemandem erlaubt ist, die zu den hochheiligen Kirchen Geflohenen zu entführen. Dies freilich unter folgender Bestimmung: Wenn jemand es versucht hat, dieses Gesetz zu übertreten, soll er wissen, dass er wegen Majestätsverbrechens zur Verantwortung zu ziehen ist. *Gegeben in Ravenna am 1. April 409.*

Kommentar: Es handelt sich um einen Auszug aus CTh 16, 8, 19 (Text 221), einer Konstitution, die zum Zeitpunkt ihrer Entstehung und auch noch im Verständnis der Redaktoren des Codex Theodosianus im Zusammenhang mit dem Kampf gegen Häresien stand[614]. Justinian gibt der Vorschrift durch Aufnahme in den Titel 1, 12 *De his qui ad ecclesias confugiunt vel ibi exclamant* den Sinn, dass jede Beeinträchtigung des Kirchenasyls als *crimen maiestatis* bestraft wird.

242. **CI 1, 12, 4**. *Impp. Theodosius et Valentinianus AA. Hierio pp.* Si servus cuiusquam ecclesiam altariave armatus nullis hoc suspicantibus inopinatus inruerit, exinde protinus abstrahatur vel certe continuo domino vel ei, unde eum tam furiosa formido proripuit, indicetur eique mox abstrahendi copia non negetur. § 1. Sed si armorum fiducia resistendi animos insania impellente conceperit, abripiendi extrahendique eum domino, quibus potest id efficere viribus, concedatur. quod si illum etiam confici in concertatione pugnaque contigerit, nulla erit eius noxa nec conflandae criminationis relinquetur occasio, si is, qui ex statu servili in hostilis et homicidae condicionem transiliit, occisus sit. *D. V k. April. Constantinopoli Valerio et Aetio conss.* (a. 432)

Die Kaiser Theodosius und Valentinian an den Stadtpräfekten Hierius. Wenn jemandes Sklave bewaffnet, wobei das niemand vermutete, unerwartet in eine Kirche oder zu den Altären eingedrungen ist, dann soll er sofort fortgeschafft werden und es soll sogleich dem

[613] Im CTh (Text 219) findet sich *revertentes*.

[614] H. Langenfeld, Christianisierungspolitik und Sklavengesetzgebung 122.

Eigentümer oder demjenigen, von dem ihn eine so rasende Angst fortgetrieben hat, Anzeige gemacht und die Befugnis zur baldigen Wegführung nicht verweigert werden. § 1. Aber wenn der Sklave im Vertrauen auf die Waffen zu dem unsinnigen Gedanken des Widerstandes verleitet worden ist, soll dem Eigentümer die Befugnis gewährt werden, ihn mit allen dafür zu Gebote stehenden Mitteln zu entfernen und herauszuschaffen. Wenn es dazu gekommen ist, dass jener in dem Streit und Kampf den Tod gefunden hat, so wird es keinen Nachteil für den Eigentümer geben und keine Gelegenheit zu einer Anklageerhebung bleiben, wenn einer getötet worden ist, der aus dem Sklavenstand in die Rechtsstellung eines Feindes und Mörders übergegangen ist. *Gegeben in Konstantinopel am 28. März 432.*

Kommentar: Der vorliegende Text entspricht dem zweiten Teil von CTh 9, 45, 5 (Text 211).

243. **CI 1, 12, 6.** *Imp. Leo A. Erythrio pp.* Praesenti lege decernimus per omnia loca valitura (excepta hac urbe regia, in qua nos divinitate propitia degentes, quotiens usus exegerit, invocati singulis causis atque personis praesentanea constituta praestamus) nullos penitus cuiuscumque condicionis de sacrosanctis ecclesiis orthodoxae fidei expelli aut tradi vel protrahi confugas ... § 9. Sane si servus aut colonus vel adscripticius, familiaris sive libertus et huiusmodi aliqua persona domestica vel condicioni subdita conquassatis rebus certis atque subtractis aut se ipsum furatus ad sacrosancta se contulerit loca, statim a religiosis oeconomis sive defensoribus, ubi primum hoc scire potuerint, per eos videlicet ad quos pertinent, ipsis praesentibus pro ecclesiastica disciplina et qualitate commissi aut ultione competenti aut intercessione humanissima procedente, remissione veniae et sacramenti interveniente securi ad locum statumque proprium revertantur, rebus, quas secum habuerint, reformandis. diutius enim eos intra ecclesiam non convenit commorari, ne patronis seu dominis per ipsorum absentiam obsequia iusta denegentur et ipsi per incommodum ecclesiae egentium et pauperum alantur expensis. § 10. Inter haec autem, quae sedulo ad religiosi oeconomi sive defensoris ecclesiae sollicitudinem curamque respiciunt, erit etiam illud observandum, ut singulorum intra ecclesias confugientium personas causasque incessanter conquirant, denique iudices vel eos, ad quos causae et personae pertinent, instantius instruant, ut aequitatis convenientiam diligentius exsequantur. *D. prid. k. Mart. Constantinopoli Leone A. III cons.* (a. 466)

Kaiser Leo an den Prätorianerpräfekten Erythrius. Durch das gegenwärtige Gesetz, welches an allen Orten gelten soll (mit Ausnahme dieser Hauptstadt, in der wir uns durch die Gnade Gottes aufhalten und in der wir, jedesmal wenn es die Notwendigkeit erfordert, auf Anrufung hin in den einzelnen Angelegenheiten und für die einzelnen Personen die sofortigen Anordnungen erteilen), bestimmen wir, dass gar keine Flüchtlinge – welchen Standes auch immer – aus den hochheiligen Kirchen des rechten Glaubens vertrieben, übergeben oder hervorgezogen werden ... § 9. Wenn freilich ein Sklave oder ein Kolone oder Grundhöriger, ein Familienangehöriger oder Freigelassener oder irgendeine andere derartige hausangehörige oder einem Gewaltverhältnis unterworfene Person, nachdem sie bestimmte Sachen zerstört oder entwendet oder auch sich selbst davongestohlen hatte, sich an hochheilige Stätten begeben hat, soll sofort von den andächtigen Vermögensverwaltern oder Vertretern, sobald sie davon wissen konnten, freilich durch diejenigen, denen das zukommt, in ihrer Gegenwart selbst entsprechend der kirchlichen Ordnung und der Art ihres Vergehens entweder die zustehende Strafe verhängt oder ein menschliches Einschreiten vorgenommen werden und unter sakramentaler und gnadenweiser Vergebung sollen sie an den eigenen Ort und in den angestammten Personenstand zurückkehren, wobei auch die Sachen, die sie bei sich haben, zurückzuerstatten sind. Denn es gehört sich nicht, dass sie länger innerhalb der Kirche verweilen, damit nicht ihren Freilassern oder Eigentümern durch ihre Abwesenheit die rechtmäßigen Dienste verweigert werden und sie selbst zum Nachteil der Bedürftigen und Armen auf Kosten der Kirche ernährt werden. § 10. Unter den Aufgaben, die zum Bemühen und zur Sorge des eifrigen und andächtigen Vermögensverwalters oder Vertreters der Kirche gehören, wird auch das zu beachten sein, dass sie innerhalb der Kirchen die Personen der Flüchtlinge und ihre Gründe unablässig erforschen und schließlich die Richter oder diejenigen, denen die Untersuchung der Gründe und Personen zukommt, in mehr als dringlicher Weise benachrichtigen, damit sie das der Gerechtigkeit Entsprechende sorgfältiger ausführen können. *Gegeben in Konstantinopel am 28. Februar 466.*

Kommentar: Ebenso wie die vorangegangene Regelung Theodosius II aus dem Jahr 432 (Text 211 = 242) will Kaiser Leo eine möglichst rasche Rückstellung erreichen, ohne sich allerdings an einer Eintagesfrist zu orientieren. Neu ist auch, dass die rasche Rückstellung nicht bloß mit den Interessen des *dominus*, sondern auch mit einer Kostenersparnis für die Kirche begründet wird.

244. **CI 1, 55, 1**. *Impp. Valentinianus et Valens AA. Senecae defensori.* Si quis de tenuioribus ac minuscularíis rebus interpellandum te esse crediderit, in minoribus causis, id est usque ad quinquaginta solidorum summam, acta iudicialia conficias, scilicet ut, si quando quis vel debitum iustum vel servum, qui per fugam fuerit elapsus, vel quod ultra delegationem dederit postulaverit vel quodlibet huiusmodi, tua disceptatione restituas. ceteras vero, quae dignae forensi magnitudine videbuntur, ordinario insinuato rectori. *D. V k. Iul. Tyrici Valentiniano et Valente AA. conss.* (a. 365)

Die Kaiser Valentinian und Valens an den Defensor Seneca. Wenn jemand meint, dich in Bagatellsachen anrufen zu müssen, dann sollst du in geringfügigen Angelegenheiten, das ist bis zu einem Streitwert von 50 *solidi*, die richterlichen Akte durchführen, freilich in der Weise, dass dann, wenn jemand eine rechtlich bestehende Schuld oder einen Sklaven fordert, der durch Flucht entlaufen ist, oder etwas, was er an übermäßiger Steuer gegeben hat, oder sonst etwas dieser Art, du es aufgrund deiner eigenen Untersuchung und Entscheidung zurückerstatten lässt. Die übrigen Angelegenheiten aber, welche ersichtlich der Behandlung durch das hohe Gericht bedürfen, sollst du dem Statthalter unterbreiten. *Gegeben in Tyricum am 27. Juni 365.*

Kommentar: Siehe CTh 1, 29, 2 (Text 202). Die Wertgrenze von 50 *solidi* für die Bagatellgerichtsbarkeit des *defensor civitatis* – dazu gehört auch die Entscheidung über Begehren auf Rückgabe entlaufener Sklaven – wurde erst durch Justinian in den Text eingefügt[615].

245. **CI 3, 22, 1**. *Imp. Alexander A. Aurelio Aristocrati.* Quae a te, cum tibi serviret, refugit et in aliam provinciam se contulit, libertatem sibi vindicans non iniuria eo loco litigare compellenda est, unde quasi fugitiva recessit. ideoque remittere eam in qua serviret praeses provinciae qui eo loco ius repraesentat curae habebit: sed non ubi deprehensa est audiri debet. *PP. XIII k. Sept. Pompeiano et Peligno conss.* (a. 231)

Kaiser Alexander an Aurelius Aristocrates. Wenn eine Frau, die dir als Sklavin diente, von dir entlaufen ist und sich in eine andere Provinz begeben hat und die gerichtliche Feststellung der Freiheit für sich betreibt, dann ist sie nicht zu Unrecht dazu anzuhalten, den Prozess an dem Ort zu führen, aus dem sie als Flüchtige entwichen ist. Und sie daher in die Provinz

[615] A. Steinwenter, SZ 76 (1959) 320.

zurückzuschicken, in der sie als Sklavin diente, dafür wird der Provinzstatthalter, der an diesem [Aufgriffs-]Ort für die Rechtspflege zuständig ist, Sorge tragen: Aber sie soll nicht dort, wo sie aufgegriffen worden ist, rechtliches Gehör finden. *Ausgehängt am 18. August 231.*

Kommentar: Die Entscheidung ist eine Anwendung des Grundsatzes, wonach sich die örtliche Zuständigkeit nach dem Wohnsitz der beklagten Partei richtet[616]. Das gilt auch für Status-Prozesse. Die auch insoferne günstige Beklagtenrolle kommt hier deswegen dem Anfragesteller Aurelius Aristocrates zu, weil die Frau durch ihre Flucht nicht die *possessio libertatis sine dolo malo* hatte (vgl. Texte 129, 130) und der Prozess daher als *vindicatio in libertatem* zu führen war[617].

246. **CI 4, 19, 15**. *Impp. Diocletianus et Maximianus AA. et CC. Antonino.* Vis eius, qui se dominum contendit, ad imponendum onus probationis servo minime prodest. cum igitur aufugisse te de domo Severi profitearis, verum nec ab illo iusto initio, sed per violentiam adseveres esse detentum, inquisito prius, an in possessionem libertatis sine dolo malo constitutus sis, tunc etiam, onus probationis qui debeat subire, per huiusmodi eventum declarabitur. *D. VI k. Ian. AA. conss.* (a. 293)

Die Kaiser Diokletian und Maximian an Antoninus. Ein gewaltsames Vorgehen desjenigen, der behauptet Eigentümer [eines anderen] zu sein, ist keineswegs dazu dienlich, dem Sklaven die Beweislast aufzuerlegen. Wenn du also vorbringst, aus dem Haus des Severus entflohen zu sein, jedoch behauptest, von jenem nicht aus einem rechtlich anerkannten Grund, sondern gewaltsam festgehalten worden zu sein, ist zuerst zu untersuchen, ob du dich ohne böse Absicht im Besitz der Freiheit befunden hast, sodann wird durch das Ergebnis dieser Untersuchung geklärt werden, wer die Beweislast übernehmen muss. *Gegeben am 27. Dezember 293.*

Kommentar: Das Reskript betrifft einen Freiheitsprozess (*causa liberalis*) zwischen dem Anfragesteller Antoninus und Severus: Strittig ist der Status des Antoninus, der dem Severus entflohen und in der Folge von diesem gewaltsam zurückgehalten worden ist. Zunächst ist in einem Vorverfahren zu klären, wer die ungünstige – mit der Beweislast verbundene – Klägerrolle zu übernehmen hat und wem die günstige Beklagtenrolle zukommt. Schon nach dem prätorischen Edikt liegt das Kriterium darin, ob die Person, um deren Status es ging, sich zu Prozessbeginn ohne *dolus malus* in faktischer Freiheit befunden hat (*in libertate sine dolo malo fuisse*) oder – anders ausgedrückt – die *possessio libertatis* hat (vgl. Text 129). Ein gewaltsames Vorgehen des vorgeblichen *dominus* beendet freilich die faktische Freiheit. Schon der klassische Jurist Julian hat aber erkannt, dass auf diese Weise der vorgebliche Herr *indignissime* das *commodum possessoris* erlangen würde[618], d. h. er stellt eine gewaltsam begründete faktische Sklavenstellung der *possessio libertatis* gleich[619]. Dem folgt auch das vorliegende Reskript.

[616] M. Kaser/K. Hackl, ZPR 246 (zum Formularprozess), 483 (zur *extraordinaria cognitio*); vgl. CTh 2, 1, 4: *Actor rei forum sequatur.* Daraus leitet sich die auch heute noch maßgebliche Parömie *Actor sequitur forum rei* ab.

[617] Ähnlich auch CI 7, 22, 4 (a. 294): Ein Prozess *ex possessione servitutis in libertatem* ist dort zu führen, *ubi domicilium habet qui se dominum dicit.* Der Gegenfall findet sich in CI 7, 22, 3 (a. 293): Befindet sich die Anfragestellerin in der *possessio libertatis*, ist der Prozess an ihrem Wohnsitz (*ubi consistit quae ancilla dicitur*) zu führen.

[618] Iul. D 22, 3, 20.

[619] G. Franciosi, Processo di libertà 89.

247. **CI 4, 49, 14**. *Impp. Diocletianus et Maximianus AA. et CC. Aurelio Rusoni.* Emptor servorum recte de his tradendis et de eorum fuga itemque sanitate erronesque non esse aut noxa solutos repromitti sibi recte postulat. *S. V k. Dec. CC. conss.* (a. 294)

Die Kaiser Diokletian und Maximian an Aurelius Ruso. Der Käufer von Sklaven verlangt zu Recht, dass ihm bezüglich deren Übergabe, bezüglich deren Flucht und ebenso deren Gesundheit und dafür ein Versprechen abgegeben wird, dass sie keine Herumstreuner und frei von Noxalhaftung sind. *Unterschrieben am 27. November 294.*

Kommentar: Die erwähnte *repromissio* ist ein Sicherheitsversprechen in Stipulationsform. Zum Inhalt des Versprechens gehört die Garantie gegen Sachmängel. In deren Aufzählung (sie entspricht derjenigen im Edikt der kurulischen Ädilen, Text 67) ist auch die Fugitivität enthalten.

248. **CI 4, 58, 1**. *Imp. Antoninus A. Decentio Veromilio.* Si non simpliciter, sed consilio fraudis servum tibi nescienti fugitivum vel alio modo vitiosum quis vendidit isque fugitivus abest, non solum in pretium servi venditorem conveniri, sed etiam damnum quod per eum tibi accidit competens iudex, ut iam pridem placuit, praestari iubebit. *PP. IIII k. Iun. Messala et Sabino conss.* (a. 214)

Kaiser Antoninus an Decentius Veromilius. Wenn jemand nicht in schlichter Weise, sondern in Betrugsabsicht dir ohne dein Wissen einen Ausreißer oder in anderer Weise fehlerhaften Sklaven verkauft hat und dieser als flüchtig abwesend ist, so wird der zuständige Richter nicht nur anordnen, dass der Verkäufer auf den Preis des Sklaven belangt wird, sondern, wie es schon früher anerkannt war, auch darauf, dass dir Schaden ersetzt wird, der dir durch ihn entstanden ist. *Ausgehängt am 29. Mai 214.*

Kommentar: Dem Käufer Veromilius war vom Verkäufer wissentlich ein mangelhafter Sklave verkauft worden, er kann diesen aber nicht redhibieren, weil der Sklave flüchtig ist. Das Reskript gibt dem Käufer über den Anspruch auf Kaufpreiserstattung auch einen Schadenersatzanspruch. Inhaltlich entspricht das Reskript der Entscheidung in Text 62[620], die sich freilich auf die *actio empti* bezieht, während sich das vorliegende Reskript im CI unter dem Titel *De aediliciis actionibus* findet, weswegen es auf die *actio redhibitoria* bezogen wird[621]. Folgt man dieser Zuordnung, so besteht prima vista ein Widerspruch zu Text 87, wo im selben Fall die Verurteilung des Verkäufers von einer *cautio de persequendo et reddendo* abhängig gemacht wird, die hier aber nicht erwähnt wird. Der Widerspruch wird zumeist damit beseitigt, dass in Text 87 der Hinweis auf die *scientia* des Verkäufers als interpoliert getilgt wird[622]. Das hier *in casu* vorliegende *consilium fraudis* des Verkäufers entband den Käufer von der ansonsten im Rahmen der *actio redhibitoria* bestehenden Vorleistungspflicht und daher auch von der Kautionspflicht.

249. **CI 4, 58, 2**. *Imp. Gordianus A. Petilio Maximo.* Cum proponas servum, quem pridem comparasti, post anni tempus fugisse, qua ratione eo nomine cum venditore eiusdem congredi quaeras, non possum animadvertere: etenim redhibitoriam actionem sex mensum temporibus

[620] H. Honsell, Quod interest 91 FN 103; U. Manthe, TR 44 (1976) 137.

[621] Dieser *actio* wird der Text zugeordnet von G. Impallomeni, L'editto degli edili curuli 143; U. Manthe, TR 44 (1976) 137; R. Lederle, Mortuus redhibetur 68; L. Manna, Actio redhibitoria 152; L. Garofalo, Studi sull'azione redibitoria 12.

[622] Siehe FN 325.

vel quanto minoris anno concludi manifesti iuris est. *PP. k. Dec. Gordiano A. et Aviola conss.* (a. 239)

Kaiser Gordian an Petilius Maximus. Da du vorbringst, dass der Sklave, den du schon vor langem gekauft hast, nach Ablauf eines Jahres entlaufen ist, kann ich nicht erkennen, aus welchem Grund du deswegen gegen den Verkäufer desselben vorgehen willst: Denn es entspricht dem klaren Recht, dass die Wandlungsklage auf sechs Monate, die Minderungsklage auf ein Jahr befristet ist. *Ausgehängt am 1. Dezember 239.*

Kommentar: Das *manifestum ius* findet sich z. B. in Ulp. D 21, 1, 19, 6[623] und Pap. D 21, 1, 55 (Text 98).

250. **CI 4, 58, 3**. *Impp. Diocletianus et Maximianus AA. Aurelio Muciano.* Si apud priorem dominum fugisse mancipium non doceatur, fuga post venditionem interveniens ad damnum emptoris pertinet. § 1. Sin autem venditor non vitiosum etiam in posterum fieri servum temere promiserit, quamvis hoc impossibile esse videtur, secundum fidem tamen antecedentis vel in continenti secuti pacti experiri posse non ambigitur: posteriores enim casus non venditoris, sed emptoris periculum spectant. § 2. Verum cum servum quem comparaveras ad eum qui distraxerat redisse contendis, iudex competens perspectis omnibus pro repertae rei qualitate proferre curabit sententiam. *PP. XV k. Mai. Maximo II et Aquilino conss.* (a. 286)

Die Kaiser Diokletian und Maximian an Aurelius Mucianus. Wenn nicht bewiesen wird, dass der Sklave beim früheren Eigentümer entlaufen ist, so gehört eine nach dem Verkauf erfolgende Flucht zum Schaden des Käufers. § 1. Wenn aber der Verkäufer unbedachterweise versprochen hat, dass der Sklave sich auch in Zukunft ohne Fehler entwickeln wird, obwohl das unmöglich zu sein scheint, so wird dennoch nicht gezweifelt, dass entsprechend der Verpflichtung aus der vorangegangenen oder unmittelbar [auf den Kaufvertrag] folgenden Vereinbarung geklagt werden kann. Denn die späteren Vorfälle gereichen nicht dem Verkäufer, sondern dem Käufer zum Nachteil. § 2. Weil du aber behauptest, dass der Sklave, den du gekauft hast, zum Verkäufer zurückgekehrt ist, wird der zuständige Richter nach Betrachtung aller Umstände entsprechend der aufgefundenen Sachlage für die Erlassung eines Urteils sorgen. *Ausgehängt am 17. April 286.*

Kommentar: Es geht um die Abgrenzung zwischen der Verkäuferhaftung für Sachmängel und der Gefahrtragung des Käufers[624]. Der gekaufte Sklave war dem Käufer Mucianus entlaufen und zum Verkäufer zurückgekehrt. Das Reskript behandelt im pr und in § 1 die Frage der Haftung des Verkäufers für Fugitivität. Um diese erfolgreich geltend machen zu können, müsste der Käufer bei der Klageführung[625] nachweisen, dass der Mangel schon im Verkaufszeitpunkt vorhanden war; dazu war der Nachweis einer Flucht *apud priorem dominum* erforderlich (ebenso Text 106, zum Sklavenverhör als Beweismittel siehe Text 107 = 191). Gelang der Nachweis nicht, war der Sklave zum Zeitpunkt des Verkaufes fehlerfrei und die durch die spätere Flucht eintretende Wertminderung des Sklaven ist eben vom Käufer zu tragen. Nur wenn der Verkäufer eigens Fehlerfreiheit auch für die Zukunft zugesichert hatte,

[623] Ulp. D 21, 1, 19, 6: *Tempus autem redhibitionis sex menses utiles habet. ...*

[624] M. Pennitz, Periculum rei venditae 128 ff. mit ausführlicher Exegese.

[625] Nach dem Verständnis der Kompilatoren, welche das Reskript in den Titel CI 4, 58 aufnahmen, ist dabei an die *actio redhibitoria* oder *actio quanti minoris* zu denken, der Hinweis auf die Verbindlichkeit des *pactum adiectum* passt hingegen zur *actio empti.* M. Talamanca, Sem. Comp. 7 (1995) 291 FN 263, denkt an beide Möglichkeiten, M. Pennitz, Periculum rei venditae 129 f. an die *actio empti.*

hatte der Verkäufer aufgrund der Verbindlichkeit[626] einer solchen Nebenabrede dafür auch einzustehen.

251. **CI 4, 58, 5**. *Imppp. Gratianus Valentinianus et Theodosius AAA. Nebridio pu.* Habito semel bonae fidei contractu mancipioque suscepto et pretio soluto ita demum repetendi pretii potestas est ei qui mancipium comparaverit largienda, si illud quod dixerit fugitivum, poterit exhibere. hoc enim non solum in barbaris, sed etiam in provincialibus servis iure praescriptum est. *D. III k. Iul. Constantinopoli Honorio np. et Euodio conss.* (a. 386)

Die Kaiser Gratian, Valentinian und Theodosius an den Stadtpräfekten Nebridius. Wenn ein auf Treu und Glauben beruhender Vertrag einmal abgeschlossen, der Sklave übernommen und der Preis bezahlt ist, so wird demjenigen, der den Sklaven gekauft hat, die Befugnis zur Rückforderung des Preises nur dann gewährt, wenn er jenen Sklaven, von dem er behauptet, dass er ein Ausreißer ist, auch herausgeben kann. Das ist nämlich nicht nur bei ausländischen Sklaven, sondern auch bei Sklaven aus den Provinzen durch das Recht vorgeschrieben. *Gegeben in Konstantinopel am 29. Juni 386.*

Kommentar: Siehe CTh 3, 4, 1 (Text 204).

252. **CI 5, 37, 22**. *Imp. Constantinus A. ad populum.* Lex, quae tutores curatoresque necessitate adstrinxit, ut aurum argentum gemmas vestes ceteraque mobilia pretiosa, urbana etiam mancipia, domos balnea horrea atque omnia intra civitates venderent omniaque ad nummos redigerent praeter praedia et mancipia rustica, multum minorum utilitati adversa est. § 1. Praecipimus itaque, ut haec omnia nulli tutorum curatorumve liceat vendere, nisi hac forte necessitate et lege, qua rusticum praedium atque mancipium vendere vel pignorare vel in dotem dare in praeteritum licebat, scilicet per inquisitionem iudicis, probationem causae, interpositionem decreti, ut fraudi locus non sit. § 2. Ante omnia igitur urbana mancipia, quia totius suppellectilis notitiam gerunt, semper in hereditate et in domo retineant: nam boni servi fraudem fieri prohibebunt, mali, si res exegerit, sub quaestione positi poterunt prodere veritatem. ... § 2 b. Et tolerabilius est, si ita contigerit, servos mori suis dominis, quam servire extraneis. quorum fuga potius tutori adscribitur, sive neglegentia dissolutam patiatur esse disciplinam, sive duritia vel inedia atque verberibus eos adficiat. ... *D. id. Mart. Sirmi Constantino A. VII et Constantio C. conss.* (a. 326)

Kaiser Konstantin an das Volk. Und das Gesetz, welches Vormündern und Kuratoren die Verpflichtung auferlegt hat, Gold, Silber, Edelsteine, Kleider und die übrigen wertvollen beweglichen Sachen, aber auch städtische Grundstücke nebst zugehörigen Sklaven, Häuser, Bäder, Speicher und alles innerhalb der Stadt Befindliche zu verkaufen und alles außer ländlichen Grundstücken und Sklaven zu Geld zu machen, ist dem Interesse der Minderjährigen zuwiderlaufend. § 1. Wir ordnen daher an, dass kein Vormund oder Kurator das alles verkaufen darf, außer bei einer solchen Notwendigkeit und unter einer solchen gesetzlichen Bedingung, unter der es schon in der Vergangenheit erlaubt war, ein ländliches Grundstück oder einen ländlichen Sklaven zu verkaufen, zu verpfänden oder als Mitgift zu übereignen, nämlich aufgrund einer richterlichen Untersuchung, einer Prüfung des Grundes und der Erlassung eines Dekrets, so dass für eine Hintergehung kein Platz bleibt. § 2. Daher sollen sie

[626] Das im Reskript geäußerte, aber letztlich doch unbeachtliche Bedenken, hier werde etwas Unmögliches versprochen, erinnert an die ähnliche Diskussion zum Versprechen *sanum esse, furem non esse, vispellionem non esse* in Ulp. D 21, 2, 31. Siehe dazu P. Apathy, SZ 111 (1994) 138 f.; É. Jakab, Praedicere und cavere 240 ff. und die dort zitierte Literatur.

vor allem städtische Sklaven, welche vom gesamten Hausrat Kenntnis haben, immer im Nachlass und im Haus behalten: Denn gute Sklaven werden verhindern, dass es zu einer Hintergehung kommt, schlechte werden, erforderlichenfalls unter Folter gestellt, die Wahrheit an den Tag bringen können. ... § 2 b. Und es ist eher hinzunehmen, dass Sklaven, wenn es so gekommen ist, bei ihren Eigentümern sterben als dass sie Außenstehenden dienen. Ihre Flucht wird eher dem Vormund zugeschrieben, sei es dass er aus Nachlässigkeit eine Auflösung der Disziplin zulässt, sei es dass er mit Härte, Hunger oder Schlägen gegen sie vorgeht. ... *Gegeben in Sirmium am 15. März 326.*

Kommentar: Siehe CTh 3, 30, 3 (Text 205).

253. **CI 6, 1, 1**. *Impp. Diocletianus et Maximianus AA. Aemiliae.* Servum fugitivum sui furtum facere et ideo non habere locum nec usucapionem nec longi temporis praescriptionem manifestum est, ne fuga servorum dominis suis ex quacumque causa fiat damnosa. *PP. V id. Dec. Maximo II et Aquilino conss.* (a. 286)

Die Kaiser Diokletian und Maximian an Aemilia. Es ist klar, dass ein flüchtiger Sklave einen Diebstahl an sich selbst begeht und dass daher weder eine Ersitzung noch eine Einrede der langen Besitzzeit Anwendung findet, damit die Flucht von Sklaven aus keinem Grund für ihre Eigentümer nachteilig wird. *Ausgehängt am 9. Dezember 286.*

Kommentar: An gestohlenen Sachen (*res furtivae*) war eine *usucapio* (Ersitzung mit einer Frist von 1 Jahr) auch durch spätere gutgläubige Erwerber ausgeschlossen. Ebenso war die ab der Spätklassik entwickelte Einrede der langen Zeit (*longi temporis praescriptio* mit Fristen von 10 bzw. 20 Jahren) ausgeschlossen, der Eigentümer konnte stets noch vindizieren. Zur Qualifikation der Sklavenflucht als *furtum sui*[627] vgl. auch Text 153.

254. **CI 6, 1, 2**. *Impp. Diocletianus et Maximianus AA. et CC. Pompeiano.* Requirendi fugitivos potestatem fieri dominis praesidalis officii est. *PP. III k. Mai. CC. conss.* (a. 294)

Die Kaiser Diokletian und Maximian an Pompeianus. Es gehört zur Amtspflicht des Provinzstatthalters, dass den Eigentümern die Befugnis zur Aufsuchung von flüchtigen Sklaven eingeräumt wird. *Ausgehängt am 29. April 294.*

Kommentar: Diokletian schärft hier nochmals ein, was bereits eine *generalis epistula* von Mark Aurel und Commodus (Text 32) angeordnet hatte.

255. **CI 6, 1, 3**. *Imp. Constantinus et Licinius AA. ad Probum.* Si fugitivi servi deprehendantur ad barbaricum transeuntes, aut pede amputato debilitentur aut metallo dentur aut qualibet alia poena adficiantur. *Sine die et consule.* (a. 317 - 323)

Die Kaiser Konstantin und Licinius an Probus. Wenn flüchtige Sklaven beim Übergang in ein feindliches Land ergriffen werden, sollen sie entweder durch Abhauen eines Fußes verstümmelt oder zur Bergwerksarbeit gegeben oder mit irgend einer anderen Strafe belegt werden. *Ohne Tag und Konsul* (a. 317 - 323)

[627] Interpolationsverdacht bei F. Pringsheim, Ges. Abhandlungen II 158 f.

Kommentar: Die strenge Strafe erklärt sich nicht aus religionspolitischen Motiven[628], sondern aus dem Bemühen Konstantins, ein staatsgefährdendes Phänomen zu bekämpfen[629].

256. **CI 6, 1, 4.** *Imp. Constantinus A. ad Valerianum.* Quicumque fugitivum servum in domum vel in agrum inscio domino eius susceperit, eum cum pari alio vel viginti solidis reddat. § 1. Sin vero secundo vel tertio eum susceperit, praeter ipsum duos vel tres alios vel praedictam aestimationem pro unoquoque domino repraesentet: in minorum persona tutoribus vel curatoribus poena simili imminente. § 2. Quod si ad praedictam poenam solvendam is qui susceperit minime sufficiat, aestimatione competentis iudicis castigatio in eum procedat. § 3. Quod si servus ingenuum se esse mentitus sub mercede apud aliquem fuerit, nihil is qui eum habuit poterit incusari. § 4. Sane mancipium torqueri oportet, ut manifestetur, utrum propter lucrum capiendum callide a domino ad domum vel agrum eius qui suscepit immissus est, an non. § 5. Quod si maligne factum esse ex servi interrogatione patuerit, servo etiam suo eum qui hoc fecerit privari oportet et ad fiscum pertinere mancipium. *D. V k. Iul. Thessalonicae Gallicano et Basso conss.* (a. 317)

Kaiser Konstantin an Valerianus. Wer einen flüchtigen Sklaven in sein Haus oder auf sein Landgut ohne Wissen des Eigentümers aufgenommen hat, soll diesen zusammen mit einem anderen gleichartigen oder mit zwanzig Goldmünzen zurückgeben. § 1. Wenn er ihn aber schon zum zweiten oder dritten Mal aufgenommen hat, soll er dem Eigentümer außer diesem selbst zwei oder drei andere oder die vorerwähnte Schätzsumme für jeden Einzelnen leisten: Bei einem solchen Vorgehen durch minderjährige Personen droht eine ähnliche Strafe den Vormündern oder Kuratoren. § 2. Ist aber derjenige, der einen Sklaven aufgenommen hat, zur Bezahlung der vorerwähnten Strafe nicht in der Lage, so soll an ihm nach Einschätzung des zuständigen Richters eine Züchtigung erfolgen. § 3. Wenn aber der Sklave vorgetäuscht hat, freigeboren zu sein, und bei jemandem unter Lohn gestanden ist, so wird demjenigen, der ihn aufgenommen hat, nichts zur Last gelegt werden können. § 4. Freilich muss man den Sklaven unter Folter befragen, damit klar wird, ob er aus Gewinnabsicht von seinem Eigentümer listigerweise zum Haus oder Landgut desjenigen geschickt worden ist, der ihn aufgenommen hat, oder ob das nicht der Fall ist. § 5. Wenn sich aus der Befragung des Sklaven ergibt, dass dies in bösartiger Weise geschehen ist, so muss derjenige, der das getan hat, auch seinen Sklaven verlieren und dieser dem Fiskus gehören. *Gegeben in Thessalonike am 27. Juni 317.*

Kommentar: Mit dieser Konstitution hat Konstantin die Sanktionen auf die Aufnahme (*suscipere*) [630] flüchtiger Sklaven neu geordnet: Während für das klassische Recht Rückgabebegehren, private Buße wegen *furtum* und öffentliche Strafe wegen *plagium* zu unterscheiden sind, vereinheitlicht Konstantin die Vorgangsweise, in dem er Rückgabe und Buße verbindet. Die Buße besteht nun in der Stellung eines gleichwertigen zusätzlichen Sklaven oder in der Zahlung einer Pauschalsumme, die dem Wert eines (nicht besonders ausgebildeten) Durchschnittssklaven[631] entspricht. Im Wiederholungsfall wird die Buße auf

[628] So B. Biondi, Diritto romano cristiano II 400.

[629] So H. Bellen, Sklavenflucht 108 f.; A. Puglisi, Labeo 23 (1977) 317 FN 39.

[630] H. Bellen, Sklavenflucht 58 sieht darin ein Indiz, dass Konstantin einen neuen Tatbestand geschaffen hat, der von Handlungen wie *celare* oder *occultare* absah, die in der Klassik für die Qualifikation als *furtum* (siehe Texte 30, 151, 261) oder *plagium* (Texte 165, 269, 273) wesentlich waren. Dagegen betont R. Lambertini, Plagium 183, dass man der konstantinischen Kanzleisprache keine allzugroße Präzision unterstellen soll.

[631] Vgl. für das justinianische Recht CI 6, 43, 3, 1 (a. 531); CI 7, 7, 1, 5 (a. 530).

zwei oder drei zusätzliche Sklaven erhöht, bei Zahlungsunfähigkeit bleibt freilich nur die *castigatio*[632], so dass der *dominus* außer der Rückgabe des eigenen Sklaven nichts erlangt. Die Maßnahme Konstantins wird gegenüber dem zuvor bestehenden Zustand (vgl. Text 196 = 199: *relegatio* bei *honestiores*, *crux* und *metalla* bei *humiliores*; Text 271: Einschärfung der Todesstrafe durch Diokletian) einerseits als Milderung in der Rechtslage[633], andererseits aber als bloße Anpassung an die praktischen Bedürfnisse verstanden, welche ein *plagium*-Verfahren oft unmöglich gemacht haben[634]. Der in § 3 gebrachte Entlastungsgrund der Gutgläubigkeit wird schon beim *plagium* im klassischen Kaiserrecht betont (Texte 164, 167).

Die §§ 4 und 5 sind Bestimmungen zur Vermeidung des Missbrauchs der neuen Regelung durch gewiefte *domini*, die ihre Sklaven gezieltermaßen auf die Flucht schicken.

257. **CI 6, 1, 5**. *Imp. Constantinus A. ad Ianuarium.* Mancipia diversis artibus praedita, quae ad rem publicam pertinent, in isdem civitatibus placet permanere, ita ut, si quis tale mancipium sollicitaverit vel avocandum crediderit, cum servo altero sollicitatum restituat, duodecim solidorum summa inferenda rei publicae illius civitatis, cuius mancipium abduxit: libertis quoque artificibus, si sollicitati fuerint, cum eadem forma civitati reddendis: ita ut pro fugitivo servo, si sollicitudine defensoris non fuerit requisitus et revocatus, idem defensor duo vicaria mancipia exigatur, nec beneficio principali nec venditione in eius persona iam de cetero valituris. *D. XVI k. Mart. Constantino A. V et Licinio C. conss.* (a. 319)

Kaiser Konstantin an Januarius. Es ist anerkannt, dass in verschiedenen Handwerken ausgebildete Sklaven, die einer Stadt gehören, in denselben Städten verbleiben sollen, und zwar unter folgender Bestimmung: Wenn jemand einen solchen Sklaven zum Entlaufen anstiftet oder glaubt, ihn wegrufen zu müssen, dann soll er den Angestifteten mit einem zweiten Sklaven erstatten, und es ist eine Summe von zwölf Solidi an die Kasse jener Stadt einzuzahlen, aus der er den Sklaven entführt hat. Auch Freigelassene mit handwerklichen Fähigkeiten sind nach derselben Vorschrift der Stadt zurückzugeben, wenn sie [zum Fortlaufen] angestiftet worden sind. Wenn durch die Bemühung des Defensors der Stadt ein entlaufener Sklave nicht gefunden und zurückgeholt werden kann, so soll derselbe Defensor zur Stellung von zwei Ersatzsklaven verpflichtet werden, und es soll im Übrigen weder ein kaiserlicher Gnadenakt noch ein Verkauf hinsichtlich seiner Person Bestand haben. *Gegeben am 14. Februar 319.*

Kommentar: Im Vergleich zur zwei Jahre zuvor ergangenen allgemeinen Regelung (siehe den vorangegangenen Text) kommt bei *sollicitare* oder *avocare* eines Gemeindesklaven mit besonderen Fähigkeiten noch eine Geldbuße an die Gemeindekasse hinzu (vgl. auch Text 259 betreffend Fiskalsklaven).

258. **CI 6, 1, 6**. *Imp. Constantinus A. ad Tiberianum comitem Hispaniarum.* Cum servum quispiam repetit fugitivum et alius vitandae legis gratia, quae in occultantes mancipia certam

[632] Andere Fälle, in denen bei Uneinbringlichkeit die Prügelstrafe als Ersatzstrafe eintritt, begegnen in Mod. D 2, 4, 25 (unerlaubte Ladung des Patrons durch den Freigelassenen), Paul. D 4, 4, 24, 3 (*circumscriptio* eines *minor*), Gai. D 47, 9, 9 (fahrlässige Auslösung eines Brandes), Ulp. D 47, 10, 35 (*iniuria atrox*), Ulp. D 48, 19, 1, 3 (Geldstrafen in der *extraordinaria cognitio* der Präfekten und Provinzstatthalter) und CI 9, 19, 6 (Behinderung des Begräbnisses durch vorgebliche Gläubiger): J. Gebhardt, Prügelstrafe und Züchtigungsrecht im antiken Rom und in der Gegenwart, Köln-Weimar-Wien 1994, 60 ff.

[633] So E. M. Štaermann, VDI 1951,2 101; G. Longo, Annali Genova 13 (1974) 475; R. Lambertini, Plagium 183.

[634] So H. Bellen, Sklavenflucht 59 f.

poenam statuit, proprietatem opponet, vel in vocem libertatis eum animaverit, ilico nequissimus verbero super quo ambigitur tormentis subiciatur, ut aperta veritate diceptationi terminus fiat. § 1. Quod non solum utrisque iurgantibus proderit, sed etiam servorum animos a fuga poterit deterrere. *D. XV k. Sept. Constantinopoli Pacatiano et Hilariano conss.* (a. 332)

Kaiser Konstantin an den spanischen Provinzstatthalter Tiberianus. Wenn jemand einen entflohenen Sklaven zurückverlangt und der andere zwecks Vermeidung der gesetzlich gegen die Verheimlicher von Sklaven festgelegten Strafe eine Eigentumsbehauptung entgegensetzt oder den Sklaven zur Behauptung der Freiheit angestiftet hat, so soll der nichtswürdige Schlingel, um den gestritten wird, sofort der Folter unterzogen werden, damit die Wahrheit aufgedeckt und dem Streit ein Ende gemacht wird. § 1. Das wird nicht nur beiden Streitparteien nützen, sondern wird auch die Gemüter der Sklaven von der Flucht abschrecken können. *Gegeben in Konstantinopel am 17. August 332.*

Kommentar: Dass eine fälschlicherweise aufgestellte Eigentumsbehauptung nicht vor Strafe schützt, gilt schon für den klassischen *plagium*-Prozess (Text 165).

259. **CI 6, 1, 7**. *Imppp. Valentinianus Valens et Gratianus AAA. ad Felicem consularem.* Si quis servum fiscalem putaverit occultandum, non solum eum restituere, sed etiam duodecim libras argenti poenae nomine fisci viribus dependere compellatur. *D. II id. April. Gratiano A. II et Probo conss.* (a. 371)

Die Kaiser Valentinian, Valens und Gratian an den Konsular Felix. Wenn jemand meint, einen fiskalischen Sklaven verheimlichen zu müssen, so soll er verpflichtet werden, nicht nur diesen zurückzustellen, sondern auch zwölf Silberpfunde als Strafe an den Fiskus zu zahlen. *Gegeben am 12. April 371.*

Kommentar: Im Vergleich zur konstantinischen Regelung (Texte 256, 257) fällt auf, dass die neben der Rückstellung vorgesehene Buße ausschließlich in einer Geldsumme besteht: Ein Pfund Silber entsprach dem Wert von 5 *solidi*. (Vgl. Text 257 betreffend Gemeindesklaven: Ein Sklave + 20 *solidi*).

260. **CI 6, 1, 8**. *Imppp. Valentinianus Theodosius et Arcadius AAA. Albino pu. Romae.* Si qui publicorum servorum fabricis seu aliis operibus deputati tamquam propriae condicionis immemores domibus se alienis et privatarum ancillarum consortiis adiunxerint, tam ipsi quam uxores eorum et liberi confestim condicioni pristinae laborique restituantur. *D. VIII k. Aug. Timasio et Promoto conss.* (a. 389)

Die Kaiser Valentinian, Theodosius und Arcadius an Albinus, Stadtpräfekt von Rom. Wenn öffentliche Sklaven, die den Waffenschmieden oder anderen Werken zugeteilt sind, sich so, als ob sie an ihre eigene rechtliche Lage nicht denken, in fremde Häuser begeben und mit privaten Sklavinnen ehelich verbunden haben, so sollen sowohl sie selbst als auch ihre Frauen und Kinder sofort in die frühere Lage und zur Arbeit zurückversetzt werden. *Gegeben am 25. Juli 389.*

Kommentar: Die Konstitution befasst sich nur mit der Rückführung; auf die möglichen Strafen für die Aufnehmenden (wie z. B. hinsichtlich der Weberei-Sklaven die Texte 214, 215 = 277, 216 = 278) geht sie nicht ein.

261. **CI 6, 2, 4.** *Imp. Alexander A. Aurelio Herodi.* Adversus eum dumtaxat, quem servum tuum sollicitasse dicis, si eum deterioris animi fecit, servi corrupti agere potes. quod si sollicitatum occultavit, etiam furti cum eo agere potes. quas actiones etiam per procuratorem exercere minime prohiberis. *PP. id. Sept. Alexandro A. cons.* (a. 222)

Kaiser Alexander an den Aurelius Herodes. Gegen denjenigen, von dem du behauptest, dass er deinen Sklaven [zur Flucht] aufgewiegelt hat, kannst du wegen Korrumpierung eines Sklaven klagen, wenn er diesen im Charakter verschlechtert hat. Wenn er aber den Aufgewiegelten versteckt hat, wirst du gegen ihn auch aus Diebstahl klagen können. Du bist auch keineswegs gehindert, diese Klagen durch einen Prozessvertreter auszuüben. *Ausgehängt am 13. September 222.*

Kommentar: Das Reskript stimmt mit den Juristentexten (Texte 26, 147, 158, 189, 192) überein, wonach eine Anstiftung zur Flucht nicht den Tatbestand *furtum* verwirklicht, sondern die *actio servi corrupti* nach dem prätorischen Edikt auslöst, welches in seinem Wortlaut (Text 23) darauf abstellt, dass der Sklave *deterior* geworden ist. Ein *furtum* wird erst durch ein hinzutretendes *occultare* bzw. *celare* (vgl. die Texte 30, 151) verwirklicht. In einem solchen Fall konnten beide Klagen (*actio servi corrupti* und *actio furti*) kumulativ erhoben werden.

262. **CI 6, 2, 10.** *Impp. Diocletianus et Maximianus AA. et CC. Valerio.* Si abducta mancipia furto vel plagio venumdata praeses provincias perspexerit, cum nec ab emptore propter cohaerens vitium, antequam ad dominum possessio revertatur, usucapi possunt, et te ei cuius fuerunt successisse reppererit, restitui tibi providebit. *Sine die et conss.* (a. 293)

Die Kaiser Diokletian und Maximian an Valerius. Wenn der Provinzstatthalter erkennt, dass die durch Diebstahl oder Menschenraub entführten Sklaven verkauft worden sind und wenn er befindet, dass du der Rechtsnachfolger des Eigentümers bist, dann wird er vorsorgen, dass sie dir zurückgegeben werden, weil sie auch vom Käufer wegen des ihnen anhaftenden Fehlers nicht ersessen werden können, bevor der Besitz zum Eigentümer zurückkehrt. *Ohne Tag und Konsuln.*

Kommentar: Das *cohaerens vitium* gründet sich darauf, dass die Sklaven durch das an ihnen begangene *furtum* – in dessen weiten Begriff auch der bewusst unerlaubte Verkauf fiel – zu *res furtivae* wurden, die so lange unersitzbar sind, bis es zu einer *reversio in potestatem domini* kommt. Aus diesem Grund konnte auch noch nach langer Zeit – darauf lässt der Umstand schließen, dass die Anfrage vom Erben des verstorbenen *dominus* stammte – der aktuelle Besitzer mit der *rei vindicatio* (Eigentumsklage) auf Herausgabe geklagt werden.

263. **CI 6, 2, 21.** *Imp. Iustinianus A. Iuliano pp.* Apud antiquos quaerebatur, si servus, quem aliquis bona fide possidebat, furtum commiserit alienarum rerum vel ipsius apud quem constitutus est, si ipse qui bona fide eum detinet noxalem furti actionem adversus verum dominum habet, vel ipse ab eo qui furtum passus est praedicta convenitur actione. § 1. Cumque generalis regula ab antiqua prudentia exposita est huiusmodi hominis gratia, pro quo noxalem furti actionem suscipere aliquis compellitur, adversus alium furti actionem habere non concedens, quidam ita eam per coniecturam interpretati sunt, adversus bona fide quidem possessorem nullo modo furti actionem extendi, ipsi autem, si furtum fuerit passus, adversus verum dominum furti actionem noxalem recte decerni: tunc autem bona fide possessorem furti nomine, quod passus est, noxalem actionem contra dominum habere posse, quando servus sub domini sui fuerit constitutus possessione: et pro his rebus posse eum adversus dominum habere

actionem, non solum quas servus subtraxerit iam apud eum constitutus, sed et pro his quas furatus est, quando fugit quidem a bona fide possessore, adhuc autem nondum sub domini sui manibus fuerit constitutus. § 2. Quam interpretationem prisca quidem iura per coniecturam introducebant: nos autem altius et verius ad eam respicientes generalem regulam sic ab initio esse prolatam accipimus. § 3. Cum igitur bona fide possessor domini cogitatione furem possidet, merito, donec apud eum constitutus est, et aliis tenetur noxali actione, si extranei furtum a servo fuerint passi, et ipse adversus verum dominum non habet actionem secundum regulam dicentem: qui habet adversus alium furti actionem, ipse ea teneri non potest. sin autem desinat in servi retentione et ille apud verum dominum fuerit inventus, tunc ipse quidem noxali furti actione minime potest teneri, adversus verum autem dominum habet ipse furti noxalem actionem, id est pro rebus, quas vel nunc furatus est, cum est apud verum dominum, vel antea, postquam bona fide possessoris retentionem excesserit necdum apud verum dominum factus. § 4. ... *D. k. Oct. Constantinopoli Lampadio et Oreste vv. cc. conss.*

(a. 530)

Kaiser Justinian an den Prätorianerpräfekten Julian. Bei den klassischen Juristen war fraglich: Wenn ein Sklave, den jemand gutgläubig besaß, einen Diebstahl an fremden Sachen oder Sachen desjenigen selbst begangen hat, bei dem er sich befunden hat, ob der gutgläubige Besitzer die Diebstahlsklage als Noxalklage gegen den wahren Eigentümer hat oder ob er von demjenigen, der den Diebstahl erlitten hat, mit der vorerwähnten Klage belangt werden kann. § 1. Da von der alten Rechtswissenschaft eine allgemeine Regel entwickelt worden ist, welche es bezüglich eines derartigen Sklaven, für den jemand gezwungen wird, eine noxale Diebstahlsklage [als Beklagter] auf sich zu nehmen, nicht gestattet, gegen einen anderen die Diebstahlsklage zu haben, haben manche diese Regel durch einen Schluss in folgender Weise ausgelegt: Gegen einen gutgläubigen Besitzer werde die Diebstahlsklage zwar in keiner Weise angestrengt, ihm selbst aber wird, wenn er einen Diebstahl erlitten hat, gegen den wahren Eigentümer die noxale Diebstahlsklage zu Recht gewährt: Der gutgläubige Besitzer könne wegen eines Diebstahls, den er erlitten hat, gegen den Eigentümer die noxale Klage aber dann haben, wenn der Sklave in die Gewalt seines Eigentümers gekommen ist: Und er kann die Klage gegen den Eigentümer nicht nur für die Sachen haben, die der Sklave gestohlen hat, als er sich bei ihm befand, sondern auch für diejenigen Sachen, die er gestohlen hat, als er vom gutgläubigen Besitzer entflohen ist, aber bisher noch nicht in die Gewalt seines Eigentümers gelangt ist. § 2. Diese Auslegung hat das alte Juristenrecht durch einen mutmaßlichen Schluss eingeführt: Wir aber, die wir tiefer und richtiger auf diese allgemeine Regel schauen, haben angenommen, dass sie so von Anfang an hervorgebracht worden ist. § 3. Wenn daher ein gutgläubiger Besitzer den Dieb im Bewusstsein des Eigentums besitzt, dann haftet er, solange der Sklave sich bei ihm befindet, zu Recht auch anderen mit der Noxalklage, wenn Außenstehende vom Sklaven einen Diebstahl erlitten haben, und er selbst hat gegen den wahren Eigentümer keine Klage gemäß deren Wortlaut: Wer gegen einen anderen die Diebstahlsklage hat, kann selbst mit dieser nicht haften. Wenn er aber den Besitz am Sklaven verliert und jener bei dem wahren Eigentümer aufgefunden worden ist, dann kann er freilich selbst keineswegs mehr mit der Diebstahlsklage haften, aber er hat selbst gegen den wahren Eigentümer die Diebstahlsklage als Noxalklage, das heißt für die Sachen, die er entweder jetzt gestohlen hat, wo er bei dem wahren Eigentümer ist, oder vorher, nachdem er dem Besitz des gutgläubigen Besitzers entkommen, jedoch noch nicht zum wahren Eigentümer zurückgekehrt ist. § 4. ... *Gegeben in Konstantinopel am 1. August 530.*

Kommentar: In dieser umfangreichen Konstitution nimmt Justinian Bezug auf eine klassische *regula*, welche die Inkompatibilität von Aktiv- und Passivlegitimation zur *actio furti noxalis* aussprach[635]. Von Bedeutung ist das in folgendem Fall: Ein Sklave des E befindet sich beim gutgläubigen Besitzer B. Der Sklave hat Sachen des B oder eines Dritten A gestohlen. Es geht um die Frage, ob der *bonae fidei possessor* B, der die *actio furti noxalis* gegen den *dominus* E hat, seinerseits mit dieser *actio* von A in Anspruch genommen werden kann: Während die *antiqui* das aufgrund einer *coniectura* aus dieser *regula* verneinen, arbeitet Justinian mit einer zeitlichen Differenzierung und lässt den B aus den Diebstählen des *servus* haften, solange sich dieser bei B befindet. Bezüglich der Diebstähle, von denen B selbst betroffen ist, stimmt Justinian im Ergebnis mit den Klassikern überein: Die Noxalhaftung des E – die dann von B aktiviert werden kann, wenn der Sklave wieder in den Besitz des E gekommen ist – bezieht sich sowohl auf die Diebstähle aus der Zeit bei B als auch auf jene, die auf der nachfolgenden Flucht begangen worden sind. Zur aktuell bestehenden *potestas* als Voraussetzung für die Passivlegitimation zur Noxalklage vgl. auch die Texte 19, 146 und 193.

264. **CI 7, 9, 1.** *Imp. Gordianus A. Epigono.* Si ita, ut lege municipali constitutionibusque principum comprehenditur, cum servus publicus esses, ab ordine consentiente etiam praeside provinciae manumissus es, non ex eo, quod is quem dederas vicarium in fugam se convertit, iugo servitutis, quod manumissione evasisti, iterato cogeris succedere.

Kaiser Gordian an Epigonus. Wenn du als öffentlicher Sklave, so wie es in der Gemeindeordnung und den Kaiserkonstitutionen festgehalten ist, vom Gemeinderat unter Zustimmung auch des Provinzstatthalters freigelassen worden bist, so wirst du nicht deswegen, weil der von dir gestellte Ersatzsklave[636] die Flucht ergriffen hat, gezwungen, wiederum das Joch der Sklaverei zu übernehmen, dem du durch die Freilassung entgangen bist.

Kommentar: Diesem Reskript[637] liegt folgender Sachverhalt zugrunde: Epigonus war ein Gemeindesklave[638] und vorschriftsgemäß[639] vom Gemeinderat unter Zustimmung des

[635] Dazu A. Hägerström, Der römische Obligationsbegriff I, Uppsala-Leipzig 1927, 58; F. De Visscher, Le régime romain de la noxalité, Bruxelles 1947, 262 ff., 283 ff.; K. H. Schindler, Justinians Haltung zur Klassik, Köln-Graz 1966, 164 ff.; P. Stein, Regulae iuris, Edinburgh 1966, 121; W. W. Buckland, Law of Slavery 337 ff.; G. L. Falchi, Ricerche sulla legittimazione passiva 127 ff., 133 ff.; St. Sanfilippo V, Milano 1984, 331 ff.; T. Giménez-Candela, El régimen pretorio 317 ff.

[636] Zur Übersetzung von *servus vicarius* siehe FN 641.

[637] Dazu ausführlich A. Nicoletti, Sodalitas. Scritti in onore di Antonio Guarino III, Napoli 1984, 1483 ff.

[638] Auch für einen Gemeindesklaven (*servus civitatis*) war die Bezeichnung *servus publicus* üblich, obwohl *publicus* im technischen Sinn nur auf das römische Volk (*populus Romanus*) als Trägersubjekt zu beziehen ist, vgl. Ulp. D 50, 16, 15: *Bona civitatis abusive publica dicta sunt: sola enim ea publica sunt, quae populi Romani sunt.* Vgl. A. Weiß, Sklave der Stadt, Stuttgart 2004, 27. Zu den öffentlichen Sklaven W. Eder, Servitus publica. Untersuchungen zur Entstehung, Entwicklung und Funktion der öffentlichen Sklaverei in Rom, Wiesbaden 1980 (= Forschungen zur antiken Sklaverei, 13) und CRRS VIII. Zur Angleichung der Gemeindesklaven an die *servi publici populi Romani* siehe L. Halkin, Esclaves publics chez les Romains, Bruxelles 1897 (ND Roma 1965), 195 ff.; O. Robleda, Il diritto degli schiavi 65.

[639] Ein Beispiel für eine einschlägige *lex municipalis* bietet cap. 72 der *lex Irnitana*, worin sich Bestimmungen über die Freilassung von Gemeindesklaven finden. Dazu T. Giménez-Candela, Iura 32 (1981) 42 ff., 47 f.; A. D'Ors, La ley Flavia municipal (Texto y commentario), Roma 1986, 74 f., 137 ff.; A. D'Ors/J. D'Ors, Lex Irnitana (Texto bilingue), Santiago de Compostela 1988, 54 f.; F. Lamberti, Tabulae Irnitanae, Napoli 1993, 109 f., 352 ff. In cap. 72 war auch vorgesehen, dass der Gemeinderat eine Zahlung des Freizulassenden als Gegenleistung festsetzt.

Statthalters[640] freigelassen worden. Als Gegenleistung hatte Epigonus einen *servus vicarius*[641] gestellt, dieser war aber in der Folge geflohen. Kaiser Gordian kann den Epigonus beruhigen, dass es deswegen zu keinem Widerruf der Freilassung kommt (was möglicherweise von der Gemeinde erwogen worden ist). Epigonus bleibt frei.

265. **CI 7, 21, 8**. *Impp. Diocletianus et Maximianus AA. et CC. Theodoro.* Repetitio peculii rerum servi tui, si nullo iusto titulo intercedente corpora ab aliquo possideantur, nulla temporis praescriptione mutilabitur. nec enim senatus consultum, quo super non retractandis defunctorum statibus sancitum est, intervenit, si defunctus in fuga conversatus atque latitans decessit. *D. X k. Dec. Mel. Diocletiano et Maximiano AA. conss.* (a. 299?)

Die Kaiser Diokletian und Maximian an Theodorus. Die Rückforderung von Pekuliarsachen deines Sklaven wird, wenn die Gegenstände ohne Hinzutritt eines Rechtsgrundes von irgendjemandem besessen werden, durch keine Einrede der [langen] Zeit beeinträchtigt werden. Denn auch der Senatsbeschluss, durch den ein Verbot der Anfechtung des Personenstandes Verstorbener ergangen ist, findet keine Anwendung, wenn sich der Verstorbene auf der Flucht befunden hat und im Verborgenen gestorben ist. *Gegeben am 22. November 299*(?).

Kommentar: Pekuliarsachen, die ein flüchtiger Sklave mitgenommen hatte, waren in die Hände eines Dritten gelangt, ohne dass dieser dafür einen Titel (wie z. B. einen Kauf) hatte. Die (in der Nachklassik als Ersitzung verwendete) *longi temporis praescriptio* setzt ein *iustum initium possessionis* voraus, wozu neben der *bona fides* auch der Titel gehört. Somit konnte Theodorus die Pekuliarsachen ohne zeitliche Beschränkung vom aktuellen titellosen Besitzer mit der Eigentumsklage (*rei vindicatio*) zurückverlangen. Der zweite Satz[642] könnte auf folgende Lage Bezug nehmen: Der entlaufene Sklave war bis zu seinem Tod faktisch in Freiheit und im Anschein der Freiheit gestorben, seine Nachkommen hatten nun die Pekuliarsachen bei sich[643]. Sie bestritten nun gegenüber Theodorus, dass der Verstorbene überhaupt ein Sklave war und wollten sich die Regelung zunutze machen, die Statusprozesse über *defuncti* nach Ablauf eines *quinquennium* ausschloss[644]. Das Reskript stellt klar, dass diese Begünstigung dann entfällt, wenn es sich um einen entlaufenen Sklaven handelt.

266. **CI 7, 22, 1**. *Impp. Diocletianus et Maximianus AA. et CC. Muciano.* Mala fide morato in libertate diu prodesse non potest temporis praescriptio. Unde cum confitearis fuga te ab eo

[640] Ähnlich auch Gordian CI 7, 9, 2: *Si decretum ordinis auctoritas rectoris provinciae comprobavit, ...*

[641] *Servus vicarius* meint im technischen Sinn den Sklaven eines Sklaven, einen Untersklaven (in diesem Sinn begegnet der Ausdruck in Text 76). Meines Erachtens ist *vicarius* hier aber nicht in diesem Sinn zu verstehen, sondern im Sinn von „stellvertretend", „als Ersatz" (so wie z. B. Text 257 von der Stellung von zwei *mancipia vicaria*, Text 234 von der Stellung einer *vicaria* spricht); in diesem Sinn auch F. Reduzzi Merola, Servo parere 178 f. FN 172 („sostituto") und auch die Übersetzung von K. Otto/B. Schilling/K. F. F. Sintenis („den Du zum Stellvertreter gegeben"). Vgl. dazu die Abwägung T. Giménez-Candela, Iura 32 (1981) 47 FN 25: Epigonus kann einen zu seinem *peculium* gehörigen *servus vicarius* oder auch einen Sklaven gestellt haben, den er aus Mitteln des ihm überlassenen *peculium* gekauft hat.

[642] Versteht man das anknüpfende *nec enim* hingegen als reine Begründung für die Entscheidung im ersten Satz (zeitliche Unbeschränktheit der Klageführung), dann handelt es sich um einen Vergleichsfall ohne Anhaltspunkt in Beziehung zum konkreten Sachverhalt.

[643] Ein solcher Fall findet sich in dem ebenfalls von Diokletian stammenden Reskript CI 7, 16, 13 (a. 293).

[644] Marci. D 40, 15, 1, 1; Pap. D 40, 15, 2 pr; Call. D 40, 15, 4; dazu M. Amelotti, La prescrizione 116 ff.; S. Puliatti, Il „de iure fisci" di Callistrato e il processo fiscale in età Severiana, Milano 1992, 232 ff.; T. Spagnuolo Vigorita, Exsecranda pernicies. Delatori e fisco nell'età di Costantino, Napoli 1984 (ND Napoli 1993), 178 ff. Diokletian erwähnt dieses Verbot außerdem noch in CI 7, 21, 7 und CI 7, 16, 13 (a. 293).

cuius meministi recessisse, intellegis ex hoc solo sine dolo malo in possessione te libertatis non esse. *D. X k. Sept. AA. conss.* (a. 293)

Die Kaiser Diokletian und Maximian an Mucianus. Demjenigen, der sich in bösem Glauben lange in Freiheit aufgehalten hat, kann die Einrede der [langen] Zeit nicht zugute kommen. Da du zugibst, dass du dich durch Flucht von demjenigen, den du erwähnst, entfernt hast, verstehst du, dass du schon allein deswegen nicht ohne böse Absicht im Besitz der Freiheit bist. *Gegeben am 23. August 293.*

Kommentar: Im klassischen Recht gab es noch keine Ersitzung der Freiheit. Eine solche wurde erst unter Diokletian als neuer Gegenstand der *longi temporis praescriptio* eingeführt[645]. Im hier entschiedenen konkreten Fall kam sie aber deswegen nicht in Betracht, weil der Anfragesteller Mucianus als Sklave geflohen war und ihm dadurch die als Voraussetzung erforderliche *possessio libertatis sine dolo malo* fehlte.

In klassischer Zeit war das *in libertate esse sine dolo malo* bzw. die *possessio libertatis sine dolo malo* Voraussetzung für die günstige Beklagtenrolle im Status-Prozess, in dem über Freiheit oder Unfreiheit entschieden wurde (vgl. Texte 129 und 130).

267. **CI 8, 27, 15**. *Impp. Diocletianus et Maximianus AA. et CC. Avianae.* Obligatis pignori mancipiis a creditore distractis ac traditis si post debitor quondam haec sollicitaverit, non venditori, sed emptori contra possidentem in rem competit actio. *D. k. Mart. Sirmi CC. conss.* (a. 294)

Die Kaiser Diokletian und Maximian an Aviana. Wenn die verpfändeten Sklaven vom Gläubiger verkauft und übergeben worden sind, und wenn irgendwann danach der Schuldner die Sklaven [zur Flucht] aufgewiegelt hat, dann steht nicht dem Verkäufer, sondern dem Käufer gegen den Besitzer eine dingliche Klage zu. *Gegeben in Sirmium am 1. März 294.*

Kommentar: Diesem Reskript liegt folgender Sachverhalt[646] zugrunde: Zur Sicherung einer Forderung, die Gläubiger G gegen Schuldner S hatte, waren Sklaven des S an den G verpfändet worden. Da S seine Schuld nicht bezahlt hatte, verkaufte[647] G die Sklaven an einen Käufer K und übergab sie ihm auch. Dadurch erlangt K nun das Eigentum an den Sklaven. Dem S gelang es durch *sollicitatio*, die Sklaven zur Flucht und zur Rückkehr zu sich zu bewegen, womit S wieder den Besitz an den Sklaven erlangt.
Entschieden wird die Frage, wer vom aktuellen Besitzer S nun mit einer dinglichen Klage die Rückgabe der Sklaven begehren kann, nämlich G oder K? Diokletian stellt klar, dass nur K mit einer *actio in rem*[648] klagen kann. Eine dingliche Klage des G – die *actio Serviana* (auch

[645] Vgl. auch CI 7, 22, 2 (a. 300); J. Partsch, Die longi temporis praescriptio im klassischen römischen Rechte, Leipzig 1906, 90 ff.; M. Amelotti, La prescrizione 122 ff.; ders., Per l'interpretazione della legislazione privatistica di Diocleziano, Milano 1960, 121 ff.; D. Nörr, Die Entstehung der longi temporis praescriptio, Köln-Opladen 1969, 83; M. Kaser, RPR I 293.

[646] Mit welcher der beteiligten Personen die Anfragestellerin und Reskriptsempfängerin Aviana gleichzusetzen ist, bleibt offen.

[647] Aus dem eingehenden Verkaufserlös befriedigt er sich in Höhe seiner offenen Forderung. Den Rest (das so genannte *superfluum*) hat er an den Verpfänder S zu erstatten.

[648] Das Reskript sagt nicht, um welche Klage es sich handelt. Die von P. Frezza, Le garanzie delle obbligazioni I: Le garanzie reali, Padova 1963, 216 angenommene *actio Publiciana*, die das so genannte prätorische oder bonitarische Eigentum schützt, passt freilich nur für das klassische Recht. Zur Zeit Diokletians war die *mancipatio* und damit der

actio pigneraticia in rem) – besteht deswegen nicht mehr, weil mit dem abgewickelten Pfandverkauf das Pfandrecht erloschen ist.

268. **CI 9, 20, 1**. *Imp. Antoninus A. Placido.* Pater tuus adversus eum, a quo sollicitatam ancillam, plagio quoque facto exportatam queritur, apud suum iudicem civiliter in rem actione instituta consistat. si in causa tenuerit, etiam legis Fabiae crimen persequi poterit. quod si per violentiam mancipium abreptum est, accusationem vis non prohibetur intendere. *PP. XII k. April. Antonino A. IIII et Balbino conss.* (a. 213)

Kaiser Antoninus an Placidus. Dein Vater soll gegen denjenigen, von dem – wie er sich beklagt – eine Sklavin zur Flucht aufgewiegelt und nach erfolgtem Menschenraub ausgeführt worden ist, beim zuständigen Richter durch Erhebung einer dinglichen Klage zivilrechtlich vorgehen. Wenn er in der Angelegenheit durchdringt, wird er auch die Verbrechensverfolgung nach dem Fabischen Gesetz aufnehmen können. Wenn die Sklavin durch Gewalt entführt worden ist, ist er nicht gehindert, die Anklage wegen Gewalt zu erheben. *Ausgehängt am 21. März 213.*

Kommentar: Das Reskript behandelt die Konkurrenz zwischen der zivilrechtlichen *actio in rem* und der Strafverfolgung wegen *plagium* nach der *lex Fabia*, allenfalls auch nach der *lex Iulia de vi*. Zivilrechtliche und strafrechtliche Verfolgung können gehäuft werden. Dass die dingliche Klage gegen den Täter gewährt wurde, obwohl er wegen der Ausfuhr gar nicht mehr im Besitz der Sklavin war, erklärt sich damit, dass auch dolose Besitzaufgabe die Passivlegitimation begründete[649]; die Klage zielte in diesem Fall nicht auf Herausgabe, sondern auf Wertersatz.

269. **CI 9, 20, 2**. *Imp. Antoninus A. Aurelio.* Si ab Aeliano servum tuum susceptum et aliquamdiu occultatum moxque eo suadente fugae datum probare potes, legis Fabiae crimen per te vel actionem ad eam rem propositam, id est servi corrupti, per procuratorem tuum persequi potes. *PP. VII k. Aug. Antonino A. IIII et Balbino conss.* (a. 213)

Kaiser Antoninus an Aurelius. Wenn du beweisen kannst, dass dein Sklave von Aelianus aufgenommen und einige Zeit versteckt worden ist und bald auf sein Anraten hin die Flucht ergriffen hat, kannst du in eigener Person die Verbrechensanklage nach dem Fabischen Gesetz oder [auch?] die dafür geschaffene Klage, das heißt die wegen Korrumpierung eines Sklaven, durch deinen Vertreter erheben. *Ausgehängt am 25. Juli 213.*

Kommentar: Der Täter Aelianus hat den Sklaven des Aurelius zunächst aufgenommen und versteckt und in der Folge zur Flucht bewogen. Dem Aurelius werden zwei Klagen zugestanden, nämlich die *actio legis Fabiae* und die *actio servi corrupti*. Der Umstand, dass zwischen den beiden geschilderten Handlungen ein gewisser Zeitraum (*aliquamdiu*) liegt, hat in der Forschung dazu geführt, dass man durch das Herausstellen der sukzessiven Abfolge[650] die Konkurrenz der beiden Klagen erst durch die zweite Handlung des *persuadere* zur Flucht begründet sieht, während die erste Handlung nur die *actio legis Fabiae* auslösen habe kön-

Gegensatz von zivilem und prätorischem Eigentum bereits überholt (vgl. FN 2). Daher ist an eine *rei vindicatio* des K zu denken.

649 Paul. D 6, 1, 27, 3; S. Schipani, Responsabilità del convenuto 90 ff.; M. Wimmer, Besitz und Haftung des Vindikationsbeklagten 39 ff.

650 F. Serrao, Il frammento Leidense di Paolo, Milano 1956, 28; B. Bonfiglio, Corruptio servi 185.

nen[651]. Das ist m. E. zu eng gesehen: Denn das *suscipere* und *occultare* erfüllt nicht nur der Tatbestand des *plagium* nach der *lex Fabia* (vgl. Texte 168, 196 = 199, 200), sondern verwirklicht auch das *recipere* im Sinne des prätorischen Edikts *de servo corrupto* (Texte 23, 24). Ebenso – das ist unstreitig – fällt das anschließende Anraten zur Flucht sowohl unter die *lex Fabia* (Text 168) als auch unter den ediktalen Tatbestand (Texte 23, 26). Umstritten ist die Bedeutung von *vel*: Es wird einerseits im Sinn einer elektiven Konkurrenz[652], andererseits im Sinn einer Häufung[653] verstanden. Die *actio legis Fabiae* musste dabei vom Betroffenen selbst (*per te*), die *actio servi corrupti* konnte auch *per procuratorem* erhoben werden[654].

270. **CI 9, 20, 6.** *Impp. Diocletianus et Maximianus AA. Marcianae.* In fuga servum constitutum neque vendere neque donare licet. unde intellegis te in legem incidisse, quae super huiusmodi delictis certam poenam fisco inferendam statuit, exceptis coheredibus et sociis, quibus in divisione communium rerum licitationem de fugitivo servo invicem facere permissum est. ita vero liceat fugitivum vendere, ut tunc venditio valeat, quando ab emptore requisitus fuerit deprehensus. *PP. III id. Mart. Diocletiano et Maximiano AA. conss.* (a. 287)

Die Kaiser Diokletian und Maximian an Marciana. Es ist nicht erlaubt, einen auf der Flucht befindlichen Sklaven zu verkaufen oder zu verschenken. Daher siehst du ein, dass du unter die gesetzliche Bestimmung gefallen bist, welche für derartige Vergehen die Einzahlung einer bestimmten Strafsumme an den Fiskus anordnet, mit Ausnahme von Miterben und Gesellschaftern, denen es gestattet ist, bei der Teilung gemeinschaftlicher Sachen über einen flüchtigen Sklaven untereinander eine Versteigerung zu machen. Aber es ist erlaubt, einen flüchtigen Sklaven in der Weise zu verkaufen, dass der Verkauf dann wirksam wird, sobald er vom Käufer ausgeforscht und ergriffen worden ist. *Ausgehängt am 13. März 287.*

Kommentar: Das Verbot des Verkaufens geht auf ein SC aus der Prinzipatszeit zurück, welches das *vendere* und *emere* von flüchtigen Sklaven der Geldbuße der *lex Fabia* unterwarf (Texte 183, 201). Das Verbot erfasste auch die *domini* selbst (Text 163). Die Einbeziehung der Schenkung ist wohl eine spätere Erweiterung[655]. Die interne Versteigerung eines flüchtigen Sklaven im Rahmen eines Teilungsverfahrens führte zu einem richterlichen Zuspruch (*adiudicatio*) an die Partei, die den anderen dafür am meisten geboten hatte. Diese Abwicklung wurde zwar als kaufähnlicher Vorgang gesehen, aber das SC wurde darauf nicht angewandt. Diese Ausnahme ist schon dem klassischen Recht bekannt (Text 21), ebenso die im Schlusssatz[656] erwähnte Möglichkeit, das SC dadurch zu umgehen, dass der Kaufvertrag unter der aufschiebenden Bedingung der Ergreifung durch den Käufer abgeschlossen wurde (Text 162).

271. **CI 9, 20, 7.** *Impp. Diocletianus et Maximianus AA. Maximo pu.* Quoniam servos a plagiariis alienari ex urbe significas atque ita interdum ingenuos homines eorum scelere asportari

[651] G. Longo, Ricerche romanistiche 757; R. Lambertini, Plagium 128; B. Bonfiglio, Corruptio servi 185.

[652] So M. De Dominicis, Scritti in memoria di Antonio Giuffrè, Milano 1967, 238; R. Lambertini, Plagium 128.

[653] So F. Avonzo, BIDR 59/60 (1956) 170; U. Brasdiello, Corso di diritto romano II. Atto illecito, pena e risarcimento del danno, Milano 1957, 254; G. Cervenca, AG 201 (1981) 78 FN 13.

[654] Dass das *vel* vor allem diesen Umstand herausstellen wollte, betonen G. Cervenca, AG 201 (1981) 78 FN 13 und B. Bonfiglio, Corruptio servi 185.

[655] D. Daube, Juridical Review 64 (1952) 18.

[656] Gegen die Bedenken von E. Levy, Pauli Sententiae 111 FN 536 hat D. Daube, Juridical Review 64 (1952) 24 betont, dass in einem Reskript sich solche – über den eigentlichen Fall hinausgehende – Belehrungen finden können.

solere perscribis, horum delictorum licentiae maiore severitate occurrendum esse decernimus. § 1. Ac propterea si quem in huiusmodi facinore deprehenderis, capite eum plecti non dubitabis, ut poenae genere deterreri ceteri possint, quominus istiusmodi audacia vel servos vel liberos ab urbe abstrahere atque alienare audeant. *D. VI id. Dec. Diocletiano III et Maximiano AA. conss.* (a. 287)

Die Kaiser Diokletian und Maximian an den Stadtpräfekten Maximus. Weil du darauf hinweist, dass Sklaven von Menschenräubern aus der Stadt veräußert werden und weil du schreibst, dass auf diese Weise manchmal auch freigeborene Menschen durch deren Verbrechen ausgeführt zu werden pflegen, so bestimmen wir, dass der Unverschämtheit solcher Verbrechen mit größerer Strenge zu begegnen ist. § 1. Und wenn du daher irgendjemanden bei einem derartigen Verbrechen ergreifst, wirst du nicht zweifeln, über ihn die Todesstrafe zu verhängen, damit durch diese Art der Strafe die Übrigen davon abgeschreckt werden können, es zu wagen, durch eine derartige Dreistigkeit entweder Sklaven oder Freie von der Stadt auszuführen und zu veräußern. *Gegeben am 8. Dezember 287.*

Kommentar: Die von Diokletian angeratene besondere Schärfe ist wohl durch die besonderen Umstände bedingt, auf die eigens hingewiesen wird (*alienare*, *asportare*, *exportare*). Das entspricht damit dem Hinweis des zeitgenössischen Juristen Hermogenian, wonach die Strafe *pro delicti modo*[657] zu verhängen ist. Es handelt sich daher nicht um eine Einführung der *poena capitalis* für das *crimen plagii* durch Diokletian[658] – der durch Paul. Sent. 5, 30 b, 1 geschilderte Rechtszustand mit Todesstrafe und *metalla* für die *humiliores*, *relegatio* für die *honestiores* ist sicher schon zuvor erreicht worden (Text 196 = 199) –, sondern um eine Verschärfung[659] der Strafpraxis in Rom, die durch diese besonderen Verhältnisse veranlasst und daher wohl nicht auf die *humiliores* beschränkt war[660]. Mit *alienare*, *asportare*, *exportare* kann sowohl der physische Vorgang der gewaltsamen Entführung aus Rom[661] als auch ein Verkauf mit Exportklausel und Rückkehrverbot[662] gemeint sein.

272. **CI 9, 20, 8**. *Impp. Diocletianus et Maximianus AA. Constant.* Praeses provinciae discreto prius iure dominii intellegat, audiendum sit plagii crimen nec ne. Nam si proprietatis tuae mancipium esse constiterit, expirasse criminis intentionem emersa dominii luce manifestabit: si vero servum alienum esse constiterit, post disceptatam proprietatis quaestionem et criminis causam audiet. *PP. VIII k. Sept. ipsis AA. IIII et III conss.* (a. 290)

Die Kaiser Diokletian und Maximian an Constant. Der Provinzstatthalter soll zuerst durch Klärung des Eigentumsrechts ersehen, ob die Anklage wegen Menschenraubs zu hören ist oder nicht. Denn wenn feststeht, dass der Sklave in deinem Eigentum steht, wird er dartun, dass durch die Klärung des Eigentums die Verbrechensanklage erloschen ist. Wenn aber feststeht, dass es sich um einen fremden Sklaven handelt, wird er nach Entscheidung der Eigentumsfrage auch die Verbrechensangelegenheit anhören. *Ausgehängt am 25. August 290.*

[657] Herm. D 48, 15, 7. Das führt eben nur *plerumque* zur Verurteilung *ad metalla*, wie Hermogenian ausführt, schließt aber eine strengere Strafe nicht aus.

[658] So H. Niedermeyer, St. Bonfante II 387 f.

[659] E. Levy, BIDR 45 (1938) 151 = Gesammelte Schriften II, Köln 1963, 498 f.

[660] H. Bellen, Sklavenflucht 57; R. Lambertini, Plagium 155.

[661] So H. Bellen, Sklavenflucht 61.

[662] So R. Lambertini, Plagium 175 f.

Kommentar: Bei *plagium*-Prozessen wurde von den Angeklagten gelegentlich vorgebracht, sie seien die Eigentümer der entführten oder zur Flucht überredeten Sklaven (vgl. Text 165). Da die Eigentumsfrage eine wesentliche Vorfrage hinsichtlich der Strafbarkeit ist, ordnet Diokletian aus Gründen der Verfahrensökonomie an, dass zuerst die Eigentumsfrage behandelt werden soll. Die Straffreiheit bei Entführung oder Fluchtanstiftung eines eigenen Sklaven ergibt sich aus dem Wortlaut der *lex Fabia*, die ausdrücklich von einem *servus alienus* spricht (vgl. Texte 168, 196 = 199, 200).

273. **CI 9, 20, 9**. *Impp. Diocletianus et Maximianus A. et CC. Eugenio.* Eum, qui mancipium alienum celat, Fabiae legis crimine teneri non est incerti iuris. *S. id. Mai. Heracliae AA. conss.* (a. 293)

Die Kaiser Diokletian und Maximian an Eugenius. Dass derjenige, der einen fremden Sklaven versteckt hält, für das Verbrechen des Fabischen Gesetzes haftet, ist völlig klares Recht. *Unterschrieben in Heraclia am 15. Mai 293.*

Kommentar: Die Entscheidung stützt sich ebenso auf den Wortlaut der *lex Fabia*, welche unter den Tatbildern das *celare* eines *servus alienus* erwähnt (vgl. Texte 168, 196 = 199, 200).

274. **CI 9, 20, 10**. *Impp. Diocletianus et Maximianus AA. et CC. Dizae.* Comparantem ab eo, qui abduxit plagio mancipia, si delicti socius non probetur, nullo crimine teneri convenit. *S. non. Nov. Lucione AA. conss.* (a. 293)

Die Kaiser Diokletian und Maximian an Diza. Wer von demjenigen kauft, der durch Menschenraub Sklaven entführt hat, haftet, wenn er nicht als Komplize des Verbrechens überführt wird, nach allgemeiner Ansicht für kein Verbrechen. *Unterschrieben in Lucion am 5. November 293.*

Kommentar: Die *lex Fabia* bezog auch die Komplizen in die Bestrafung wegen *plagium* ein (vgl. Texte 168, 200). Ein gutgläubiger Käufer ist freilich kein Komplize.

275. **CI 9, 20, 12**. *Impp. Diocletianus et Maximianus AA. et CC. Muciano.* Si quis servum fugitivum sciens cum rebus furtivis suscepit, cum horum nomine furti actione teneatur, haec tibi rector provinciae cum solita poena restitui efficiet. sed et si criminis plagii accusationem institueris, tibi audientiam praebere non dubitabit. *S. prid. id. Sept. Singiduni CC. conss.* (a. 294)

Die Kaiser Diokletian und Maximian an Mucianus. Wenn jemand einen flüchtigen Sklaven wissentlich mit den gestohlenen Sachen aufgenommen hat, so wird der Provinzstatthalter veranlassen, dass diese dir samt der üblichen Strafsumme erstattet werden, weil er ja bezüglich dieser Gegenstände mit der Diebstahlsklage haftet. Aber auch wenn du Anklage wegen des Verbrechens des Menschenraubs erhebst, wird er nicht zögern, dir Gehör zu gewähren. *Unterschrieben in Singidunum am 12. September 294.*

Kommentar: Die *actio furti* bezieht sich nur auf die gestohlenen Sachen[663], die *accusatio plagii* hingegen auf den Sklaven, wobei sich das Reskript gar nicht zum Erfolg einer solchen *accusatio* äußert, zumal in der Sachverhaltsschilderung nur von *suscipere*, aber nicht von *ce-*

[663] So F. Pringsheim, Ges. Abhandlungen II 159 unter Berufung auf Bas. 60, 48, 17; ebenso R. Lambertini, Plagium 171; anders H. Bellen, Sklavenflucht 58 FN 408, der *horum* und *haec* auf den Sklaven und die Sachen bezieht.

lare die Rede ist[664]. Es ging in erster Linie um die Klarstellung, dass für beide Verfahren der Statthalter zuständig ist.

276. **CI 9, 31, 1.** *Imppp. Valens Gratianus et Valentinianus AAA. Antonio pp.* A plerisque prudentium generaliter definitum est, quotiens de re familiari et civilis et criminalis competit actio, utraque licere experiri, sive prius criminalis sive civilis actio moveatur, nec si civiliter fuerit actum, criminalem posse consumi, et similiter e contrario. § 1. Sic denique et per vim possessione deiectus, si de ea recuperanda interdicto unde vi erit usus, non prohibetur tamen etiam lege Iulia de vi publico iudicio instituere accusationem: et suppresso testamento cum ex interdicto de tabulis exhibendis fuerit actum, nihilo minus ex lege Cornelia testamentaria poterit crimen inferri: et cum libertus se dicit ingenuum, tam de operis civiliter quam etiam lege Viselli criminaliter poterit perurgueri. § 2. Quo in genere habetur furti actio et legis Fabiae constitutum, et plurima alia sunt, quae enumerari non possunt, ut, cum altera prius actio intentata sit, per alteram quae supererit iudicatum liceat retractari. § 3. Qua iuris definitione non ambigitur etiam falsi crimen, de quo civiliter iam actum est, criminaliter esse repetendum. *D. prid. id. Ian. Treviris Valente VI et Valentiniano II AA. conss.* (a. 378)

Die Kaiser Valens, Gratian und Valentinian an den Prätorianerpräfekten Antonius. Von den meisten der Rechtsgelehrten ist die allgemeine Regel aufgestellt worden: Wenn in einer Vermögensangelegenheit sowohl eine zivile als auch eine Strafklage zusteht, dann kann mit beiden vorgegangen werden, sei es dass zuerst die Strafklage, sei es dass zuerst die zivile Klage erhoben wird, und es kann, wenn zivilrechtlich geklagt worden ist, dadurch nicht die Strafklage erlöschen, und in ähnlicher Weise auch umgekehrt. § 1. So ist schließlich auch derjenige, der mit Gewalt aus dem Besitz vertrieben worden ist, wenn er zu dessen Wiedererlangung das interdictum unde vi angestellt hat, nicht gehindert, dennoch auch in einem öffentlichen Strafverfahren die Anklage nach dem Julischen Gesetz über Gewalt vorzunehmen: Auch wenn bei Unterdrückung eines Testaments mit dem Interdikt Vorweisung der Testamentsurkunde angestellt worden ist, kann nichtsdestoweniger die Anklage nach dem cornelischen Testamentsgesetz eingebracht werden: Auch wenn ein Freigelassener behauptet, ein Freigeborener zu sein, so wird er sowohl hinsichtlich seiner Dienstleistungen zivilrechtlich als auch nach dem Visellischen Gesetz strafrechtlich verfolgt werden können. § 2. Zu dieser Fallgruppe gehört auch die Diebstahlsklage und die Anordnung des Fabischen Gesetzes, und es gibt sehr viele andere Fälle, die nicht aufgezählt werden können, so dass, wenn die eine Klage zuerst angestellt worden ist, es möglich ist, durch die andere, die noch übrig sein wird, das, worüber schon ein Urteil ergangen ist, erneut zum Gegenstand einer Verhandlung zu machen. § 3. Aufgrund dieser Rechtsregel besteht kein Zweifel, dass auch ein Fälschungsdelikt, über das schon zivilrechtlich geklagt worden ist, in einem Strafverfahren erneut verhandelt werden soll. *Gegeben in Trier am 12. Januar 378.*

Kommentar: Siehe CTh 9, 20, 1 (Text 208).

277. **CI 11, 8, 5.** *Impp. Valentinianus et Valens AA. et Gratianus A. ad Philematium comitem sacrarum largitionum.* Qui aliquem ex familiis gynaecii in latebris habere comperti sunt, quinque librarum auri damno subicientur. *D. XII k. Sept. Ciliciae Modesto et Arintheo conss.* (a. 372)

[664] Erst dadurch wird nach der *lex Fabia* (vgl. Texte 168, 196, 200) der Tatbestand des *plagium* verwirklicht. Vgl. auch das diokletianische Reskript Text 273.

Die Kaiser Valentinian, Valens und Gratian an den Finanzminister Philematius. Diejenigen, von denen in Erfahrung gebracht wird, dass sie irgendjemanden aus dem Personal der kaiserlichen Weberei versteckt halten, werden einer Strafe von 5 Goldpfund unterliegen. *Gegeben in Kilikien am 21. August 372.*

Kommentar: Siehe CTh 10, 20, 7 (Text 215).

278. **CI 11, 8, 6.** *Imppp. Gratianus Valentinianus et Theodosius AAA. ad Eucherium.* Qui textrini nostri mancipia occultatione celaverit, ternis libris auri pro singulorum hominum suppressione plectetur. *PP. Karthagine III k. Mart. post consulatum Ausonii et Olybrii.* (a. 380)

Die Kaiser Gratian, Valentinian und Theodosius an Eucherius. Wer Sklaven unserer Weberei durch Verbergen verhehlt, wird für die Verhehlung jedes Einzelnen mit je 3 Goldpfund bestraft werden. *Ausgehängt in Karthago am 28. Februar 380.*

Kommentar: Siehe CTh 10, 20, 9 (Text 216).

279. **CI 11, 26, 1.** *Imppp. Gratianus Valentinianus et Theodosius AAA. ad Severum pu.* Cunctis adfatim, quos in publicum quaestum incerta mendicitas vocabit, inspectis exploretur in singulis et integritas corporum et robur annorum, atque inertibus et absque ulla debilitate miserandis necessitas inferatur, ut eorum quidem, quos tenet condicio servilis, proditor studiosus et diligens dominium consequatur, eorum vero, quos natalium sola libertas prosequatur, colonatu perpetuo fulciatur, quisquis huiusmodi lenitudinem prodiderit ac probaverit: salva dominis actione in eos, qui vel latebram forte fugitivis vel mendicitatis subeundae consilium praestiterunt. *D. XII k. Iul. Patavi Antonio et Syagrio conss.* (a. 382)

Die Kaiser Gratian, Valentinian und Theodosius an den Stadtpräfekten Severus. Nach hinlänglicher Überprüfung aller, die eine unstete Bettelei zu einem öffentlichen Lebensunterhalt rufen wird, soll bei jedem Einzelnen sowohl die körperliche Verfassung als auch die Kraft des Lebensalters erforscht werden. Den Faulen und ohne jede Schwäche Mitleid Heischenden wird eine Zwangsmaßnahme auferlegt, dass freilich an denjenigen, die sich im Sklavenstand befinden, der eifrige und umsichtige Aufdecker das Eigentum erlangen soll, die Freigeborenen aber demjenigen in ewiger Hörigkeit zuteil werden sollen, der eine derartige Liederlichkeit aufgedeckt und nachgewiesen hat: Unbeschadet bleibt die Klage der Eigentümer gegen diejenigen, die entweder flüchtigen Sklaven ein Versteck oder einen Rat zum Einlassen auf die Bettelei gewährt haben. *Gegeben in Padua am 20. Juni 382.*

Kommentar: Siehe CTh 14, 18, 1 (Text 218).

280. **CI 11, 48, 3.** *Impp. Valentinianus et Valens AA. ad Faventium vicarium Italiae.* Quisquis ex desertis agris veluti vagos servos liberalitate nostra fuerit consecutus, pro fiscalibus pensitationibus ad integram terrae professionem, ex qua videlicet servi manere videntur, habeatur obnoxius. § 1. Id etiam circa eos observari volumus, qui ex huiusmodi fundis servos ad possessiones suas transire permiserint. *D. prid. k. Aug. Mediolani Valentiniano et Valente AA. conss.* (a. 365)

Die Kaiser Valentinian und Valens an Faventius, den Vikar Italiens. Wer von verlassenen Ländereien durch unsere Freigebigkeit Sklaven erhalten hat, so als ob sie herumstreifende sind, wird im Hinblick auf die Steuerleistungen zur gesamten Erklärung des Bodens für verpflichtet gehalten, dem die Sklaven weiterhin als zugehörig angesehen werden. § 1. Wir wollen, dass dies auch hinsichtlich derer beachtet wird, die zugelassen haben, dass Sklaven von derartigen Grundstücken auf ihre Besitzungen übergehen. *Gegeben in Mailand am 31. Juli 365.*

Kommentar: Siehe CTh 11, 1, 12 (Text 217).

281. **CI 11, 48, 8**. *Impp. Valentinianus et Valens AAA. ad Probum pp.* Omnes profugi in alieno latebras collocantes cum emolumentis tributariis, salva tamen moderatione, revocentur, scilicet ut si, apud quos homines reperiuntur, alienos esse noverant fugitivos et profugis in lucrum suum usi sunt, hoc est sive excoluerunt agros fructibus dominis profuturos sive aliqua ab isdem sibi iniuncta novaverunt nec mercedem laboris debitam consecuti sunt, ab illis tributa quae publicis perierunt functionibus exigantur. § 1. Ceterum si occultato eo profugi, quod alieni esse videntur, quasi sui arbitrii ac liberi apud aliquem se collocaverunt aut excolentes terras partem fructuum pro solo debitam dominis praestiterunt cetera proprio peculio reservantes, vel quibuscumque operis impensis mercedem placitam consecuti sunt, ab ipsis profugis quaecumque debentur exigantur: nam manifestum est privatum iam esse contractum. § 2. ...

Die Kaiser Valentinian und Valens an den Prätorianerpräfekten Probus. Alle, die sich auf fremdem Grund als Flüchtige aufhalten, sollen samt den steuerlichen Leistungen, jedoch unbeschadet einer Mäßigung, zurückgerufen werden, freilich wie folgt: Wenn diejenigen, bei denen die Menschen gefunden werden, wussten, dass die Flüchtigen anderen gehören und sie die Flüchtigen zu ihrem Vorteil verwendet haben, das heißt dass diese Äcker bebaut haben, die den Eigentümern Früchte bringen werden, sei es dass sie irgendwelche ihnen von denselben auferlegte Arbeiten verrichtet und nicht den gebührenden Lohn für Arbeiten erhalten haben, dann sollen von jenen die Steuern verlangt werden, die den öffentlichen Einnahmen entgangen sind. § 1. Im Übrigen, wenn sie sich unter Verheimlichung des Umstandes, dass sie als anderen gehörig anzusehen sind, gleichsam als Unabhängige und Freie bei jemandem verdungen haben oder durch Ackerbau den für den Boden gebührenden Teil des Ertrages an die Eigentümer geleistet haben, wobei sie den Rest in ihrem eigenen Sondergut behielten, oder wenn sie für welche auch immer geleisteten Arbeiten den vereinbarten Lohn erhalten haben, dann werden von den Flüchtigen selbst die Abgaben verlangt, die geschuldet werden: denn es ist offensichtlich, dass ein privatrechtlicher Vertrag vorliegt. § 2. ...

Kommentar: Die Bestimmung spricht allgemein von *profugi*. Für das Justinianische Recht sind damit aufgrund der Platzierung im Titel CI 11, 48 (*De agricolis censitis vel colonis*) grundhörige Personen gemeint. Der Wortlaut schließt aber für den Erlasszeitpunkt der Konstitution nicht aus, dass unter den *omnes profugi* auch Sklaven miterfasst sind. Geregelt wird neben der Rückführung auch die Tragung der Steuerlast für diese Personen während ihrer Abwesenheit. Kriterium ist die Schlecht- bzw. Gutgläubigkeit der Grundeigentümer, für die die Flüchtigen gearbeitet haben. Dass es auch flüchtigen Sklaven gelingt, sich als Lohnarbeiter zu verdingen, ist schon für die klassische Zeit bezeugt (Text 167).

282. **CI 11, 48, 12**. *Impp. Arcadius et Honorius AA. Florentio...* Servos vel tributarios vel inquilinos apud dominos volumus remanere. nam cum metu damni deterritus unusquisque eum quem incognitum habuerit coeperit propulsare, voluntas fugiendi servis non erit: nemo enim dominum suum deserit sciens nusquam sibi latendi locum esse derelictum. § 1. Sed aut cognitum sibi ingenuum unusquisque suscipiet, aut eum qui se liberum esse simulaverit a se submovebit metuens his quae statuta sunt obnoxius fieri. § 2. Si quis igitur ex memoratis

fugitivis apud quemlibet fuerit repertus, duodecim libras argenti fisco nostro inferat detentator, ipsi autem cuius fuit praeter eundem fugitivum alterum etiam eiusdem aestimationis inferre decernimus.

Die Kaiser Arcadius und Honorius an Florentius. Wir wollen, dass Sklaven, Zinspflichtige oder Hörige bei ihren Eigentümern bleiben. Denn wenn jeder Einzelne, abgeschreckt durch die Angst vor einem Nachteil, den wegzujagen beginnt, den er als Unbekannten bei sich hat, wird den Sklaven der Wille zur Flucht vergehen: Denn niemand verlässt seinen Eigentümer, wenn er weiß, dass ihm nirgends ein Platz zum Verstecken bleibt. § 1. Aber jeder wird entweder den aufnehmen, der ihm als freigeboren bekannt ist, oder aber denjenigen, der vorgetäuscht hat, ein Freier zu sein, von sich entfernen, wenn er fürchtet, dass er sich nach den Anordnungen schuldig macht. § 2. Wenn also jemand von den erwähnten Flüchtlingen bei jemandem aufgefunden wird, soll der Besitzer 12 Silberpfunde an unseren Fiskus einzahlen; dem Eigentümer aber – so bestimmen wir – hat er außer dem Flüchtigen selbst auch einen anderen von demselben Wert zu leisten.

Kommentar: Die Stellung eines zusätzlichen Sklaven findet sich schon in der Konstantinischen Regelung (Text 256), eine Verschärfung stellt allerdings die Fiskalbuße dar. Zur Gleichbehandlung von Sklavenflucht und Kolonenflucht siehe auch Texte 206, 281, 282, 284.

283. **CI 11, 48, 23 pr**. *Imp. Iustinianus A. Iohanni pp.* Cum satis inhumanum est terram quae ab initio adscripticios habebat suis quodammodo membris defraudari et colonos in aliis terris demorantes dominos terrae maximis damnis adficere, censemus, quemadmodum in curialium condicione nemo ex temporali cursu liberatur, ita nec adscripticiae condicioni suppositus ex annalibus curriculis, quantacumque emanaverint, vel quacumque prolixa negotiatione aliquis sibi vindicet libertatem: sed remaneat adscripticius et inhaereat terrae. et si se celaverit vel separare conatus fuerit, secundum exemplum servi fugitivi sese diutinis insidiis furari intellegatur et sit suppositus una cum subole sua, etsi in alia terra eam fecerit, huiusmodi fortunae et capitali illationi, nulla liberatione ei penitus competente. (a. 531 - 534)

Kaiser Justinian an den Prätorianerpräfekten Johannes. Da es zur Genüge unmenschlich ist, dass ein Landgut, welches von Anfang an Grundhörige hatte, gewissermaßen seiner Gliedmaßen beraubt wird und dass Hörige, die sich auf anderen Landgütern aufhalten, den Grundeigentümern große Schäden zufügen, ordnen wir an: So wie im Stand der Gemeinderäte niemand durch Ablauf der Zeit befreit wird, so soll auch kein der Grundhörigkeit Unterworfener aus Jahresabläufen, wie viele auch immer es gewesen sind, oder durch irgendeine lange Beschäftigung die Freiheit für sich beanspruchen: Sondern er soll grundhörig bleiben und an den Boden gebunden sein. Und wenn er sich verborgen hat oder gewagt, sich zu entfernen, soll es nach dem Beispiel des flüchtigen Sklaven so aufgefasst werden, dass er sich durch langen Hinterhalt davonstiehlt, und er soll zusammen mit seiner Nachkommenschaft, auch wenn er sie auf einem fremden Landgut hervorgebracht hat, einem derartigen Schicksal und der Kopfsteuerpflicht unterworfen bleiben, wobei ihm überhaupt keine Befreiung zusteht. (a. 531 - 534)

Kommentar: Die in der nachklassischen Rechtssetzung zu beobachtende Parallelisierung von Kolonenflucht und Sklavenflucht (vgl. Texte 206, 281, 282, 284) führt hier dazu, dass der Gedanke der Unersitzbarkeit flüchtiger Sklaven (vgl. Texte 14, 153, 253, 286) auf den *colonus* erstreckt wird: Er kann sich auf keine *longi temporis praescriptio* berufen, daher unterliegen er und auch seine später geborenen Kinder ohne zeitliche Beschränkung der Bindung an die angestammte Scholle (*adscriptio*).

284. **CI 11, 53, 1**. *Imppp. Valentinianus Valens et Gratianus AAA. ad Probum pp.* Colonos inquilinosque per Illyricum vicinasque regiones abeundi rure, in quo eos originis agnationisque merito certum est immorari, licentiam habere non posse censemus. § 1. Inserviant terris non tributario nexu, sed nomine et titulo colonorum, ita ut, si abscesserint ad aliumve transierint, revocati vinculis poenisque subdantur, maneatque eos poena, qui alienum et incognitum recipiendum esse duxerint, tam in redhibitione operarum et damni, quod locis quae deseruerant factum est, quam multae, cuius modum in auctoritate iudicis collocamus: ita ut etiam dominus fundi, in quo alienus fuisse monstrabitur, pro qualitate peccati coercitionem subire cogatur nec sit ignorantiae locus, cum ad criminis rationem solum illud sufficiat, quod incognitum sibi tenuit. § 2. Servum etiam in memoratis regionibus si quis receperit, ignorationis excusatione sublata quadrupli poena teneatur, operarum praeterea compendiis damnisque praestitis. § 3. In libertis etiam, quos pari usurpatione susceperit, is modus sit, quem circa liberos duximus colonos retinendum. *D. III id. Iul. Gratiano A. II et Probo conss.* (a. 371)

Die Kaiser Valentinian, Valens und Gratian an den Prätorianerpräfekten Probus. Wir meinen, dass Hörige und Pächter in Illyrien und den benachbarten Regionen keine Erlaubnis haben können, sich aus dem Landgut zu entfernen, auf dem sie sich aufgrund ihrer Herkunft und Abstammung aufhalten sollen. § 1. Sie sollen den Ländereien nicht aufgrund der Steuerpflicht, sondern unter dem Namen und Titel von Hörigen in der Weise dienen, dass sie, wenn sie sich entfernt haben und zu einem anderen gegangen sind, zurückberufen und Fesselungen und Strafen unterliegen sollen, und es soll auch diejenigen eine Strafe treffen, die gemeint haben, einen Fremden und Unbekannten aufnehmen zu müssen, sowohl im Ersatz der Dienstleistungen und des Schadens, der den Orten entstanden ist, die sie verlassen haben, als auch in einer Strafe, deren Bemessung wir in die Befugnis des Richters stellen: So dass auch der Eigentümer des Grundes, auf dem sich ein Fremder erwiesenermaßen aufgehalten hat, entsprechend seiner Verfehlung eine Strafe auf sich zu nehmen gezwungen wird und auch bei Unwissenheit kein Platz für eine Entschuldigung ist, da es zur Verwirklichung des Verbrechens schon genügt, dass er einen Unbekannten bei sich behalten hat. § 2. Auch wenn jemand in den erwähnten Regionen einen Sklaven aufgenommen hat, haftet er unter Wegfall des Entschuldigungsgrundes der Unwissenheit auf die Strafe des Vierfachen, wobei außerdem die entgangenen Vorteile und Schäden zu ersetzen sind. § 3. Auch bei Freigelassenen, welche jemand in gleicher Anmaßung aufgenommen hat, soll das Strafmaß gelten, welches wir bei den freien Hörigen einzuhalten gemeint haben. *Gegeben am 13. Juli 371.*

Kommentar: Im pr und in § 1 wird die Kolonenflucht behandelt, in § 2 die Sklavenflucht. Es handelt sich um eine auf die erwähnten Regionen beschränkte Sonderregelung[665]: Eine Verschärfung liegt darin, dass im Gegensatz zum klassischen (vgl. Texte 164, 167) und noch unter Konstantin (Text 256, § 3) gewahrten Prinzip hier eine Berufung auf Gutgläubigkeit abgeschnitten wird, da die Strafe auch bei *ignorantia* eintritt. Dass dabei nicht an Rechtsunkenntnis (*ignorantia iuris*), sondern an *ignorantia facti* gedacht ist, zeigt die Begründung in § 1: Es genügt für die Strafbarkeit, einen Unbekannten aufzunehmen. Die zweite Besonderheit stellt die *poena quadrupli* dar, während nach der allgemeinen, auf Konstantin zurückgehenden Regelung (Text 256, pr) nur der flüchtige Sklave und ein weite-

[665] H. Bellen, Sklavenflucht 61 f.

rer von gleichem Wert (oder ein Pauschaläquivalent in Geld) zu leisten war und nur im Wiederholungsfall die *poena quadrupli* eintreten konnte.

9. INSTITUTIONEN JUSTINIANS

285. **Inst 1, 8, 2**. Sed hoc tempore nullis hominibus, qui sub imperio nostro sunt, licet sine causa legibus cognita et supra modum in servos suos saevire. nam ex constitutione divi Pii Antonini qui sine causa servum suum occiderit, non minus puniri iubetur, quam qui servum alienum occiderit. sed et maior asperitas dominorum eiusdem principis constitutione coercetur. nam consultus a quibusdam praesidibus provinciarum de his servis, qui ad aedem sacram vel ad statuas principum confugiunt, praecepit, ut si intolerabilis videatur dominorum saevitia, cogantur servos bonis condicionibus vendere, ut pretium dominis daretur: et recte; expedit enim rei publicae, ne quis re sua male utatur. cuius rescripti ad Aelium Marcianum emissi verba haec sunt: „Dominorum quidem potestatem in suos servos illibatam esse oportet nec cuiquam hominum ius suum detrahi. sed dominorum interest, ne auxilium contra saevitiam vel famem vel intolerabilem iniuriam denegetur his qui iuste deprecantur. ideoque cognosce de querellis eorum, qui ex familia Iulii Sabini ad statuam confugerunt, et si vel durius habitos, quam aequum est, vel infami iniuria affectos cognoveris, veniri iube, ita ut in potestatem domini non revertantur. qui Sabinus, si meae constitutioni fraudem fecerit, sciet, me admissum severius exsecuturum."

Aber in heutiger Zeit ist es keinem, der unter unserer Herrschaft lebt, erlaubt, an seinen Sklaven ohne gesetzlich anerkannten Grund und ohne Maß seinen Zorn auszulassen. Denn nach einer Konstitution des vergöttlichten Kaisers Antoninus Pius soll, wer seinen Sklaven grundlos tötet, nicht weniger bestraft werden als jemand, der einen fremden Sklaven tötet. Aber auch einer allzu großen Strenge der Eigentümer werden durch eine Konstitution desselben Kaisers Schranken gesetzt. Denn auf Anfragen einiger Statthalter der Provinzen wegen solcher Sklaven, die sich in einen heiligen Tempel oder zu den Kaiserstatuen flüchten, hat er angeordnet, dass die Eigentümer dann, wenn ihre Grausamkeit unerträglich scheint, gezwungen werden, die Sklaven zu günstigen Bedingungen zu verkaufen, und dass die Eigentümer den Kaufpreis erhalten, und das mit Recht. Denn es ist dem Gemeinwesen förderlich, dass niemand seine Sache missbraucht. Die Worte seines an Aelius Marcianus gerichteten Reskripts sind diese: „Zwar muss die Gewalt der Eigentümer über ihre Sklaven ungeschmälert bleiben und darf keinem Menschen sein Recht genommen werden, doch liegt es im Interesse der Eigentümer, dass Hilfe gegen Grausamkeit, Hunger oder unerträgliches Unrecht denen nicht versagt wird, die sie mit Recht erflehen. Deshalb untersuche die Beschwerden derer, die aus der Sklavenschar des Iulius Sabinus sich zur Kaiserstatue geflüchtet haben, und wenn Du findest, dass sie härter behandelt wurden, als billig ist, oder dass ihnen schändliches Unrecht zugefügt wurde, so befiehl, sie mit der Maßgabe zu verkaufen, dass sie nicht in die Gewalt ihres Eigentümers zurückkommen dürfen. Und dieser Sabinus soll wissen, dass ich sein Vergehen noch strenger ahnden werde, wenn er meine Konstitution umgeht".

Kommentar: Justinian lehnt sich in seinen Institutionen zunächst an Gaius an (siehe dazu Text 1 samt Kommentar). Das anschließend im Wortlaut wiedergegebene Reskript von

Antoninus Pius an den Statthalter Aelius Marcianus findet sich auch in einer Monographie von Ulpian über das Amt des Provinzstatthalters (siehe Texte 2 = 198) als wörtliches Zitat[666].

Anders als im Gaius-Text (*male enim nostro iure uti non debemus*) wird von Justinian der Zwangsverkauf nicht mit dem Gedanken des Rechtsmissbrauchs, sondern mit der *utilitas publica* motiviert, die es verbietet, dass jemand seine Sache schlecht gebraucht (*ne quis re sua male utatur*). Ebenso verlangt Justinian einen Verkauf *bonis condicionibus*. Darunter wird im klassischen Recht ein Kaufvertrag verstanden, bei dem der Verkäufer eine Garantieerklärung abgibt[667]. Ob man hier dieselbe Bedeutung unterstellen kann, ist zweifelhaft: Die Theophilus-Paraphrase zu dieser Stelle bezieht die *bonae condiciones* nicht auf den Käufer, sondern auf den verkauften Sklaven[668].

286. **Inst 2, 6, 1**. Sed aliquando etiamsi maxime quis bona fide rem possederit, non tamen illi usucapio ullo tempore procedit, veluti si quis liberum hominem vel rem sacram vel religiosam vel servum fugitivum possideat.

Aber manchmal tritt, auch wenn jemand eine Sache durchaus gutgläubig besitzt, dennoch zu keiner Zeit eine Ersitzung ein, zum Beispiel wenn jemand einen freien Menschen, eine sakrale oder religiöse Sache oder einen entflohenen Sklaven besitzt.

Kommentar: Zur Ersitzung einer Sache ist neben Gutgläubigkeit (*bona fides*), einem Titel (z. B. Kauf) und ununterbrochenem Besitz (*possessio*) durch die vorgesehene Zeit (*tempus*: in der Klassik bei beweglichen Sachen 1 Jahr, bei unbeweglichen 2 Jahre) auch erforderlich, dass die Sache ersitzungsfähig (eine so genannte *res habilis*) ist. Zu den nicht ersitzungsfähigen Sachen gehört auch der *servus fugitivus*. In den Texten 153 und 253 wird dies damit begründet, dass der Sklave durch seine Flucht einen Diebstahl an sich selbst (*furtum sui*) begeht und dadurch zur gestohlenen Sache (*res furtiva*) wird.

287. **Inst 3, 18 pr - 1**. Stipulationum aliae iudiciales sunt, aliae praetoriae, aliae conventionales, aliae communes tam praetoriae quam iudiciales. § 1. Iudiciales sunt dumtaxat, quae a mero iudicis officio proficiscuntur: veluti de dolo cautio vel de persequendo servo qui in fuga est restituendove pretio.

Von den Stipulationen sind einige richterlich, andere prätorisch, wieder andere vertraglich, noch andere 'gemeinsame', nämlich sowohl prätorisch als auch richterlich.
§ 1. Lediglich richterlich sind die Stipulationen, die allein aus der Amtsbefugnis des Richters hervorgehen, zum Beispiel die Sicherheitsleistung wegen Arglist oder wegen Verfolgung eines flüchtigen Sklaven oder wegen Zahlung des Sachwerts.

Kommentar: Stipulationen sind förmliche mündliche Leistungsversprechen. Hier wird nach der Übersicht zunächst auf die richterlichen Stipulationen (*cautiones iudiciales*)[669] eingegan-

[666] Die (sachlich nicht ins Gewicht fallenden) Abweichungen im Wortlaut sind bei F. Wieacker, Textstufen klassischer Juristen 392 ff. und R. Gamauf, Ad statuam licet confugere 83 dargestellt.

[667] M. Memmer, SZ 107 (1990) 10 ff.; É. Jakab, Praedicere und cavere 187 ff.: vgl. auch Text 97 und Kommentar.

[668] Theoph. 1, 8, 2; So auch W. W. Buckland, Law of Slavery 37 und R. Gamauf, Ad statuam licet confugere 60. Wieder anders beziehen E. Albertario, Studi di diritto romano III 407 und R. Bonini, Studi in memoria di Guido Donatuti I, Milano 1973, 155 FN 34 die *bonae condiciones* auf den bisherigen *dominus* in dem Sinn, dass dieser mindestens den objektiven Wert des Sklaven als Preis erhalten muss.

[669] M. Kaser/K. Hackl, ZPR 338; A. M. Giomaro, Cautiones iudiciales e officium iudicis 7 ff. (zur *cautio de fuga servi* 71ff.).

gen, die vom Richter im Prozess einer Partei auferlegt werden können. Erlegt er sie dem Kläger auf[670], so macht er die Verurteilung des Beklagten davon abhängig (d. h. er würde diesen freisprechen, wenn der Kläger die *cautio* nicht leistet); erlegt er sie dem Beklagten auf[671], so macht er dessen Freispruch davon abhängig (d. h. er verurteilt ihn, wenn er die *cautio* nicht leistet). Bei der hier als Beispiel gebrachten *cautio de persequendo servo* wird in Stipulationsform eine Verpflichtung begründet, einen derzeit flüchtigen Sklaven zu verfolgen (und bei Erfolg herauszugeben). Diese *cautio* fehlt zwar im Pomponius-Text, der als Vorlage für den gesamten Institutionentitel Inst 3, 18 *De divisione stipulationum* gedient hat[672], ist aber durch die Texte 8, 87, 109 auch für die Klassik zweifellos gesichert. Weniger weitgehend ist die ebenfalls richterliche *cautio de restituendo*, die darauf gerichtet ist, den derzeit flüchtigen Sklaven bei Wiedererlangung an den Kläger herauszugeben, nicht aber zur Setzung aktiver Verfolgungsmaßnahmen verpflichtet[673].

288. **Inst 3, 23, 3a**. Quod si fugerit homo qui veniit aut subreptus fuerit, ita ut neque dolus neque culpa venditoris interveniat, animadvertendum erit, an custodiam eius usque ad traditionem venditor susceperit. sane enim, si susceperit, ad ipsius periculum is casus pertinet: si non susceperit, securus erit. idem et in ceteris animalibus ceterisque rebus intellegimus. utique tamen vindicationem rei et condictionem exhibere debebit emptori, quia sane, qui rem nondum emptori tradidit, adhuc ipse dominus est. idem est etiam de furti et de damni iniuriae actione.

Wenn aber der Sklave, der verkauft worden ist, flieht oder gestohlen wird, und zwar ohne dass Vorsatz oder Fahrlässigkeit des Verkäufers im Spiel ist, dann muss untersucht werden, ob der Verkäufer bis zur Übergabe die Bewachung übernommen hat. Wenn er sie übernommen hat, dann geht dieser Zufall freilich auf seine Gefahr; hat er sie nicht übernommen, ist er vor Ansprüchen sicher. Dasselbe nehmen wir auch bei den übrigen Lebewesen und den sonstigen Sachen an. In jedem Fall muss er jedoch dem Käufer die Vindikation der Sache und die Kondiktion ermöglichen, da ja derjenige, der dem Käufer die Sache noch nicht übergeben hat, noch selbst Eigentümer ist. Dasselbe gilt auch für die Diebstahlsklage und die Klage wegen widerrechtlichen Schadens.

Kommentar: Diese Stelle, die sich teilweise an eine Passage aus dem Gaius-Kommentar zum Provinzialedikt[674] anlehnt, geht auf die Frage ein, wer den Nachteil zu tragen hat, wenn ein verkaufter Sklave nach abgeschlossenem Kaufvertrag, aber noch vor der geplanten Über-

[670] So z. B. (betreffend die hier erwähnte *cautio de persequendo servo*) in Text 87.

[671] So z. B. (betreffend die hier erwähnte *cautio de persequendo servo*) in Text 109.

[672] In Pomp. D 45, 1, 5 pr lautet die entsprechende Passage: *iudiciales sunt dumtaxat, quae a mero iudicis officio proficiscuntur, veluti de dolo cautio.* Dazu L. Chiazzese, APal 16 (1931) 223 FN 1; A. M. Giomaro, Cautiones iudiciales e officium iudicis 12 FN 13.

[673] Siehe dazu Einleitung S. 20.

[674] D 18, 1, 35, 4. Sie spricht allerdings nicht speziell von Sklaven und deren Flucht, sondern geht generalisierend auf den Fall ein, *si res vendita per furtum perierit.* Für eine Fortwirkung gaianischen Gedankenguts in Inst 3, 23, 3a: C. Ferrini, Opere II, Milano 1929, 392; E. Levy, Die Konkurrenz der Aktionen und Personen I, Berlin 1918 (ND Aalen 1964) 409; M. Kaser, SZ 96 (1979) 107 ff.; M. Talamanca, ED XLVI (1993) 448; ders., Sem. Comp. 7 (1995) 260; M. Pennitz, Periculum rei venditae 387; einschränkend im Sinn einer späteren Verfälschung der Gaius-Stelle hingegen M. Harder, Festschrift für Max Kaser zum 70. Geburtstag, München 1976, 356 („in der aus D 18, 1, 35, 4 zurechtgemachten Institutionenstelle 3, 23, 3a"), G. Thielmann, SZ 106 (1989) 320 f. und I. Reichard, Drittschadensersatz 73 („aus dem 'echten Kern' von Gai. D 18, 1, 35, 4"). Zum Interpolations-Verdacht bezüglich Gai. D 18, 1, 35, 4 siehe die Literatur bei M. Harder, aaO 356 FN 37.

gabe flieht oder gestohlen wird[675]. Selbstverständlich haftet der Verkäufer – d. h. er wird dem Käufer im Rahmen der *actio empti* ersatzpflichtig –, wenn ihn an den genannten Umständen ein Verschulden (*dolus* oder *culpa*) trifft. Die eigentliche Frage betrifft aber jene Fälle, in denen dem Verkäufer kein Schuldvorwurf zu machen ist (*ita ut neque dolus neque culpa interveniat*), insbesondere bei Flucht nicht bewachungsbedürftiger Sklaven, die als Fall höherer Gewalt angesehen wurde[676]. Diesbezüglich haftet der Verkäufer nur dann, wenn er vertraglich[677] die *custodia*-Haftung übernommen hat[678], ansonsten nicht (*securus erit*). Der Käufer erhält also in diesem Fall vom Verkäufer keinen Schadenersatz, aber statt des Sklaven jene Ansprüche bzw. *actiones* abgetreten, die der Verkäufer aufgrund seines Eigentums am Sklaven[679] hat: Der Text erwähnt die Eigentumsklage (*rei vindicatio*), mit der vom aktuellen Besitzer die Herausgabe verlangt werden kann, die *condictio furtiva*, die dann in Betracht kommt, wenn der Sklave gestohlen worden ist oder wenn im Zusammenhang mit seiner Flucht ein Diebstahlstatbestand verwirklicht worden ist[680]: Sie richtet sich gegen den *fur* und geht auf Herausgabe bzw. Wertersatz, während die ebenfalls erwähnte *actio furti* auf eine kumulativ zustehende Buße (in Höhe des doppelten Wertes) geht. Mit der *actio damni iniuriae* ist die *actio legis Aquiliae* gemeint, die auf Schadenersatz geht, wenn der entlaufene Sklave zwischenzeitig von einem Dritten getötet oder verletzt worden ist. Man kann also festhalten, dass der Käufer vom Verkäufer zwar nicht den Sklaven, aber das so genannte „stellvertretende commodum" erhält. Durch die Klageabtretung wird der Käufer in die Lage versetzt, gegen Dritte vorzugehen.

289. **Inst 4, 3, 16.** Ceterum placuit ita demum ex hac lege actionem esse, si quis praecipue corpore suo damnum dederit. ideoque in eum, qui alio modo damnum dederit, utiles actiones dari solent: veluti si quis hominem alienum aut pecus ita incluserit, ut fame necaretur, aut iumentum tam vehementer egerit, ut rumperetur, aut pecus in tantum exagitaverit, ut praecipitaretur, aut si quis alieno servo persuaserit, ut in arborem ascenderet vel in puteum descenderet, et is ascendendo vel descendendo aut mortuus fuerit aut aliqua parte corporis laesus erit, utilis in eum actio datur. sed si quis alienum servum de ponte aut ripa in flumen deiecerit et is suffocatus fuerit, eo quod proiecerit corpore suo damnum dedisse non difficiliter intellegi poterit ideoque ipsa lege Aquilia tenetur. sed si non corpore damnum fuerit datum neque cor-

[675] M. Kaser, SZ 96 (1979) 111 und I. Reichard, Drittschadensersatz 72, erklären die gemeinsame Erwähnung von Flucht und Diebstahl damit, dass sich oft nicht feststellen ließ, ob der Sklave durch Flucht oder Entführung verschwunden ist, ähnlich schon H. H. Pflüger, SZ 65 (1947) 216: „Ob der verkaufte Sklave sich selber wegstiehlt oder gestohlen wird, kommt ziemlich auf dasselbe hinaus".

[676] Vgl. Texte 51, 177; M. Kaser, SZ 96 (1979) 110; I. Reichard, Drittschadensersatz 72. Nach E. Seckel/E. Levy, SZ 47 (1927) 147 hat Inst 3, 23, 3a nur die nicht bewachungsbedürftigen Sklaven im Auge.

[677] Der hier erwähnte vertragliche Charakter der Einstandspflicht steht nach einigen im Widerspruch zur byzantinischen Konzeption der *custodia* als erhöhte Sorgfaltspflicht. Eine schon auf F. C. v. Savigny, System des heutigen römischen Rechts I, Berlin 1840, 285, zurückgehende Lehre nimmt an, dass dies den Institutionenverfassern bei der Benützung der Vorlage entgangen ist: So H. H. Pflüger, SZ 65 (1947) 216, E. Betti, SZ 82 (1965) 10 und F. M. De Robertis, St. Biondi I 388. Als Vorlage dafür werden die *res cottidianae* angesehen von C. Ferrini, Opere II, Milano 1929, 392, Ph. Meylan, ACIV III, Milano 1951, 400 FN 25 und V. Arangio-Ruiz, La compravendita in diritto romano I 264; vgl. dazu auch R. Cardilli, L'obbligazione di „praestare" e la responsabilità contrattuale in diritto romano, Milano 1995, 481 ff.

[678] R. Robaye, L'obligation de garde 370 spricht treffend von einer „responsabilité conventionelle ... à titre subsidiaire, si aucune culpa ne peut etre invoqué contre le vendeur".

[679] Da der Sklave ja noch nicht übergeben worden war, hat der Käufer noch kein Eigentum erlangt. Geflohen ist also ein noch dem Verkäufer gehöriger Sklave.

[680] Siehe dazu Einleitung S. 12.

pus laesum fuerit, sed alio modo damnum alicui contigit, cum non sufficit neque directa neque utilis Aquilia, placuit eum qui obnoxius fuerit in factum actione teneri: veluti si quis misericordia ductus alienum servum compeditum solverit, ut fugeret.

Im Übrigen hat sich die Meinung durchgesetzt, dass nach diesem Gesetz eine Klage nur gegeben ist, wenn jemand den Schaden vornehmlich durch körperliche Einwirkung zugefügt hat. Deshalb pflegt man gegen den, der den Schaden auf andere Weise zugefügt hat, analoge Klagen zu gewähren. Zum Beispiel wird gegen den eine analoge Klage gewährt, der einen fremden Sklaven oder fremdes Vieh einsperrt, so dass sie verhungern, oder ein Zugtier so heftig antreibt, dass es Schaden nimmt, oder Herdenvieh derart wild macht, dass es irgendwo abstürzt, oder einen fremden Sklaven überredet, auf einen Baum zu klettern oder in einen Brunnen zu steigen, wenn der Sklave beim Hinaufklettern oder Hinabsteigen entweder zu Tode kommt oder sich an irgendeinem Körperteil verletzt. Wenn aber jemand einen fremden Sklaven von einer Brücke oder vom Ufer in den Fluss stößt und wenn dieser ertrinkt, so kann man unschwer erkennen, dass er indem er stieß, den Schaden durch körperliche Einwirkung verursacht hat und deswegen unmittelbar aufgrund der lex Aquilia haftet. Wenn jedoch der Schaden nicht durch körperliche Einwirkung zugefügt wird und auch kein Körperschaden vorliegt, sondern jemandem auf andere Weise ein Schaden entstanden ist, so haftet der Schuldige, weil weder die unmittelbare noch die analoge Klage nach der lex Aquilia in Betracht kommt, nach allgemeiner Meinung mit einer auf den Sachverhalt zugeschnittenen Klage; wie zum Beispiel, wenn jemand aus Mitleid einem fremden Sklaven die Fesseln löst, damit er fliehen kann.

Kommentar: Die *lex Aquilia de damno iniuria dato* gewährt bei Tötungen von Sklaven oder vierfüßigen Herdentieren (1. Kapitel) sowie bei allen sonstigen Sachbeschädigungen durch *urere, frangere, rumpere* (3. Kapitel) dem Eigentümer einen Schadenersatzanspruch. Allerdings kommt die *lex Aquilia* und damit die *actio directa* aus der *lex Aquilia* nur dann zur Anwendung, wenn der Schädiger unmittelbar mit seinem Körper auf das beschädigte Objekt eingewirkt hat. Mittelbare Schädigungen werden über *actiones utiles* erfasst und dafür mehrere Beispiele gebracht. Im Schlussteil wird als Fall einer Schädigung ohne Eingriff in die Sachsubstanz die Befreiung eines gefesselten Sklaven aus Mitleid genannt, wodurch dieser fliehen kann. Zur *actio in factum* in diesem Fall vgl. auch Text 9 samt Kommentar.

290. **Inst 4, 6, 23**. In duplum agimus veluti furti nec manifesti, damni iniuriae ex lege Aquilia, depositi ex quibusdam casibus: item servi corrupti, quae competit in eum, cuius hortatu consiliove servus alienus fugerit aut contumax adversus dominum factus est aut luxuriose vivere coeperit aut denique quolibet modo deterior factus sit (in qua actione etiam earum rerum, quas fugiendo servus abstulit, aestimatio deducitur): item ex legato, quod venerabilibus locis relictum est, secundum ea quae supra diximus.

Auf das Doppelte klagen wir zum Beispiel bei nichtmanifestem Diebstahl, bei widerrechtlichem Schaden nach der lex Aquilia, in einigen Fällen der Verwahrung; ebenso mit der Klage wegen Korrumpierung eines Sklaven, die gegen denjenigen geht, auf dessen Zureden und Rat ein fremder Sklave geflohen oder seinem Eigentümer gegenüber frech geworden ist oder angefangen hat, ausschweifend zu leben, oder schließlich in irgend einer Weise verschlechtert worden ist (in diese Klage wird der Schätzwert auch der Gegenstände einbezogen, die der Sklave bei seiner Flucht mitgenommen hat): ebenso mit der Klage aus Vermächtnis, das ehrwürdigen Stätten hinterlassen worden ist, gemäß dem, was wir oben gesagt haben.

Kommentar: Der Text bringt eine Aufzählung von Klagen, die auf das *duplum* gehen. Dazu gehört auch die prätorische *actio servi corrupti* (Text 23).

10. NOVELLEN JUSTINIANS

291. **Novella Iustiniani 5, 2.** <B> Ἐντεῦθεν δὲ ἡμῖν καὶ τὰ περὶ τῶν καθ' ἕκαστον μοναχῶν σκεπτέον, τίνα προςήκει γινεσθαι τρόπον αὐτούς, καὶ πότερον ἐλευθέρους μόνον ἢ καὶ οἰκέτας τυχόν, διότι πάντας ὁμοίως ἡ θεία δέχεται χάρις, προκηρύττουσα σαφῶς, ὡς τόγε ἐπὶ τῇ τοῦ θεοῦ λατρείᾳ οὐκ ἔστιν ἄρσεν οὐδὲ θῆλυ, οὔτε ἐλεύθερος οὔτε δοῦλος· πάντας γὰρ ἐν Χριστῷ ἓν εἰκότως νομίζεσθαι. Θεσπίζομεν τοίνυν τοῖς θείοις ἀκολουθοῦντες κανόσι, τοὺς εἰς μονήρη βίον παραγγέλλοντας μὴ προχείρως εὐθὺς παρὰ τῶν εὐλαβεστάτων ἡγουμένων τῶν εὐαγῶν μοναστηρίων σχῆμα λαμβάνειν μοναχικόν, ἀλλ' ἐπὶ τριετίαν ὅλην, εἴτε ἐλεύθεροι τυχὸν εἴτε δοῦλοι καθεστήκοιεν, προςκαρτερεῖν οὔπω τοῦ μοναχικοῦ σχήματος ἠξιωμένους, ἀλλὰ κουρᾷ τε καὶ ἐσθῆτι τῇ τῶν καλουμένων χρῆσθαι λαικῶν, καὶ μένειν τὰ τοῦ θεοῦ διδασκομένους λόγια καὶ τοὺς εὐλαβεστάτους αὐτῶν ἡγουμένους πυνθάνεσθαί τε αὐτῶν, εἴτε ἐλεύθεροι καθεστήκοιεν εἴτε οἰκέται, καὶ πόθεν αὐτοὺς ἐπιθυμία τοῦ μονήρους εἰςῆλθε βίου· καὶ μανθάνοντας παρ' αὐτῶν, ὡς οὐδεμία πονηρὰ πρόφασις εἰς τοῦτο αὐτοὺς ἤγαγεν, ἔχειν αὐτοὺς ἐν τοῖς διδασκομένοις ἔτι καὶ νουθετουμένοις, καὶ διάπειραν λαμβάνειν τῆς αὐτῶν καρτερίας τε καὶ σεμνότητος. οὐ γὰρ ῥᾴδιον βίου μεταβολὴ μὴ μετὰ συντονίας ψυχῆς γινομένη.

(§ 1) Καὶ εἰ μὲν τὸν τριετῆ βίον ἅπαντα διαμένοιεν ἀρίστους ἑαυτοὺς καὶ καρτερικωτάτους τοῖς τε ἄλλοις μοναχοῖς καὶ τῷ ἡγουμένῳ δεικνύντες, τούτους τῆς μοναχικῆς ἀξιοῦν στολῆς τε καὶ κουρᾶς, καὶ εἴτε ἐλεύθεροι καθεστήκοιεν, ἀνεπηρεάστους μένειν, εἴτε οἰκέται, μηκέτι παντελῶς ἐνοχλεῖσθαι, μεταβάντας εἰς τὴν κοινὴν ἁπάντων (φαμὲν δὴ τὴν ἐξ οὐρανοῦ) δεσποτείαν· καὶ ἀναρπαζέσθωσαν εἰς ἐλευθερίαν. εἰ γὰρ ἐν πολλοῖς θέμασι καὶ ὑπὸ τοῦ νόμου τοῦτο γίνεται καὶ τοιαύτη τις ἐλευθερία δίδοται, πῶς οὐκ ἂν ἰσχυσειεν ἡ θεία χάρις τῶν τοιούτων αὐτοὺς ἀπολῦσαι δεσμῶν; Εἰ δὲ εἴσω τῆς τριετίας ἔλθοι τις, καὶ τινα τῶν εἰς ἄσκησιν παραγγελλόντων ἕλκειν ὡς οἰκέτην βουληθείη (τοῦτο ὅπερ ἔναγχος ἡμῖν ἐκ Λυκίας προςήγγειλε Ζώσιμος ὁ θεοφιλέστατος, ἀνὴρ περιβόητος ἐν ἀσκήσει, καὶ σύνεγγυς μὲν εἰς εἰκοστὸν καὶ ἑκατοστὸν ἐνιαυτὸν τῆς ἡλικίας παραγενόμενος, ἀκμάζων δὲ ταῖς τε τῆς ψυχῆς ἀρεταῖς ταῖς τε τοῦ σώματος ἐνεργείαις, τοσαύτη τις αὐτῷ τοῦ θεοῦ χάρις ἐπανθεῖ), εἴ τις τοίνυν, καθάπερ εἰπόντες ἔφθημεν, εἴσω τῆς τριετίας ἔλθοι τινὰ πρὸς δουλείαν ἕλκων τῶν βουλομένων καὶ προσκαρτερούντων ἐφ' ᾧ γενέσθαι μοναχοί, λέγοι τε, ὡς ὑφείλετό τινα πράγματα καὶ διὰ τοῦτο εἰσέδραμε πρὸς τὸ μοναστήριον· θεσπίζομεν αὐτὸν μὴ προχείρως τοῦτο πράττειν, ἀλλὰ πρότερον ἀποδεικνύναι ταῖς ἀληθείαις, ὡς καὶ δοῦλός ἐστι καὶ ἐπὶ κλοπῇ τυχὸν ἢ ἐπὶ βίῳ πονηρῷ καὶ πταίσμασι χαλεποῖς ἀποδράσειε μὲν διὰ τὸ οἰκεῖον πταῖσμα, εἰς δὲ τὸ μοναστήριον ἔλθοι. καὶ εἰ μὲν ἀληθεύων ἀποδειχθείη, καὶ φανείη διὰ τοιαύτην αἰτίαν μοναχικὴν ὑποδυόμενος ἄσκησιν, ἢ καὶ δι' αἰσχρότητα βίου τυχὸν ἀποδρὰς καὶ οὐ ταῖς ἀληθείαις ἀσκήσεως ἐρῶν, τοῦτον ἀποδίδοσθαι τῷ κεκτημένῳ μεθ' ὧν ὡς εἰκὸς ὑφείλετο, εἴγε καὶ ταῦτα κατὰ τὸ μοναστήριον εἶεν, τὸν δὲ ἀποδειχθέντα δεσπότην τὴν καλουμένην αὐτῷ διδόναι πίστιν, ὡς οὐδὲν αὐτὸν δράσει κακόν, παραλαμβάνειν τε καὶ ἄγειν οἴκοι.

(§ 2) Εἰ δὲ ὁ μὲν φάσκων ἑαυτὸν εἶναι δεσπότην οὐδὲν ἐλέγχοι τοιοῦτο, φαίνοιτο δὲ ὁ τὰ τοιαῦτα ἐγκαλούμενος καὶ ἐξ αὐτῆς τῆς ἀσκήσεως σεμνός τε καὶ ἐπιεικής, καὶ ἴσως καὶ μαρτυροῖτο, ὡς καὶ παρὰ τῷ κεκτημένῳ καθεστὰς κόσμιός τε ἦν καὶ σεμνότητος ἐραστής, κἂν μήπω τύχοι πεπερασμένος ὁ τῆς τριετίας χρόνος, ἀλλ' οὖν καὶ οὕτω μενέτω κατὰ τὸ σεβασμιώτατον μοναστήριον, τῆς τῶν ἑλκόντων ἀπηλλαγμένος θρασύτητος. Τοῦ τριετοῦς δὲ ἅπαξ διελθόντος χρόνου ἐγκριθεὶς ὡς τῆς μοναχικῆς ἄξιος καθεστήκοι σεμνότητος, μενέτω κατὰ τὸ μοναστήριον. οὐκ ἔτι γὰρ δίδομεν ἄδειαν οὐδενὶ παντελῶς πολυπραγμονεῖν τι τῶν κατ' αὐτόν, ἀλλ' εἴτε οἰκέτης εἴτε ἐλεύθερος εἴη, μένειν αὐτὸν ἐπὶ τῆς ἀσκήσεως βουλόμεθα. καὶ γὰρ κἂν εἴ τι πταῖσμα κατὰ τὸν ἔμπροσθεν αὐτῷ τυχὸν πέπρακται βίον (ἡ γὰρ ἀνθρώπου φύσις ὀλισθηρά πως ἐστὶ πρὸς τὰ πλημμελήματα), ἀλλ' οὖν ἀρκεῖ πρὸς μετρίαν κάθαρσιν τῶν ἡμαρτημένων καὶ πρὸς ἀρετῆς ἐπίδοσιν ἡ τοῦ τριετοῦς χρόνου μαρτυρία. Τῶν μέντοι κλαπέντων καὶ οὕτω, παρ' οἷς ἂν εὑρεθεῖεν, πάντως ἀποδιδομένων τῷ πάλαι δεσπότῃ.

(§ 3) Εἰ μέντοι τὴν τῆς δουλείας ἀνάγκην ἐκφυγὼν πειραθείη τὸ μὲν μοναστήριον ἀπολιπεῖν, ἕτερον δὲ βίου μεταδιώκειν σχῆμα, παρρησίαν δίδομεν τῷ κεκτημένῳ καὶ ἕλκειν αὐτὸν καὶ ἀποδεικνύντι τὴν τύχην εἰς οἰκέτας ἔχειν, οὐ γὰρ ἂν ὑβρισθείη τοσοῦτον εἰς ἀληθῆ δουλείαν ἑλκόμενος, ὅσον αὐτὸς ἐξύβρισε τὴν τοῦ θεοῦ λατρείαν ἀποφυγών. Καὶ ταῦτα μὲν περὶ τῆς τύχης τῶν εἰς μοναχοὺς παραγγέλλειν βουλομένων θεσπίζομεν.

Daher müssen wir bezüglich der einzelnen Mönche auch das erwägen, auf welche Weise sie Mönche werden sollen, und ob das nur Freie oder vielleicht auch Sklaven werden sollen, weil ja die göttliche Gnade alle in gleicher Weise aufnimmt, die klar verkündet, dass es beim Gottesdienst keinen Mann und keine Frau gibt, und auch weder einen Freien noch einen Sklaven. Alle werden nämlich in Christus mit Recht für eines gehalten. Wir ordnen daher in Befolgung der göttlichen Canones an, dass diejenigen, die sich für das einfache [mönchische] Leben bereit erklären, nicht leichtfertig sofort von den frommen Vorstehern die mönchische Kleidung der ehrwürdigen Klosterangehörigen erhalten sollen, sondern dass sie, sei es dass sie Freie, sei es dass sie Sklaven sind, durch ganze drei Jahre warten, in denen sie noch nicht des mönchischen Kleides für würdig gehalten werden, sondern dass sie die Tonsur und die Kleidung derer benutzen, die Laien genannt werden, und dass sie im Erlernen der Worte Gottes verbleiben. Und ihre frommen Vorsteher sollen von ihnen erfragen, ob sie Freie sind oder aber Sklaven, und woher der Wunsch nach dem einfachen [mönchischen] Leben in sie gekommen ist, und wenn sie von ihnen erfahren haben, dass kein böser Vorwand sie dazu veranlasst hat, sollen sie sie bei denen halten, die unterwiesen und ermahnt werden, und sie sollen ihre Standhaftigkeit und Ehrwürdigkeit erproben. Denn die Änderung des Lebens ist nicht leicht, wenn sie nicht mit Anstrengung der Seele erfolgt.

(§ 1) Und wenn sie die ganzen drei Jahre in diesem Leben verbleiben und sich sowohl gegenüber den anderen Mönchen als auch gegenüber dem Vorsteher als sehr gut und ausdauernd erweisen und sie die mönchische Kleidung und Tonsur verdienen, dann sollen sie, wenn sie Freie sind, ohne Behelligung bleiben, wenn sie Sklaven sind, sollen sie überhaupt nicht mehr belästigt werden und in die über alle gemeinsame (wir sagen in die himmlische) Herrschaft übergehen und in die Freiheit gelangen. Denn in vielen Fällen erfolgt das auch durch das Gesetz und es wird eine solche Freiheit gewährt, wie sollte dann nicht auch die göttliche Gnade sie von solchen Fesseln lösen können? Wenn jemand innerhalb der drei Jahre kommt und einen von denen, die sich zur Askese bereit erklären, als Sklaven abführen will (das, was uns neulich aus Lykien der gottesliebende Zosimos gemeldet hat, ein in der Askese berühmter Mann, der beinahe an das 120. Lebensjahr gekommen ist, der sowohl in den Tugenden der Seele als auch in den Kräften des Körpers stark ist, eine solche Gnade Gottes erblühte ihm), wenn also jemand, wie wir vorher gesagt haben, innerhalb der drei Jahre kommt, mit der Absicht, einen von denen in die Sklaverei abzuführen, die Mönche werden wollen und dabei verbleiben, und behauptet, dass er einige Sachen entwendet hat und deswegen ins Kloster entlaufen ist, so ordnen wir an, dass er das nicht sofort tun soll, sondern dass er zuerst nachweisen muss, dass er [der Beanspruchte] in Wahrheit ein Sklave ist und dass er wegen eines Diebstahls oder wegen eines anstößigen Lebens oder wegen schwerer Sünden durch eben dieses sein Vergehen entlaufen und ins Kloster gekommen ist. Und wenn nachgewiesen ist, dass er die Wahrheit sagt, und sich zeigt, dass er [der Beanspruchte] aus einem solchen Grund die mönchische Askese auf sich genommen hat, oder auch wenn er wegen der Unsittlichkeit seines Lebens entlaufen ist und in Wahrheit nicht die Askese anstrebt, soll dieser dem Eigentümer samt den Sachen zurückgegeben werden, die er entwendet hat, soferne sich auch diese im Kloster befinden. Und derjenige, der sich als sein Herr erwiesen hat, soll ihm, wie es heißt, die Zusage geben, dass er ihn nicht schlecht behandeln wird, und er soll ihn übernehmen und nach Hause führen.

(§ 2) Wenn aber derjenige, der sagt, dass er sein Herr ist, nichts Derartiges nachweisen kann, aber derjenige, dem solches vorgeworfen wird, sich aufgrund der Askese selbst als würdig und anständig erweist, und gleichermaßen auch bezeugt wird, dass er auch, als er sich beim Herrn befand, maßvoll und der Anständigkeit zugeneigt war, und wenn auch die Dreijahresfrist noch nicht vollendet ist, soll er also auch so im heiligen Kloster bleiben, befreit von der Kühnheit derer, die ihn abführen wollen. Ist er nach Ablauf der Dreijahresfrist der klösterlichen Ehre für würdig befunden, soll er im Kloster bleiben. Denn wir geben überhaupt niemandem mehr die Befugnis, sich neugierig in seine Angelegenheiten zu mischen, sondern wir wollen, sei es dass er ein Sklave, sei es dass er ein Freier ist, dass er bei der Askese verbleibt. Und auch wenn in seinem zuvor geführten Leben irgendeine Sünde begangen worden ist (denn die menschliche Natur ist irgendwie den Sünden zugeneigt), genügt trotzdem zur angemessenen Reinigung von den Sünden und Steigerung der Tugend das Zeugnis eines dreijährigen Zeitraums. Bei welchen Personen auch immer entwendete Sachen gefunden werden, sollen sie jedenfalls auch so dem früheren Herrn zurückgegeben werden.

(§ 3) Wenn aber derjenige, der dem Zwang der Sklaverei entkommen ist, das Kloster zu verlassen und eine andere Lebensweise anzustreben versucht, geben wir dem Herrn die Befugnis, ihn abzuführen, wenn er den Stand nachweist, und ihn in der Sklaverei zu halten. Denn wer in die wahre Sklaverei gebracht wird, erleidet kein so großes Unrecht, wie er es selbst begangen hat, indem er vor dem Dienst gegenüber Gott geflohen ist. Und das ordnen wir über den Stand derer an, die sich zu den Mönchen bekennen wollen.

Kommentar: Gegenstand der Novelle 5 aus dem Jahr 535 ist das Mönchswesen; im hier wiedergegebenen Kapitel 2 finden sich Bestimmungen über Sklaven im und nach dem Noviziat. Während nach der bisherigen Rechtslage ein Klostereintritt von Sklaven gegen den Willen des Herrn untersagt[681] war, lässt Justinian nunmehr auch die Aufnahme von Sklaven zu. Während des 3-jährigen Noviziats kann der *dominus* seinen Sklaven nur dann zurückverlangen, wenn er nachweist, dass dieser wegen Verfehlungen (z. B. Diebstahl) ins Kloster geflohen ist. Die Rückstellung erfolgte gegen Zusage der Verzeihung (§ 1). Nach erfolgreich absolviertem Noviziat erwarb der Sklave jedenfalls die Freiheit (§ 2), er verlor sie allerdings wieder, wenn er in der Folge aus dem Kloster floh (§ 3).

292. **Novella Iustiniani 123, 17 pr.** Ἐὰν δοῦλος εἰδότος καὶ οὐκ ἀντιλέγοντος τοῦ δεσπότου ἐν κλήρῳ καταλεγῇ, ἐξ αὐτοῦ τοῦ καταλεγῆναι ἐλεύθερος καὶ εὐγενὴς ἔστω. εἰ γὰρ ἀγνοοῦντος τοῦ δεσπότου ἡ χειροτονία γένηται, ἐξέστω τῷ δεσπότῃ εἴσω προθεσμίας ἐνιαυτοῦ καὶ μόνου τὴν τύχην ἀποδεικνύναι καὶ τὸν ἴδιον δοῦλον ἀναλαμβάνειν. Εἰ δὲ δοῦλος εἴτε εἰδότος εἴτε ἀγνοοῦντος τοῦ δεσπότου, καθάπερ εἰρήκαμεν, ἐκ τοῦ καταλεγῆναι τῷ κλήρῳ ἐλεύθερος

[681] So ausdrücklich cn. 4 des Konzils von Chalcedon (ACO II, 1, 2, 159) und Nov. Val. 35, 3 (Text 222); vgl. G. Barone Adesi, AARC 8 (1990) 726 f.

γενόμενος τὴν ἐκκλησιαστικὴν ὑπηρεσίαν καταλίποι καὶ εἰς τὸν κοσμικὸν μετέλθοι βίον, τῷ ἰδίῳ δεσπότῃ εἰς δουλείαν παραδιδόσθω.

Wenn ein Sklave mit Wissen und ohne Widerspruch seines Eigentümers zum Kleriker geweiht worden ist, wird er durch die Aufnahme selbst ein Freier und Freigeborener. Wenn aber die Weihe ohne Wissen des Eigentümers erfolgt ist, steht es dem Eigentümer frei, innerhalb der Frist eines Jahres den Sklavenstand nachzuweisen und den eigenen Sklaven an sich zu nehmen. Wenn aber der Sklave, sei es mit Wissen, sei es ohne Wissen des Eigentümers, wie wir gesagt haben, durch die Aufnahme in den Klerus frei geworden ist und dann den kirchlichen Dienst verlassen hat und ins weltliche Leben übergegangen ist, dann soll er dem Eigentümer in die Sklaverei zurückgegeben werden.

Kommentar: Die Novelle 123 aus dem Jahr 546 enthält umfangreiche Bestimmungen über Bischöfe, Kleriker und Mönche. Im Kapitel 17 geht es um die Aufnahme von Sklaven (und Kolonen) in den Klerikerstand, in Kapitel 35 (Text 293) um die Aufnahme in ein Kloster. Nach der bisherigen auf Zeno zurückgehenden Rechtslage war auch bei Zustimmung des *dominus* zur Ordination seines Sklaven dessen vorherige Freilassung erforderlich[682]. Justinian lässt nun den Sklaven im Fall der Zustimmung des *dominus* auch ohne Freilassungsakt mit der Ordination zum Kleriker frei werden. Dieser erlangt nicht den Status eines Freigelassenen (was zur Folge hätte, dass der bisherige *dominus* die Stellung eines Patrons erhielte), sondern eines Freigeborenen. Im Fall der Weihe ohne Wissen des *dominus* bleibt diesem eine Einjahresfrist zur Geltendmachung seines Eigentumsrechts. Die Frist ist damit kürzer als bei Klostereintritt eines Sklaven, wo dem *dominus* drei Jahre zur Verfügung stehen (siehe Texte 291, 293).

293. **Novella Iustiniani 123, 35.** Εἴ τις δὲ εἰς μοναχικὸν βίον ἐλθεῖν βουληθείη, κελεύομεν, ἵνα εἰ μὲν γνώριμός ἐστιν ὅτι οὐδεμιᾷ τύχῃ ὑπόκειται, ὁ ἡγούμενος τοῦ μοναστηρίου ὅτε συνίδοι τὸ σχῆμα αὐτῷ παράσχοι, εἰ δὲ μὴ γνωρίζεται εἰ οἱᾳδήποτε ὑπόκειται τύχῃ, ἐντὸς τριῶν ἐνιαυτῶν μὴ λαμβάνειν αὐτὸν τὸ σχῆμα τὸ μοναχικόν, ἀλλ' ἐντὸς τοῦ εἰρημένου χρόνου ἀποπειράσθω τῆς τούτου ἀναστροφῆς ὁ τοῦ μοναστηρίου ἡγούμενος. καὶ εἰ ἐντὸς τριετίας ἀναφυῇ τις λέγων ἢ δοῦλον ἢ κολωνὸν ἢ ἐναπόγραφον ἴδιον τοῦτον εἶναι, ἢ καὶ ὡς φεύγοντα τὴν γεωργίαν ἢ ὡς τι κλέψαντα ἢ διά τι πταῖσμα εἰς τὸ μοναστήριον αὐτὸν εἰςεληλυθέναι, καὶ ταῦτα ἀποδειχθείη, τῷ ἰδίῳ δεσπότῃ τοῦτον ἀποκαθίστασθαι μετὰ τῶν πραγμάτων ἅπερ δειχθείη εἰς τὸ μοναστήριον εἰςαγαγών, λόγον πρότερον ὡς οὐδὲν ὑπομενεῖ παρὰ τοῦ ἰδίου δεσπότου λαμβάνοντα. εἰ δὲ ἐντὸς τριετίας μηδεὶς ἐναγάγῃ τινὶ τῶν εἰρημένων προσώπων, ὁ ἡγούμενος τοῦ μοναστηρίου μετὰ τὴν παραδρομὴν τοῦ τριετοῦς χρόνου, εἰ τὸν τοιοῦτον ἄνδρα ἄξιον κρίνῃ, τότε διδότω αὐτῷ τὸ σχῆμα, καὶ μηδεὶς αὐτῷ μετὰ ταῦτα ὄχλησιν ὑπὲρ τύχης ἐπιφερέτω, ἐν ὅσῳ μέντοιγε ἐν τῷ μοναστηρίῳ διάγει· τὰ δὲ πράγματα, ἅπερ εἰς τὸ μοναστήριον εἰςαγαγὼν φανείη, τῷ δεικνυμένῳ δεσπότῃ ἀποδιδόσθω. εἰ δέ τις τῶν εἰρημένων προσώπων καταλείψει τὸ μοναστήριον καὶ εἰς κοσμικὸν ἔλθοι βίον, ἢ ἐν ταῖς πόλεσιν ἢ ἐν ἀγροῖς περιέρχεται, τῇ ἰδίᾳ τύχῃ παραδιδόσθω.

Wenn jemand aber ins mönchische Leben eintreten will, so ordnen wir an, wenn von ihm bekannt ist, dass er nicht einem sklavischen Stand unterliegt, soll der Klostervorsteher, so-

[682] CI 1, 3, 36 (37), 1: *Servos sane sociari clericorum consortiis volentibus quoque et consentientibus dominis modis omnibus prohibemus, cum liceat eorum dominis, data servis prius libertate licitum eis ad suscipiendos honores clericorum iter, si hoc voluerint, aperire.* (a. 484); dazu G. Barone Adesi, AARC 8 (1990) 728 f.

bald er das erkannt hat, ihm die Kleidung überreichen. Wenn aber nicht bekannt ist, welchem Stand er unterliegt, soll er innerhalb von drei Jahren nicht das Mönchskleid erhalten, sondern der Klostervorsteher soll innerhalb der genannten Frist seinen Lebenswandel untersuchen. Und wenn innerhalb der drei Jahre jemand erscheint und behauptet, dass dieser sein Sklave, sein Kolone oder sein Grundhöriger ist, der entweder vor der Landwirtschaft geflohen ist oder etwas gestohlen hat oder wegen irgend eines Vergehens ins Kloster eingetreten ist, und wenn das nachgewiesen wird, dann soll dieser seinem eigenen Herrn zurückgegeben werden samt den Sachen, von denen erwiesen ist, dass er sie ins Kloster mitgenommen hat; dabei soll er zuvor vom eigenen Herrn die Zusage erhalten, dass er nichts Böses erleiden wird. Wenn aber innerhalb der drei Jahre niemand auf eine der erwähnten Personen Anspruch erhebt, soll der Klostervorsteher nach Ablauf der drei Jahre, wenn er einen solchen Mann für würdig befindet, ihm dann die Kleidung geben, und danach soll ihn niemand wegen seines Standes behelligen, solange er sich im Kloster aufhält. Die Sachen, von denen es sich zeigt, dass er sie ins Kloster eingebracht hat, sollen dem nachweislichen Eigentümer zurückgegeben werden. Wenn jemand von den genannten Personen das Kloster verlässt und ins weltliche Leben geht, oder in den Städten oder Ländereien umherzieht, soll er in seinen Stand zurückversetzt werden.

Kommentar: Mit dieser Novelle aus dem Jahr 546 hält Justinian im Wesentlichen an den Regelungen der Novelle 5 (siehe Text 291) fest[683]. Zur Gleichbehandlung von Sklavenflucht und Kolonenflucht siehe auch Texte 206, 281, 282, 284.

11. SYRISCH-RÖMISCHE TEXTE

294. **SRRB § 35**. (1) Wenn ein Mann einen Sklaven als «guten Sklaven» kauft, dass er kein Ausreißer sei, erlaubt ihm der Kauf, dass er ihn sechs Monate lang prüfe.

(2) Wenn er ihm nicht gefällt, bevor die Zeit der Monate abgelaufen ist, kann der Käufer aufgrund der Gesetze den Sklaven zurückgeben und ihn seinem früheren Herrn wieder übergeben und von ihm den Kaufpreis (τιμή), den er gegeben hat, nehmen.

(3) Wenn ihm aber ein Junge, der als «guter Sklave» gekauft wurde, entflieht, bevor die sechs Monate abgelaufen sind, soll jener, der ihn gekauft hat, ihn suchen, ergreifen und jenem übergeben, der ihn verkauft hat, und von ihm den Kaufpreis (τιμή) fordern, den er für jenen Sklaven gegeben hat.

(4) Wenn aber ein Mann einen Jungen als Sklaven «einfach» kauft, sei er gut oder schlecht, mit der Abmachung, dass keiner sich gegen seinen Partner wende, was griechisch «haple oné» (ἁπλῆ ὠνή) genannt wird, und der, welcher gekauft hat, ihn dem, der verkauft hat, zurückgeben will, erlaubt ihm das Gesetz nicht, dass er ihn zurückgebe. Und er kann ihn nicht zurückgeben, außer wenn sich in dem Sklaven ein Dämon befunden hat. Wenn sich aber in dem Sklaven ein böser Geist zeigt und er ihn zurückgeben will, gibt er ihn demjenigen, der ihn verkauft hat, zurück.

[683] G. Barone Adesi, AARC 8 (1990) 728 f.; H. Bellen, Sklavenflucht 89 nimmt eine Erleichterung für den *dominus* insofern an, als dieser nur mehr den Sklavenstand beweisen musste.

Kommentar: Es werden in Anpassung an die Vertrags- und Urkundenpraxis zwei Arten von Sklavenverkäufen unterschieden[684]: Der Kauf eines Sklaven als „guter Sklave" (Abs. 1), in § 101 (unten Text 296) als „schöner Vertrag" bezeichnet, ist mit einer Garantieerklärung des Verkäufers, insbesondere auch gegen Fugitivität (*fugitivum non esse*), verbunden und eröffnet innerhalb der 6-Monatsfrist[685] dem Käufer den Weg zur Wandlung des Kaufvertrages (Abs. 2); beim „einfachen Kauf" (Abs. 4) gibt es diese Möglichkeit nicht[686]. Die Anordnung des Abs. 3 passt zur Konstitution von Theodosius CTh 3, 4, 1 (Text 204) = CI 4, 58, 5 (Text 251), wonach der Preis nur dann zurückverlangt werden kann, wenn der Käufer den *servus fugitivus* auch tatsächlich zurückstellt. Im klassischen Recht ließ sich bei fluchtbedingter Unmöglichkeit der Rückstellung diese durch eine *cautio de persequendo et reddendo* ersetzen (Text 87).

295. **SRRB § 45 a**. Wenn ein Mann einen Sklaven, der nicht der Seinige ist, aufnimmt, während er weiß, dass er ein Sklave ist, und verklagt wird, befiehlt das Gesetz, dass der in die Sklaverei gezogen werde, der ihn aufgenommen hat.

Kommentar: Die hier ausgesprochene Rechtsfolge, nämlich die Versklavung, begegnet in den römischen Quellen nicht. Seit Konstantin (Text 256) ist für das *suscipere* eines *servus fugitivus* dessen Rückgabe samt einem weiteren gleichwertigen Sklaven (*cum pari alio*) und eine Geldbuße, im Fall deren Uneinbringlichkeit die Prügelstrafe vorgesehen. Die vorliegende Bestimmung lässt sich als gewohnheitsrechtliche Abwandlung der Pflicht zur Stellung eines zusätzlichen Ersatzsklaven verstehen, wenn der Täter dazu nicht in der Lage war[687].

296. **SRRB § 101**. (1) Wenn ein Mann einen Sklaven «kalé haíresis» (καλὴ αἵρεσις), das ist «schöner Vertrag», kauft und in dem Sklaven etwas findet, bevor er sechs Monate verstreichen lässt, das ist die Frist (προθεσμία), die von den Gesetzen festgelegt ist, eine verborgene Krankheit oder einen Dämon, erlaubt das Gesetz, dass er den Sklaven dem Mann zurückgibt, der ihn verkauft hat, und sein Geld nimmt, was er ihm gegeben hat.

(2) Wenn aber sechs Monate abgelaufen sind, nachdem er ihn gekauft hat, und er in ihm keine verborgene Krankheit gesehen hat, kann er ihn nicht seinem Eigentümer zurückgeben.

(3) Ebenso auch eine Sklavin, nach demselben Recht.

(4) Wenn aber ein Mann einen Sklaven oder eine Sklavin «kaké haíresis» (κακὴ αἵρεσις) und «haple oné» (ἁπλῆ ὠνή) kauft, übersetzt «schlechter Vertrag» und «einfacher Kauf», ohne dass er zurückgebe(n kann), und der Mann, der gekauft hat, den Sklaven oder die Sklavin zurückgeben will, kann er es nicht, weil er mit «schlechtem Vertrag» gekauft hat.

(5) Wenn er aber in dem Sklaven oder in der Sklavin einen Dämon findet, kann er zurückgeben und sein Geld nehmen.

[684] M. Memmer, SZ 107 (1990) 1 ff.; É. Jakab, Praedicere und cavere 212 ff.; H. Selb/H. Kaufhold, SRRB III (Kommentar) 96 f.

[685] Vgl. Ulp. D 21, 1, 19, 6; Pap. D 21, 1, 55 (Text 98); CI 4, 58, 2 (Text 249).

[686] Vgl. Pomp. D 21, 1, 48, 8: *Simplariarum venditionum causa ne sit redhibitio, in usu est.*

[687] H. Bellen, Sklavenflucht 61; H. Selb/H. Kaufhold, SRRB III (Kommentar) 110 f. Eine Parallele findet sich in der *lex Romana Visigothorum* 9, 1, 2, dazu J. Partsch, SZ 28 (1907) 425.

(6) Wenn es sich aber ereignet, dass der Junge oder die Sklavin ein Ausreißer in das Haus ihrer früheren Herren oder[688] ein Dieb ist, kann der Käufer den Jungen oder die Sklavin zurückgeben. Und nicht nur dieses, sondern die Partei kann von jenem, der den Sklaven verkauft hat, auch den Preis (τιμή) dessen beanspruchen, was er entwendet hat; nur wenn er «kalé haíresis» (καλὴ αἵρεσις) gekauft hat, kann er dies fordern; wenn er aber mit «schlechtem Vertrag» gekauft hat, kann er weder zurückgeben noch (etwas) fordern wegen dem, was er gestohlen hat.

Kommentar: Die Unterscheidung der Vertragsgestaltungen – hier mit „schöner Vertrag" (καλὴ αἵρεσις) und „schlechter Vertrag" (κακὴ αἵρεσις) bezeichnet – entspricht jener des § 35 (Text 294). Die in Abs. 6 bei einem „schönen Vertrag" zusätzlich zur Kaufpreisrückzahlung angeordnete Ersatzleistung für die vom *fugitivus* entwendeten Sachen[689] findet sich auch im klassischen Recht (im Rahmen der *actio empti* Text 63; im Rahmen der *actio redhibitoria* Texte 99, 248) und in den Paulus-Sentenzen (Text 190).

[688] M. Memmer, SZ 107 (1990) 39 nimmt eine Korruptel an. Im ursprünglichen Text stand nicht „oder", sondern „und".

[689] Dazu ausführlich M. Memmer, SZ 107 (1990) 38 ff.

REGISTER

QUELLENVERZEICHNIS

I. VERZEICHNIS DER KOMMENTIERTEN TEXTE

1. Gaius, Institutiones

2. Digesten

3. Geschäftsurkunden

4. Nachklassische private Rechtssammlungen

5. Codex Theodosianus

6. Posttheodosianische Novellen

7. Germanengesetze

8. Codex Iustinianus

9. Institutionen Justinians

10. Novellen Justinians

11. Syrisch-Römische Texte

II. ALLGEMEINES QUELLENVERZEICHNIS
(kommentierte Stellen sind fett gedruckt)

1. Juristische Quellen

Novellae Iustiniani

Institutiones Iustiniani

Theophilus, Institutionen-Paraphrase

Basiliken

2. Nichtjuristische Quellen

SACHVERZEICHNIS

EDITIONSPLAN
(Überblick)

CORPUS DER RÖMISCHEN RECHTSQUELLEN ZUR SKLAVEREI
(CRRS)

in 10 Teilen

mit Unterteilungen nach Bedarf
(* = bereits erschienen)

* Prolegomena

* I. Die Begründung des Sklavenstatus nach *ius gentium* und *ius civile*

II. Die Beendigung der Sklaverei
1) Freilassung
2) formlose und zum Schutz der Freiheit staatlich verordnete Freilassungen

III. Die Rechtspositionen am Sklaven
1) Eigentumsrecht, Miteigentum, andere dingliche Rechte, Besitz an dem und Verpflichtung wegen des Sklaven
2) Ansprüche aus Delikten am Sklaven
3) Sklaven als Gegenstand von Rechtsgeschäften
a) Rechtsgeschäfte unter Lebenden
b) Rechtsgeschäfte von Todes wegen

IV. Stellung des Sklaven im Privatrecht
1) Eheähnliche Verbindungen und verwandtschaftliche Beziehungen
2) Vertretung des *dominus*
3) Erbrecht (auch Teilrechtsfähigkeit nach Marc Aurel)
4) Noxalhaftung (Haftung aus Delikten des Sklaven und der Sklave als Täter)
5) Geschäftsfähigkeit
6) Erwerb durch den Sklaven

V. Stellung des Sklaven im Strafrecht
1) Deliktsfähigkeit
2) Prozeßfähigkeit
3) Sklavenzeugnis und Verhör
4) der Sklave als Täter und Mittäter
5) Sklavenstrafen

VI. Stellung des Sklaven im Sakralrecht
1) Teilnahme an religiösen Vereinen
2) Grabrecht
3) Teilnahme am Kult
4) Eidesfähigkeit

FORSCHUNGEN ZUR ANTIKEN SKLAVEREI

Begründet von Joseph Vogt, fortgeführt von Heinz Bellen

Im Auftrag der Kommission für Geschichte des Altertums der Akademie der Wissenschaften und der Literatur, Mainz, herausgegeben von **Heinz Heinen**.

1 **Heinrich Chantraine: Freigelassene und Sklaven im Dienst der römischen Kaiser.**
Studien zu ihrer Nomenklatur. *1967. XIV, 419 Seiten, kart. ISBN 3-515-00555-2*

2 **Fridolf Kudlien: Die Sklaven in der griechischen Medizin der klassischen und hellenistischen Zeit.** *1968. V, 46 Seiten, kart. ISBN 3-515-00556-0*

3 **Franz Kiechle: Sklavenarbeit und technischer Fortschritt im römischen Reich.**
1969. VIII, 188 Seiten, kart. ISBN 3-515-00557-9

4 **Heinz Bellen: Studien zur Sklavenflucht im römischen Kaiserreich.**
1971. XII, 179 Seiten, kart. ISBN 3-515-00558-7

5 **Karl-Wilhelm Welwei: Unfreie im antiken Kriegsdienst.**
1. Teil: Athen und Sparta. *1974. VIII, 210 Seiten, kart. ISBN 3-515-01918-9*

6 **Hans Klees: Herren und Sklaven.**
Die Sklaverei im oikonomischen und politischen Schrifttum der Griechen in klassischer Zeit.
1975. X, 241 Seiten, kart. ISBN 3-515-01878-6

7 **Fritz Gschnitzer: Studien zur griechischen Terminologie der Sklaverei.**
2. Teil: Untersuchungen zur älteren, insbesondere homerischen Sklaventerminologie.
1976. XIV, 123 Seiten, kart. ISBN 3-515-02165-5
(Der 1. Teil ist als Abhandlung der Akademie d. Wiss. u. d. Lit. Mainz - Geistes- und sozialwiss. Klasse 1963, Nr. 13 erschienen).

8 **Karl-Wilhelm Welwei: Unfreie im antiken Kriegsdienst.**
2. Teil: Die kleineren und mittleren griechischen Staaten und die hellenistischen Reiche.
1977. VII, 186 Seiten, kart. ISBN 3-515-02643-6

9 **Wolfgang Hoben: Terminologische Studien zu den Sklavenerhebungen der römischen Republik.**
1978. VIII, 160 Seiten, kart. ISBN 3-515-02832-3

10 **Johannes Christes: Sklaven und Freigelassene als Grammatiker und Philologen im antiken Rom.**
1979. VIII, 226 Seiten, kart. ISBN 3-515-02864-1

11 **Siegfried Lauffer: Die Bergwerkssklaven von Laureion.**
2., durchges. u. erw. Aufl. *1979. X, 322 Seiten, kart. ISBN 3-515-02368-2*

12 **Gottfried Prachner: Die Sklaven und Freigelassenen im arretinischen Sigillatagewerbe.**
Epigraphische, nomenklatorische sowie sozial- und wirtschaftsgeschichtliche Untersuchungen der arretinischen Firmen- und Töpferstempel.
1980. XIII, 254 Seiten, 1 Abb., kart. ISBN 3-515-03264-9

13 **Walter Eder: Servitus publica.**
Untersuchungen zur Entstehung, Entwicklung und Funktion der öffentlichen Sklaverei in Rom.
1980. XV, 187 Seiten, kart. ISBN 3-515-03365-3

14 **Franz Bömer: Untersuchungen über die Religion der Sklaven in Griechenland und Rom.**
Teil I: Die wichtigsten Kulte und Religionen in Rom und im lateinischen Westen.
2., durchges. u. v. Peter Herz i. Verb. m. d. Verf. erw. Aufl.
1981. VII, 273 Seiten, kart. ISBN 3-515-03646-6
Teil III: Die wichtigsten Kulte der griechischen Welt.
2., durchges. u. v. Verf. i. Verb. m. Peter Herz erw. Aufl.
1990. IV, 369 Seiten, kart. ISBN 3-515-05205-4

15 **Leonhard Schumacher: Servus Index.**
Sklavenverhör und Sklavenanzeige im republikanischen und kaiserzeitlichen Rom.
1982. VII, 253 Seiten, kart. ISBN 3-515-03830-2

16 **Gisela Wickert-Micknat: Unfreiheit im Zeitalter der homerischen Epen.**
(zwei Teile in einem Band) *1983. XII, 260 Seiten, 4 Tafeln mit 6 Abb., kart. ISBN 3-515-03895-7*

17 **Peter P. Spranger: Historische Untersuchungen zu den Sklavenfiguren des Plautus und Terenz.**
2., durchges. u. erw. Aufl. *1984. II, 163 Seiten, kart. ISBN 3-515-04476-0*

18 **Fridolf Kudlien: Die Stellung des Arztes in der römischen Gesellschaft.**
Freigeborene Römer, Eingebürgerte, Peregrine, Sklaven, Freigelassene als Ärzte.
1986. VI, 228 Seiten, kart. ISBN 3-515-04698-4

19 **Wolfgang Waldstein: Operae libertorum.**
Untersuchungen zur Dienstpflicht freigelassener Sklaven.
1986. 467 Seiten, kart. ISBN 3-515-04699-2

20 **Richard Klein: Die Sklaverei in der Sicht der Bischöfe Ambrosius und Augustinus.**
1988. 264 Seiten, kart. ISBN 3-515-04943-6

21 **Karl-Wilhelm Welwei: Unfreie im antiken Kriegsdienst.**
3. Teil: Rom. 1988. *VII, 223 Seiten, kart. ISBN 3-515-05206-2*

22 **Hans Volkmann: Die Massenversklavungen der Einwohner eroberter Städte in der hellenistisch- römischen Zeit.**
2., durchges. u. erw. Aufl. v. Gerhard Horsmann. *1990. IV, 202 Seiten, kart. ISBN 3-515-05770-6*

23 **Fridolf Kudlien: Sklaven-Mentalität im Spiegel antiker Wahrsagerei.**
1991. 189 Seiten, kart. ISBN 3-515-06073-1

24 **Elisabeth Herrmann-Otto: Ex ancilla natus.**
Untersuchungen zu den "hausgeborenen" Sklaven und Sklavinnen im Westen des Römischen Kaiserreiches. *1994. VIII, 512 Seiten, kart. ISBN 3-515-06329-3*

25 **Helmut Rix: Die Termini der Unfreiheit in den Sprachen Alt-Italiens.**
1994. VIII, 148 Seiten, kart. ISBN 3-515-06616-0

26 **Rolf Gundlach: Die Zwangsumsiedlung auswärtiger Bevölkerung als Mittel ägyptischer Politik bis zum Ende des mittleren Reiches.**
1994. IX, 238 Seiten, 38 Abb., kart. ISBN 3-515-06664-0

27 **Silvia Riccardi: Die Erforschung der antiken Sklaverei in Italien vom Risorgimento bis Ettore Ciccotti.**
1997. VII, 315 Seiten, kart. ISBN 3-515-07137-7

28 **Heike Grieser: Sklaverei im spätantiken und frühmittelalterlichen Gallien (5.-7. Jh.).**
Das Zeugnis der christlichen Quellen. *1997. IX, 299 Seiten, kart. ISBN 3-515-07233-0*

29 **Gerhard Horsmann: Die Wagenlenker der römischen Kaiserzeit.**
Untersuchungen zu ihrer sozialen Stellung. *1998. VIII, 339 Seiten, kart. ISBN 3-515-07234-9*

30 **Hans Klees: Sklavenleben im klassischen Griechenland.**
1998. VII, 513 Seiten, kart. ISBN 3-515-07484-8

31 **Thomas Grünewald: Räuber, Rebellen, Rivalen, Rächer.**
Studien zu *Latrones* im römischen Reich. *1999. X, 269 Seiten, kart. ISBN 3-515-07489-9*

32 **Richard Klein: Die Haltung der kappadokischen Bischöfe Basilius von Caesarea, Gregor von Nazianz und Gregor von Nyssa zur Sklaverei.**
2000. VIII, 306 Seiten, kart. ISBN 3-515-07746-4

33 **Johannes Deißler: Antike Sklaverei und Deutsche Aufklärung im Spiegel von Johann Friedrich Reitemeiers "Geschichte und Zustand der Sklaverey und Leibeigenschaft in Griechenland" (1789).**
2000. VII, 507 Seiten, kart.,ISBN 3-515-07816-9

34 **Karl-Wilhelm Welwei: Sub corona vendere.**
Quellenkritische Studien zu Kriegsgefangenschaft und Sklaverei in Rom bis zum Ende des Hannibalkrieges unter Berücksichtigung des Nachlasses von Gottfried Prachner.
2000. VIII, 181 Seiten, kart., ISBN 3-515-07845-2

35 **Fünfzig Jahre Forschungen zur antiken Sklaverei an der Mainzer Akademie 1950–2000 : Miscellanea zum Jubiläum.** Hrsg. von Heinz Bellen, Heinz Heinen.
2001. XIV, 557 Seiten, 3 Abb., kart., ISBN 3-515-07968-8

36 **Ingomar Weiler: Die Beendigung des Sklavenstatus im Altertum.** Ein Beitrag zur vergleichenden Sozialgeschichte.
2003. VIII, 356 Seiten, kart., ISBN 3-515-08208-5

FORSCHUNGEN ZUR ANTIKEN SKLAVEREI - BEIHEFTE

Begründet von Heinz Bellen

Im Auftrag der Kommission für Geschichte des Altertums der Akademie der Wissenschaften und der Literatur, Mainz, herausgegeben von **Heinz Heinen**.

1 **Reinhold Scholl: Corpus der ptolemäischen Sklaventexte.**
Teil I: Text Nr. 1-114. IX, 514 Seiten, Teil II: Text Nr. 115-260. VI, 510 Seiten, Teil III: Indices. VI, 103 Seiten. 1990. 3 Teilbde. ISBN 3-515-05710-2

2 **Heikki Solin: Die stadtrömischen Sklavennamen.** Ein Namenbuch.
Teil I: Lateinische Namen. XXIV, 1-184 Seiten, Teil II: Griechische Namen. XVI, 185-598 Seiten, Teil III: Barbarische Namen. Indices. XVI, 599-727 Seiten. 1996. 3 Teilbde. ISBN 3-515-07002-8

3 **Johanna Filip-Fröschl, J. Michael Rainer, Alfred Söllner † (Hrsg.): Corpus der römischen Rechtsquellen zur antiken Sklaverei (CRRS).**

Prolegomena. Bearbeitet von J. Michael Rainer, Elisabeth Herrmann-Otto. IX, 74 Seiten. 1999. ISBN 3-515-07487-2

Teil I: Die Begründung des Sklavenstatus nach ius gentium und ius civile. Bearbeitet von Hans Wieling. XII, 167 Seiten. 1999. ISBN 3-515-07488-0

Teil IX: Irrtümlich als Sklaven gehaltene freie Menschen und Sklaven in unsicheren Eigentumsverhältnissen – *Homines liberi et servi alieni bona fide servientes.* Bearbeitet von Alfred Söllner. XIV, 157 Seiten. 2000. ISBN 3-515-07782-0

Teil X: Juristisch speziell definierte Sklavengruppen. 6: *servus fugitivus.* Bearbeitet von Georg Klingenberg. XVI, 233 Seiten. 2005. ISBN 3-515-08745-1

4 **Bibliographie zur antiken Sklaverei.** Im Auftrag der Kommission für Geschichte des Altertums der Akademie der Wissenschaften und der Literatur (Mainz). Hrsg. v. Heinz Bellen † und Heinz Heinen. Neu bearbeitet von Dorothea Schäfer und Johannes Deissler auf Grundlage der von Elisabeth Herrmann in Verbindung mit Norbert Brockmeyer erstellten Ausgabe (Bochum 1983). 2 Bde. XIII, 623; VIII, 186 Seiten. 2003. ISBN 3-515-08206-9

Weitere Informationen zum Akademievorhaben *Forschungen zur antiken Sklaverei* unter:

http://www.adwmainz.de/2005/vorhaben/forschweb.htm